KB261672

교양의 즐거움

교양의 즐거움

문화적 교양인이 되기 위한

20가지 키워드

박홍규 외 지음 | 월간 『신동아』 기획

북하우스

교양은 소통의 즐거움이다

단문(短文)의 시대다. 비문(非文)도 넘쳐난다. 인터넷과 모바일의 시대, 흡수도 연산도 소통도 반응도 빠르니 사는 게 속 편하긴 하다. 빠른 것은 아름답고, 짧은 것은 쿨cool하다. 그리하여 대한민국 보통 사람들의 삶은 단조롭고 가볍다. 늘 보는 신문, 늘 듣는 뉴스. 테두리 따라 겉돌기만 하는 그렇고 그런 대화, 흔한 농담 몇 조각. 간간이 마음을 다잡고 서점이며 갤러리를 기웃거려봐도 뇌파의 요동이 저릿저릿 전해오는, 맞춘 듯 손에 꼭 쥐어지는 무언가를 만나기란 쉬운 일이 아니다.

요 몇 년 새 학원가에 논술이네, 구술이네 하며 늦바람이 단단히 난 것이나 취업·승진을 위한 성인용 글쓰기 강좌가 인기를 끄는 걸 보면, 이런 지적 경량감에 위기의식을 공유하는 층이 꽤 두터운 모양이라 다행스럽긴 하다.

그러나 정형화된 문장 배열과 논리 전개 기교를 암기하듯 익힌다고 해서 말과 글의 맛과 깊이까지 절로 따라붙길 기대할 수는 없다. 다독, 다작, 다상량은 천 년 전 송나라에서나 통했던 미덕이 아니다. 레시피를 달달 외운들 싱싱한 고깃점 한 덩이, 향긋한 풀뿌리 한 쪽 없이 무슨 밥상을 차려내겠는가.

그래서 우리는 교양을 필요로 한다. 나와 영화, 나와 만화, 나와 건축, 나와 음악, 나와 철학, 나와 무용 등. 그렇게 교양은 나와 세상을 잇는 다리가 되어준다. 또한 그것은 사람과 사람 사이의 다리이기도 해서, 그 다리를 자유로이 오갈 수 있는 이들과 나누는 대화는 즐겁고도 생산적이다. 『교양의 즐거움』은, 세상에 바로 그런 작은 다리 하나 놓는 마음으로 엮은 책이다.

다리에는 20개의 교각이 있다. 문학, 철학, 미술, 음악, 영화, 뮤지컬, 재즈, 그리고 공연예술 등을 모두 아울렀다. 방대한 영역인 만큼 각 분야에서 요즘 남다르게 각광받는, 혹은 접할 기회는 많아도 그 속을 들여다보기 쉽지 않은 주제들을 엄선하려 노력했다. 꼭지마다 편차는 있으나 대개 그 분야의 역사, 기본개념, 한국적 상황 등을 두루 언급하고 있다. 대부분이 문화 관련 주제라 어떻게 하면 더 깊이, 더 재미있게 즐길 수 있는지도 덧붙였다.

글쓴이들은 모두, 그 필력과 학문적 깊이에서 최고의 경지에 오른 전문가들이다. 짧은 시간에 폭넓은 문화적 교양을 섭렵하길 원한다면, 이보다 더 좋은 기회를 만나기도 어려울 것이라 자신한다. 논술시험을 앞둔 수험생들에게도 좋은 지침서가 되리라 믿는다.

이 책은 월간 『신동아』 2003년 1월호 별책부록으로 나온 것을 새로이 손봐 내놓은 것이다. "'아카데믹'과 '저널리스틱'의 정중앙에 자리할 글을 써 달라"는, 무지막지한 요구를 잘 소화해준 필자들, 당시 편집장을 맡은 유영을 부국장, 뛰어난 기획으로 책의 완성도를 높인 이나리 기자, 먼지 쌓여가던 묵은 '잡지부록'의 가치를 발견하고 파주와 서울을 이웃집 드나들 듯 뛰어다니며 깔끔한 '작품' 한 권을 엮어낸 북하우스 박창석 편집장이 이 책의 주인공들이다.

2005년 10월

『신동아』 편집장 이형삼

차례

인간의 근원, 학문의 근원

생명 · 휴머니즘 · 유토피아

르네상스 휴머니즘은 자유의 사상이다. 신체의 자유 그리고 정신의 자유.
자유는 배타주의를 배타하고 금지를 금지한다. 그것은 다원주의이며
보수와 진보를 포함한 모든 사상의 공존과 대화를 인정한다.
그것이 곧 민주주의다.

박홍규 영남대 교수 · 법학

"개혁이라는 단어가 사람들 입에 어찌나 자주 오르내리는지, 누구와 대화를 나누더라도 그것이 가장 빈번한 주제가 된다."(뷔로)

2005년, 한국에도 더할나위없이 잘 어울리는 이 말은 사실 500여 년 전 르네상스 시대의 인물이 한 말이다. 르네상스는 개혁 그 자체였다. 우리 시대에도 개혁이 필요한가. 그렇다면 르네상스를 살펴보아야 한다.

"아담아, 나는 너를 세상의 중심에 세웠노라. ……너 자신을 실현하고 창안하는 자로서, 네 자유의 존엄성으로부터 네가 원하는 모습을 만들어 낼 수 있게 하기 위해서다."(피란델로 『인간의 존엄성에 관하여』)

"자유로운 사회에서만 인간은 자신의 모든 것을 발휘할 수 있다."(리누치니 『자유에 대하여』)

"사람들은 아름다움과 힘과 영민성 같은 자연의 특별한 은총을 찬미해 마지않는다."(모어 『유토피아』)

이 말들 역시 2005년, 한국인의 좌우명이 되기에 부족함이 없으며 500여 년 전 르네상스 시대에도 가장 위대한 경구들이었다. 르네상스는 바로

그런 사회, 르네상스인은 바로 그런 인간을 추구했다. 우리 시대에도 그런 인간, 사회, 자연이 필요한가. 그렇다면 르네상스의 인간관 · 사회관 · 자연관을 살펴보지 않을 수 없다.

물론 그때라 해서 완벽한 개혁이 이루어졌거나, 자유의 존엄성이 완전하게 보장되었거나, 의심할 바 없는 자연의 은총이 확보된 것은 아니었다. 그러나 명백한 한계 앞에서도 르네상스 시대의 인간은 '자유의 존엄성'을 그 어느 때보다 소리 높여 부르짖었다. 적어도 르네상스에서 인간은 '자유인'을 추구했다. 그렇다. 르네상스는 인간의 자유, 사회의 자치, 아름다운 자연을 향한 개혁의 몸부림이었다.

인간의 자유로운 정신활동과 함께 인간의 육체도 그 존엄성을 획득했다. 이전까지 육체는 신의 이름으로 경멸당해왔을 뿐이다. 비로소 사람들은 육체의 아름다움을 찬양하기 시작했다. 아울러 자유의 존엄성을 해치는 궁핍과 무지, 편견과 독단, 권위와 억압은 비난받았다. 법이 그 존엄성을 인권으로 규정하거나, 궁핍과 무지에 대한 제도적 해결책을 제시하지는 못했다. 그렇더라도 정신만은 확실히 고양되어 있었다.

'전문가'는 전인적 지성인의 적

르네상스인(성 · 계층 · 국가의 한계가 존재함에도)은 개혁가이자 창조자이고, 박식가이자 사상가이며, 여행가이자 생활인이었다. 그들은 학문과 예술에 두루 관심이 있었으며 항상 자기만의 새로움을 창조하고자 노력했다. 또 세상에 대한 호기심으로 모든 곳을 여행했으며, 한편으로는 일상생활에 충실했다.

이로써 그들은 도그마에 빠지지 않고 상대적 관용으로 다양성과 변화를 인정하면서, 한편으로는 언제나 새롭고 드높은 삶의 보편성을 추구할 수 있었다. 르네상스는 그렇게 지성인 · 교양인 · 보편인이라는 참된 인간상의 길을 열어주었다.

여기서 말하는 지성인 · 교양인 · 보편인이란 흔히 그 대명사로 일컫는 오늘날의 대학교수 등 이른바 전문가를 말하는 것이 아니다. 특히 앞뒤가 꽉 막힌 '전문가'는 오히려 보편인의 적이자 르네상스의 전인적 지성인 혹은 교양인에 반하는 개념이다.

그보다는 다양한 지식과 교양을 추구하고, 새로운 사회와 세계, 조화로운 자연을 모색하는 성실한 생활인이야말로 우리 시대의 르네상스인이라 할 것이다.

르네상스는 흔히 천재들의 명단과 그 작품들로 대변된다. 그러나 우리에게 정작 필요한 것은 그런 '암기용 리스트'가 아니라 르네상스의 핵심 정신이다. 따라서 이 글에서는 르네상스 문화의 핵심이라 할 수 있는 세 가지, 즉 휴머니즘 · 유토피아 · 생명력을, 그 핵심을 형성한 인물들의 이야기를 통해 살펴본다.

어느 영문학 교수와 르네상스 이야기를 하며 셰익스피어를 언급하자, 그는 왜 셰익스피어를 르네상스에 포함시키냐며 의아해했다. 그처럼 많은 사람들이 르네상스 하면 이탈리아, 그것도 피렌체, 그리고 거기서 산다 빈치, 미켈란젤로, 라파엘로만 떠올린다. 이른바 '르네상스의 3대 천재'라는 식의 암기교육이 낳은 폐해다. 르네상스가 피렌체를 중심으로 중부 이탈리아에서 시작해 3대 천재를 비롯한 많은 예술가와 학자를 낳은 것은 사실이다. 알베르티나 마키아벨리도 여기 포함될 것이다.

근대의 봄인가, 중세의 가을인가

이 시대는 르네상스의 절정기High Renaissance일 뿐, 그 앞에는 초기 르네상스가 있고 뒤에는 이탈리아 북부와 유럽 대륙에서 전개된 후기 르네상스가 있다. 셰익스피어는 후기 르네상스를 대표한다. 이탈리아 밖의 르네상스는 에라스무스, 몽테뉴, 라스카사스, 라블레, 모어, 브뢰겔 등 이탈리아 르네상스인에 버금가는 뛰어난 인물들을 많이 배출했다. 이들은 휴머니즘·유토피아·생명력이라는 르네상스 문화의 핵심을 더욱 선명하게 보여주었다는 점에서 이탈리아 르네상스인 못지않은 관심을 불러일으킨다. 17세기 이후 그런 '르네상스 정신'이 사라지면서 서양의 근대가 위기를 맞았다고 보는 필자의 입장에서는 더욱 그러하다.

흔히 르네상스를 '근대의 봄'이라 한다. 그러나 '중세의 가을'이라 보는 견해도 있는 만큼 근대와 중세 사이의 시기, 그러니까 14~16세기 유럽의 사회와 문화를 뜻한다 하는 편이 무난할 게다(한국에서 르네상스 연구의 태두라는 역사학자 차하순은 「르네상스의 사회와 사상」에서 그 시기를 1300~1500년으로 명시하고 있으나, 그렇게 하면 그가 르네상스 시대 인물에 포함한 셰익스피어(1564~1616) 등은 제외되고 만다). 여기서 근대란 르네상스인들이 자기 시대를 부른 말로 이전의 고대, 중세와 구분된다. 이러한 역사 구분을 3분법이라 한다.

현대의 몇몇 학자들이 르네상스를 '중세의 가을'이라 불렀다. 르네상스가 지닌 중세적 요소의 핵심은 봉건제와 가톨릭이다. 물론 그 둘은 13세기 말부터 진행된 화폐경제의 부활, 도시민의 대두, 상공업의 발흥, 세속문화의 형성과 종교적 분열이라는 '근대의 봄' 기운에 의해 점차 쇠퇴했으나, 기본은 르네상스에서 그대로 유지되었다. 그렇더라도 필자는 르네상스를 중세의 연속이라고 생각하지 않는다. '중세의 개혁'이라는 측면에서 르네상스를 보기 때문이다.

르네상스를 '근대의 봄'으로 규정하면 그후의 근대사는 르네상스의 발전태인 '근대의 여름 그리고 가을'이 된다. 17~19세기의 종교개혁(시작은 16세기), 봉건국가를 대체한 국민국가의 형성, 자본주의 발전, 과학혁명을 비롯한 지성혁명 등은 르네상스의 '여름'에 해당될 것이다. '가을'이란 20세기 들어 두 차례의 세계대전을 겪으며 자본주의가 서서히 저무는

르네상스의 두 천재,
미켈란젤로(왼쪽)와 다 빈치

것을 말한다. '가을'이 아니라 '겨울'이라 해도 무방하다. 르네상스부터 17~19세기, 나아가 현대까지의 연속성에 방점을 찍는 견해다.

이처럼 르네상스를 중세 및 근대와 연결하는 일반적 사관은, 역사의 모든 단계에서 연속성을 인정하는 일반론에서 보면 문제가 없다. 그러나 역사에는 연속성보다 단절성이 더욱 뚜렷이 나타나는 시기도 있다. 적어도 르네상스의 개혁성을 강조한다면 어느 정도 불가피한 연속성이 존재하지만 그 단절성을 강조하게 된다. 이는 결국 역사를 어떻게 보느냐 하는 문제와 관련이 있다.

필자는 르네상스를 문화에 급격한 변화가 일어나는 '개혁'의 시기로 보아 중세 혹은 17세기 이후의 근대와 구별한다. 이는 지성사적 측면에서 볼 때 르네상스에서 나타난 구체성·다양성·상대성·관용성·통합주의·회의주의 등의 경향이 17세기 이후 추상성·절대성·배타성·획일성·실증주의 등으로 대체되면서 결국 20세기에 이르러 두 차례의 세계대전을 낳았다고 보기 때문이다.

흔히 르네상스를 '문예부흥'이라 번역한다. 일본식을 그대로 따른 것이다. '문예'란 문학과 예술을 합친 말이다. 한편 국어사전에는 문예를 문학, 즉 문학예술의 준말이라 설명한다. 이런 시각으로 문예부흥을 이해하는 데는 문제가 있다. 르네상스는 문학의 부흥만을 뜻하는 것이 아니기 때문이다. 브리태니커는 르네상스를 '고전 학문과 지식의 부활'이라 설명하는데 이 또한 범위가 너무 좁다.

르네상스에서는 신대륙의 발견(이는 유럽인의 시각에서 하는 말이다)과 탐험, 천동설을 대체한 지동설, 가톨릭과 봉건제의 몰락, 도시국가 및 국민국가의 탄생, 민족언어의 발전, 상업의 성장, 종이 · 인쇄술 · 항해술 · 화약 등 신기술 발명 및 응용이 일어났다. 문예와 학문뿐만 아니라 이 모든 변화를 포괄하는 개념으로 '문화'란 단어를 쓸 수밖에 없다.

인간 · 사회 · 자연 개혁의 꿈

다음 '문예부흥'에서 '부흥'이란 기독교에서 부흥회란 말을 사용하듯 다시 일어나게 북돋운다는 뜻이다. '부활' 또는 '재생'과도 비슷한 의미다. 이는 르네상스가 그리스 · 로마의 고전문화를 부흥했다는 의미로 사용해왔다. 그러나 고전문화의 재조명은 르네상스의 출발점일 뿐 르네상스는 결코 그리스 · 로마 고전문화의 복사판이 아니다. 도리어 그 재조명 작업을 통해 중세문화를 개혁했다고 하는 편이 적절하다. 따라서 르네상스란 '문화개혁'이라고 봐야 한다.

필자는 여기서 한 발 더 나아가, 르네상스는 문화개혁만이 아닌 인간개혁 · 사회개혁 · 자연개혁이었다고 본다. 르네상스의 기반인 그리스 · 로마 고전 연구의 목적도 단순히 고전에 대한 지식을 얻으려는 것이 아니라, 중세의 종교적 · 사회적 속박에서 벗어나 자유롭고 자치(自治)하며 자연스러운 인간, 그리고 그런 인간이 사는 사회와 세계를 만들려는 것이었다. 신이 아닌 인간을 위한 학문 · 예술 · 생활이 르네상스의 중심이었다.

르네상스, 인간은 오직 스스로 세상에 서는 자유롭고 독립적인 존재, 자신의 자유로운 의지와 노력으로 신을 대체하는 보편 상태에까지 이를 수 있는 존재로 추구되었다. 여기서 보편적이란 모든 학문과 예술에 정통

왼쪽부터 토머스 모어, 몽테뉴, 라블레

한 것을 뜻한다. 바로 보편인 또는 만능인의 인간상이다. 르네상스는 인간의 자유의지에 절대적 지위를 부여했고, 그 자유의지에 따른 모든 사회 활동을 존중했다.

따라서 르네상스인은 무엇보다 정치인이며 경제인이고 기술인이었다. 르네상스인들은 시민 자치의 정치를 추구했다. 예컨대 알베르티, 미켈란젤로, 마키아벨리 등 많은 이탈리아 르네상스인들은 메디치 가를 비롯한 유력 가문의 독재정치를 비판하고 시민 자치의 도시국가를 옹호했다. 흔히 정치 술수의 대명사로 지칭되는 마키아벨리도 사실 현실 정치의 중요성을 강조하면서 독재정치를 비판하는 데 진력했다. 에라스무스, 몽테뉴, 모어, 라블레, 브뢰겔 등도 당대의 정치나 전쟁을 비판했으며, 특히 라스카사스는 제국주의의 식민지 착취에 평생 동안 저항했다.

중세에는 경제력 추구가 비난의 대상이었으나 르네상스에는 긍정하였다. 알베르티가 『가족론』에서 가정의 지출을 줄이고 수입을 늘리는 합리적 정신을 찬양하거나, 마키아벨리가 인간의 본질은 소유욕이며 정치란 그 욕망을 이용해 정치적 실현을 도모하는 기술이라 말한 것도 비슷한 맥락이다. 그러나 자본주의식의 '경제적 동물'까지 예찬한 것은 아니었으며, 부의 추구는 어디까지나 자유와 학예를 위한 수단으로서만 정당화되었다. 브뢰겔처럼 자본주의의 악폐를 비판적으로 묘사하거나 모어처럼 아예 사유재산제를 부정하는 주장까지도 나왔으니 말이다.

또한 르네상스인은 자신이 속한 세상과 우주를 대상화하여 관찰하고, 서로의 완성을 위해 그 대상과 당당히 교감하는 주체적 역할을 수행했다. 그런 의미에서 르네상스인을 합리인, 경험인 혹은 과학인이라 부를 수 있을 것이다.

그러나 다 빈치에서 보듯 당시 과학은 예술과 분리되어 자연을 지배하기 위한 것이 아니라, 예술과 함께하며 인간과 자연이 공존하는 형태를 추구한 점에서 17세기 베이컨과 데카르트 이후에 전개되는 과학사상과 구별된다. 따라서 르네상스는 자유·자치·자연이 특징인 문화개혁이라 할 수 있다.

르네상스는 휴머니즘이라는 지적 개혁에서 시작되었다. 그 학자를 휴머니스트라 했는데, 당시 중세 신학에 젖은 대학교수가 아니라 대학 밖에서 활동하는 세속 문필가였다. 이들은 무엇보다 '인간의 존엄성'을 강조했다. 중세의 이상인 속죄의 생활 대신 자유와 창조를 위한 투쟁을 주장한 점, 전통 종교가 강요한 정신의 억압상태에서 인간을 해방하고 자유로운 탐구와 비판의식을 자극한 점, 인간 사고와 창의력의 가능성에 새로운 자신감을 부여한 점 등은 아무리 강조해도 지나치지 않다.

모색과 탐구의 자유정신

요즘 흔히 휴머니즘을 인문학의 또다른 표현으로 쓰는 일이 많다. 그러나 이는 옳지 않다. 휴머니즘이란 특정 분야 혹은 학문 및 예술에 대한 특정한 태도가 아닌 하나의 '정신'이며, 그 핵심은 생활과 지혜의 결합, 지적활동과 실천능력의 조화다. 이른바 문·사·철(문학·사학·철학)에 대한 특별한 관심이 아니라 인간의 모든 구체적 문제에 대한 토론을 중시하는 실천적 명제이다.

르네상스인에게는 한없는 모색과 탐구의 자유정신이 있다. 추구하는 대상은 한정이 없고, 모색 기간 또한 정함이 없다. 그는 모든 구분과 경계를 자유자재로 뛰어넘으며 언제나 변화한다. 이러한 개별의 미완·유동·다양은 전체의 통일·조화·균형과 모순되지 않는다. 다양한 삶의 영역을 자유롭게 넘나들며 보편성을 추구하는 태도, 이것이야말로 르네상스적 전인(全人)의 핵심이다.

그 전형이 최초이자 최고의 만능인이라 불린 알베르티, 레오나르도 다 빈치, 미켈란젤로다. 르네상스인은 모두 그 경지에 다다르고자 노력했다. 알베르티는 말했다. "인간은 하려 한다면 무엇이든 성취할 수 있다." 그렇기에 르네상스 시대 인간은 모든 지식과 예술을 포용하는 동시에 육체적·사회적 성취를 달성하고 자신의 능력을 최대한 계발하기 위해 노력해야 한다고 믿었다.

알베르티를 비롯한 르네상스인은 자유로운 인간이 누리는 '삶의 환희'를 생의 모토로 삼았다. 단테의 『신곡』 등 르네상스 문학과 미술에 나타난 인간은 개성과 관능이 넘치는 자유분방한 존재다. 육체와 감각을 죽이는 중세적 종교인이 아니라 육체와 감각에 젖은 현실인, 현실주의자다.

여기서 유의할 것은 르네상스의 휴머니즘적 인간과 근대의 과학적 사고가 규정하는 '확고하게 자리잡고 변화 없는 기계적 인간' 사이의 차이점이다. 르네상스인은 인간이라면 누구나 스스로 삶을 자유롭게 선택할 수 있고, 어떤 고정된 위치나 자리에 얽매일 필요가 없다고 보았다. 이는 르네상스가 정치적·경제적·사회적 위기상황이었기에, 그에 유연하게 대처하기 위해 요구된 것이기도 했다. 개혁이 필요한 것은 위기의 시대다. 위기에 대처할 수 없는 과거 대신 새로운 현실을 만드는 것이 곧 개혁이다.

"행동하라, 무위는 죄악이다"

이탈리아에서 발생한 휴머니즘은 인쇄술의 발달에 따라 유럽 전역으로 퍼져갔다. 수많은 휴머니스트 중 '왕'이라 불릴 만한 이가 에라스무스다. 그는 유럽 방방곡곡을 누비며 많은 책과 편지를 썼고, 각국의 휴머니스트들과 친교를 맺어 유럽 사상계의 지도자로 군림했다.

그는 자유인답게 어디에도 정착하지 않았으며, 추기경을 비롯한 어떠한 직업에도 안주하지 않았다. 또한 그는 어지러운 세파에 휩쓸리지 않았다. 자유는 그의 운명이었다.

에라스무스는 '그러나'라는 말을 자주 해 '그러나 박사'로 불리기도 했다. 성직자의 사생아로 태어난 그는 형식적인 경건에 대립해 심중에서 우러나오는 선(善)을 주장한 『우신예찬』을 비롯, 풍자문학으로 당시 현실을 비판하여 종교개혁의 불을 지폈다. 그러나 자신은 끝까지 '그러나'로 상징되는 정신적 균형을 유지했다.

또한 그는 최초로 신약성서를 라틴어로 번역해 성서 번역의 효시가 되었으며, 성서의 부정확성을 폭로해 원전비평의 기초를 닦았다. 대중도 성서를 읽어야 한다는 주장도 멈추지 않았다. 신학자로서 그는 가톨릭교회와 교황의 절대적 권위를 부정했고, 형식에 구애받는 성직자와 복잡한 사변에 몰두하는 신학자들을 비판하며, 소박하고 순수한 원시 기독교로 환원해야 한다고 주장했다.

프랑스의 몽테뉴나 라블레 또한 에라스무스를 숭배한 전인적 휴머니스트다. 이들은 라틴어로 글을 쓴 에라스무스와 달리 프랑스어로, 풍자와 비유의 걸작인 『에세』와 『가르강튀아와 팡타그뤼엘 이야기』를 각각 썼다. 이들은 위선과 가장, 전통을 거부하고 신체적 활동에 주목한 민중문화의 선구자다.

르네상스 휴머니즘이 추구한 다양성이란 단순히 잡다한 관심을 말하는 것이 아니다. 그보다는 권력이 지배하는 추악하고 부조리한 현실에 끝없이 저항해 보편성을 추구하는 것을 말한다. 이는 필연적으로 유토피아를 그리는 사회적·정치적 태도와 연결된다. '최고의 르네상스인' 알베르티는 이렇게 말했다. "행동하라, 무위는 죄악이다." 그는 언제나 인간의 이성과 현실의 시민생활에 관심을 보였다. 도덕생활의 원리인 법과 사회생활의 수단인 경제를 중시한 것도 그 때문이다.

르네상스는 작고 자유로운 도시, 활기찬 자치의 도시, 저마다 개성이 있는 다양한 시민들이 보편성을 추구하는 도시라는 시민 자치의 정신에서 비롯했다. 미켈란젤로가 지키려 한 피렌체가 그 상징이고, 모어가 추구한 유토피아도 바로 그런 곳이다.

이상(理想)에 비해 현실의 도시들에는 문제가 너무 많았다. 휴머니스트들은 무엇보다 부패한 교회에 저항했다. 에라스무스와 모어, 알베르티나 미켈란젤로도 그랬다. 다 빈치는 아예 무신론자였다. 그러나 한편으로 그들은 배타적 종교개혁에 반대했고 종교의 자유를 옹호했다.

르네상스 정치사상을 대표하는 마키아벨리는 정치를 사실 그대로 인식하고 그에 근거해 목적에 맞는 수단을 강구해야 한다는, 정치의 독립성과 자율성을 강조하는 민중군주론을 주창했다. 그러나 16세기 후반 이후 교회국가가 다시 흥하면서 마키아벨리는 악마의 변호인으로 비난받았다.

시민 자치의 유토피아를 추구한 모어는 국가주의가 아닌 자치적 사회주의의 기원을 마련했다는 점에서 역시 중요한 르네상스인이다. 르네상스 유토피아 사상의 정점을 보여준 그는 과학 만능의 유토피아를 구상한 베이컨과는 명백하게 구별되는 사회개혁가다.

르네상스 시대에 시작된 제국주의적 침략에 비판을 가한 휴머니스트는 많지 않았다. 셰익스피어조차 식민지 침략을 합리화했다. 그러나 제국주의의 폐해가 아직 그 심각성을 드러내지 않은 때임을 감안하면 일견 이해할 수 있는 일이다. 그 가운데도 라스카사스는 평생을 두고 제국주의 침략과 원주민의 인권탄압에 맞서 싸워, 국제주의 정신을 구현하는 선각자가 되었다.

르네상스 예술의 핵심은 두 가지다. 하나는 인간의 삶과 자연에 대한 사랑, 또 하나는 틀에 박힌 과거의 형식을 벗어던지고 인간과 자연의 생명력을 추구하는 태도다. 단테의 『신곡』은 그 구조와 사상이 중세적이기는 하지만 인간 본성의 다양성을 표현했다는 점에서 르네상스 문학의 선구자적 위치에 있다. 최초의 휴머니스트라 불리는 법학도 페트라르카는 사랑하는 여인에게 이탈리아어로 현실적 애욕을 고백하는 연애시를 썼다. 이는 중세의 플라톤적 사랑과는 대조적이다. 페트라르카의 친구인 금융인 보카치오는 역시 사랑하는 여인을 위해 『데카메론』을 썼다. 당시 기준으로는 가히 포르노 수준인 '위험한' 소설이다. 그 속에 묘사된 성도덕의 해이는 당시 사회상을 반영함은 물론 그에 대한 비판을 포함한다.

애욕의 시, 삶의 환희, 나체의 묘사

이 당시의 예술은 르네상스의 특질을 가장 잘 보여준다. 르네상스 예술가들은 중세의 전통적 형식과 수업 과정에서 벗어나 자유롭게 개성을 표현하였으며 예술가로서 긍지를 느끼고 정당한 사회적 대우를 받는 일을 중시했다. 이들은 전통형식이 아닌 경험과 관찰에 의존해 작품을 생산했다. 중요한 것은 예술가의 눈과 그에 투영된 대상이다. 삶의 환희, 정신과 육체의 조화를 추구한 시대인 만큼 나체의 묘사야말로 가장 민주적이고 사회적이며 현실적인 주제였다. 이런 예술가들은 같은 계급인 민중의 지지를 받았다.

르네상스 예술의 중심에는 회화가 있다. 중세예술의 중심은 건축이었으나 르네상스에 이르러 회화에 그 자리를 내주었다. 지금도 회화에서 가장 중요한 위치를 차지하는 유화가 그때 시작되었다. 화가들은 이젤을 사용했고 원근법을 도입했다. 이렇게 확립된 사실적 자연주의 화풍은 이후 근대 회화의 흐름을 주도했다. 그러나 역시 핵심은 인간의 존엄성을 표현한 점이다.

르네상스 회화의 선구자인 조토의 작품은 지금도 성 프란체스코 교회 벽에서 만날 수 있다. 성 프란체스코는 형식적인 스콜라주의를 배격하고 가난한 사람들에게 자연의 아름다움과 그 영적 가치를 설교했다. 조토의 그림은 명료하고 단순한 구도와 심리적 통찰에 의거한 새로운 양식으로 성 프란체스코의 사상을 잘 구현했다. 이는 단조로운 선 중심의, 장식적이고 종교적 위계질서를 강조한 전통회화와 확연히 구별된다.

눈에 비친 그대로의 자연과 인간

가장 유명한 르네상스 예술가인 다 빈치와 미켈란젤로는 예술가이자 학자이며 사상가이다. 사생아 출신이며 동성애자로 추정되는 다 빈치는 자연인이자 반항인이다. 〈모나리자〉〈최후의 만찬〉을 비롯한 그의 수많은 걸작은 정확한 형상과 초자연의 정신성을 결합한, 생명의 신비를 표현하고 있다. 그러나 더욱 중요한 점은 민중과 자연에 대한 사랑이다. 〈모나리자〉는 어쩌면 생명력의 근원인 물을 배경삼아 임신한 여성 노동자를 그린 최초의 그림이 아니었을까. 흔히 다 빈치는 과학의 선구자로 지칭되는데, 그가 대표하는 르네상스 과학은 어디까지나 생명력을 존중하는 유기적인 자연관에 입각한 것으로 17세기 이후의 기계적 과학과 확연히 다르다.

시스틴 성당의 벽화 〈최후의 심판〉과 천장화 〈천지창조〉 등으로 르네상스 미술의 일인자로 꼽히는 미켈란젤로는 인체의 생명력을 풍부하게 표현하기 위해 구조와 비례의 원칙을 스스로 깨버리기도 했다. 인간의 벗은 몸을 미켈란젤로만큼 아름답게 창조한 르네상스인은 없다. 그는 모든 인간을 아름답게 그렸다. 이는 그가 민주주의자이자 공화주의자임을 보여준다. 또한 〈최후의 심판〉은 신에 귀의하는 화해와 관용의 정신을 보여준다.

한편 이탈리아가 아닌 유럽의 다른 지역에 살았던 르네상스 예술가들은 삶에 대한 사랑과 인간의 위대성 예찬을 넘어 민중의 생명력을 표현하는 데 진력했다. 문학에서 그 대표자는 프랑스의 라블레와 몽테뉴, 영국의 셰익스피어, 스페인의 세르반테스 등이다.

화가로는 네덜란드의 보시와 브뢰겔을 들 수 있다. 당대의 지식인인 보시는 빈민의 비참한 생활을 환상적인 필치로 표현했다. 당대의 민중화가 브뢰겔은 보시와 마찬가지로 중세적 화풍을 구사했으나 그 주제는 노동민중의 고뇌였다. 거지를 내쫓는 부자의 향연과 비만한 집달리에 쫓긴 걸인의 기아를 한 화면에 보여주는 판화로 당시 사회의 모순을 신랄하게 폭로했다.

또한 그는 과장된 환상이나 멋진 정원이 아니라 그 속에 사는 백성들의 눈에 비친 자연 그대로를 화폭에 옮겼다. 브뢰겔의 작품은 자연과 인간의 진실에 대한 노동민중의 경험과 완전히 일치할 수 있었다.

대한민국의 르네상스를 위하여

르네상스 휴머니즘은 자유의 사상이다. 신체의 자유 그리고 정신의 자유. 자유는 배타주의를 배타하고 금지를 금지한다. 그것은 다원주의이며 보수와 진보를 포함한 모든 사상의 공존과 대화를 인정한다. 그것이 곧 민주주의다.

민주주의란 자유로운 지성을 갖춘 시민들의 삶을 말한다. '한 분야의 전문성'이란 자유인의 속성이 아니다. 최대 이윤의 추구나 절대적 신조의 신봉은 경멸의 대상이다. 모든 시민은 자유롭고 평등하게 삶의 모든 영역에 참여하며 적절한 책임을 진다. 참여와 책임, 그것이 우리가 추구하는 민주주의의 핵심이고, 르네상스 정신의 핵심이다.

르네상스 예술가나 학자들은 삶·노동·지성·사회를 아우르는 교육을 받았으며 또 그런 예술과 학문을 추구했다. 앞에서도 말했듯 그들은 구체성·다양성·상대성·관용성·통합주의와 회의주의를 추구했으나, 17세기 이후 그러한 정신은 쇠퇴해 추상성·절대성·배타성·획일성·실증주의에 자리를 내주었다. 그러한 지적 경향의 변화가 결국 20세기 인류의 역사적 위기를 초래했다.

자연 지배, 최대 생산 추구로 대변되는 자본주의의 위기를 극복하기 위해 우리는 르네상스로 되돌아가야 한다. 특히 일제 지배를 통해 17세기 이후 서구의 지적·사회적 폐쇄주의를 강제받고, 해방 후에는 천민 자본주의와 획일적 대중문화에 침식당한 우리에게 르네상스 문화의 핵심인 자유로운 인간, 자치적 사회, 자연 존중은 더욱 중요한 가치가 아닐 수 없다. 무엇보다 자유로운 인간과 사회를 생산하는 근간이 될 자유로운 교육이야말로 우리 시대 르네상스를 위한 최대 과제다.

박홍규 hkpark@yu.ac.kr
영남대학교 법대를 졸업하고 같은 학교 대학원에서 석사학위를 받았다. 오사카시대학교에서 박사과정을 수료했다. 하버드대학교, 노팅엄대학교, 프랑크푸르트대학교, 고베대학교 객원교수를 지냈다. 저서로 『노동법론』, 『그들이 헌법을 죽였다』, 『내 친구 빈센트』, 『꽃으로도 아이를 때리지 말라』, 『자유인 루쉰』 등이 있다.

장기판의 안, 장기판의 밖

현대 사유의 출발점에는 구조주의가 있다. 구조주의를 정확히 이해하는
것이야말로 오늘날의 사유를 따라잡는 첩경이다. 소쉬르의 언어학,
레비-스트로스의 토테미즘 분석에 그 단초가 있다.

이정우 철학아카데미 원장

'현대사상'을 어디에서 끊어 이야기할 것인지는 분명치 않은 문제다.
19세기 말, 20세기 초, 제2차 세계대전 이후, 1968년(노동자 운동과 더불
어 학생운동, 여성운동, 반전운동 등 각종 '현대적' 사회운동이 일어난
해. 공산주의권과 자유주의권에서 동시에 발생한 사실이 더욱 의미심장
함) 이후 등, 여러 답이 나올 수 있다. 이 글에서는 일단 제2차 세계대전
이후 전개된 사상들을 '현대사상'이라 부를 것이다.

현대사상은 맥락에 따라 후기구조주의(구조주의 극복을 위해 등장한
사유라는 점에서), 포스트모더니즘(포스트모던 사회가 배경인 사유라는
점에서), 프랑스 사상(주로 프랑스에서 배출된 사상이라는 점에서), 탈근
대사상(근대가 남긴 병폐들과 싸운 사상이라는 점에서), 68사상(1968년
혁명을 기점으로 형성된 사유라는 점에서) 등 여러 이름으로 불리고 있으
나, 딱히 일반화하기 힘든 각기 독창적 사유들이다. 그럼에도 이들 사이
에는 분명 일정한 연계성이 존재한다. 기본적으로 '구조주의'라는 사유를
통과하고 그것과 대결하면서 형성된 사상들이기 때문이다. 그런 점에서

현대사상의 입구에는 구조주의가 놓여 있다고 하겠다.

'근대철학'이란 대체로 16세기 서구에서 형성되어 17세기에 본격화했으며, 18세기에 대중화를 거쳐 19세기에 만개(滿開)한 동시에 변형되기 시작한 철학적 흐름을 말한다. 물론 근대철학은 이미 마무리된 것이 아니라 여전히 우리 삶의 대세(大勢)를 형성한다.

근대는 과학기술의 발달을 통한 세계관의 변화, 자본주의 발달로 말미암은 삶의 변화, 민주주의 발달로 말미암은 대중사회의 도래를 비롯한 몇 가지 현상들로 특징지을 수 있다. 이런 다양한 현상들 밑에서 작동해온 철학적 원리는 곧 '주체의 철학'이다. 과학기술, 자본주의, 민주주의, 주관화한 문화예술……. 모두 '주체'라는 인식론적 · 존재론적 원리가 토대이다. 그러므로 근대철학을 간단히 '주체철학'이라 해도 큰 무리는 없을 것이다.

그렇다면 주체철학이란 무엇인가. 쉽게 말해 인식, 의미, 역사의 가능근거(可能根據)를 신, 하늘(天), 운명, 섭리 등이 아닌 '인간 주체'로 보는 입장이다. '가능근거'를 '선험적 transcendental 근거'라 부르기도 하므로 '선험적 주체'라 할 수도 있다. 이렇게 서구의 근대철학이란 '인간을 주체로 세운 철학'이다.

현대사상의 돌쩌귀, 구조주의

칸트는 인간 인식을 '신이 영혼에 넣어준 진리의 씨앗'이나 수동적 경험을 통해 형성된 것이 아닌, 인간 의식의 능동적 구성작용으로 이해했다. 헤겔은 역사를 인간 주체가 만들어나가야 할 하나의 '작품'으로 보았다. 후설은 인간의 의식을 세계에서 초월해 존재하는 것이라 했고, 하이데거는 인간만이 존재를 이해하고 존재를 담보하는 존재라 보았다. 사르트르는 인간을 자유로운 주체로 보았고, 메를로 퐁티는 인간 신체를 중심으로 세계를 이해하려 했다. 이런 철학들에서 우리는 '선험적 주체의 철학'이 변화해간 궤적을 읽을 수 있다.

이렇게 서구 근대철학은 주체·이성·자유·역사를 강조했다. 그리고 이런 가치들은 인류 역사를 크게 바꾸어놓았다. 그러나 20세기에 들어서면서 서구의 주체철학은 여러 면에서 한계를 드러내기 시작했다. 과학적 합리성의 추구는 세계를 탈색(脫色)해버리고, 기술의 발달은 모든 사물을 조작의 대상으로 전락하게 했다. 자본주의와 기술의 결합은 환경을 황폐하게 했으며, 사람들의 마음까지 삭막하게 만들었다. 대중사회의 도래로 모든 고급한 가치가 몰락했고, 저급한 문화들이 세계를 휩쓸었다. 민주주의는 우중(愚衆)의 변덕에 좌우되는 정치를 탄생시켰다. 탈근대 사유들은 이런 근대라는 시대가 남긴 상처들을 치유하고 새로운 시대를 사상적으로 모색하려는 노력에서 생겨났다.

구조주의는 주체 중심의 문화가 빚어낸 폐단에 맞서 새롭게 모색된 사유양식이다. 그 발단에는 여러 맥락이 있지만 굵직한 것들로 마르크스·니체·프로이트의 유산, 바슐라르·게루 등의 인식론, 소쉬르에서 연원한 구조주의 언어학 등을 들 수 있다. 마르크스·니체·프로이트는 주체 중심의 근대 사유를 거부하고 인간을 바깥에서 바라보는 시각을 제시했다. 바슐라르와 게루는 19세기 이래 탈합리주의 사조들을 비판하고 새로운 형태의 합리주의를 마련하면서 구조주의를 향한 길을 예비했다. 더 직접적으로, 소쉬르에서 연원한 구조주의 언어학은 구조주의적 사유의 방법론적 토대가 되었다.

구조주의적 사유양식에는 어떤 기본 특징들이 있을까.

첫째, 구조주의는 인간의 의식, 내면, 주체성, 정신/마음 등에서 출발하는 것이 아니라 객관적인 '장(場)/구조'에서 출발한다. 인간을 바깥에서 보려는 것이다.

둘째, 그 장의 구조를 논할 때 관계의 사유를 구사한다. A, B, C 각각에

레비-스트로스

내재하는 의미가 있는 것이 아니라 A와 B의 관계, B와 C의 관계에서 의미가 나온다는 시각이다. 토템을 예로 들어보자. 거북·독수리·곰이 토템인 세 부족이 있을 때, 그 각각에는 큰 의미가 없다. 거북이 토템인 부족과 거북이라는 동물 사이에 어떤 내재적/필연적인 관계는 없다. 의미는 이 세 토템 사이의 관계에서 성립한다.

셋째, 이런 식의 법칙성은 표면에 드러나는 것이 아니라 자신도 모르게 그에 이끌려 사는 심층적 법칙성이다. 이 때문에 구조주의는 자연히 '무의식'을 중시하며, 무의식의 층위를 파고들어간다.

이런 구조주의적 사유양식에 입각해 자기 분야를 연구한 뒤, 그 연구성과에 사상사적 의미를 부여한 사람이 레비-스트로스다. 과학은 사실의 확인과 법칙의 발견이 목표이다. 그러나 어떤 과학적 성과를 토대로 세계와 인간, 가치에 대해 넓은 사유를 펼치면, 그 과학적 내용은 '사상사적 함축'을 띤다. 레비-스트로스는 일차적으로는 인류학자이지만, 자신의 인류학적 발견에 철학적 내용을 부가하면서 사상사적 위상을 부여받았다. 구조주의적 사유양식은 레비-스트로스를 통해 처음으로 중요한 사상사적 전경(前景)을 차지한다.

레비-스트로스에 대해 개괄하기 전에 우선 구체적 예에서 논의를 시작하는 것이 좋을 듯하다. 토테미즘이라는 현상은 예로부터 많은 사람들의 관심을 끌었다. 이에 대한 기존의 이론들과 구조주의 이론의 차이를 살펴보면서 구조주의적 사유양식이 무엇인가를 직관적으로 이해해보자.

먼저 토테미즘과 애니미즘을 혼동하면 안 된다. 애니미즘(物活論)은 세계 전체가 보이지 않는 신비한 힘과 신성한 힘으로 가득 차 있다는, 선사

시대 사람들의 일반적 믿음을 말한다. 그와 비교해 토테미즘이란 특정한 한 씨족/부족이 특정한 어떤 존재(특히 동물)와 자신들 사이에 본질적인 관계가 있다고 믿는 현상이다.

토테미즘은 처음에는 그저 미개인들의 괴상한 면모라고 가볍게 치부했으나 인류학anthropology, 민족학ethnology이 본격적으로 발달하면서 그 의미가 다각도로 파헤쳐졌다. 각 씨족은 자신들의 토템을 먹거나 해치지 않는다. 이것을 '금기taboo'라 한다. 그러나 일정한 시점에서는(예를 들어 제의 때) 오히려 그것을 죽여서 먹는다.

프로이트의 실수 혹은 오만

기존의 이론들 가운데 몇 가지를 보자. 우선 토테미즘을 즉물적으로 해석한 이론이 있다. 거북이 토템인 씨족은 진짜 거북과 비슷하고, 늑대가 토템인 씨족은 진짜 늑대와 비슷하다는 것이다. 심지어 후자의 부족은 보름달이 뜨면 늑대로 변한다는 황당한 해석까지 있다. 이런 해석은 토테미즘을 너무 즉물적으로 해석한 것이며, 거기에는 미개인을 동물과 유사한 존재로 보는 편견이 깃들어 있다.

이보다 좀 나은 것으로 토템을 일종의 '상징'으로 보는 해석이 있다. 이런 생각은 오늘날 'OB 베어스', '한화 이글스', '삼성 라이온스' 같은 표현에도 그대로 남아 있다. 그러나 앞의 해석이 즉물적 해석이라면 이 해석은 반대로 너무 현대적이다. 미개인들이 상징이나 문장(紋章)을 사용했다는 것은 현대인의 생각을 미개인들에게 투영한 것이다.

프로이트는 『토템과 타부』(1925)에서 토템 현상을 정신분석학으로 설명하려 했다. 그는 토템과 씨족 사이의 이중적 관계를 아버지에 대한 아들의 애증, 즉 '오이디푸스 콤플렉스'로 해석했다. 토템은 '신(神)＝아버지'에 대한 상징이며, 미개인의 토테미즘이란 유아의 신경증과 유사하다는 생각이다. 이는 현대인의 정신상태를 포착하기 위해 만들어낸 정신병리적 개념을 미개인들에게 투사한 전형적인 환원주의 시각이다.

인간과 사회를 모두 생물학적으로 설명하려는 '사회생물학'이나 지성사까지도 사회적 맥락의 결과로 설명하려는 '사회학적 환원주의'도 마찬가지다. 어떤 분야에서 성공을 거둔 이론을 다른 분야에 무반성적으로 투사할 때 이런 무리가 발생한다. 프로이트의 이론은 미개인에 대한 실증적 연구와 독립적 사유를 거쳐 나온 것이 아니라, 이미 형성된 자신의 이론을 다른 영역에 투사한 것일 뿐이다(그의 미학도 마찬가지다).

'논리'의 前에는 무엇이 있는가

인류학에서 독보적 경지에 다다른 것으로 평가되는 레비-브륄(베르그송과 밀접히 관련됨)은 미개인을 동물과 인간의 중간에 있는 존재로 보았다. 다만 그는 미개인에게도 나름의 독특한 논리, 즉 '전논리(前論理)' prelogic가 있다고 보았다. 예컨대 말과 사물을 동일시하는 특성이 그것이다. 미개인은 어떤 사람의 모형을 만들어놓고서 그것을 송곳으로 찌르면 그 사람의 그 부위가 아프다고 믿는다. 또 만일 누군가가 어떤 악어를 죽였다면, 그 동족 악어들이 그 사람에게 복수하려 한다고 믿는다.

레비-브륄은 이런 식의 전논리를 '신비적 융합설'이라 불렀다. 구분해야 할 것을 기묘하게 융합해서 본다는 뜻이다. 미개인과 어린아이를 유비(類比)하는 생각이다. 여기에는 물론 19세기의 진화론적 생각이 깔려 있다. 콩트의 지식 3단계설(신학적 단계, 형이상학적 단계, 과학적 단계)을 확장한 것이라고도 볼 수 있다. 이런 생각은 진화론적 구도, 다시 말해 역사에 대한 선형적 발전 구도가 배경으로 깔려 있다. 이 또한 미개인을 그 자체로 이해하기보다는 현대인, 특히 서구인(그중에서도 근대적 서구인)의 관점에서 보고 있다.

구조주의 사유는 바로 이 ‘진화론’이라는 사유 모델을 논박한다. 시간적·역사적·진화론적 사유가 19세기 이래 전형적인 사유 패러다임이었다면, 구조주의는 바로 이런 패러다임에서 결정적으로 벗어나는, 그것과 대립하는 패러다임을 제공했다고 할 수 있다. 이것이 구조주의의 중요한 담론사적 맥락 가운데 하나다.

그러나 레비-브륄의 설명 자체는 흥미로운 데가 있다. 레비-브륄의 패러다임이 진화론적, 더 나아가서는 제국주의적 색깔을 짙게 풍긴다 해도 레비-브륄이 지적한 현상 자체는 사실일지도 모른다. 구조주의의 윤리적 동기에 공감한다 해도 윤리로 사실을 부정하는 것은 곤란하다.

문제는 미개인들에게 그것이 사실이냐 아니냐가 아니라, 미개인이냐 현대인이냐에 관계없이 그런 사유 양태는 늘 있어왔다는 것이다. 조선시대 후궁들은 별실에 중전의 초상을 걸어놓고 활시위를 당겼다. 첨단과학기술 시대라는 오늘도 사람들은 ‘컴퓨터 점’을 보고 부적을 산다. TV 드라마 〈왕건〉을 보면 최지몽은 전투 결과를 정확히 예측한다(작가가 그렇게 각본을 쓴다). 더 흥미로운 점은, 시인들은 자주 ‘미개인처럼’ 시를 쓴다는 사실이다. 그렇다면 전논리가 사라지고 논리가 등장한 것이 아니라 인간에게는 늘 논리와 전논리가 함께 있어온 것이 아닐까. 다만 개인에 따라, 시대 분위기에 따라, 담론의 종류에 따라 전논리와 논리가 번갈아 작동하는 것이 아닐까. 미개인이 진화해서 현대인이 되었다지만 우리 시대는 오히려 전논리가 논리를 압도하는 시대는 아닐까.

이런 점에서 레비-브륄의 설명은 그 자체로 한계를 드러내지만 그가 말한 전논리 개념은 다른 맥락에서 볼 때 여전히 흥미로운 생각이라고 할 수 있다. 칸트는 인간 오성의 범주를 극히 합리주의적으로 그려냈지만, 과학이라는 좁은 맥락을 떠나 인간 자체를 볼 때 전논리는 논리 옆에 늘 같이 있어온 것은 아닌지, 앞으로 이런 관점으로 문명사 전체를 새롭게 조망하는 작업을 할 수 있을 것이다.

레비-스트로스는 브라질 밀림에서 행한 원주민 연구로 구조주의 인류학의 기초를 쌓았다

토테미즘에 대한, 나아가 미개사회 일반에 대한 설명 가운데 구조주의와 쌍벽을 이루는 사유로, 구조주의가 논박했다고 생각했지만 꼭 그렇다고도 할 수 없는 매우 중요한 사유가 '기능주의'이다. 위에 설명한 다른 이론들은 대개 현장작업/현지조사 field work가 결여된 채 어떤 편견을 투영한 측면이 강하다. 그러나 기능주의는 인류학/민족학이 본격화하고 자료가 쌓이면서 등장한 이론으로 상당한 설득력이 있다.

먹이인가, 신인가, 상징인가

기능주의는 말 그대로 토템이 그 씨족에 어떤 실질적 기능을 한다는 이론이다. 즉 그 씨족의 삶에 도움을 주고 그 생존에 결정적 영향을 끼친다는 것이다. 단순하고 소박한 이론이기에 더욱 설득력이 있다. 이런 생각에는 대체로 세 가지 형태가 있다.

첫째는 생리학적 기능주의다. 어떤 씨족이 특정 동식물을 토템으로 삼는 것은 그것이 그 씨족의 중요한 먹을거리이기 때문이라는 생각이다. 그

토템을 숭배하고 먹는 것을 금지하는 것은 그 토템이 그들의 생존에 중요하기 때문이다. 그러나 이런 설명은 좀 묘한 데가 있다. 평소 먹지 않다가 일 년에 한두 번 제의 때만 그것을 잡아먹는다면, 그것이 실질적인 먹을거리로 기능한다고 볼 수 있을까? 마치 너무 비싸 1년에 한두 번만 입는 옷이 연상된다. 그런 '사치품'이 주요 먹을거리일 수 있을까?

반대로 생각할 수도 있다. 오히려 먹으면 안 되는 것, 먹으면 죽는 것이기 때문에 금기한다는 것이다. 이 또한 어느 정도 설득력이 있으나, 그렇다면 왜 굳이 그것을 숭배하기까지 해야 하며 때로 먹는 이유는 무엇인지 이해가 안 된다. 이렇게 생리학적 기능주의는 토템을 모든 생명체에게 가장 중요한 것, 즉 '먹고사는 것'과 관련했다는 점에서 언뜻 기본적인 설명 같지만, 토템은 이렇듯 간단하지 않다.

다음은 심리학적 기능주의다. 생리학적 기능주의의 문제점을 보완하고 해결책을 찾을 때 등장하는 생각 가운데 하나가 심리학적 기능주의다. 즉 토템이란 실질적이고 생리적인 도움을 주는 존재가 아니라 심리적으로 도움을 주는 존재라는 것이다. 이렇게 생각할 때 토템은 원초적 형태의 신이라 할 수 있다. 거꾸로 말하면 '여호와 하나님'은 히브리 민족의 토템이고, '알라 하나님'은 이슬람 민족의 토템이라는 식이다. 상당히 그럴듯해 보이는 해석이다.

미국 대통령 관저에 콘도르가, 독일 대통령 관저에 독수리가, 한국 대통령 관저에 봉황이 그려진 것도 비슷한 맥락이다. 그러나 이때 심리적 도움이란 어떤 개인의 심리에 도움을 준다는 의미보다 그 씨족 전체의 심리에 도움을 주는 것으로 보아야 한다. 그런 점에서 이 설명은 심리학적이라기보다는 차라리 사회학적이다. 그래서 기능주의의 가장 세련된 형태인 사회학적 기능주의가 등장했다.

사회학적 기능주의의 관점에서 볼 때 토템이란 한 사회의 상징이다. 그러나 이것은 위에서 말한 단순한 문장(紋章) 같은 것이 아니다. 그것은 실제 그 씨족의 조상을 뜻하며, 그 때문에 그것에 예배하고, 의미 있는 날이면 (동족의 연속성을 확보한다는 의미에서) 잡아먹으면서 피를 나눈다. 다시 말해 토템은 씨족의 신체적 생존이 아니라 집단적 정체성을 위해 기능한다. 이런 이론은 베버와 더불어 20세기 초를 대표하는 사회학자 에밀 뒤르켐이 제기했다(『종교생활의 기본 형태』 1912).

그러나 이렇게 보면 왜 파리나 모기처럼 열등하고 인간을 괴롭히는 동물까지 토템이 되는지 쉽게 이해할 수 없다(물론 현대인이 이해하기 힘든 가치론적 배경이 있을 수 있다).

기능주의는 가장 상식적이고 당연한 가정(토템이 그 씨족에게 뭔가 역할을 하고 중요한 의미가 있기 때문일 것이라는 가정)에 입각해 있으며, 그런 만큼 매우 자명해 보인다. 이 기능주의에 도전해 전혀 새로운 관점에서 토템을 해석한 것이 레비-스트로스의 구조주의 인류학이다.

구조주의는 기능주의가 '기능'이라는 관점에서 사물을 보는 데 비해 '구조'라는 관점을 견지한다. 기능주의가 사물 자체의 실질적 행위와 기능, 목적, 실천 등의 관점에서 사물을 본다면, 구조주의는 사물 하나가 아니라 그 사물이 속해 있는 장, 즉 관계들의 장을 보며 그 장 안에서 그 사물의 위치를 본다.

기능주의적 설명 가운데 세번째인 사회학적 기능주의는 이미 이런 사고의 씨앗을 품고 있다. 토템을 '상징'으로 본다는 것은 그 토템을 존재/사물 자체의 관점에서가 아닌 의미의 관점에서 본다는 뜻이다. 나폴레옹을 기능적 관점에서 보면 왜소하고 볼품없는 사내다. 그러나 의미의 관점에서 보면 유럽을 뒤흔든 '황제'다. 사물적으로 보면 왜소한 사내일 뿐인 그가, 기호적으로 보면 엄청난 권력을 지닌 '황제라는 기호'이다. 기능주의가 사물의 자연적·물질적 존재에 초점을 맞춘다면, 구조주의는 사물을 기호로, 의미로, 무엇인가를 뜻하는 것으로, 어떤 관계망의 요소로 본다(구조주의가 늘 언어학/기호학과 함께 가는 것은 이 때문이다). 토템을 상징으로 볼 때 이미 이런 사유의 맹아가 들어 있다.

의미 없는 기호로 '나' 의미하기

이런 사유의 본격적 형태는 구조주의의 등장과 더불어 가능했다. 소쉬르 언어학의 기본 테제들에 속하는 변별성과 자의성을 보자. 어떤 기호의 '의미'는 그것에 내재해 있지 않다. 즉 자의적이다. 야옹이를 '개'라고, 멍멍이를 '고양이'라고 불러도 상관없다. '개'라는 기호가 꼭 멍멍 짖는 동물을 가리켜야 할 이유가 애초부터 없기 때문이다. 즉 기호와 사물의 관계는 '자의적arbitrary'이다.

그래서 기호의 의미는 변별성으로 결정된다. 만일 개와 고양이라는 기호에 어떤 필연성도 없다면 중요한 것은 '개'가 반드시 무엇을, '고양이'가 반드시 무엇을 지시해야 하는 것이 아니라(물론 우리는 이미 그런 지시 관계가 확립된 세계에서 살아가지만) 개와 고양이가 구분된다는 사실 그 자체다. '중위'라는 기호에는 내재적 의미가 없다. 그것은 소위와 대위 사이에 존재하는 기호이며, 이 기호들과 '변별적인differential' 즉 차이를 만들어내는 과정을 통해서만 중위이다.

소쉬르는 언어학에서 철학적으로 가장 중요한 것은 '차이'라고 말한다. 의미는 현상학이 말하듯 인간 의식에 의해 구성되는 것도 아니요, 해석학이 말하듯이 숨겨진 것도 아니요, 실증주의가 말하듯 말과 사물의 일대일 대응관계로 성립하는 것도 아니다. 의미는 '차이들의 놀이'로 성립한다.

토템의 문제로 돌아가 보자. 토템은 하나의 기호다. 그것은 기능적 의미가 아니라 구조적 의미를 띤다. 즉 자의적이고 변별적인 의미를 띤다. 이것은 바꾸어 말하면 토템과 씨족 사이에는 어떤 자연적 인과나 실질적 관계가 아니라 자의적 관계가 있으며, 또 각 토템의 의미는 홀로 결정되지 않고 다른 토템들과의 구조적 관계를 통해 성립한다는 것이다. 북미 오대

호 지방의 세 인디언 씨족들은 각각 독수리, 곰, 거북이 토템이다.

더 선명한 예는 백곰 토템과 흑곰 토템이다. 이렇게 나눈다고 해서 한 씨족은 검고 한 씨족은 희지 않다. 사실 백/흑으로 하든, 물/불로 하든 그 것은 중요하지 않다. 변별할 수 있으면 된다. 그리고 이런 변별은 두 씨족 이 본래 한 씨족에서 갈라져 나왔음을 함축한다.

기능주의가 비교적 눈에 보이는 기능의 측면에서 세상을 바라본다면, 구조주의는 쉽게 눈에 띄지 않는 측면, 어떤 장의 심층적이고 무의식적인 구조를 드러내려 한다. 이 점에서 이전에 볼 수 없던 사유의 새로운 경지 를 개척했다고 할 수 있다.

뜨거운 사회, 차가운 사회

레비-스트로스는 마르셀 모스의 영향을 받아 미개사회를 '교환change'의 관점에서 보았다. 이는 기본적으로 레비-스트로스가 미개사회를 '평형 equilibrium'의 관점에서 보았음을 말한다. 레비-스트로스가 문명사회를 '뜨 거운 사회'로 보고 미개사회를 '차가운 사회'로 본 것은 이 때문이다.

물론 이런 관점은 오늘날 여러 면에서 극복되었다. 클라스트르의 인류 학이 보여주듯, 미개인들의 교환은 그 안에 욕망과 권력의 측면을 함축하 고 있기 때문이다. 그럼에도 레비-스트로스가 미개사회의 결혼제도를 연 구한 성과는 여전히 나름의 의미가 있다.

미개인들의 교환을 '포틀래치potlach'라 부른다. 그리고 교환의 가장 핵 심적인 대상은 여자, 재물, 언어다. 이 세 항목을 교환함으로써 미개사회 는 평형을 유지한다. 즉 정체하지도 않고 와해하지도 않는다.

우선 기본 개념들을 짚어보자. 족외혼과 족내혼의 구분이 있다. 말 그 대로 다른 부족 구성원 사이의 결혼과 같은 부족 구성원끼리의 결혼을 말 한다. 같은 부족 내에서만 결혼하면 사회가 정체하고 발전하지 않기 때문에 족외혼이 일반적이 되었다는 사실은 잘 알려져 있다. 다음으로 제한적 교환과 일반적 교환이 있다. 제한적 교환은 일정한 테두리(대개 두 집단) 내에서 오가는 교환을 말하고, 일반적 교환은 여러 집단들 사이에서 오가는 복잡한 교환을 말한다.

결혼제도에서 레비-스트로스가 핵심적으로 관심을 기울인 것은 '근친혼의 금지'다. 즉 근친상간(近親相姦)의 금지다.

근친혼의 금지는 인간이 자연에서 문화로 넘어가는 '돌쩌귀'에 놓여 있다. 왜 그런가? 레비-스트로스는 자연은 연속적이고 일반적이지만 문화는 불연속적이고 특수하다고 본다. 근친혼 금지는 어느 곳에서나 볼 수 있는 보편적 현상이지만, 사회의 규칙이라는 관점에서 문화적 현상이다. 이 점에서 근친혼 금지는 정확히 인간이 자연에서 문화로 넘어가는 문턱에 있는 현상이라 하겠다.

기존의 설명들은 다소 모호하고 단순하다. 우생학적 설명, 본래적 성향에 입각한 설명 등이 그렇다. 뒤르켐은 근친혼 금지가 족외혼의 파생물이라 보았다. 그러나 족내혼을 하면서 근친혼을 금지한 부족도 많다.

레비-스트로스는 '관여적 변별'이라는 구조주의적 개념으로 이를 설명한다. '관여적 변별'이란 두 항(또는 그 이상의 항)의 차이가 성립하는 한 방식이다. 예컨대 'billard'와 'pillard'는 'b'와 'p'를 통해 변별되고, 이 점에서 관여적 변별을 이룬다. 이 관여적 변별(동북아의 음양사상도 한 형태다)이 문화의 기본 구조이고, 이 구조에 따라 대칭과 평형이 가능해진다는 것이다.

교호(交互)사촌(외사촌)의 예를 들어보자. 대부분 평행사촌(친사촌)끼리의 결혼은 금지하나 교호사촌은 허용한다. 왜인가? '남-남' '여-여'는 관여적 변별이 허용되지 않으나 '남-여' '여-남'은 허용되기 때문이다.

신화는 레비-스트로스가 전생애에 걸쳐 몰두한 주제다. 기존의 신화 이해는 ① 한 사회의 근본적 감정을 표현하는 것으로 ② 자연현상에 대한 전(前)논리적 해석 방식으로 ③ 사회관계의 반영으로 ④ 억압된 감정의 유출로(정신분석학) 제시되었으나, 레비-스트로스는 이 문제 역시 구조적으로 접근한다.

신화란 일종의 '메타언어'다. 즉 각 민족의 사유구조가 투영된 것이다. 따라서 신화의 '내용' 자체에 어떤 심각한 의미는 없다. 그것은 오히려 각 민족이 세계를 바라보는 사유구조의 형상화이다. 이 점에서 전 세계 곳곳의 신화가 매우 유사하게 나타난다는 사실은 우연이 아니다. 모든 신화가 특수한 경험이나 내용을 담기보다는 인류의 어떤 보편적인 사유구조를 담고 있기 때문이다. 그래서 레비-스트로스는 신화를 "보편적이고 무인격적이고 무시간적인 무의식의 산물"이라고 말한다.

신화 연구를 통해 레비-스트로스는 그의 휴머니즘(인간중심주의) 비판을 공고히 했다. 레비-스트로스는 사르트르의 인간중심주의를 강력하게 비판하면서 "세련된 인간주의는 자신에게서 시작하지 않는다. 그 인간주의는 인생보다 세계를, 인간보다 생명을, 자존심(자기 사랑)보다 타자에 대한 존중을 먼저 생각한다"고 말한다. 이런 그의 시각은 현대사상의 기본 흐름인 '바깥의 사유' '타자의 사유'를 잘 나타낸다.

현대사상의 기본 시각은 반(反)주체주의다. 그것은 곧 궁극적 의미를 주체나 '나' 속에서 발견해야 한다는 생각을 거부한다. 레비-스트로스는 자신이 하는 작업의 목적은 "자아를 '인류의 우리' 속에서 해체하는 것"이고 또 "인류를 자연 속에 통합하는 일"이라고 말한다.

레비-스트로스의 세계는 자연과 문화를 이원적 일원의 구도, 즉 '대위법적 방법'에 따라 사유한 세계다(대위법은 음악용어다. 두 계열의 소리가 서로 대조되기도 하고 융합되기도 하면서 진행하는 음악기법을 말한다). 그는(인간을 포함한) 우주의 모든 것을 거대한 대위법적 구조로 파악했으며, 이 점에서 그 자신의 표현대로 '초합리주의superrationalism'의 사유를 건설했다. 자연과학자들이 우주를 거대한 수학적 하모니로 보듯, 레비-스트로스는 문화도 그 근저는 거대한 수학적 구조라고 생각했다. 그리고 인간의 특권적 자기 이해를 비판함으로써 인간이란 그 거대한 음악의 한 음표에 지나지 않는다는 사실을 역설했다.

이러한 그의 생각은 결국 제2차 세계대전이라는 극단적 야만이 표출된 현대사회, 그리고 타자를 억압하면서 팽창을 거듭해온 제국주의 사회가 인간 주체를 지극히 피상적으로 이해했음을 폭로하려 한 작업이라고 할 수 있다.

"권력은 바깥에서 온다"

레비-스트로스의 인류학은 친족체계를 비롯한 미개사회의 문화가 완벽하게 기호학적인 코드로 되어 있음을 말한다. 이런 생각은 그런 구조가 영원한 전체이자 하나의 순환체계라는 것, 친족체계를 이루는 요소들이 가역적(可逆的) 관계에 놓인다는 것, 근친혼의 금지는 친족체계의 대칭과 평형을 위해서라는 것, 혼인이란 심리적 · 정치적 · 경제적 문제이기 이전에 논리적 · 구조적 문제라는 것을 말한다.

이런 생각의 한계는 현대사회에서가 아니라 미개사회 자체에서 발견된다. 마셜 살린스는 피지 섬의 한 신화를 제공했다.

"'최초의 인간'은 다만 한 사람이었으며, 늙은 처와 세 딸을 거느리고 비타레비의 서쪽 해안 근처에 살고 있었다. 주변에는 딸들의 결혼 상대가 없었기 때문에 노인은 처를 죽이고 대신 딸을 처로 맞이하려고 생각했다. 그런데 어느 날 딸들은 파도에 밀려온 젊고 잘생긴 이방인을 발견하고,

그를 간호한 뒤 그와 결혼하는 일을 진행했다. 젊은이는 노인에게 식량이 되는 식물의 재배를 답례로 약속하며 결혼을 신청했다. 노인은 화가 나서 거절하면서, 딸이 탐나면 구체적으로 예의를 갖추라고 요구했다. 젊은이는 자신과 더불어 파도에 밀려온 고래를 생각해내고, 이 땅의 사람들이 고래에 대해 잘 모른다는 사실을 이용하기로 마음먹었다. 그는 고래의 앞니 네 개를 뽑아 그것을 답례품으로 이용하기로 했다. ‘고래 이빨’을 뜻하는 ‘타바’라는 이름의 이 젊은이는 신화 중의 신화라 할 수 있는 이야기 하나를 꾸며냈다. 숲을 개간해 이 이빨들을 심으면 8일 내에 식량이 수없이 증산된다는 것이다. 노인은 이 말에 넘어가 딸을 주겠다고 떨떠름하게 약속한다. 그러나 노인은 그 대가로 법을 몇 개 만들어냈다. 첫째, 이후 고래 이빨은 그 영웅(젊은이)의 이름을 따 ‘타바’라고 부른다. 둘째, 결혼을 허락하는 답례로 이 고래 이빨을 주어야 한다. 셋째, 이후 파도에 밀려오는 자들이 있으면 죽여서 먹는다.”

우리는 이 신화에서 ‘바깥’의 문제를 발견한다. 레비-스트로스에게 모든 결혼은 평형의 문제이기 때문에 평형을 이루는 체계 내의 문제이며, 바깥은 고려되지 않는다. 그러나 이 신화(중요한 것은 이런 유의 신화가 세계 곳곳에서 발견된다는 점이다)에서 젊은이는 외부에서 오며, 따라서 교환은 성립하지 않는다.

또 하나 여기에서 권력의 문제를 짚어볼 수 있다. 구조주의적 사유에서 권력이란 곧 자리의 분포를 말한다. 그러나 피지의 신화는 "권력은 바깥에서 온다"는 사실을 보여준다. 특히 건국신화에서 권력이란 원칙상 '단 한 번' 발생한다. 따라서 불가역적이다.

구조의 밖, 욕망과 카오스

레비-스트로스는 주체의 바깥을 보았지만, 그 바깥의 바깥을 보지는 못했다.

젊은이와 딸의 결혼은 평화로운 교환과 평형의 관계가 아니라 권력의 관계라는 점에 주목할 필요가 있다. 결혼은 자연의 문제, 자연과 문화의 경계선의 문제이기만 한 것이 아니라 이미 정치적 문제이다. 레비-스트로스는 비대칭적인 결혼을 '실패한 결혼'으로 봄으로써 자신의 이론구조에 지나치게 집착했다.

레비-스트로스의 한계를 통해서 우리는 '구조의 바깥'을 생각하게 된다. 구조의 바깥, 코드의 바깥에는 무엇이 있을까? 거기에는 카오스와 욕망이 있다. 구조란 궁극적인 것이 아니다. 궁극적인 것은 카오스와 욕망이다. 구조/코스모스는 이 욕망/카오스를 길들인 것이다. 그러나 욕망과 카오스는 결코 완전히 길들여지지 않으며 안정된 듯한 구조/코스모스 아래에는 늘 욕망과 카오스가 물결치고 있다.

1968년에 발생한 대대적인 혁명은 구조주의적 세계관에 큰 타격을 가했다. 이제 레비-스트로스가 이야기한 구조주의는 마치 자연과학에서 표면적인 안정성과 법칙성 아래에서 분자들의 요동이 발견되었듯 그리고 「혼돈으로부터의 질서」가 이야기되듯, 세계의 어느 한 층위, 한 테두리 나의 이해로 전락했다. 그러나 구조주의적 '사유양식', 그러니까 주체보다 구조를, 실체보다 관계를, 내용보다 구조를 파악하는 방식은 이후 사상들에도 여전히 큰 영향을 끼치고 있다.

라캉은 인간 무의식을 구조주의적 방식으로 파헤쳐 근대 주체철학에 타격을 가했다. 특히 주체를 '주어진 것'이 아니라 '형성되는 것(특히 유아기에 형성되는 것)으로 봄으로써 이후 현대사상의 전개에 심대한 영향을 끼쳤다. 알튀세, 푸코, 부르디외는 사회적 장social field을 이해하는 다양한 시각을 마련했다. 이들을 통해 이제 구조는 역동적이고 다원적인 형태로 이해되기 시작하며, 주체에 대해서도 다시 적극적인 탐구가 시작되었다. 이런 구조주의적 사유양식들과의 대결을 통해 들뢰즈(와 가타리)의 차이의 존재론 및 유목론, 데리다의 해체주의, 리오타르의 '포스트모더니즘' 등이 등장하며, 이런 사유들은 오늘날 열띤 토론의 대상이 다. 이렇게 볼 때 현대 사유의 출발점에는 구조주의가 놓여 있으며, 구조주의를 정확히 이해하는 것이 오늘날의 사유를 따라잡는 첩경이라 할 수 있다.

이정우 soyowu@yahoo.co.kr
서울대학교 공과대학을 졸업한 뒤 같은 대학원 철학과에서 석·박사학위를 받았다. 서강대학교 철학과 교수를 지냈다. 저서로 『담론의 공간』 『인간의 얼굴』 『기술과 운명』 등이 있다.

마음은 어디에서 와, 어디로 가는가

마음은 뇌와 동일한가. 마음이 있는 로봇은 가능한가.
그렇다면 '인간성'이란 무엇인가. 인지과학, 인공지능의 놀라운 발달 속에서
우리는 묻지 않을 수 없다. 인간은 왜 인간인가.

김기현 서울대 교수 · 철학

인간의 마음만큼 우리와 친근하면서 또 그토록 오랫동안 신비의 대상으로 여겨진 것도 없을 것이다. 감각의 파노라마가 연출되기도 하고 온갖 느낌이 교차하기도 하며, 때로 어려운 문제를 풀어내기도 하는 마음은 어떻게 나타날까? 마음의 현상이란 두뇌에 기반을 두고 있는 게 분명한데, 도대체 신경세포의 물에서 어떻게 마음의 포도주가 만들어질까? 마음은 물질과 근본적으로 다른가? 다르다면 물질과 어떤 관계일까? 신비의 베일을 벗기고 마음을 물질계에 포섭할 수는 없을까? 이 모두는 그리스 · 로마 시대부터 철학자들을 괴롭혀온 질문들이다.

현대 심리철학에서 가장 큰 논쟁거리를 꼽는다면, 그것은 물질과 정신의 관계, 또는 물질계에 정신의 위치를 어떻게 놓을 것인가 하는 심신문제(心身問題)mind-body problem라 할 수 있다. 고대 철학자들은 인간의 마음이 심장에 있다고 생각했다. 오늘날 우리는 인간의 마음이 심장이 아니라 두뇌에 있다는 것을 안다.

어쨌거나 우리는 마음이 심장이든 뇌이든 신체기관 어딘가에 있다고

말하는데, 여기서 '……에 있다'는 것은 도대체 무슨 의미인가? '철수가 하숙집에 있다'고 말할 때와 같이, 마음은 두뇌와 다르지만 두뇌 속에 어떤 방식으로 깃들어 살고 있다는 뜻인가? 아니면 '나의 엄지는 나의 손에 있다'고 말할 때와 같이, 나의 마음은 두뇌의 한 부분, 또는 두뇌와 동일하단 말인가?

심신문제에 접근하는 과정에서 우리가 주목해야 할 두 요소가 있다. 첫째, 정신은 물리적 사건과는 성질이 전혀 다르다는 것이다. 내가 토마토를 볼 때 나의 정신에는 빨간 영상이 맺힌다. 그리고 바늘에 찔리면 불쾌한 통증이 생긴다. 정신에는 이런 경험적 감각에 대응하는 의식이 존재한다. 또한 나의 심리상태는 외부의 사실을 표상하는 성질도 있다. 내가 '비가 온다'고 믿을 때, 믿음이라는 나의 심리상태는 외부의 사실을 일정한 방식으로 그리고 있다. 이런 마음의 특성을 지향성 Intentionality이라 한다. 또한 나의 마음은 여러 문제를 현명한 방식으로 해결하는 지능도 있다. 의식·지향성·지능의 세 요소는 물질에선 쉽게 찾아지지 않는 정신의 고유한 특성으로 간주된다.

주목해야 할 둘째 요소는 정신과 물질은 서로 긴밀하게 원인과 결과로 얽혀 있다는 점이다. 내가 손을 들어야겠다고 생각하면 나의 손은 올라간다. 마음이 손의 움직임이라는 자연계의 사건을 야기한다. 또 자연계의 사건이 나의 마음에 영향을 미치기도 한다. 바늘이 내 피부를 찌르면, 나의 마음에 고통이 생겨난다.

정신은 물질계의 어디에 있는가

심신문제의 숙제는 정신의 특성을 존중하는 방식으로 정신을 물질계에 자리매김하는 동시에, 양자의 인과관계를 성공적으로 설명할 수 있어야 한다는 것이다. 그런데 이는 쉬운 일이 아니다. 위의 두 조건이 서로 반대

방향으로 작용하기 때문이다.

정신과 물질의 서로 다른 외형적 특질을 설명하는 가장 쉬운 방법은 정신과 물질을 서로 상이한 존재로 보는 것이다. 그러나 이때 양자가 서로 원인과 결과로 상호작용한다는 것을 설명하기 어렵다. 비슷한 종류의 것들은 인과관계를 설명하기가 어렵지 않지만, 전혀 다른 유형은 그들이 어떻게 인과관계를 맺는지 설명하기가 결코 단순하지 않다.

반면에 정신과 물질을 동일한 유형으로 간주하면, 양자의 인과관계는 설명하기 쉬워진다. 그러나 이때는 정신과 물질에서 나타나는 상이한 특질을 설명해야 하는 심각한 문제가 발생한다. 정신과 물질이 다르지 않다면 의식 · 지향성 · 지능 등 정신의 고유한 특성으로 보이는 것을 어떻게 설명할 것인가? 이제 이러한 구도로 심신문제를 해결하려는 기존의 이론을 되돌아보자.

마음과 신체 또는 물질의 차이에 주목하면서, 심신문제를 현대철학에서 논의되는 형태로 전면에 부각한 최초의 철학자는 데카르트다. 데카르트는 정신과 물질의 차이는 해소될 수 없으며 그 둘은 근본적으로 다르다는 이원론을 주창한다. 데카르트는 정신의 본질적 특성은 '생각함'인 반면, 물질의 본질적 특성은 '공간을 차지함'이라고 주장한다. 정신은 생각하는 한도에서만 존재할 수 있으며, 물질은 공간을 차지하지 않고서는 존재할 수 없다는 것이다. 데카르트는 여기서 더 나아가 정신은 사유하는 한 공간을 차지하지 않고 존재할 수 있다고 주장함으로써, 정신의 영역과 물질의 영역을 확고히 구분한다. 마음과 물질에 관한 그의 이론은 오늘날 심리철학자들에 의하여 실체이원론substance dualism이라고 불린다.

정신과 물질은 다른 '그릇'에 담겨 있다?

이원론이란 정신과 물질이 근본적으로 다르다는 것을 의미하므로 이해하는 데 어려움이 없다. 하지만 도대체 실체이원론이란 또 무엇인가? 이는 '실체'가 무엇을 의미하는지만 이해하면 알 수 있다.

우리 눈앞에 장미가 한 송이 있다고 하자. 이때 우리는 앞에 일정한 한 사물이 있고 이 사물은 성질이 여러 가지라고 생각한다. 앞에 있는 저 사물은 나무가 아니라 꽃이며, 진달래가 아니라 장미이고, 노란색이 아니라 붉은색이며, 길이가 1미터가 아니라 30센티미터 정도다. 눈앞에 펼쳐진 상황은 하나의 대상과 그 대상의 여러 성질들('꽃잎' '장미임' '붉음' '30센티미터 정도의 길이' 등)로 이루어진다고 생각한다. 여기서 대상은 그 자체가 성질이 아니며 성질들을 담는 그릇과 같은 역할을 할 뿐이다. 이러한 성질들을 담는 그릇을 철학자들은 기체substratum 또는 실체substance라는 이름으로 부른다.

이제 우리는 정신과 물질에 관한 실체이원론이 무엇인가를 이해할 수 있다. 장미꽃의 예처럼 물리적 성질들을 담는 물리적 실체가 있듯, 정신적 성질들을 담는 정신적 실체가 있으며, 정신과 물질은 이러한 실체의 차원에서 다르다는 주장이다. 우리가 흔히 영혼이라고 부르는 것이 이러한 정신적 실체에 해당한다. 우리에게는 영혼이 있어, 모든 정신적 사건들은 이 영혼의 영역에서 전개되며 영혼은 모든 정신적 성질들을 담는 그릇으로 그들의 존재론적 기반이라는 것이다.

데카르트는 이러한 정신적 실체로 영혼을 받아들임으로써, 정신은 물질과 독립해 존재할 수 있다는 결론을 내렸다. 정신적 성질과 물리적 성질은 각기 그릇을 달리하기 때문에 물리적 성질들이 모두 사라져도 정신적 성질들은 영혼이라는 독자적 그릇에 담겨 명맥을 유지할 수 있다는 것이다.

데카르트의 주장과 같은 실체이원론은 정신과 물질 사이의 차이점을 설명하는 가장 편리한 방법이다. 정신과 물질에서 나타나는 차이를 양자가 근본적으로 다른 대상에 속하기 때문이라고 설명하는 것보다 쉬운 방

'마음이 있는 로봇'에 대한 철학적 질문을 던지는 영화 〈A.I.〉

법이 어디 있겠는가? 문제는 정신과 물질을 '대상의 차원에서 구분하는 방식으로' 칼로 자르듯 나눌 때, 양자가 어떻게 인과적으로 관계를 맺는가를 설명하기 어려워진다는 데 있다. 정신과 물체가 근본적으로 다른 그릇에 속한다면, 내가 손을 들려는 정신적 욕구가 손을 드는 물리적 행위를 야기하는 과정을 어떻게 설명할 수 있는가? 욕구는 정신적 실체에 속하며 손을 드는 행위는 전혀 다른 물리적 실체에 속한다고 할 때 이 문제에 답을 내기가 매우 어려워진다.

현대 물리주의의 반격

데카르트는 정신과 물질의 관계가 어떻게 맺어지는가에 송과선을 답으로 내세운다. 우리 두뇌에는 송과선이라는 곳이 있는데, 그곳에서 정신과 물질이 만난다. 우리의 정신적 사건들은 물질적 농도가 없으나, 송과선에서 정신적 사건이 농축화돼 물리적 사건으로 화한 후 물리계와 닫난다. 그리고 물리적 사건은 그곳에서 희박화하여 정신적 사건으로 변형된다는 것이다.

이는 마치 한 편의 공상과학소설을 연상케 한다. 그만큼 궁색한 설명이다. 실체이원론이 정신과 물질의 관계를 설명하는 과정에서 생겨나는 문제는 이뿐이 아니다. 오늘날의 과학에 따르면, 물리계는 하나의 폐쇄되고 완결된 체계다. 이러한 생각을 가장 잘 대변하는 것이 물리계의 에너지 또는 운동량 보존의 법칙이다. 즉 물리계 내의 운동량은 항상 일정하다는 것이다. 그러나 실체이원론에서와 같이 정신계를 물질계와 근본적으로 구별되는 별도의 영역으로 간주하면, 정신에서 물질로 이어지는 인과적 작용은 결국 운동량 보존의 법칙을 위배하는 결과를 낳는다. 별도의 영역인 정신이 물질계에 인과적 영향을 끼쳐 특정한 사건을 야기한다는 것은 물질계에 있던 기존 운동량의 합이 증가함을 의미하며, 이는 운동량 보존의 법칙에 위배되기 때문이다.

이렇게 데카르트의 실체이원론은 정신과 물질의 인과관계를 설명하는 과정에서 모순된 문제에 직면하여 붕괴되기 시작하였으며, 이후 철학자들은 정신과 물질의 관계에 새로운 설명을 추구하기 시작한다.

데카르트는 아직 마음에 관한 과학이 시작도 하지 않은 단계에서 마음과 물질의 관계를 철학적으로 논의했다. 이후 마음과 물질의 관계에 대한 본격적인 심리철학적 논의는 300년 이상이 경과한 후에야 마음에 관한 과학이 발전한 상태에서 다시 제기된다.

과학이 발전한 단계에서 나온 심리철학적 논의는 다른 분야와 마찬가지로 과학이론과 밀접한 관계가 있다. 또한 과학이론이 상당히 발전한 단계에서는 마음을 과학의 객관적 설명의 영역에 포섭하려는 성향이 강하게 나타나기 마련이며, 이는 결국 마음을 자연계에 포함하려는 경향으로 드러난다. 즉 마음을 물질계의 일원으로, 철학자들의 표현을 빌리면 물리주의적으로 설명하려는 경향이 나타난다. 이러한 경향의 대표적 이론이 행동주의와 동일론이다.

행동주의: 심리상태는 자극에 대한 반응일 뿐

행동주의는 처음에는 마음의 본성에 대한 철학적 이론이라기보다는 심리학의 한 방법론으로 제시되었다. 행동주의 이전의 심리학 이론은 내성심리학 또는 구조주의 심리학이라 불리는데, 이들은 자신의 마음을 내성적으로 고찰해 여러 심리상태들 사이의 규칙적 연관성을 설명하는 데 목표를 두었다.

그러나 그 이론들은 곧 문제점을 드러낸다. 내성이란 기본적으로 성격이 주관적이기 때문에, 이런 주관적 관찰에 기반을 둔 심리학 이론은 그 객관성을 의심받는다. 아울러 내성심리학을 옹호하는 심리학자들 사이에 마음의 기본적 구조에 대한 서로 조화할 수 없는 이견이 나왔으며, 주관적 관찰에 근거한 만큼 내성심리학은 그 이견을 조정하지 못하고 표류하기에 이른다.

이러한 상황에서 주관적 성격을 띠는 내적인 심리상태를 학문적 논의의 영역에서 완전히 배제하려는 새로운 움직임이 일어난다. 그 움직임은 폭발적인 반향을 일으킨다. 이들은 심리학이 기본적으로 행동을 예측하고 설명하는 이론이며, 이 이론은 내적 심리상태를 말하지 않고서도 구성될 수 있으며, 또 그리되어야 객관성과 과학성을 획득할 수 있다고 믿는다. 특정한 자극 또는 상황에서 어떤 행동이 야기되는가만을 관찰하고 거기서 자극과 행동 사이의 규칙적 관련성을 밝히기만 하면, 이를 통해 행동을 설명하고 예측하는 일이 충분히 가능하다는 것이다.

이렇게 심리학 연구의 한 방법으로 제안된 행동주의에 공감한 철학자들은 행동주의를 마음의 본성에 대한 이론으로 발전시킨다. 행동주의의 정신은 인간을 환경에 일정한 방식으로 반응하는 기계와 같은 존재로 본다.

예를 들어, 인간처럼 반응하는 한 기계가 있다고 하자. 우리는 이러한 기계에 대하여 "고통을 느낀다" "기뻐한다" 등의 표현을 사용해 그 행동을 설명할 수 있다. 이때 그 기계가 고통을 느낀다고 말하는 것은 피부의 손상과 같은 자극을 받을 때, 그 자극을 피하려는 방식 또는 비명을 지르는 방식으로 반응한다는 뜻과 같다. 이렇게 인간을 기계와 다름없는 것으로 보면, 일정한 심리상태에 있다는 것은 일정한 자극에 일정한 방식으로 반응하는 성향이 있다는 의미로 환원된다. 심리상태 자체를 자극에 대한 일정한 반응 성향으로 정의하기에 이른다.

이러한 행동주의는 명백히 극단적인 물리주의적 성격을 띤다. 어떤 심리상태임은 일정한 자극과 반응 사이의 성향과 같으며, 이러한 의미에서 심리적 성질은 설탕의 용해성과도 같은 그런 성질이 된다. 설탕의 용해성은 물에 넣으면 녹는 성향이며, 사람의 고통은 찔렸을 때 비명을 지르는 성향이다. 이런 점에서 양자는 차이가 없고, 심리적 성질은 설탕의 성질과 유사한 물리적 성질이다.

이렇듯 행동주의의 다소 극단적인 주장이 많은 사람들에게 호소력 있게 다가간 이유는 무엇일까. 앞서 말한 대로 이전의 심리학적 전통이 가진 주관주의적이고 비과학적인 성향에 대한 반발이 그 한 요소로 작용했기 때문이다. 아울러 모든 학문을 자연과학의 틀 속에 편입하려던 당시의 통합과학 바람이 또 하나의 요소로 작용했다. 그러나 혁신적이고 폭발적인 반향을 불러일으킨 행동주의는 그만큼 급격하게 쇠퇴의 길을 걷는다.

반론:욕구와 믿음을 간과했다

행동주의의 많은 문제점 중에서도 가장 핵심적인 것은 두 가지로 요약 가능하다. 첫째는 그토록 사람들의 환호를 받은 행동주의가 인간의 행위를 설명하는 구체적인 과정에서는 별로 성공적이지 못했다는 점이다. 둘째는 인간의 심리상태는 단순한 자극과 반응의 관계로 정의할 수 없다는 점이다. 예를 들어 갈증이라는 심리상태를 보자. 행동주의에 따르면 갈증이라는 욕구는 대체로 '물을 보았을 때, 그 물로 접근하여 섭취하려 함'으로 정의될 것이다. 그러나 갈증 상태에 있는 사람이 모두 그러한 성향을 보이지는 않는다. 물을 보았을 때 그 물로 접근하여 섭취할 것인가 아닌가는, 그 사람이 그 물에 어떤 생각을 하는가에 따라 달라진다. 그 물에 독이 들어 있다고 믿으면 그런 행동을 하지 않을 것이며, 그 물이 안전하다고 믿으면 그렇게 행동할 것이다. 즉 어떤 욕구가 어떤 특정한 행동 방식을 초래하는 것은 그 사람이 어떻게 믿는가에 따라 항상 달라진다. 마찬가지로 한 사람에게 어떤 일정한 믿음이 있을 때 그 일정한 방식대로 행동할지는, 그 사람의 욕구가 어떠한가에 따라 달라진다.

예를 들어 내가 보는 버스가 국회로 가는 버스라고 믿을 때, 그 믿음이 바로 그 버스를 타는 행위와 연관되지는 않는다. 내가 국회로 가려는 욕구가 있으면 그 버스를 탈 것이고, 그런 욕구가 없으면 그 버스를 타지 않을 것이다. 이러한 고찰은 우리의 행동 방식이 항상 믿음과 욕구의 합작품이라는 것을 보여준다. 한 버스가 일정한 곳으로 간다는 믿음과 그곳에 가려는 욕구가 동시에 있을 때에만 나는 그 버스를 탄다. 믿음 하나만으로는, 혹은 욕구 하나만으로는 행동이 초래하지 않는다. 이러한 고찰은, 사람의 심리상태란 항상 연계되어 자극과 행동을 매개하기 때문에 개별적 심리상태를 다른 심리상태에 대한 언급 없이 순수한 자극과 행동으로만 정의할 수는 없다는 사실을 보여준다. 행동주의는 이러한 사실을 간과하였기에 인간의 행동체계를 효과적으로 설명하는 데 성공할 수 없었다.

동일론 : 마음과 두뇌는 동일하다

행동주의 다음으로 제시된 강력한 물리주의적 견해는 심신동일론이다. 동일론을 이해하는 한 방식은 신경생리학자의 시각에서 문제를 바라보는 것이다. 미래의 신경과학자가 두뇌에 대한 완성된 지도를 작성하여, 인간의 모든 심리상태에 대응하는 두뇌의 상태를 밝혔다고 하자. 고통은 1번 두뇌상태이고, 눈이 온다는 믿음은 127번 두뇌상태이고, 물을 마시고 싶다는 욕구는 746번 두뇌상태이고 등등. 이때 우리는 각 심리상태는 그에 대응하는 두뇌상태와 같다고 말할 수 있지 않을까?

심신동일론은 바로 이러한 이론이다. 이 이론은 행동주의를 괴롭힌 문제들에서 자유롭다. 각 욕구와 각 믿음에 두뇌상태들을 대응하므로, 다양한 환경에서 믿음과 욕구의 합작으로 일정한 행동이 산출되는 과정을 쉽사리 설명할 수 있다. 한 행동은 각기 믿음과 욕구에 대응하는 두뇌상태들의 상호작용에 의해 시작되며, 이것이 중추신경계를 통해 근육을 자극함으로써 성립한다는 주장은 심리상태들의 결합을 과학적이면서도 설득력 있게 설명한다.

이렇듯 동일론은 두뇌 과학의 발전으로 이에 대한 정보가 있는 현대인들에게는 자명하면서도 도전의 여지가 없는 이론처럼 보인다. 그러나 이 이론은 컴퓨터 과학의 발전이 마음에 대한 생각에 영향을 끼치면서, 그리고 이에 고무된 마음관을 철학자들이 체계적으로 발전시키기 시작하면서 중대한 반론에 부딪힌다.

반론: 왜 꼭 인간의 두뇌인가

이런 예를 한번 들어보자. 당신이 영화 〈E.T〉의 주인공이 되어 어느 날 외계에서 온 존재를 만났다. 그 존재와 친해지고 나중에는 대화까지 나눈다. 대화를 통해 당신은 그 존재가 고향에 가고 싶어 슬퍼하며, 어머니가 보고 싶어 눈물까지 흘리는 모습을 본다. 그 외계인은 마음이 있지 않은가? 당신과 마찬가지로 감정이 있으며, 믿음과 욕구 등 당신과 유사한 온갖 심리상태가 있다고 봐야 하지 않는가? 비록 그 외계인이 우리 인간과는 다른 물질로 구성되었다 할지라도, 외계인도 우리와 같은 마음이 있다고 할 수 있지 않을까?

이러한 생각은 그 외계인이 고도로 정밀하게 만들어진 로봇이라 할지라도 마찬가지로 적용 가능하다. 고도의 로봇이 우리와 대화를 하고 합리적 방식으로 자율적으로 행동한다고 하자. 그 로봇 또한 우리와 유사한 믿음과 욕구가 있다고 봐야 하지 않을까?

위의 예는 동일론에 심각한 도전이다. 동일론은 마음과 인간의 두뇌를 동일하게 보아 마음을 가지려면 인간의 두뇌와 같은 것이 있어야만 한다고 주장하는 반면, 위의 예들은 인간과 같은 두뇌가 없어도 마음을 가질 수 있음을 시사하기 때문이다. 더 나아가 위의 외계인의 예는 한 존재가 마음을 갖는 데 어떤 물질로 구성되었는가는 중요치 않음을 보여준다. 외계인과 로봇은 모두 인간의 두뇌와는 다른 물질이지만, 이들 모두 '마음'이 있기 때문이다. 그렇게 볼 때 마음의 본성을 인간 두뇌와의 동일성에서 찾으려는 것은 지나치게 인간중심적이다. 마음의 본성에 대한 해답은 외계인, 로봇, 인간에게 공통적인 어떤 것에서 찾아야 한다.

기능주의:마음은 프로그램의 체계일 뿐

그렇다면 이들의 공통점은 어디에 있는가? 외계인의 예를 통해 동일론을 비판하는 사람들은 이들의 공통점을 두뇌 또는 중앙 정보처리장치의 물질적 성분이 아니라, 그 장치의 구조에서 찾는다. 우리는 왜 외계인이 고통이라는 상태에 있을 수 있다고 생각하는가? 당신의 고통상태는 당신의 다른 마음상태, 행동, 상황과 일정한 방식으로 관계를 맺고 있으며, 외계인의 내부적 상태 역시 자신의 다른 내부적 상태, 행동, 상황과 관계를 맺고 있다. 관계를 맺는 방식이 양자가 서로 유사하기 때문에 우리는 양자 모두 유사한 마음상태에 있을 수 있다고 판단한다. 다시 말하면, 한 심리상태를 바로 그 심리상태이게 하는 것은 그 상태를 구성하는 물질이 아니라, 그 상태가 전체적인 체계 속에서 작용하는 기능이나 역할에 달려 있다. 이러한 이론이 기능주의로 현대 심리철학에서 마음에 관한 정론의 지위를 오랫동안 누려왔으며, 지금도 가장 설득력 있는 이론이라고 할 수 있다.

물과 책상의 예를 통해 기능주의의 입장을 좀더 정확히 이해해보자. 우리 주변에 있는 사물들 중에는 그 본성이 그 사물을 구성하는 물질적 구조에 의해 규정되는 것들과 그 사물의 역할에 의해 규정되는 것들이 있다. 물은 전자의 전형적인 예다. 물이 물인 이유는 H_2O라는 물질적 기반이 있기 때문이다. 그것이 음료수로서 역할을 하는지, 수영장을 채우는지는 중요하지 않다. 그저 H_2O라는 물질이기만 하면 물이다.

반면에 한 사물이 책상이려면 어떤 물질로 구성되었는가는 중요하지 않다. 우리가 그것을 사용하여 책을 읽고 글을 쓰고, 컴퓨터를 사용할 수 있으면 된다. 나무로 구성되었는지, 철로 구성되었는지, 혹은 돌로 구성되었는지는 중요하지 않다. 유전자도 마찬가지다. 한 물질이 유전자이기 위해 중요한 것은 유전 정보를 전달하는 기능을 잘 하는 것이지, 그것이 DNA로 구성되었는가 아니면 다른 물질로 구성되었는가가 아니다.

기능주의는 심리상태를 물과 같은 것이 아니라 책상과 같은 것으로 본다. 기능주의에 따르면 한 심리상태가 그 상태일 수 있는 이유는 체계 내에서 일정한 기능을 하기 때문이지, 특정한 물질로 구성되어 있기 때문이 아니다. 바로 그렇기에 외계인도 로봇도 인간과 같은 마음상태에 있을 수 있다.

이러한 기능주의가 컴퓨터 과학의 발전과 긴밀한 관계가 있으리라는 사실은 설명하지 않아도 쉽게 알 수 있다. 인공지능에 관심이 있는 사람들은 컴퓨터 프로그램을 통해 인간의 여러 가지 인지 기능을 컴퓨터에 구현할 수 있었다. 이들은 이러한 방식으로 계속 발전하여 복합적인 인지 기능을 구현하는 체계를 만들면, 그 체계가 인간의 마음과 같은 것을 가질 수 있으리라 생각했다. 이는 다시 마음이란 프로그램들의 체계일 뿐이라는 생각을 낳았다. 이에 따르면, 한 존재가 어떤 심리상태인가는 복합적인 프로그램 내에서 특정한 역할을 수행하는 상태가 있는가에 따라 결정될 문제이지, 그 프로그램이 어떤 물질적 소재를 통해 구현되는가와는 전혀 무관하다. 이렇게 컴퓨터 과학의 발전과 그에 고무된 생각에 의해 '마음은 프로그램의 결합체'라는 생각이 나왔으며, 마음을 인간의 두뇌와 동일시하는 시각은 인간중심적이라는 비판에까지 이르렀다.

기능주의에 대한 두 가지 반론

기능주의는 기존의 행동주의와 동일론의 장점을 모두 포섭한 이론으로, 마음을 연구하는 사람들 사이에서 큰 호응을 얻었다. 단지 철학자뿐 아니라, 인간의 마음과 인지 과정에 관심이 있는 컴퓨터 과학자(특히 인공지능 종사자), 인지심리학자, 신경과학자 사이에서도 상당한 호응을 얻었다. 더 나아가 이러한 기능주의적 관점은 인간의 마음에 관심을 가져온 학문들 사이에 유대감을 형성하기에 이르렀고, 이는 인지과학이라는 새로운 학문의 형성에 결정적인 기여를 했다. 이렇게 시작해 이제 역사가 50년 정도 된 인지과학은 학제간 연구가 하나의 유행처럼 퍼진 20세기 후반의 학문적 토양에서도 가장 활발하고 생산적인 영역으로 자리잡았다.

그러나 이처럼 혁신적이면서 새로운 학문의 토대를 제공한 기능주의어도 몇 가지 반론이 존재한다. 앞에서 설명했듯 마음에 관한 이론은 마음의 특성인 지향성, 지능, 의식을 모두 잘 설명하면서, 한편으로는 마음과 물질 사이의 인과관계를 설명해야 하는 과제를 안고 있다. 그런데 기능주의는 마음의 특성 및 마음과 물질의 인과관계 두 측면 모두에서 반론에 부딪히고 있다. 이 반론들은 아직 기능주의가 붕괴할 정도로 결정적이지는 않으나, 결국엔 기능주의를 몰락시킬 수도 있는 강력한 잠재력이 있다.

우리는 앞에서 마음에는 물질계에서 찾아지지 않는 특성이 있음을 보았고, 이중에서도 지능, 지향성, 의식이 가장 중요한 특성임을 확인했다. 기능주의에 반대하는 사람들은 지능과 지향성이 기능주의의 틀 내에서 설명 가능하다는 데 동의한다. 그러나 의식의 현상은 기능주의에 심각한 문제를 제기한다고 주장한다.

당신이 고통이라는 심리상태에 있을 때, 당신은 단지 다른 마음상태들과 일정한 인과적 관계를 맺고 있을 뿐 아니라 특정한 '느낌'을 받는다. 즉 고통이라는 심리상태는 인과적 측면뿐 아니라, 일정한 느낌을 동반하는 현상적 측면이 있다. 이 두 측면 중 당신은 어느 것이 고통과 더 본질적으로 관련이 있다고 생각하는가? 아마 당신이 나와 같다면, 당신은 느낌의 측면이 더 본질적으로 관련 있다고 생각할 것이다. 괴로운 느낌이 없다면 그 상태가 어떤 인과적 역할을 하든지 고통일 수 없기 때문이다.

반론 1: 의식의 신비는 풀리지 않았다

이러한 괴로운 느낌에 해당하는 의식의 측면은 기능과 무관한 듯 보인다. 하지만 스펙트럼 전도가 이 상황을 잘 드러낸다. 철수와 영수가 있다고 하자. 이들은 모든 인지적 기능에서 아무런 차이가 없다. 그러나 이들 둘은 태어나면서부터 붉은색 색감과 푸른색 색감이 서로 전도되어 있다. 철수가 붉은색을 경험할 때 영수는 푸른색 색감을 경험한다. 색의 용어를 적용하는 것은 교육의 산물이고, 이들은 동일한 교육을 받았으므로 모든 상황에서 붉음과 푸름을 판단하는 데 정확히 일치할 것이다. 따라서 이들이 느끼는 색감의 차이는 인과적 과정에서 전혀 드러나지 않는다. 말하자면 철수의 붉은색 감각상태와 영수의 파란색 감각상태는 인과적 기능으로는 정확히 일치하지만, 동반하는 감각적 경험은 전혀 다르다. 이러한 예는 정신의 측면 중 감각적 경험이라는 부분이 인과적 기능으로 잘 설명되지 않음을 보여준다.

　사실 위에서 제시한 의식의 문제는 기능주의자뿐 아니라 모든 철학자, 과학자의 골칫거리다. 기능이건 물질적 소재이건, 물질계의 영역에서 어떻게 의식이라는 신비로운 현상이 형성되는가는, 과학적 논변은 말할 것도 없고 어떤 철학적 논변도 지금껏 해명하지 못하고 있다. 특히 기능주의에서는 더욱 심각한 문제다. 위의 예에서 철수와 영수가 모두 사람으로 구성 물질이 동일하다고 할 때와 철수와 영수가 하나는 사람이고 하나는 로봇이라고 할 때를 비교해보자. 스펙트럼 전도의 가능성이 후자는 더욱 그럴듯하게 느껴진다. 양자 모두 구성 물질과 구조가 동일하다면 어떻게 양자 사이에 스펙트럼 전도가 일어날 수 있을까 하는 의심이 드는 반면, 양자의 구성 물질이 상이하고 단지 인과적 구조만 같다면 그러한 전도가 있을 것처럼 느껴진다. 다시 말하면, 스펙트럼 전도와 그에 따른 의식의 문제는 동일론보다는 기능주의에서 더욱 심각한 문제로 대두된다.

반론 2 : 정신과 물질 사이, '인간성'은 어디에?

　정신과 물질의 인과가 기능주의에 제기하는 문제는 기능주의가 이원론적 성격인 것과 관련이 있다. 다시 책상의 예를 들어보자. 한 사물이 책상일 수 있는 이유는 그것의 기능과 관련 있다. 한 사물을 책상이게 하는 것은 그 사물의 구조 및 기능과 관련 있으며, 이러한 기능적 성질은 그 책상을 이루는 물질적 성질과 구분된다. 나무로 만들어지든 철로 만들어지든, 그것이 일정한 기능을 수행하기만 하면 그것은 책상이다. '책상임'이라는 성질은 그것을 구성하는 재료의 물리적 성질과 구분되는 별개의 성질이다.

　기능주의에 따르면, 일정한 심리상태의 본성 역시 그 상태가 하는 기능적 역할에 따라 정의된다. 어떤 소재로 만들어지든 그 상태가 특정한 기능을 수행하기만 하면 그 심리상태이다. 따라서 심리상태의 본성은 물질적 성질과 구분되는 별개의 성질로 정의된다. 이런 의미에서 기능주의는 심리상태에 대한 이원론적 특성을 띤다.

이러한 이원론에 제기되는 흥미로운 문제가 있다. '손을 들어야겠다'하는 의지가 손을 드는 행동을 야기한다고 하자. 모든 심리상태가 그렇듯, 이 의지는 어떤 두뇌의 신경상태에 따라 나오는 것일 게다(책상이 특정한 소재로 구성되듯). 이때 우리는 손이 올라가는 행동의 인과적 과정을 신경생리학만으로도 완결되게 설명할 수 있다. 두뇌상태에서 시작해 중추신경계를 거쳐, 근육의 수축작용, 팔이 올라가는 결과까지 모든 인간의 행동은 이렇듯 물리적 차원에서 설명이 가능하다. 그렇다면 물리적 상태와 구별되는 별개의 것으로서, 심리상태는 행동을 야기하는 과정에서 어떤 추가적인 기여를 할 수 있는가? 혹시 인간의 심리상태는 실제 아무런 인과적 영향도 끼치지 못하면서 그런 것처럼 보이기만 하는, 그림자와 같은 것은 아닐까?

그러나 이러한 결론을 받아들이기는 어렵다. 인간의 의지가 행동에 실제 영향을 끼치지 않는다면 인간의 자유의지, 책임, 자발성 등 '인간성'을 규정하는 핵심 요소들은 모두 증발해버리고 만다. 우리는 규정된 물리적 조건에 따라 움직이는 기계와 같은 존재일 뿐, 주체적 행동이란 허상에 불과해지고 말 것이다.

반면 인간 정신이 그 행동에 추가적인 인과적 영향을 끼친다는 주장도 문제가 있다. 심리상태가 물리상태와 구분된다고 인정하면서, 이 심리상태가 물리상태에 독자적인 인과적 영향력을 행사할 수 있다는 것은, 앞에서 보았듯 물리계의 폐쇄성 또는 운동량 보존의 법칙에 위배되기 때문이다. 물리계는 항상 운동량이 일정하다는 것은 부정하기 어려운 원리인데, 물질상태와 구분되는 심리상태가 행위에 독자적 영향력을 행사한다는 것은 이 원리를 위배하는 설정이다.

물론 이러한 정신과 물질의 인과문제는 기능주의에만 제기되는 것은 아니다. 정신을 물질과 구분하는 모든 이론에는 같은 문제 제기를 할 수 있다. 이러한 사항은 글의 서두에서 제시한 정신과 물질의 관계를 해명하려는 이론이 처한 딜레마적 상황을 다시 생각해보게 한다. 심리적 상태의 특성들을 설명하는 이론들은 때로 그 자체의 비물질적 특성 때문에, 때로는 기능주의의 강력한 위세로 말미암아 이원론적 경향으로 기운다. 지금껏 보아왔듯 이런 상황에

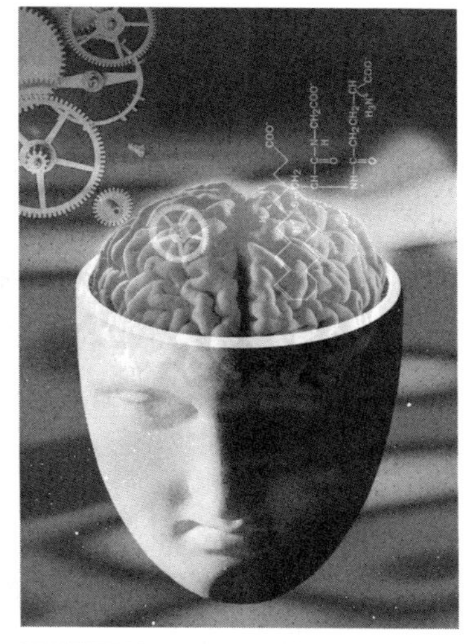

인간의 두개골에 담긴 뇌, 마음도 그 안에 숨어 있을까

서는 정신과 물질의 인과관계를 설명하기가 어려워진다.

반면 정신을 물질로 환원하여 설명하는 일원론적 접근을 시도하면 정신과 물질의 인과관계를 어려움 없이 설명할 수 있다. 정신은 물질과 같으므로, 정신에서 물질로 이어지는 인과관계는 물질과 물질 사이의 인과관계와 다름없기 때문이다. 그러나 이러한 접근은 정신의 속성들, 그중에서도 의식과 같은 현상들이 어떻게 물리적 상태에서 생겨나는가를 설명해야 하는 과제에 부딪힌다. 이 문제 역시 만만치 않으며 아직까지 어떤 이론도 이를 성공적으로 설명해내지 못했다.

심리철학, 인간의 본질을 향한 탐구

지금까지 정신과 물질의 인과관계와 그 특성적 차이라는 두 축을 통해 양자의 관계를 해명하려는 기존 이론들을 살펴보았다. 이 문제는 아직 완결되지 않은 상태로 많은 논의가 진행중이다. 이렇게 서로 얽혀 있는 정

신과 물질의 관계 문제, 의식을 어떻게 설명할 것인가 하는 문제, 정신과 물질의 인과관계의 문제 등은 모두 현대 심리철학의 핵심 논점들이다. 또한 물질과 정신의 관계 또는 물질계에서 정신을 어느 위치에 놓을 것인가 하는 문제는 단지 형이상학적 주제가 아닌, 우리 인간의 주체성 내지 정체성 문제와도 긴밀히 연관된 매우 중요한 문제다. 현대 영미철학에서 심리철학이 가장 중요한 분야로 주목받고 있으며 아마 가장 많은 사람들이 이 문제를 탐구하는 데 천착하는 중이라 보는데, 이 또한 놀라운 일이 아니다.

문제 자체의 중요성 외에 심리철학이 많은 관심을 끄는 또 다른 이유는 현대 심리철학이 인지과학, 자연과학과 긴밀한 관계를 맺고 있기 때문이다. 두뇌과학(신경생리학), 인지심리학, 인공지능은 전례 없는 속도로 발전하고 있으며, 중요한 철학적 함축을 띠는 갖가지 실험들이 쏟아지고 있다. 그 실험들은 철학적 반성을 요구하며, 철학자들은 그 작업에 기꺼이 참여한다. 첨단과학과 호흡을 같이하면서, 동시에 인간의 본성 또는 정체성과 관련한 문제를 철학적으로 반성하는 심리철학은 오랫동안 우리의 관심거리로 남을 것이며, 따라서 지금이야말로 심리철학을 연구하기에 가장 좋은 시점이 아닌가 한다.

김기현 kihyeon@snu.ac.kr
서울대학교 철학과와 같은 대학원 철학과를 졸업했다. 애리조나대학교에서 철학박사 학위를 받았다. 오클라호마대학교와 서울시립대학교 교수를 지냈다. 저서로 『현대인식론』 등이 있으며, 「의식과 환원」 의식의 인과적 기능」 「과학과 현대철학」 「인지과학과 인공지능」 등의 논문을 발표했다.

우주의 원리, 인간의 도리

'고전 읽기'라는 작업 속에는 지식의 축적 혹은 집적만 있는 것은 아니다.
그것을 읽는 '지금'의 '내'가 나의 앞날에 대한 어떤 선지자적 · 예언자적 빛과
소리를 발견해나가는 과정이다.

최재목 영남대 교수 · 철학

오늘날 한국의 대학입시에서 '국 · 영 · 수' 과목이 필수이듯, 동아시아 전통사회에서 관료가 되기 위해서는 국가고시(과거)에 대비해 사서(四書)에 주석을 단 주희(1130~1200)의 『사서집주(四書集註)』를 암기하는 것이 필수였다.

흔히 사서(四書)라 하면 오경(五經)이 떠오른다. 그 둘을 결합한 사서오경이란 말도 그리 낯설지 않다. 그만큼 우리 입에 자주 오르내리고 귀에 익어 친숙해진 경전이다. 그렇게 동아시아 전통사회를 지탱한 지식체계의 원천인 사서오경은 오늘날에도 대학 강단이나 언론매체, 향교 등을 통해 꾸준히 읽히며 음미된다.

싫든 좋든 유교는 동아시아의 사회와 문화를 형성하는 데 주도적 역할을 해왔다. 이러한 유교 이론의 원천이 바로 사서오경이다. 그 속에는 중국인, 나아가 고전을 통해 생활의 지혜와 인생, 자연과 사물을 음미하고 성찰한 동아시아인들의 사유양식, 철학과 종교에 관한 지식 및 정보가 풍부하게 들어 있다. 현대를 사는 우리가 삶을 전통과 관련지어 성찰하고

반성할 때 유교를 다시 거론하지 않을 수 없는 이유가 거기 있다.

특히 근현대와 연접한 근세사회 지식인의 교양 필수과목으로 추앙받은 사서는 오경과 달리 한 세트로 구성된 네 권의 책이 하나의 완결된 유교 지식체계를 제시한다는 점에서 이채롭다. 합리적인 사색과 논리의 틀은 그만큼 유교를 용이하게 이해하게 해준다. '전통적 가치'의 재해석과 평가가 계속되는 한, 동아시아 사회의 항상된 길 normal way 을 지탱해온 사서의 생명력은 소멸하지 않을 것이다.

지금부터 사서의 핵심내용이 무엇인지를 간략히 살펴보겠다. 좀더 빠른 이해를 위해 약간의 서지학적 지식도 곁들였음을 밝힌다.

사서의 성립과 읽는 순서

사서는 유학 측에서 확정한 주요한 책(경전) 네 권인『대학(大學)』『논어(論語)』『맹자(孟子)』『중용(中庸)』을 말한다. 그 성립과 관련한 네 선생(四子)을 표면에 내세워서 사자서(四子書)라고도 한다. 혹은『대학』과『중용』을 합쳐서『학용(學庸)』으로,『논어』와『맹자』를 합쳐『논맹(論孟)』으로 부르기도 한다.

『논어』『맹자』는 애당초 단행본으로 전해졌다. 그것은 공자와 맹자가 중국사상사에서 갖는 독자적 위치 때문이기도 하다.『논어』는 한당대(漢唐代) 이래 이미 중시되어왔다.『시(詩)』『서(書)』『예(禮)』『역(易)』『춘추(春秋)』의 오경에『논어』를 추가한 뒤, 다시 한당대를 거치면서 다른 경전들을 보탬에 따라 칠경, 구경, 십경, 십일경, 십이경 등이 성립됐다. 송대에 이르러 이 십이경에『맹자』를 추가하면서 비로소 십삼경이 완성됐다.

참고로 십삼경은 ①『역(易)』②『서(書)』③『시(詩)』에다 삼례(三禮)(④『예기(禮記)』⑤『주례(周禮)』⑥『의례(儀禮)』)와 춘추삼전(春秋三傳)(⑦『춘추좌씨전(春秋左氏傳)』⑧『춘추공양전(春秋公羊傳)』⑨『춘추곡량전

(春秋穀梁傳)』)을 각각 합한 이른바 구경에, ⑩『논어』⑪『효경(孝經)』⑫
『맹자』⑬『이아(爾雅)』를 추가한 것이다.

이어 『대학』과 『중용』을 살펴보자. 애초 『대학』은 『예기(禮記)』의 제42
편에, 『중용』은 제31편에 속해 있었다. 책 속의 한 편명에 지나지 않던 것
이 각각 주요 경서로 독립했다. 가족의 일원이었다가 분가한 것과 같다.

『중용』은 한대부터 이미 중시되어왔다. 당나라 중엽의 인물로 송대 신
유학(新儒學)Neo-Confucianism 운동의 중요 단서를 마련한 한유(768~824)는
『원도(原道)』를 지어 도통설(道統說)을 주장하면서 『맹자』와 『대학』을 중
시했다. 또 그 제자인 이고(772~841)는 『복성서(復性書)』를 지어 『중용』
을 중시했다. 한유가 중시한 『대학』은 북송시대 사마광(1019~1086)의
『중용대학광의(中庸大學廣義)』 1권 이후 『중용』과 함께 별도로 칭해지기
시작했다. 이로써 마침내 『예기』에서 분리된 것이다.

북송시대 하남 지방의 이정형제(二程兄弟), 즉 정호(1032~1085)와 정
이(1033~1107)는 『대학』과 『중용』을 『논어』『맹자』와 더불어 오경에 앞
서 읽어야 할 유학의 기본 경전으로 인정했는데 이로서 사서가 확립된다.
『대학』『중용』『논어』『맹자』의 사서가 비로소 이론적으로 연결되어 하나
로 합쳐진 것이다.

그런데 정이는 책 네 권을 사서로 묶었을 뿐 거기 주석을 달지는 않았
다. 하나로 연계된 사서에 처음으로 주석을 단 사람이 주희다. 중국사상

13경과 사서

① 역 (易)	② 서 (書)	③ 시 (詩)	삼례 (三禮)		춘추삼전 (春秋三傳)	⑩ 논어 (論語)	⑪ 효경 (孝經)	⑫ 맹자 (孟子)	⑬ 이아 (爾雅)
			④ 예기(禮記) ⑤ 주례(周禮) ⑥ 의례(儀禮)	제31편 중용(中庸) 제42편 대학(大學)	⑦ 좌씨전(左氏傳) ⑧ 공양전(公羊傳) ⑨ 곡량전(穀梁傳)				
구경(九經)									
십삼경(十三經)									

사뿐 아니라 동아시아 사상사에 빛을 발한 그 유명한『사서집주』는 그렇게 성립되었다. 집주(集註) 혹은 집해(集解)란 선인(先人)의 제주(諸註)를 취사선택하여 또 하나의 주석을 만든 것이다. 그것은 이미 고전 그대로가 아니다. 기존의 주(註), 즉 해석들을 자신의 주관과 이미지에 따라 취사선택하는 작업이다. 여기서 가공의 고전(古典) 세계가 만들어지며, 그를 통해 주석자의 사상과 세계관이 윤곽을 드러낸다.

주희는 기존에 전해오던『대학』과『중용』의 체제 및 내용에 대대적인 개편 작업을 벌인다. 자기 생각대로 본문에 해당하는 '경(經)'과 그 해설부분에 해당하는 '전(傳)'을 판별하고 장(章)과 구절(句節)을 나누었다. 이것이『사서집주』중『대학장구(大學章句)』와『중용장구(中庸章句)』다. 두 책은 지금 전해지는『대학』과『중용』의 기본체제라는 점에서 의미가 있다.

명대의 왕수인(호는 양명(陽明)·1472~1528)은 이 새롭게 성립한 주희의『대학』(이것을『신본대학(新本大學)』이라 부름)에 대해『예기』속의 옛날『대학』(이것을『구본대학(舊本大學)』이라 부름) 그대로가 옳다는 신선한 비판을 제기했다.

어쨌든 주희는 오경이 아닌 사서를 채택해 체계적으로 주석을 덧붙이는 한편, 잘못된 부분을 바로잡는 매우 중요한 작업을 했다. 그는 이러한 주석작업을 통해 송학의 궁극적 성격을 부각하고자 했다. 그것은 당시 유행하던 불교와 도교의 사상적 논리에 대항해 새로운 유교 체계(=신유학)로서 성리학(性理學)을 세우는 역사적 작업이기도 했다. 원(元)대 이래 명(明)·청(淸)대에 걸쳐서 과거시험이 주로 사서에서 출제되면서 그 권위와 학습 열기는 오경을 능가했다.

주희는 사서를『대학』→『논어』→『맹자』→『중용』의 순서로 읽을 것을 주장했다. 그는 왜『대학』을 처음에 두었을까?

『대학』에는 학문의 총괄로서의 삼강령(三綱領)과 그 분석인 팔조목(八條目)이 나온다. 그래서 그는『대학』을 수기치인(修己治人)이라는 유교의 이상, 즉 공자의 가르침의 골격(규모)을 깨우치는 '초보자가 덕성함양에 들어가는 문(初學入德之門)'으로 간주했다. 주희는 사서 가운데서도 『대학』을 가장 중시했고, 『대학』 가운데서도 격물(格物) 두 자를 중시했다. 이것은 정이의 사상적 시각을 계승한 것이다.

『대학』 다음에 『논어』를 둔 것은 공자와 그 제자들이 유교의 이상인 『대학』의 도를 어떻게 실천했나를 알 수 있기 때문이었다.

『맹자』가 세번째가 된 이유는, 맹자가 공자의 가르침을 이론화하고 철학화해 심오한 경지로 끌어올렸으며, 또한 송대 신유학의 관점에서 본다면 불교의 심성론(心性論)에 대항할 만한 인간 마음에 대한 이론적 논거를 제시했다고 여겼기 때문이다.

『맹자』에서는 인간의 본성 문제를 다루며 성선론(性善論)을 전개한다. 이것이야말로 불교의 불성론(佛性論)에 대응할 만한 주요 논거라 생각했을 것이다. 더욱이 『맹자』에는 위아주의자(爲我主義者 · 극단적 이기주의자)인 양주와 겸애주의자(兼愛主義者 · 박애주의자)인 묵적과 같은 이단의 사설(邪說)을 비판 · 배척하고, 별애(別愛 · 차등적/원근법적 사랑)를 주장하는 등 유가적 논조가 담겨 있어 도통(道統) 확립에 지대한 도움이 되었다.

마지막에 『중용』을 둔 것은 성(性) · 도(道) · 교(敎)의 관계를 천명(天命)과 결합해 설명하고 있어, 유학의 최종 결론격인 천인합일지도(天人合一之道 · 우주와 인간 합일의 원리)를 이해하기 쉬우며, 하늘의 운행 원리를 언표한 형이상학적 개념인 성(誠) 등이 제시되어 있기 때문이다. 『중용』은 인간과 사물의 근저에 있는 추상적 원리를 제시하기에, 다른 경전을 먼저 읽고 이것을 맨 마지막에 읽어야 마땅하다고 판단했다. 『대학』이 인간과 사물을 정면에서 바라보게 했다면, 『중용』은 그 이면을 성찰하게 했다고 하겠다.

먼저 『대학』을 통해 '학문의 규모를 정하고 뜻을 정립하며' 다음으로

『논어』를 배워 '학문하는 근본을 세우고' 『맹자』를 읽어 '학문의 발전과 의리를 분별하는 법을 배우며' 『중용』을 통해 '우주의 원리를 터득한다'는 것이 주희의 '사서 읽기 철학'이다. 주희가 확립한 사서 독해의 순서는 이후 일반화되었다. 사서를 읽을 때 특별한 생각과 대안이 없다면 주희의 방법을 따르는 것도 괜찮을 법하다.

대학:학문의 규모와 뜻을 정하다

『대학』은 유학의 학문적 목적과 정치의 근본을 밝힌 책이다. 이미 언급했듯 『대학』이 『예기』에서 처음으로 분리된 것은 북송의 사마광이 『대학광의』를 지은 다음이다. 그리고 우리가 흔히 접하는 『대학』의 기본체제는 주희가 『대학장구』를 만들고 나서 보편화했다.

『대학』의 명칭에 대해서는 두 가지 설이 있다. 첫째, 주희의 『대학장구』서(序)에 근거해, 중국 고대의 교육제도상 『소학(小學)』과 『대학』이 있었다는 설이다. 둘째, 당나라 초 공영달(574~648)의 말에 의거해, 소인(小人)에 대립되는 군자 혹은 위정자의 의미인 이른바 대인(大人)의 학문이라는 설이다.

『대학』의 저자에 대해서도 여러 설이 있는데, 전통적으로 『대학』은 『중용』과 더불어 공자의 손자인 자사(BC483?~402?)가 지었다는 견해가 지배적이다. 공리(공자의 아들)의 아들인 자사의 이름은 급(伋)이며, 자사는 그의 자(字)다. 자사 공급(孔伋)은 생애 동안 주로 고향인 노나라에 살면서 증자(曾子)의 학문을 배워 유학의 전승에 힘쓴 사람으로 알려져 있다. 맹자는 자사의 제자의 제자다. 도통(道統)을 중시하는 송학(宋學)에서는 공자-증자-자사-맹자로 이어지는 유학의 맥락을 중시해 이 관점을 보편화하기에 이른다. 이후 청대(淸代) 고증학자들의 실증적 연구에 의해 『대학』이 자사의 저작이라는 전통적 학설에 의문이 제기되기도 했으

2001년 '세계유교문화축제'에 참가한 유림이 행진을 하고 있다

나, 『대학』이 유가 계열 학자의 저작이라는 점에는 대체로 견해가 일치하고 있다.

　주희는 『대학』의 내용을 본문인 경(經) 1장과 그 해설인 전(傳) 10장으로 구성했다. 경 1장은 『대학』의 기본 사상인 삼강령과 팔조목에 대해 서술했고, 전 10장은 그에 대한 세부적인 해석을 덧붙였다. 주희는 그중 전 5장의 격물(格物)·치지(致知) 부분에 대해 원문이 없어진 것으로 단정하고 그 내용을 스스로 만들어 보충하기까지 했다. 이를 '격물보전장(格物補傳章)' 또는 '보망장(補亡章)'이라 한다. 이것은 134자의 짧은 문장이지만 주희의 격물치지와 관련한 학문세계가 압축된 것으로 그의 철학사상을 연구할 때 빼놓을 수 없는 매우 중요한 부분이다.

　'강령'이란 모든 이론의 으뜸인 큰 줄거리(총괄)를 말한다. 즉 ①명명덕(明明德·태어날 때부터 지닌 밝은 덕을 밝힘) ②친민(親民·백성을 친애함) ③지어지선(至於至善·지극한 선의 상태에 머묾)이 그것이다. 다만 친민을 주희는 신민(新民·백성을 새롭게 함)으로 해석하였는데, 주자학이 성행한 한국에서는 주로 이 해석에 따랐다. 주희가 친민의 '친'을 '신'으로 고쳐 읽는 것을 왕수인은 옳지 않다고 보고, 원래의 친민 그대로 읽을 것을 주장하였다.

　명명덕에서 알 수 있듯 『대학』의 근저에는 인간은 선하고 무한한 가능성을 지닌 존재로 긍정하는 이른바 성선설이 깔려 있다. 인간은 본래 어둡고 타락한 존재가 아니라 무한히 밝고 선량한 자기완성이 가능한 존재라는 시각이다. 인간인 이상 누구나 그 내면에 천당 혹은 극락이 있다는 것이다. 그 천당과 극락을 내면적 차원(＝명명덕)에서 그치게 하지 말고 외부 사회에서도 실현하자(＝친민)는 것이 핵심이다.

지선의 세계는 이렇게 내외합일(內外合一)에 의해 드러난다. 이렇게 보면 『대학』은 성선론에 입각한 덕치주의의 개론서라 평가해도 하자가 없을 것이다. 중국 근대 정치가인 손문(1866~1925)이 『대학』을 '외국의 대정치가들도 꿰뚫어보지 못하고 설명하지 못한 가장 체계적인 정치철학'이 담긴 중국의 명저로 간주한 것도 그런 측면에서 보면 일리가 있다.

팔조목은 삼강령의 구체적 분석, 즉 삼강령을 실천할 수 있는 방법을 제시했다. ①격물(格物 · 사물의 이치에 다다름) ②치지(致知 · 앎을 넓힘) ③성의(誠意 · 뜻을 참되게 함) ④정심(正心 · 마음을 바로잡음) ⑤수신(修身 · 몸을 닦음) ⑥제가(齊家 · 집안을 가지런히 함) ⑦치국(治國 · 나라를 다스림) ⑧평천하(平天下 · 천하를 고르게 함)가 그것이다.

이렇게 팔조목은 개인의 수양론 · 학문론 · 윤리론 · 정치론 · 철학사상론 등을 포괄하고 있다. 팔조목, 특히 '격물치지'에 대해서는 주희 외에도 많은 사상가들이 다양하고 창의적인 해석을 제시해 유교의 개념 해석사에서 이른바 르네상스기를 맞이한다.

①격물~⑤수신은 수기(修己)＝성기(成己)＝내성(內聖)의 차원으로서 개체와 자아의 완성을 의미한다. ⑥제가~⑧평천하는 치인(治人)＝성물(成物)＝외왕(外王)의 차원으로서 타자와 외물의 완성을 의미한다. 이것을 삼강령과 관련시킨다면 전자는 명명덕에, 후자는 친민에 해당한다. 양측의 온전한 합일을 통해 지선한 상태를 얻는다는 이상을 제시한 것이 바로 『대학』의 내용이다.

논어: 학문하는 근본을 세우다

『논어』는 공자와 그 제자들의 언행이 담긴 어록이다. 공자의 말, 공자와 제자 사이의 대화, 공자와 당시 사람들이 나눈 대화, 제자들의 말, 제자들 사이에 나눈 대화 등으로 구성된다. 공자와 그 제자들이 유교의 이상인 『대학』의 도를 어떻게 실천했는가를 살펴볼 수 있는, 이른바 유교이론의 구체적 실천이 생생하게 담긴 자료집이다. 그 내용은 모두 공자(BC 552~479)라는 한 위대한 인물의 사상과 행동, 가르침을 조명하고 부각한다. 이러한 점들은 공자의 사상이 중국 고대라는 시간과 공간을 넘어 현대를 살아가는 우리들의 생활에 다가와 친근감을 느끼게 해주는 한편, 삶에 필요한 많은 시사와 가르침을 던져주는 매력을 띤다. 『논어』의 편찬자에 대해서는 여러 설이 있으나, 대체로 공자가 직접 기록하고 정리한 것이 아닌, 그 제자들이 기록하고 그들의 문인(門人)들이 편찬한 것이라 보는 편이 무난할 것 같다.

이런저런 이유로 『논어』의 내용은 논리적이거나 체계적이지 않다. 공자의 개념 설명은 대화 상대가 누구냐에 따라 다르며 그 내용의 깊이 또한 일정치 않다. 따라서 읽는 사람에 따라 다른 해석을 내릴 여지가 적지 않다.

『한서』에 따르면 한나라 때에는 세 가지 종류의 『논어』가 전해졌다고 한다. ①노나라에서 전해온 '노논어(魯論)' ②제나라에서 전해온 '제논어(齊論)' ③공자의 옛집 벽 속에서 나온 '고문(古文)의 논어(古論)'가 그것이다. 지금 전해지는 『논어』는 전한 말의 장우가 노논어를 중심으로 편찬한 교정본이다.

『논어』는 모두 20편으로 나뉜다. 각 편명은 예컨대 『논어』 첫 편인 '학이(學而)'가 '학이시습지(學而時習之)'라는 첫 구절에서 따온 것처럼, 머리 두 글자를 따서 만들었다.

『논어』의 첫머리 세 구절에는 그 전편의 사상이 대략 압축되어 있다.

성균관을 찾은 사람들이 공자상 앞에서 담소를 나누고 있다

　그 첫 구절은 '배워서 때맞춰 이를 익히면 기쁘지 아니한가(學而時習之不亦說乎)'로 시작한다. 공자 당시에 배우던 필수 교양과목인 육예(六藝), 즉 예절, 음악, 활쏘기, 말타기, 글씨 쓰기, 셈하기를 배우는 기쁨을 제일 먼저 내세운다. 사람이 태어나서 사람으로서 갖출 기본교양을 닦아 사람의 도리를 하며 사람답게 살아가는 데서 향유할 수 있는 기쁨을 제시한 것이다. 배움을 통한 자기완성은 바로 '사람이 사람으로서 바로 서는 기쁨'이다. 이렇게 인간의 묻고 배움(學問)과 자기수양(修己)의 과정으로 드러나는 사람임과 사람됨의 무늬(人文)는 인륜(人倫)과 윤리(倫理)를 성립케 한다.

　이어 둘째 구절에서는 '친구가 있어 멀리서 찾아오면 즐겁지 아니하겠는가(有朋自遠方來不亦樂乎)'라고 말한다. 자기완성을 위해 힘쓰는 자에게는 그 뜻을 알아주고 서로 어울려 사는 모습이 있기 마련이다. '사람이 서로 무리 지어 어울려 사는 즐거움'의 무늬가 바로 친구들의 찾아듦이다. 덕 있는 인간의 윤리와 덕이 있는 정치(德治)도 여기서 성립한다.

　마지막 구절은 '남들이 알아주지 않더라도 불만스럽게 여기지 아니하면 군자가 아니겠는가(人不知而不 不亦君子乎)'다. 사람은 남들의 이목에 이끌려 살기 쉽다. 다시 말하면 남에게 인정받고 싶어한다. 그러나 인정받지 못하면 서운하고 불만이 생겨 화가 난다. 남이 알아주지 않더라도 불만스럽게 여기지 않는다는 것은, 남의 이목 때문이 아니라 '자신을 위해서' '마땅히 해야 할 일' '가치 있는 일' 그 자체를 자신이 진정으로 원해서 함을 말한다. 하지만 그것이 누구나 가능하지는 않다. 그것을 초연히 해낼 수 있는 사람은 바로 '사람이 사람으로서 해야 할 가치를 추구하고 실현하는 인간'인 군자(君子)이다. 사람이 사람답게 사는 원리인 '인(仁)'과 생명보다 귀한, 생명을 넘어선 가치인 '의(義)'도 여기서 성립한다.

그래서 이 책의 마지막은, 군자가 되기 위해서는 '하늘이 부여한 길(하늘의 뜻)'을 알아야 하며(知命), 사회에 몸을 뚜렷이 세우기 위해서는 '예'를 알아야 하며(知禮), 사람이 어떠한가를 잘 알기 위해서는 (그 관계 맺음의 기본인) '말'을 알아야 한다(知言)는 구절로 장식된다.

『논어』에는 이렇게 인간의 냄새가 풀풀 난다. 모든 시선은 인간의 현실 그 자체로 향해지고, 무엇이 가장 사람답게 사는 길인가를 절실히 캐묻고 반성하게 한다. 이렇게 『논어』에는 '사람이 희망'임을 말하는 공자의 사상과 이상이 뜨겁고도 간절히 드러나 있다.

『맹자』: 학문의 발전과 의리를 분별하다

『맹자』는 공자 다음 가는 성인, 즉 아성(亞聖)으로 숭상되는 맹자 (BC372?~289)의 사상을 거의 온전히 담고 있는 모두 7편으로 된 책이다. 맹자는 공자의 손자인 자사의 문하생에게서 배웠다.

『맹자』의 성립에 대해서도 여러 설이 있다. ①맹자 자신의 저술 ②맹자의 제자가 기록한 것을 맹자 자신이 손대어 간추린 것 ③맹자의 제자들이 기록한 것 ④맹자가 지었으며, 그 제자들이 순서를 정한 것 ⑤맹자의 제자들이 지었고, 중간중간 그 제자들의 제자들(=再傳弟子)의 기록이 섞여 들어간 것 등이다. 대체로 맹자가 죽은 뒤 그의 제자들(및 그 재전 제자)이 편집했다고 보면 타당할 것이다.

공자 사후 그 제자들이 대부분 3년상을 모셨는데 자공이 초막을 짓고 계속 더 머문 것을 묘사한 삽회(『맹자』 출전)

　『맹자』의 일관된 논리전개와 격조 높고 박력 있는 변론조의 명문은 맹자라는 한 인물의 사상과 이상을 잘 보여준다. 게다가 전국시대(戰國時代)의 사회 및 정치·경제 등의 양상을 잘 알 수 있는 흥미로운 내용으로 채워져 있다.

　후한의 조기는 『맹자』에 대해 본격적인 주석 작업을 벌이면서 7편 즉 ①양혜왕(梁惠王) ②공손추(公孫丑) ③등문공(滕文公) ④이루(離婁) ⑤만장(萬章) ⑥고자(告子) ⑦진심(盡心)을 각각 상하로 나누어 14편으로 만들었다. 이를 흔히 '맹자내편(孟子內篇)'이라고 한다. 이밖에 「맹자외서(孟子外書)」로 ①성선변(性善辨) ②문설(文說) ③효경(孝經) ④위정(爲政)의 사편(四篇)이 있었는데, 조기는 이것이 내용상 내편의 것과 맞지 않는다는 등의 이유로 제거해버렸다 한다. 이후 「맹자외서」 네 편의 내용은 알 길이 없어졌지만, 조기가 정한 14편의 체재는 보편화되어 오늘에 이르고 있다. 송대에 이르러 주희는 조기가 훈고(訓詁)에 치중해 맹자의 깊은 뜻을 놓쳤다고 비판하고 성리학적 관점에서 『맹자집주(孟子集註)』를 지었다. 이 책을 보통 조기의 고주(古註)에 대해 신주(新註)라 부른다.

　『맹자』는 『논어』에 나타난 공자의 가르침을 계승 확장하는 형태로 설명하고 있다.

　『맹자』의 근본 정신은『논어』가 그렇듯 책의 첫 구절(양혜왕·상)에 잘 드러나 있다. “맹자가 양혜왕을 뵈었더니 양혜왕이 말하기를 ‘선생께서 천리 길을 멀다 아니하고 와주셨으니 장차 우리나라를 어떻게 이롭게 해 주시렵니까?’하고 물었다. 이에 맹자가 ‘임금님은 왜 하필 이익(利)을 말씀하십니까? 인의(仁義)가 있을 따름입니다’라고 대답하였다.” 이렇게 『맹자』는 공자가 강조한 인(仁)에다 의(義)를 덧붙여 ‘인의’를 강조한다. 그리고 그 기초가 되는 성선설을, 이어 이에 입각한 ‘왕도정치론(王道政治論)’을 말한다. 더불어 그는 호연한 기운(浩然之氣) 즉 대자연과 합일하는 인격체를 추구할 것을 주장하고 있다.

　공자의 인(仁)은 육친 사이에 생기는 자연스러운 친애(親愛)의 정을 널리 사회에 미치게 하려는 것이다. 그것은 먼 곳(遠)보다는 가깝고 친근한 곳(近)으로 정이 더 가는 이른바 원근법적인 사랑으로서 가족제에 입각한 차별애라 할 수 있다. 맹자는 이를 계승하여 보편적인 인애(仁愛)의 덕을 주장하는 한편 그 실천 면에서는 현실적인 차별에 따라 합당한 태도를 결정하는 의(義)의 덕을 내세웠다.

　한편, 앞서 말한 맹자의 왕도정치론은 민본주의와 혁명론이 축이다. 물론 맹자의 민본주의는 현대의 민주주의와 같은 개념이 아니다. 맹자의 민본주의는 선한 본성을 지닌 인간에 대한 신뢰에 바탕한다. 맹자는 국가가 백성(民)·국토(社稷)·정치(王)의 세 요소로 구성된다고 보고, 그 가운데서도 백성이 가장 귀하고 임금이 가장 가볍다고 보았다. 군주로서의 덕성을 상실하고 백성의 지지를 받지 못하는 폭군은 한낱 지아비에 불과하다는 평가와 민의(民意)에 의한 정치적 혁명을 긍정한 혁명론은 애민(愛民)·중민(重民) 사상에 기초한 맹자의 정치적 이상을 잘 보여준다. 아울러 맹자는 사람에게는 누구나 먹고살 수 있는 최소한의 생업(恒産)이 있어야 인간다움을 추구하는 도덕의식(恒心)도 요구할 수 있다고 보아 다양한 경제정책을 제시한다.

맹자는 인간의 도덕실현의 가능근거로서 사단(四端·네 가지 단서), 즉 인(仁)의 단서인 측은지심(惻隱之心), 의(義)의 단서인 수오지심(羞惡之心), 예(禮)의 단서인 사양지심(辭讓之心), 지(智)의 단서인 시비지심(是非之心)을 들고 있다. 인간이 태어나면서부터 갖추고 있는 이 사단을 확충하면 인의예지(仁義禮智)의 덕성을 이룰 수 있다는 인간의 자기완성의 가능성에 절대적인 신뢰를 둔 이론이다. 맹자의 이 성선설은 순자의 성악설과 대비되며 이후 중국사상사의 정통 학설로 존중받고 동아시아 사회의 긍정적, 낙관적 인간론을 형성하는 주요 이론이 된다.

이렇듯 『맹자』는 전국시대의 혼란기에 의연하게 공자의 사상을 계승·옹호하고 확장하려는 맹자의 사상적 이상을 웅변해주고 있다. 우리가 흔히 공자와 맹자를 나란히 유교의 정통사상으로 인정하고 '공맹지교(孔孟之敎)'로 부르는 것이 우연은 아니다.

『중용』:우주의 원리를 터득하다

『중용』은 『대학』과 마찬가지로 『예기』 속의 한 편이었다. 그러나 그 내용의 중요성 때문에 한대(漢代)부터 주목을 받았다. 한대 이후에는 주해서가 나왔고 33장으로 나누어져 있었는데, 북송의 정이에 이르러 37장이 되었다. 남송의 주희는 이것을 다시 33장으로 다듬어 독립된 경전으로 만들었다.

『중용』의 작자에 대해서는 학자들의 의견이 일치하지 않는다. 흔히 '공자세가(孔子世家)'에 '백어(공자의 아들)가 급(伋)을 낳으니 그가 자사였다. 나이 62세에 송나라에서 곤란을 겪으면서 『중용』을 지었다'는 대목에 근거하여 『중용』은 공자의 손자인 자사의 저작이라는 것이 정설로 되어 왔다. 그러나 청대에 고증학이 발달하면서 여기에 이의가 제기되었다. 어떤 학자는 '진(秦)·한(漢) 시대의 누군가에 의하여 이루어진 저작'이라고 고증하기도 하고, 또는 '자사의 초고를 바탕으로 후세의 학자들이 오랜 기간 가필하여 완성한 저작'이라 주장하기도 한다. 그러나 아직까지 자사라는 정설을 부정할 유력한 근거가 없기에 편의상 이에 따를 수밖에 없을 것 같다.

『중용』의 자의(字義)에도 여러 설이 있다. 먼저 정이는 '기울어지지 않는 것(不偏)을 중(中)'이라 하고 '바뀌지 않는 것(不易)을 용(庸)'이라 하였다. 주희는 중(中)이란 '한쪽으로 치우치지 않고 기울어지지 않으며, 지나침도 미치지 못함도 없는 것'이고, 용(庸)이란 '떳떳함(平常)'을 뜻하는 것이라고 설명한다.

『중용』의 첫 장은 『대학』『논어』『맹자』가 그랬듯, 전체적 조망과 핵심 내용을 압축하는 천명지위성(天命之謂性), 솔성지위도(率性之謂道), 수도지위교(修道之謂敎)라는 말로 시작한다. 그러나 사실 이 부분은 흥미롭게도 성선설과 성악설의 두 가지 시각에서 다르게 해석할 수 있다.

먼저 성선설적 해석을 살펴보자. '하늘이 명(命)한 것을(이성, 측은·수오·사양·시비의 사단지심과 같은) 도덕성(性)이라 하고, 스스로 도덕성을 따르는 것을 도(道)라 하고, 도를 스스로 닦아 행하는 것을 교(敎)라 한다.'

성악설적 해석은 또 다르다. '하늘이 명(命)한 것을(식욕·성욕·투쟁심과 같은) 본능성이라 하고, 성인이 백성들의 본능성을 통솔하는 것을 도(道)라 하고, 성인이 도를 백성들에게 널리 익히게 함을 교(敎)라 한다.'

우리들에게 잘 알려진 해석은 전자인 주희의 것이다. 그러나 후자와 같은 독특한 해석이 있음을 간과해서는 안 된다. 해석은 늘 열려 있다. 오늘을 사는 우리에게 『중용』의 독해법이 꼭 주희의 방식 그 하나뿐이어야만 할 이유는 없다.

『중용』의 첫 구절은 유교의 출발점인 동시에 궁극적인 도달점을 제시했다. 그래서 흔히 『중용』을 유교철학의 개론서라고도 한다. 이 개론서를 우리는 주희의 시각에 따라 맹자가 천명한 성선론식으로 읽어왔다. 사람이 사람답게 살기 위해서는 부단히 배워야 하는데, 그 배움에는 길(道)이 있고, 그것은 바로 하늘이 부여한 선한 자신의 본성에 바탕한다는 낙관적이고 긍정적인 발상법은 송대 및 동아시아 성리학의 이론적 근거를 제공하기에 충분했다. 『중용』은 거기서 신유학자들을 매료시켰고, 유교를 공부하는 사람들의 인문학적 상상력을 불러일으키는 히트작이 되었다.

주희가 33장으로 다듬은 『중용』은 주로 중용(中庸) 또는 중화사상(中和思想)을 말한 전반부와 성(誠)을 설명하는 후반부로 나누어 설명할 수 있다.

전반부의 중화사상은 중용을 철학적으로 다르게 표현한 것이다. '중'은 희로애락의 감정이 드러나기 이전(喜怒哀樂之未發)의 순수한 마음의 상태를 말하며, '화'는 마음이 발하여 모두 절도에 맞는 것(發而皆中節)이다. 이렇게 '중화'를 이루면(致中和) 하늘과 땅이 제자리를 잡고(天地位焉), 만물이 잘 길러진다(萬物育焉)는 것이다. 따라서 전반부의 '중화'는 우주만물이 제 모습대로 운행되는 형이상적 원리를 언표한 것이다.

후반부의 '성(誠)은 전반부의 내용과도 깊이 관련되어 있는데, 바로 우주만물의 지극히 정성스러우면서 쉼이 없는(至誠無息) 그 성실성을 문자로 표현한 것이다. '성은 하늘의 도이며(誠者天之道也), 성 되려고 하는 것은 사람의 도다(誠之者人之道也)'라고 말하듯, 성은 하늘(天)·땅(地)·사람(人) 즉 삼재(三才)를 관통하는 원리다. 성실한 것은 우주의 원리이고 성실하려고 노력하는 것은 인간의 도리라는 것이다.

인간은 우주의 운행 원리인 성을 배우고 실천하며 체득하는 데서 인격을 완성할 수 있다. 이렇게 우주 자연과 인간이 하나로 합쳐진다는 천인합일(天人合一)의 경지나 원리는 『중용』의 핵심인 동시에 유교가 지향하는 최종적 목표다. 그래서 『중용』은 사서의 마지막을 웅장하게 장식하고 있다.

'온고(溫故)'로서의 사서 읽기

사서라는 고전은 사실 '옛것(古 =故)'일 뿐이다. 옛것은 '오래되고' '낡아' '구닥다리'가 된 것이다. 그것은 이미 온기를 잃고 식어버려, 차갑고 딱딱하게 되어, 지금·여기에 있는 것과 너무나 많이 (시간적으로) 바뀌고 (공간적으로) 달라졌다. 식은 밥(찬밥)이 따끈따끈할 때의 제맛을 잃듯 '옛날'이라는 것은 그 당시에 살아 숨쉬며 따뜻한 피가 돌던 상태가 끝났으므로 나의 '읽기'를 통해서만 살아날 수 있다. 그래서 사서와 같은 고전을 읽는 작업은 공자가 말한 '온고이지신(溫故而知新)'의 온고(溫故)의 작업이거나 퇴계 이황이 말한 '고인의 예던 길을 예는' 일일 것이다.

온고의 '온(溫)'은 '따사롭다' '따사롭게 하다' '데우다' '덮히다'의 뜻이다. '온고'는 차갑게 식어버린 옛 사람들의 말과 글을 '나'의 피가 돌고 따사로운 숨결이 흐르는 실존적인 '온몸(心身)'으로 음미하는(읽고 생각하며 느끼는) 작업이다. 바로 이때 '옛날'이란 것은 나의 실존적 내면적 숨결과 입김을 투과하여 따사롭게 생명력을 지녀 소생되어 나올 수 있다.

우리가 사서를 읽는 것은 우선 한문이라는 과거 중국의 글 속을 헤매는 이른바 고고학적인 발굴archaeological digging 작업과 같은 점이 있다. 하지만 중요한 것은, 고전 '읽기'라는 작업 속에는 단순히 그 무언가를 많이 아는 지식의 축적과 집적만이 있지는 않다는 점이다. 그것을 읽는 '지금'의 '내'가 나의 앞날(미래)에 대해 어떤 선지자적 예언자적prophetic인 빛과 소리를 발견하는 일일 것이다. 우리가 그것을 찾아 읽어내려가며 흘리는 땀방울의 크기만큼, 사서는 분명 사람이 사람으로서 사는 지혜의 길을 터주며 미래를 향한 적지 않은 시사를 가져다줄 것이다.

최재목 choijm@yumail.ac.kr
영남대학교 철학과를 졸업하고 일본 츠쿠바대학교에서 석사학위와 박사학위를 받았다. 도쿄대학교 객원 연구원, 하버드대학교 연구교수를 역임했다. 저서로 『동아시아의 양명학』 『나의 유교 읽기』 『시인이 된 철학자』 『양명학과 공생·동심·교육의 이념』 등이 있다. 시집 『나는 폐차가 되고 싶다』 등을 펴냈다.

문학, 세계의 반영

마술과 환상, 인간을 꿰뚫다

서로 다른 인종, 서로 다른 언어와 신화가 얽혀 용광로처럼 들끓는 땅 중남미.
그들의 신비롭고 역동적인 소설이 지금 세계 문학계를 이끌고 있다. 마르케스,
네루다, 푸엔테스와 바르가스 요사의 땅. 그곳으로 떠나는 짧은 문학기행.

서성철 문학평론가

세계 문학계에서 중남미 작가들이 차지하는 비중은 대단히 크다. 이 짧은 글에서 20세기 중남미 문학이 세계 문학에 끼친 영향과 그 위상을 상세히 설명하기란 불가능하다. 분명한 것은 중남미 문학은 이제 더 이상 비주류, 변방세계의 문학이 아니라는 점이다. 그런 문학에 한국의 지성인들 또는 문학에 종사하는 사람들이 '제3세계'라는 수식어를 붙이는 것은 중남미인들에 대한 '모독'일 수 있다.

문학 자체에 헤게모니가 있는 것은 아니지만 그를 주도하는 흐름은 있다. 유럽을 시작으로 러시아문학과 영미문학에 이어 지금 세계 문학을 선도하는 것은 중남미 문학이다. 노벨문학상이 반드시 한 지역의 문학 수준을 가늠하는 척도는 아니지만, 중남미나 스페인 문학은 20세기에 많은 노벨문학상 수상자를 배출했다. 한국 독자들에게도 친숙한 『백년의 고독』의 콜롬비아 작가 가브리엘 가르시아 마르케스, 1998년에 타계한 멕시코의 시인 옥타비오 파스, 민중시인으로 잘 알려진 칠레의 파블로 네루다, 같은 나라의 서정시인 가브리엘 미스트랄(그녀는 중남미 대륙이 배출해낸

최초의 노벨문학상 수상자다), 브라질의 조르주 아마두 등이 그들이다.

그 외에도 현대 포스트모더니즘의 선구자로, 또 환상소설 혹은 추리소설의 대가로 많은 현대 작가들에게 영향을 끼친 아르헨티나의 호르헤 루이스 보르헤스, 같은 나라 출신으로 역시 환상소설의 대가인 훌리오 코르타사르와 영화 〈거미여인의 키스〉의 원작자인 마누엘 푸익, 매년 노벨문학상 수상자 물망에 오르는 멕시코의 카를로스 푸엔테스, 네오바로크 문학의 선구자인 쿠바의 기예르모 카브레라 인판테, 대통령 후보로 후지모리와 격돌한 페루의 마리오 바르가스 요사, 페미니즘의 대두와 더불어 명성이 한층 높아진 칠레의 이사벨 아옌데(1970년 피노체트의 쿠데타로 실각한 아옌데 대통령의 조카딸) 등 기라성 같은 작가들이 다수 포진해 있다.

만남 · 충돌 · 변용의 문학

중남미 문학 역시 그 문화처럼 신크레티즘syncretism(혼합주의)에서 탄생했다. 중남미 문학 속에는 타자와의 만남과 충돌, 그리고 변용에서 나올 수 있는 모든 요소가 담겨 있다. 한마디로 중남미 대륙은 크다. 그곳에는 우리가 상상할 수 없는 비현실적인 것, 온갖 다양성, 그리고 역사와 함께 인간사회에서 도출될 수 있는 모든 갈등과 모순이 내재해 있다. 이런 풍토에서 나온 문학이라 스케일 또한 클 수밖에 없다.

그렇다고 중남미 문학이 지역주의에 함몰되어 보편성을 결여했다는 말은 아니다. 아마 그런 독창성에 보편성이 덧붙여지지 않았다면 지금처럼 세계의 독자들에게 큰 찬사를 받지는 못했을 것이다. 사실 중남미 문학은 현실과 상상력 사이에서 늘 부대끼고 고민하며 성장한 문학이다. 그런 특성이 독자들에게는 남다른 사유의 공간을 제공한다 하겠다.

일반적으로 중남미 현대소설은 '붐Boom'이라는 단어를 수반한다. 그런 수식어가 붙은 것은 중남미 문학이 어느 순간 갑자기, 무언가가 터지듯

세계 문학의 중심에 우뚝 솟았기 때문이다. 그러나 모든 면에서 주변부에 머무를 수밖에 없던 중남미 문학이 세계 문학의 헤게모니를 장악한 것은 우연이 아니다. 거기에는 기존의 옛 모델을 파괴하고 새로운 실험 정신을 추구한 작가들의 진지한 문학정신이 있었다. '붐'세대 작가들은 당시 영미와 유럽의 모더니즘 문학과 리얼리즘 문학에 과감히 도전해, 오로지 중남미만의 독특하고 주체적인 문학을 창안하기 위해 많은 노력을 기울였다.

1967년 노벨문학상을 수상한 과테말라의 미겔 앙헬 아스투리아스, 포스트모더니즘의 선구자로 인정받는 보르헤스, 중남미 대륙의 현실과 환상을 문학 속에 멋지게 용해한 쿠바의 알레호 카르펜티에르는 이런 '붐' 소설의 1세대 작가라 할 수 있다.

이들은 기존의 사실주의를 세계나 현상을 제대로 설명할 수 없는 낡고 케케묵은 것이라 비판하면서 그 미학을 부정했다. 이로써 그들은 서구의 아방가르드 문학과 자연스럽게 연결되고 영향을 받았다. 예를 들어 보르헤스는 조이스나 카프카의 영향을 깊게 받았으며, 아스투리아스나 카르펜티에르는 초현실주의와 선이 닿아 있다. 그러나 이들이 추구한 것은 단순한 사조의 모방이나 답습이 아닌, 사실주의와 단절함으로써 중남미의 새로운 비전을 제시하는 일이었다. 또 중남미 대륙의 언어로 그들만의 작품을 창조하는 것을 목표로 삼았다.

마르케스 · 푸엔테스 · 바르가스 요사

이들의 노력과 문학적 비전은 후배 작가들에게 직접적이고 즉각적인 영향을 끼쳤다. 이들은 선배들이 이룩해놓은 문학정신을 계승 · 발전시켜 더욱 창조적이고 혁신적인 작품을 생산해냈다.

그 두번째 그룹에 속하는 작가들로 아르헨티나의 에르네스토 사바토와

왼쪽부터 가르시아 마르케스, 보르헤스, 바르가스 요사

코르타사르, 쿠바의 호세 레사마 리마, 멕시코의 후안 룰포 등이 있다. 이들의 주된 관심사는 한마디로 소설 형식의 혁신이라 할 수 있다. 이들 소설의 서술방식은 직선적이 아닌, 복잡다단한 미로 또는 순환의 형태로 나타난다.

한편 본격적인 중남미 '붐' 소설 작가로는 콜롬비아의 가르시아 마르케스, 페루의 바르가스 요사, 멕시코의 푸엔테스, 쿠바의 기예르모 카브레라 인판테 등이 있다. 이들은 한마디로 '이야기꾼'이다. 이야기 그 자체에 모든 의미가 있으며 그것을 창조해나가는 과정이야말로 작가에게 가장 큰 희열임을 역설했다. 이야기를 풀어나가는 데 그들이 즐겨 쓴 수법이 바로 '마술적 사실주의'다.

어찌됐든 이런 '붐' 소설은 전 세계 문학계에서 열광적인 환호를 받으며 큰 영향을 끼쳤다. 살만 루시디, 토니 모리슨, 움베르트 에코, 밀란 쿤데라 등 우리가 익히 아는 여러 유명 작가들이 그 직간접적 수혜자다. 이들이 중남미의 '붐' 소설, 특히 보르헤스와 가르시아 마르케스에게 영향을 받았다는 것은 잘 알려진 사실이다.

중남미 소설은 이처럼 보르헤스를 필두로 가르시아 마르케스, 푸엔테스, 바르가스 요사에서 절정을 이룬다. 그들은 낡은 리얼리즘을 배척하고 모호한 현실 그 자체에 대한 회의, 환상과 신화의 재발견, 새로운 패러다임을 문학적으로 형상화하기 위한 창조적 상상력 등으로 세계 문학계에 지대한 공헌을 했다.

그러나 이렇듯 황금기를 구가하던 '붐'소설은 1970년대 후반에 들어오면서 그 기세가 꺾이고 만다. 출판시장의 위축과 역량 있는 신진작가 배출이 원활치 못한 것이 큰 원인이었다. 쿠바 경제정책의 실패와 카스트로 정권의 독재화, 아옌데 사회주의 정권의 붕괴 등 혼란스런 정치 상황도 중남미 문학에 변화를 불러오는 요인이었다. 그래서일까, '붐'소설 이후 등장한 '포스트붐' 세대의 소설들은 더 이상 진보와 혁명에 낙관적 전망을 내세우지 않으며 중남미의 정치 상황에도 초연한 자세를 견지한다.

'포스트붐' 세대 작가들이 직면한 딜레마는 전세대가 이룩한 문학적 성과에 안주하느냐 아니면 그를 딛고 일어서서 새로운 모델을 창출하느냐는 것이었다. 이에 새 세대의 젊은 작가들은 선배들에게 동조하는 대신 그들을 비판하고 나섰다. '붐' 작가들이 과도한 엘리트주의에 빠져 있으며, 작품이 너무 어려워 대중이 읽기 힘들고, 세계주의에 지나치게 함몰돼 중남미의 현실을 무시한다는 것이 주 내용이다.

'포스트붐' 세대의 화려한 등장

그들은 이에 대한 대안으로 읽기 쉬운 소설, 즉 기존의 리얼리즘으로 회귀했다. 이런 맥락에서 보르헤스류의 '환상문학'과 마르케스류의 '마술적 사실주의'를 배척한 것은 당연한 일이다. 칠레의 안토니오 스카르메타와 루이스 세풀베다, 아르헨티나의 루이사 발렌수엘라와 멤포 지아르디넬리 그리고 마누엘 푸익, 쿠바의 미겔 바르넷과 레오나르도 파두라, 멕시코의 엘레나 포니아토프스카, 우루과이의 크리스티나 페리 로시 등이 바로 이 부류에 속하는 작가들이다.

'포스트붐' 소설은 '붐'소설과 달리 언어적 실험성이 많이 희석되어 대체로 읽기 쉬우며, '붐'소설 특유의 이념성이 바탕한 경향문학적 성격도 거의 찾아볼 수 없다. 이들은 또한 공통적으로 하드보일드 소설 형식을 자주 활용한다. 전통적으로 저급한 문학으로 취급되던 추리소설(하드보일드 소설)과 거기에서 파생한 서스펜스 소설에서 자신들의 암울한 현실을 그릴 수 있는 도구를 발견한 이유이다.

중남미 특유의 페미니즘 문학이 탄생한 것도 주목할 만한 현상이다. 중남미는 식민시대 이래 남성이 절대적 우위를 차지해온 가부장적 사회다. 1970년

삼바 축제에 참가한 무희

대에 국제적인 페미니즘 운동과 중남미의 정치적 해방운동이 맞물리면서, 중남미 여성작가들은 페미니스트의 눈으로 포착하고 주조한 현실의 이미지를 문학을 통해 제시하려 했다. 기존의 남성중심적 문학에 도전해 새로운 영역을 개척한 것이다.

사회적으로 소외된 여성의 현존을 상징하는 부엌이란 장소와 여성에게만 주어지는 의무이자 특권인 요리가 주제인 작품들이 특히 눈길을 끈다. 대표작이 로사리오 카스테야노의 단편 「요리강습」이다. 이제껏 중남미 문학에서 금기시해온 성적 담론, 특히 여성의 시각에서 본 성적 표현을 음식의 후각과 미각에 빗댄 작품으로는 앙헬레스 마스트레타의 「페미니스트 요리」, 라우라 에스키벨의 『달콤쌉싸름한 초콜릿』 등이 있다.

또 하나, 현재 많은 중남미 작가들의 관심을 끄는 것은 미니 픽션이라는 새로운 장르다. 한 페이지도 안 되는 이 짧은 픽션은 길이는 짧지만 그도의 문학성과 기법을 포함한다.

　과테말라 작가인 아우구스토 몬테로소의 작품 「공룡」을 보자.

　"깨어나 보니 공룡은 아직도 거기에 있었다."

　이 한 줄이 소설의 전문(全文)이다. 이 소설에 대한 설명이나 해석은 독자에 따라 달라질 수밖에 없다. 그만큼 독자들의 참여가 요구되는 개방적이고 다의적인 픽션이라 할 수 있다. 도대체 잠에서 깨어난 자는 누구란 말인가, 공룡이 거기에 있다니, 왜? 또 거기란 어디를 말하는가, 공룡이란 용어에 무슨 문학적 의미라도 있는 걸까……. 독자들은 궁금증을 품을 수밖에 없다. 그리고 거기에 답을 내리면 그것이 곧 하나의 비평이나 또 다른 형태의 새로운 이야기가 된다. 이 짧은 텍스트의 뒷부분을 채우는 것은 독자의 몫이고, 거기서 파생하는 즐거움 또한 그들의 몫이다.

　이런 점에서 미니 픽션은 움베르토 에코가 말한 '열린 작품'의 한 형태라 할 수 있다. 한국의 독자들에게는 낯설고 생경할지 모르지만 중남미 현대 작가들은 이 장르가 21세기 문학의 대표주자임을 의심치 않는다. 이 장르는 현대사회가 요구하는 신속성과 간편성을 지녔을 뿐 아니라 다양성, 민주주의, 평등을 요구하는 새 세기에 적절히 어울린다. 또한 창의력의 원천인 독자들의 적극적인 참여를 유도할 수 있으며, 인터넷 세상에서 독자가 커서를 이동하지 않고 한 화면에서 단번에 작품 전체를 읽을 수 있는 장점이 있다.

　한마디로 '포스트붐' 소설은 '붐' 소설과 비교해, 대중에 더 가까이 다가가려 노력했다. 그들이 고급소설로 간주하던 '붐' 소설의 모델을 파기한 것은 시대와 사회의 변화에 따른 불가피한 선택이며, 그들 문학에서 보이는 대중적 요소들은 신속성과 즉물성을 선호하는 현대 대중에 다가가기 위한 전략이라고 할 수 있다. 그러나 거대담론이 빠지고 난 자리를 상업주의와 경박성이 채우는 우려할 만한 현상도 동시에 존재한다.

대가들이 사라진 자리에 복고 바람이

그렇게 맞이한 1990년대의 중남미 문학은 어딘지 외롭고 쓸쓸하게 느껴진다. 『내 슬픈 창녀들의 추억』을 발표하며 여전히 건재함을 과시했지만 오랜 시간 암과 싸우는 중인 가르시아 마르케스, 여전히 정열적이지만 벌써 여든이 다 된 푸엔테스, 최근 다시 활발한 창작활동을 벌이는 바르가스 요사 등을 제외하면 한 시대를 풍미한 중남미 문학도 한풀 꺾인 게 아닌가 하는 느낌이 들 정도다.

대가들이 사라진 자리를 너끈히 메울 만한 후진이 아직 등장하지 못한 때문인가. 현재 중남미 독서계는 이제 고전이 된 시나 소설들이 장악하고 있다. 한마디로 말해 복고적 성향을 띤다는 뜻이다.

인세를 지불하지 않아도 되어서인지 세르반테스의 『돈키호테』는 여전히 출판계가 앞다투어 내는 책이다. 최근 칠레의 안드레스 베요 출판사도 이런 분위기에 가세했는데, 푸엔테스가 1962년에 쓴 중편소설 『아우라』가 다시 나와(푸엔테스가 가장 최근에 쓴 소설은 2000년에 나온 『이네스의 본능』이다) 여전히 잘 팔린다. 이제까지 수없이 많은 판으로 찍혀 수백만 부가 팔린 네루다의 초기작 『스무 편의 사랑의 시와 한 편의 절망의 노래』는 이름을 계속 바꿔 출판되어 뭇 연인들을 사로잡고 있으며, 중남미 대륙의 『허클베리 핀의 모험』이라 할 수 있는 칠레의 마누엘 로하스의 『도둑의 자식』도 출판 50주년을 기념해 스페인에서 다시 출판되었다. 카르펜티에르가 생전에 쓴 원고들을 모아 내놓은 『이야기들』도 주목을 끌고 있다.

왜 이런 현상이 벌어지는가? 무엇보다 중량감 있는 신작의 부재가 가장 큰 이유다. 또 한 가지, 위에서 언급한 작품들에는 공통적으로 복고성과 더불어 그 기법과 주제에서 환상성 혹은 신화적 요소가 있다. 꿈의 이미지로 멕시코인의 사랑과 정체성을 표현한 푸엔테스의 『아우라』, 이네스라는 오페라 여가수를 중심에 두고 현실과 환상을 넘나들며 두 가지 역사, 두 가지 시간, 두 가지 격정을 그려낸 『이네스의 본능』, 현란한 색채감과 글의 음악성, 초현실주의적 기법을 활용해 중남미만의 독특한 역사·신화·주술을 엮어 낸 『이야기들』. 모두 중남미 특유의 '마술적 사실주의'를 확인할 수 있는 작품들이다.

분명 1980년대 '포스트붐' 세대 작가들은 리얼리즘 기법을 충실히 따르며 대중주의에 편승하고자 '노력'했다. 그러나 물신화의 시대를 사는 대중은 여전히(어쩌면 당연하게도) 신화나 환상성을 선호한다. 그렇다면 시대를 관통해 중남미 문학을 대표하는 개념인 '마술적 사실주의'란 과연 무엇인가. 그 대표작가인 가르시아 마르케스를 통해 살펴보자.

중남미 문학의 핵심 '마술적 사실주의'

누구나 인정하듯 중남미 문학세계는 대단히 독창적이다. 독자들은 그 독창성에 매료당한다. 그 독창성의 원천과 같은 것이 이미 우리에게도 친숙해진 용어인 '마술적 사실주의'다.

중남미 문학에서 이 용어가 본격적으로 등장한 것은 1948년, 우슬라르 피에트리라는 비평가가 1930~1940년대 사실주의 경향에서 이탈한 작품을 발표한 베네수엘라 작가들의 작품에 이 용어를 적용하면서부터다. 이와 관련 피에트리는 "적당한 용어가 없어 부득불 마술적 사실주의라는 용어를 사용할 수밖에 없다"고 고백했다.

마술적 사실주의와 관련해서는 아무래도 카르펜티에르가 1940년대 중남미 현실을 설명하면서 명명한 '경이로운 중남미 현실'이라는 용어를 생각하지 않을 수 없다. 카르펜티에르가 보기에 중남미는 기존의 '사실주의'로는 도저히 설명이 불가능한, 한마디로 놀랍고 경이로운 세계이다. 여기서 '마술적 사실주의' '경이로운 현실' 그리고 '환상'이라는 용어의 이론적 차이를 들춰내려 한다면 그보다 무익한 일은 없을 것이다.

결론부터 말해 마술적 사실주의란 신화적인 세계(좀더 범위를 좁히면 주술적 세계)의 반영과 같다. 카르펜티에르의 '경이로운 현실' 또한 주술적이고 신화적인 세계를 다른 말로 표현한 데 지나지 않는다.

마르케스의 『백년의 고독』은 처음부터 끝까지 상식적으로 불가능한, 현실세계에서는 도저히 일어날 수 없는 놀랍고도 신비로운 사건들로 가득차 있다. 마콘도의 창건자 호세 아르카디오 부엔디아가 죽었을 때 "소리 없이 밤새도록 내려 지붕을 덮고 문을 열 수 없을 만큼 집안에 쌓였으며, 바깥에서 잠자던 짐승들을 질식시킨" 노란 꽃비에 대한 묘사라든지, 초콜릿을 먹고 공중으로 부상하는 신부라든지, 4년 넘게 내리는 비라든지, 100세가 넘은 할머니가 흡사 번데기처럼 줄어든다든지 하는 등등. 여기서 다 언급할 순 없지만 이들은 소설의 중요한 모티브이자 마르케스의 글쓰기나 사유세계의 주요 단서이다.

그런데 재미있는 건 이 모두는 작가 마르케스가 특별히 고안해내거나 창작한 것이 아니라는 사실이다. 이런 기법이나 사유는 중남미 자연이나 문학적 풍토에서만 나올 수 있는, 그래서 중남미 문학이나 예술에 역동성을 부여하는 전통이다.

간단히 말해 마술적 사실주의는, 어떤 대상을 객관적으로 서술하고 현실 그대로 재현하며 문학적 왜곡을 피해 허위적인 것을 거부하는, 문학사전에서 정의하는 그런 리얼리즘이 아니라 마술적 또는 마법적이라는 수식어가 붙은 중남미 세계에서만 가능한 특별한 리얼리즘이다.

믿을 수 없는 사실, 믿을 수 있는 환상

포스트모더니즘 열풍이 몰아치면서 가르시아 마르케스는 마술적 사실주의의 대표작가로 급부상했다. 정치적·역사적 사건이나 현실에 기반을 두되 현실과 환상의 경계선이 모호하고, 초자연적이며, 경이롭고 믿을 수 없는 '사실'들이 혼재하는 마술 같은 사실주의. 포스트모더니즘의 아버지로 한국의 문학도들에게도 낯설지 않은 아르헨티나의 보르헤스 역시 현실과 환상을 교묘하게 배합한 작가로 불린다. 그는 현실을 픽션(허구), 환상으로 보기 때문에 그것을 반영하는 그의 작품들은 '환상적 사실주의'로 불린다.

마르케스와 보르헤스는 둘 다 이 세계를 이성 혹은 합리성으로 이해하기를 거부한다. 그러나 마르케스는 보르헤스처럼 우리 눈에 보이는 이 세계를, 불교식 용어를 빌리자면 '공(空)'과 같은 환상으로 보지 않는다. 그에게 환상은 역사성이 결여한 근거 없는 거짓말이며 우리가 사는 세상의 현실과는 전혀 상관없는 무엇이다. 이런 맥락에서 볼 때, 보르헤스의 단편 소설들은 흔히 말하는 독서의 재미를 주지 않는다. 형이상학적 사유의 재미를 줄 수 있을지 몰라도 우리가 통상 기대하는 소설 읽기의 재미는 찾기 어렵다.

신화라는 용어가 그렇듯 마술magic이라는 용어에는 거짓말이고 꾸며내 만든 공상이라는 의미가 함축해 있다. 마르케스는 언젠가 이런 이야기를 한 적이 있다. "나는 새로운 현실을 창조한 것이 아니며 내가 일체(一體)된 그 결과로 알고 있는 현실을 찾아내기로 했습니다." 이 말은 자연과의 동일화 과정을 통해, 다른 사람들에게는 '믿을 수 없는 사실'들이 그에게는 충분히 '믿을 수 있는 사실'로 바뀜을 의미한다. 따라서 이 말은 리얼리즘에 대한 마르케스의 언명인 동시에 메타포의 본질에 대한 훌륭한 설명이다.

마르케스는 자기 소설에서 실제에 근거하지 않은 것은 하나도 없다고 말한다. 예를 들어 『백년의 고독』에 등장하는 한 주인공은 마치 성자의 후광처럼 노란 나비들에 둘러싸여 다닌다. 마르케스가 어렸을 때 한 전기공이 공사를 하려고 여러 번 집에 왔다고 한다. 그러던 어느 날 나비들이 몰려와 할머니를 성가시게 하자 그녀는 나비를 쫓으며 이렇게 말했단다. "저 사람이 올 때마다 노란 나비가 극성이란 말이야."

이 소설의 결말에는 '최후의 아이'가 돼지꼬리를 달고 등장한다. 마르케스는 어떻게 하면 아이를 괴물처럼 그릴 수 있을까 고민하다 현실에선 일어날 가능성이 없어 보이는 '돼지꼬리 달린 어린이'를 묘사했다고 한다. 그런데 그의 소설이 유명해지자 중남미 여러 곳에서 돼지꼬리와 흡사한 것을 지니고 태어난 남녀들의 고백이 터져 나오기 시작했다.

아즈텍의 신 가운데 하나인 '조치필리' 상

그중 한 콜롬비아 청년은 신문 인터뷰에서 이런 말을 했다. "난 내게 그런 꼬리가 있다고 말하고 싶지 않았다. 창피했기 때문이다. 하지만 그 소설을 읽은 뒤, 그리고 그 소설을 읽은 사람들의 말을 들으면서 이 또한 자연적인 현상이라는 사실을 알았다."

마술은 나와 너, 자연과 인간, 신과 인간의 끊어진 고리를 연결한다. 그런 면에서 이 소설은, 나는 이 세상에 홀로 떨어진 존재가 아니라 엄연히 이 세계의 한 부분이라는, 신화세계에서 말하는 화해와 동일성의 세계를 말하고 있다. 그것이야말로 마술적 사실주의의 핵심일 것이다.

해리포터 신드롬이 중남미를 휩쓸고, 톨킨의 『반지의 제왕』이 베스트셀러가 되는 데서 알 수 있듯 지금 그 대륙에서는 다시 환상소설, 사이언스 픽션, 추리소설 '붐'이 일고 있다. 그를 반영하듯 멕시코 유수의 출판사인 간디출판사 웹사이트에는 작년까지 없던 '역사소설' '환상소설' '추리소설' '에로틱 소설' '공포·서스펜스 소설' '사이언스 픽션'이라는 배너가 줄줄이 늘어섰다.

경박성과 상업주의를 넘어

그러나 그 대다수의 책에서는 전시대 선배들이 고민한 진지함이나 방대한 사유의 폭이 느껴지지 않는다. 길가 키오스크의 가판대나 슈퍼마켓 진열대의 싸구려 에로틱 소설처럼 소비자의 호주머니만 노릴 뿐이다. 작가들의 작품이 한결같이 짧은 이유도 비슷할 것이다. 현대인은 너무 바쁘고 시간이 없다. 재미있는 일, 시간을 투자해야 할 일이 지천인데 누가 긴 소설을 읽겠는가. 중남미인들도 예외가 아니다.

거대담론이 사라진 여파일까? 아니면 새 패러다임에 따라 역사에 대한 새로운 해석의 바람이 불어서일까? 한국 TV 드라마에서처럼 중남미에서도 역사물 붐이 일고 있다. 16세기 멕시코 아즈텍 제국의 정복자 에르난 코르테스를 재조명한 후안 미랄레스(멕시코)의 『에르난 코르테스 : 멕시코의 창건자』는 그러한 상업주의 출판의 대표적인 예다.

그러나 남미는 여전히 문화적인 면에서 역동적이고 희망적이다. 빈곤과 가난, 실업, 정치적 불안 등 산적한 문제를 안고도 그들은 풍부하고 독창적인 문화를 일구어왔다. 혼효(混淆)와 하이브리드, 끝없는 파괴와 창조, 다양성, 개방성으로 대변되는 그들의 문학, 그리고 그 문학의 미래를 주시하는 것은 같은 시대를 살아가는 우리들에게 여간 흥미로운 일이 아닐 수 없다.

서성철 scsuh@unitel.co.kr
한국외국어대학교를 졸업한 뒤 멕시코국립대학교에서 문학박사 학위를 받았다. 『라틴아메리카의 문학과 사회』 등의 저서와 『사랑과 다른 악마』, 『라틴 아메리카의 역사』, 『초콜릿 : 신들의 열매』, 『신대륙과 케케묵은 책들』 등의 역서가 있다. 한국외국어대학교 역사문화연구소 연구원을 역임했으며, 현재 외교통상부 산하 재외동포재단에 근무하고 있다.

이종교배 시대의 일본문학
"나는 국적이 없다"

'세계의 문학'으로 도약하는 일본소설.

혼혈의 감성, 문화적 귀속성이 희박한 인공 언어로 보편의 정서를 끌어안는다.

재일한국인 문학의 성과도 두드러지는데……

일본문학에서 '일본어 문학'으로, 그에 대한 짧은 보고서.

윤상인 한양대 교수 · 일문학

1990년대 이후 일본소설은 국내 독서시장에서 괄목할만한 위치를 차지했다. 그 단초를 제공한 것이 무라카미 하루키다. 『노르웨이의 숲』이 우리나라에 처음 소개되었을 당시만 해도, 아무도 이 젊은 일본작가가 그 어떤 해외 유명작가보다 더 큰 인기를 누리리라는 걸 예상하지 못했다. 무라카미 하루키야말로 '하루키 신드롬'이라는 조어와 함께 젊은 독자들에게 현대 일본문학에 대한 인상을 강렬하게 각인한 장본인이다.

1990년대에 접어들면서 일본소설의 번역 붐이 일었는데 역시 '하루키 신드롬'의 여파로 보아도 무방하다. 무라카미 하루키에 이어 무라카미 류, 요시모토 바나나, 시마다 마사히코 등이 국내 독자들에게 주목을 받는데, 이들 역시 하루키와 더불어 오늘날 일본문학계의 흐름을 주도하는 작가들이다.

현대 일본문학은 국내 독서시장에서뿐만 아니라 세계적으로도 관심의 대상이다. 노벨문학상 수상자를 둘이나 배출한 것도 세계문학으로서 입지를 확보할 수 있는 바탕이었다. 1980년대 이후 등장한 작가들의 활동도 두드러져, 무라카미 하루키나 요시모토 바나나 등의 소설은 세계 여러 언어로 번역되어 읽히고 있다.

현대 일본문학의 현황을 이해하기 위해 두 노벨상 수상 작가를 살펴보는 것도 유익한 일일 것이다. 가와바타 야스나리와 오에 겐자부로는 패전 이후 1980년까지 일본 현대문학의 두 흐름을 대변하는 존재이기도 하기 때문이다.

1994년 10월 스톡홀름의 노벨상 시상식에 참석한 오에 겐자부로는 「애매한 일본의 나」라는 제목으로 수상 연설을 했다. 이 이색적인 제목은 26년 전 같은 자리에 선 선배 작가 가와바타 야스나리의 수상 연설 '아름다운 일본의 나'를 패러디한 것이다.

선배 작가에 대해 자못 '불손'하게 비칠 수도 있는 제목의 연설에서 오에는, 어조는 비록 신중했지만 가와바타를 단호히 비판했다. 비판의 핵심은 일본적 미학의 특수성에 안주하며 신비주의의 닫힌 세계에 칩거하는 가와바타의 문학이 일본과 일본인을 더욱 '애매'한 존재로 남게 했다는 것이다. 그리고 이러한 '자기'를 향한 과도한 나르시시즘이 아시아에서 '침략자'의 역할로 이어졌다고 말함으로써 근대일본사에 대한 자기반성을 곁들였다. 그는 천황이 노벨상 수상자에게 하사하는 문화훈장을 사절함으로써 실천적 지식인의 면모를 보였다.

일본적 서정 對 세계적 보편성

가와바타와 오에는 사뭇 대조적인 작가다. 가와바타가 전통적 서정성과 자연관에 의존하면서 일관되게 '일본적' 서정을 일궈왔다면, 오에는 되도록 일본어가 강요하는 문화적 귀속성을 배제하고 지구적 규모의 상상력이 바탕한 세계적 보편성을 지향했다.

가와바타의 노벨상 수상은 세계(=서양)에서 볼 수 없는 특수한 세계를 그려서 주목을 끈 결과로, 서양인들의 이국취미적 소산이라고 볼 수 있

일본의 두 노벨문학상 수상자, 가와바타 야스나리
(왼쪽)와 오에 겐자부로

다. 이 점에서는, 가와바타에 못지않게 서양 독자들에게 지속적으로 읽히는 다니자키 준이치로와 미시마 유키오도 예외가 아니다.

이에 반해 오에의 수상은 일본문학이 세계적 동질성의 기반 위에서 평가받았다는 의미이며, 일본문학이 비로소 세계문학 속에서 진정한 시민권을 획득했다는 의의가 있다. 아울러 가와바타에 대한 오에의 비판은 이질적인 것에서 신비하고 진기(珍奇)한 것을 찾으려는 서양인들의 오리엔탈리즘 혹은 관음증적인 동양취미에 대한 비판으로도 읽힐 수 있다.

전통적인 자기고백의 문학인 사소설에서부터 오에 겐자부로처럼 보편적 소설 문법을 지향하는 작가들에 이르도록 1970년대 후반까지 일본 현대문학은 다양한 양상으로 전개되었다.

오에 겐자부로는 일본 현대문학의 큰 줄기를 다음 세 집단으로 분류해 설명한다. 제1그룹은 '세계문학에서 고립된 문학'으로 앞서 언급한 가와바타와 다니자키, 미시마가 여기에 포함된다. 제2그룹은 '세계문학에서 배워 세계문학에 되돌려주려는 문학'으로 오오카 쇼헤이, 아베 고보, 오에 겐자부로가 여기에 속한다. 제3그룹은 '세계가 하위(대중)문화로 공고하게 얽힌 시대의 전형적인 문학'으로 무라카미 하루키와 요시모토 바나나 등이 해당한다.

"기분 좋은 게 뭐가 나빠?"

일본문학계의 지각변동은 바로 이 제3그룹이 등장하기 시작한 1970년대 후반부터 시작되었다. 파격적인 형식 실험과 함께 탈이념, 탈중심으로 대변되는 자유분방한 유목민적 사고를 무기로 이들은 문단의 엄숙주의에 식상한 독자들을 끌어모으는 데 성공했고, 평생에 걸쳐 구도자적인 자세를 흩뜨리지 않고 문학세계의 심화에 매진해온 노대가들은 실추된 권위를 뒤로하고 무대 뒤편으로 사라져갔다. 그것은 문화의 생산과 소비의 계층 이동이자, 문학의 질적 변화를 예고하는 사건이었다.

"대중문화 감각으로 단련된 새로운 문화 세대가, 이제까지 일본의 문학자들이 심혈을 기울여 쌓아온 것과는 전혀 다른 문화를 창출할 것"이라던 오에의 '불길한 예언'이 적중이라도 하듯, 가식적 교양주의를 거부하고 대중문화와 편견 없는 교감을 나누며 새로운 형태의 예술적 감수성을 선보인 20~30대의 작가들이 대거 출현했다. 이른바 '신세대 작가'였다.

이러한 새로운 흐름을 주도한 이들이 1976년 아쿠타가와 상을 받으며 등장한 무라카미 류와 1979년에 '군조(群像)' 신인상으로 데뷔한 무라카미 하루키다. 무라카미 류는 데뷔작 『한없이 투명에 가까운 블루』에서 '물질적 상상력'과 '몰(沒)주체'의 감각을 작품 전체에 내세워 섹스와 마약으로 뒤범벅된 현실을 거칠고 원색적인 언어 공간에 담아냄으로써 이단(異端)의 문학적 정체성을 확고히 했다. 이 두 사람의 문학적 색채는 결코 동일하지 않다. 그러나 작가로서 취하는 자세나 사회·문화적 현실 인식에 공통점이 존재하는 것은 사실이다. 그리고 이러한 공통점은 1980년대 이후 등장한 신세대 작가들에게도 일반적으로 적용될 수 있다.

첫째, 소설의 성공과 '재미'에 관한 기존 작가들의 금욕적(혹은 위선적) 태도와 일선을 긋는다. 즉 약간 고급스런 엔터테인먼트를 제공하는 것을 독자와 맺는 이상적인 관계 설정으로 본다. 그들은 더는 작가가 '구도자'일 필요가 없다고 생각한다. 그런 점에서 볼 때, 하루키가 『바람의 노래를 들어라』 서두에서 가공의 인물인 미국 소설가 데렉 하트필드의 입을 빌려 "기분이 좋은 게 뭐가 나빠?"라고 한 말은 분명 기존 문단의 엄숙주의에 대한 도전이라고 할 수 있다.

균질화한 개성 혹은 자본주의적 인간

둘째, 기존의 리얼리즘 문체에 집착하지 않고 자유분방한 상상력과 문학형식을 도입한다.

예컨대 무라카미 하루키와 무라카미 류의 데뷔작은 해체주의적 상상력의 전형을 보여준다.

'나는 전차를 타면 맨 처음 승객 수를 세고, 계단 수를 모두 세고, 틈만 나면 맥박을 쟀다. 당시의 기록에 의하면, 1969년 8월 15일부터 이듬해 4월 3일 사이에 나는 강의에 358번 출석했고, 섹스를 54번 했고, 담배를 6921개피 피웠다.' (무라카미 하루키의 『바람의 노래를 들어라』 중에서)

애써 작위적이려는 지향 속에서 추출된 인공적 리얼리티, 숫자에 대한 과도한 집착은 기성의 소설문법에 대한 식상을 내보인 것으로 볼 수 있다. 평론가 가와무라 사부로는 이 소설을 "생활의 리듬을 멀리하고 단지 일상적으로 소비되는 말만을 적어놓은, 말의 콜라주와 같은 소설"이라 평했다.

셋째, 고도 자본주의 사회에서 평균적 소비문화를 누린 이른바 '풍족세대'와 '개성세대'를 독자층으로 상정한다. 무라카미 하루키의 소설에는 '빈곤'이 결여되어 있다. 아르바이트를 해서 용돈을 벌어 쓰는 대학생들도 이성과 데이트할 때면 품격을 갖춘 레스토랑에서 식사를 한다. 주요 등장인물들은 한결같이 복장에 세련된 감각을 보이며, 관련 기술에서는 유명 브랜드의 고유명사도 곧잘 눈에 띈다. 같은 무렵 다나카 야스오는

왼쪽부터 무라카미 하루키, 무라카미 류, 요시모토 바나나

소설 전체가 상품(정확하게는 이른바 명품) '카탈로그 잡지'와 같은 느낌을 주는 소설 『어쩐지 크리스털』(1980)을 발표해 화제를 모았다.

무라카미 하루키 소설의 등장인물들은 하나같이 '속해' 있기를 거부한다. 일반적 의미에 해당하는 직업에 종사하는 사람도 거의 찾아볼 수 없다. 광고회사 경영자, 레스토랑 주인, 모델, 컴퓨터 프로그래머, 대학생…… . 한결같이 소속의 중압에서 자유로운 직업이다. 이야말로 균질한 소비문화를 향유하며 간섭받지 않고 살기 바라는 '개성세대'가 꿈꾸는 세계이다.

넷째, 소설에 대중문화 또는 대중문화적 감각을 과감히 접목한다. 1960년대 이후의 미국 팝과 재즈, 할리우드와 유럽의 영화는 이들의 소설에서 쉽사리 접할 수 있는 문화적 기호들이다.

실제 이들의 문화적 교양 가운데 대중문화가 차지하는 부분은 결코 무시할 수 없다. 무라카미 류는 고교시절 록밴드 활동에 직접 영화까지 만든 전력이 있으며, 작가가 된 뒤에도 영화감독을 겸한다. 심지어 영화를 찍은 뒤 그것을 바탕으로 소설을 쓰기도 한다. 무라카미 하루키의 소설은 몇 장만 넘기면 어렵지 않게 음악과 영화에 관한 기술(記述)을 접할 수 있다. 단순히 인용으로만 그치지 않는다. 그의 문체에는 영화 특유의 화법

(話法)이 응용되기도 한다. 『키친』(1987)의 요시모토 바나나는 어떠한가. 작가 요시모토 바나나를 키운 양식(糧食)이 순정 소녀만화나 레이디코믹스였다는 사실은 이미 알려졌다. 이같이 신세대 작가들은 가식적인 교양주의를 거부하고 대중문화와 편견 없이 교감하면서 새로운 형태의 예술적 감수성을 계발한 셈이다.

앞서 언급했듯이 일본 신세대 작가들의 문학세계를 설명하는 중요한 키워드는 대중문화와 자본주의다. 영화나 재즈, 로큰롤, 만화, 애니메이션은 독자 대중에게 문화적 동질감을 환기하는 문화적 코드다. 그리고 이러한 '기분과 취향'의 공유는 동시대 감각을 불러일으켜 작가가 독자에게 한층 더 친숙한 존재로 다가설 수 있게 한다. 1980년대 이후 일본문학을 주도한 신세대 작가들의 대중적 성공은 고도 산업사회에서 나날이 위세를 떨치는 대중문화에 작가가 청교도적인 고독으로 대항하려는 자기기만을 일찌감치 포기하고, 그 대신 생생한 동시대 감각과 후기 산업사회에서 겪는 다양한 삶의 양식을 '풍속'이라는 코드로 연계한 데서 비롯했다.

그들을 키운 건 8할이 미국 대중문화

또 하나의 주제어는 자본주의다. 앞에서 거명한 작가들은 1960년대의 고도성장기와 1970년대의 안정성장기에 성장했고, 고도 자본주의 시대의 독자를 상대로 소설을 써오고 있다. 급속한 도시화와 자본주의의 성숙에 따른 풍족함을 누리는 동시에 압도적인 대중문화의 세례를 받고 자란 작가들이, 한층 개성적이며 세련된 소비문화를 향유하는 독자들에게 던지는 메시지에는 자본주의의 과실이 안겨주는 감미로운 충만감이 빠짐없이 등장한다. 결론적으로 말해 대중문화와 자본주의는 이들 작가와 독자를 한데 묶을 수 있는 공통의 끈인 셈이다.

여기서 우리는 현대 일본문학과 미국문화의 관계에 눈을 돌릴 필요가 있다. 미국 대중문화와 미국식 소비문화는 일본 현대작가들의 감수성의 일부이기 때문이다. 미국문화가 일본의 젊은이들에게 절대적인 영향을 끼치기 시작한 것은 이미 40여 년 전부터다.

'60년대가 되어서 아메리카가 갑자기 가깝게 느껴졌다. 그것도 과거 '기브 미 추잉껌'의 세대가 아메리카를 올려다본 것과는 달리, 더욱 친근한 캐주얼한 양식으로서 아메리카를 느꼈다. 제니스 조플린의 아메리카, 짐 모리슨의 아메리카, 〈이지 라이더〉의 아메리카, 〈내일을 향해 쏴라〉의 아메리카, 커트 보네거트의 아메리카……. 그것은 베트남전쟁을 치르는 국가를 뜻하는 아메리카와는 전혀 다른 아메리카였다.'(가와무라 사부로 『60년대 상징으로서의 아메리카』 중에서)

현대 일본문학 안에 미국이 들어오는 계기를 제공한 것은 미국의 대중문화다. 1960년대에 성장기를 보내며 미국 대중문화를 흡수한 무라카미 하루키는 미국적인 것과 가장 완벽한 형태의 동거를 실현한 작가다. 할리우드 영화광에다가 3천 장이 넘는 재즈 음반 수집가이며, 고교시절부터 펄프 픽션 수백권을 독파한 그에게 미국이란 존재는 '생활의 리얼리티'가 말끔히 탈색된, 완벽한 픽션을 보장해주는 '기호'들로 가득 찬 세계다.

'나는 실체로서의 아메리카에는 거의 흥미가 없다. (…) 내가 흥미를 느끼는 것은 내가 나 자신의 시간성 안에서 인식하는 아메리카, 또는 상상하는 아메리카다. 달리 말해 그것은 작은 유리창으로 들여다보는 미국이다. 그 유리창은 로큰롤이고, 소설이며, 영화이고, 어떤 때는 순수한 정보—정보라는 이유만으로 성립하는 정보—이다.'(무라카미 하루키 『기호로서의 미국』 중에서)

일본 작가와 한국 독자를 잇는 끈

대개 미국산 대중문화와 자본주의적 사고로 구축된 문학세계는 당연히 '일본적' 감성과는 동떨어진 무국적의 색깔을 띨 수밖에 없지만, 바로 이 점이야말로 하루키 등의 소설이 여러 국경을 넘어 통용될 수 있는 보편성을 제공해준다. 일본의 다국적 기업 소니SONY의 세계적 유통망이 미국식 자본주의의 확산과 더불어 확립되었듯이, 무라카미 하루키의 다국적성은 이미 전 세계에 뻗어 있는 미국의 대중문화, 소비문화에 의해 보장되고 있다. 미국적 대중문화는 영어 이외에 또 하나의 세계 공용어인 셈이다.

한국의 독자들이 지난 10년간 무라카미 하루키 소설에 열광한 것을 두고 일본문화에 대한 전긍정(全肯定)으로 보는 것은 지나치게 성급한 일이다. 무라카미 류나 하루키 혹은 다른 신세대 작가들의 작품에서 순수한 의미로 '일본적'인 것을 찾아내기란 쉽지 않은 일이기 때문이다.

한국의 젊은 독자들이 무라카미 하루키에 열광하는 것은 둘 사이를 이어주는 공통의 끈이 있기 때문이며, 그 끈을 발견한 것은 다름 아닌 경제발전에 따른 사회진화의 결과다. 때마침 이념의 시대가 종언을 고하고 한국사회가 경제적 여유를 누리는 단계에 접어들면서, 스스로 자본주의의 적자(嫡子)임을 숨기지 않고 오로지 자신의 기분과 취향에 따라 다양한 문화에 몸을 내맡기는 세대가 문화 소비집단의 중심층이 되었다.

아울러 미국 대중문화의 세계적 유통구조 속에 함께 놓인 일본의 작가들과 한국의 젊은 독자층 사이에는, 문화적 동질감 혹은 동시대 감각을 공통 기반으로 삼는 문화적 연대가 자연스럽게 형성되었다. 10여 년 전에 시작한 하루키 신드롬을 이러한 시각에서 해명해보는 것도 무의미하지는 않을 것이다.

재일한국인 문학의 도약

해방 직후부터 1990년대 초반에 이르기까지 김달수, 김석범, 이회성, 김학영, 이양지 등이 면면히 이어오던 재일한국인 문학은 어디까지나 일본문학계의 중심에서 멀리 떨어진 변방에 있었다. 그러나 그러한 구도는 6~7년 전부터 흔들리기 시작했다. 기존 재일한국인 문학의 답습을 거부하고 자신만의 개성을 주장하는 젊은 신인작가들이 잇달아 등장하면서 재일한국인 문학은 일본문학의 제도권에 일정한 영역을 구축할 정도가 되었다.

1997년 유미리(柳美里)가 『가족시네마』로 아쿠타가와 상을 수상하며 등장한 이후, 재일한국인 문학은 유례없는 전성기를 구가하고 있다. 화제의 영화 〈달은 어디에 떠 있나〉의 원작자이자 소설 『피와 뼈』로 야마모토 슈고로 상을 수상한 양석일. 양석일과 마찬가지로 오사카 한국인 집단거주 지역 이카이노 출신이면서 2000년 상반기 아쿠타가와 상을 받은 현월(본명 현봉호). 같은 해인 2000년, 123회 나오키 상 수상작 『GO』로 일약 주목을 받은 가네시로 가즈키 등의 활약은 재일한국인 문학이 더는 변방 타자의 목소리가 아님을 설득력 있게 전해준다.

무엇보다 이들은 두 가지 점에서 기존 재일한국인 문학과 대비된다. 첫째, 차별에 대한 저항과 민족적 각성이 축인 기존 재일한국인 문학의 규범을 거부하고 '재일(在日)하는' 개체로서 개성을 자유분방하게 표출한다는 점이다. 둘째, 기존 작가들이 순수문학을 지향하며 금욕적이고 구도자적 자세, 때로 투사적인 기개로 창작에 임했다면, 이들은 문학의 엔터테인먼트 기능을 충분히 자각하며, 대중의 지지를 받아 상업적으로 성공하려는 욕망을 숨기지 않는다는 점이다. 이 두 가지야말로 최근 재일한국인 문학 '활황'의 배경에 대한 설명이 될 수 있을 것이다.

이와 같이 재일한국인 문학 내부에서 변화를 거치면서 재일한국인 문학에 대한 정의("재일한국인이 민족적 정체성의 위기 속에서 그들의 고뇌와 저항을 일본어로 표현한 문학" 가와무라 미나토)는 수정이 불가피했다. 그러면서 '재일'이라는 불행하고도 고단한 삶의 조건을 문학적 성채로 삼기를 거부하고, 자신이 처한 특수한 처지를 가족의 해체나 개인의 고독과 같은 보편적 주제로 녹여냄으로써 작품세계의 외연을 확장하려는 경향을 보이고 있다.

그런 점에서 오늘날 재일한국인 문학에서 가장 주목해야 할 대상은 유미리다. 유미리는 일본 독서시장에서 상당한 영향력을 행사하는 인기작가 가운데 한 사람이다. 아사히신문과 동아일보에 동시 연재한 소설 『8월의 저편』을 비롯해 『가족시네마』 『풀 하우스』 『타일』 등이 국내에 번역되어 재일한국인 작가 가운데 가장 많은 국내 독자를 확보하고 있기도 하다.

유미리는 아쿠타가와 상 수상 기자회견에서 "나는 일본인도 한국인도 아니라고 생각한다"고 말했다. 그의 글쓰기는 민족이나 언어공동체는 물론이고 자신이 소속된 가정이나 학교와 같은 집단 또는 사회에 위화감을 느끼며 스스로 이질적인 존재일 뿐이라는 고통스런 자각에서 비롯한다. 유미리 소설에 특권적으로 등장하는 '불화'의 주제는 그의 유랑의식에 바탕한다. 자기/중심에서 멀찌감치 벗어나 타자/변방의 위치에서 존재의 근거를 모색하는 이방인의 감성이야말로 그의 '타자의 문학'의 근간이다.

"국적은 임대계약서 같은 것"

재일한국인 문학의 전환과 관련해 주목해야 할 또 한 명의 작가는 가네시로 가즈키다. 그의 나오키 상 수상작 『GO』는 재일한국인 문학에 대한 통념을 혁명적으로 바꾸어놓았다 해도 과언이 아니다. 기존 재일한국인 문학에 대한 통념은 무엇인가. 그 대답을 우리는 가네시로의 수상 소감 가운데 다음과 같은 구절에서 빌려올 수 있다. "기존의 재일문학은 모두

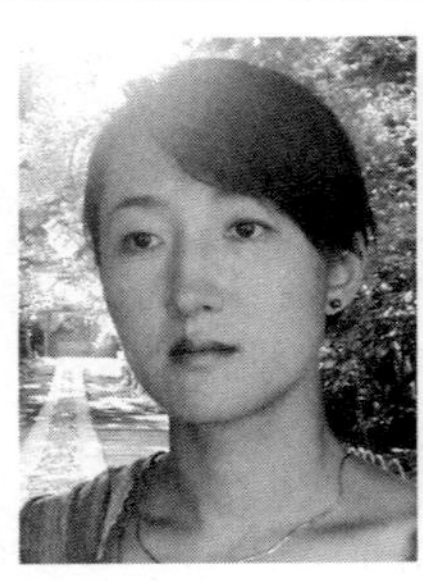

왼쪽부터 유미리, 양석일, 가네시로 가즈키, 현월

무겁고 어두우며 재미가 없었다. 우리 세대를 향한 새 여흥을 쓰고 싶었다."(경향신문, 2000년 12월 21일) 즉 그는 '무겁고 어두우며 재미가 없는' 기존의 재일문학을 거부하고 '가볍고 밝고 재미있는' 소설을 추구하는 것을 지향했다.

그러나 이 소설에 일본에서 살아가는 재일교포의 부조리한 삶의 현실이 소거된 것은 아니다. 이야기의 중심은 재일교포 3세 고교생과 일본인 소녀의 사랑이지만, 일본인들 사이에서 대물림해온 한국인에 대한 부당한 타자인식 고발도 중요한 모티프다. 그의 소설에 등장하는 주인공 고교생은 한국인의 피가 흐른다는 이유만으로 자기비하를 강요하는 외부환경에 실망과 좌절을 겪지만 결코 굴복하지 않는다. 그가 의지하는 것은 국적이나 피를 떠나 한 개인으로서 느끼는 자기존재에 대한 확고한 애정과 자신감이다.

이 소설에 등장하는 인물들은 국적이나 혈통만을 이유로 한 개인을 근거 없이 차별하는 일본 사회의 후진성을 고발하는 역할을 수행하는 셈이다. 현실에 대한 비판은 단호하고 당당하지만, 거기에 '재일'이라는 체험에 기댄 한풀이식 원념(怨念)은 섞여 있지 않다. 또한 그의 소설은 그 제목만큼이나 새롭고 파격적이다.

그의 경쾌한 문체와 대중문화적 감각에서는 어렵지 않게 무라카미 하루키가 연상된다. 그의 소설에는 여러 장르의 대중문화 기호가 범람한다.

작가 자신 역시 영화 비디오테이프를 천 개 이상, CD를 5천 장이나 소장한 '오타쿠'다.

"킴 베이싱어를 위해서라면 죽을 수도 있어."
"비틀스 중에서 목을 자른다면 역시 링고 스타를 잘라야 하나?"
"슈퍼맨은 섹스할 때 피스톤 운동도 역시 슈퍼급일까?"
이런 시시껄렁한 화제로 흥분하고 웃었다.
(가네시로 가즈키『GO』 중에서)

이들에게 대중문화는 국적과 혈통의 차이를 극복하고 서로 동질성을 확인할 수 있는 실천 가능한 대안이다.

"애당초 국적 같은 거, 아파트 임대계약서나 다름없어. 그 아파트가 싫어지면 해약을 하고 나가면 돼."(『GO』 중에서)

국적을 '임대계약서' 정도로 치부하는 작가의 현실 인식에는 다소 순진한 구석이 엿보이나 그 지향만은 진취적이고 풋풋하다. 이회성이나 이양지의 시대에는 상상조차 하기 어려웠을 인식이다. '재일 팝 소설의 걸작' '유쾌한 청춘소설'이라는 세평과 함께 등장한 가네시로 가즈키는 국적이 한국이면서도 스스로 '코리안 재퍼니즈'라고 부른다. 이러한 복수(複數)의 아이덴티티에 대한 그의 고집은 민족이나 국적을 절대시하는 국민국가 논리에 대한 거부감의 표현으로 들린다.

그는 나오키 상 수상 소감에서 "앞으로 기존 재일문학의 틀을 부수고 궁극적으로는 재일이라는 문자를 지워 일본문학 안에서 창작활동의 길을 걷겠다"고 작가로서 포부를 밝혔다.

'존재의 무거움'이 선물한 것

"그런 의미에서 저는 작가로서 복이 많은 편이에요. 일본의 보통 젊은 이들은 내가 누구인가를 되돌아볼 기회가 거의 없어요. 우리는 미국 같은 '이민국가' 사람들과 똑같은 문제를 의식하도록 강요당하는 셈이어서, 소설가로서 매우 좋은 위치에 있다고 생각합니다."(현월, 2000년 5월)

자기동일성의 혼란, 혹은 이중 아이덴티티와 같은 문제는 재일한국인들에게 숙명처럼 강요된 고통의 현장이었다. 그러나 작가 현월은 위에서 말하듯 '불우'의 근원으로 여기던 '재일'의 현실을 일순간에 '유복' 혹은 '혜택'의 조건으로 반전해버렸다. 국적을 '임대계약서' 정도로 치부하는 『GO』의 주인공 역시 이 시대가 마련해준 '좋은 위치'의 수혜자임은 의심의 여지가 없다.

어느 쪽에도 온전히 귀속되지 못하는 것을 원죄처럼 여긴 세대가 있었다. 김학영 같은 작가가 그러하다. 그러나 이제 유미리나 가네시로와 같이, '부초'처럼 어디에도 '귀속되지 않는' 것을 무상의 특권으로 여기는 무국적파 세대가 등장했다. 즉 과거의 재일한국인 작가들이 '재일'을 '겪었'다면, '어디에도 소속되지 않는' 유목민적 삶의 의지를 당당하게 천명하는 신세대 재일한국인 작가들은 어쩌면 '재일'을 '누리'는지도 모른다. 만일 재일한국인 문학이 소멸한다면, 재일한국인 문학의 대중화가 가져온 필연적 결과일 것이다.

오랫동안 일본과 한국문단에서 재일한국인 문학은 소거된 타자이거나 잊혀진 타자였다. 재일한국인 문학은 재일한국인들의 불우한 역사성과 사회적 조건에 대한 고뇌, 저항의 메시지로 간주되었다. 그러나 일본문학계가 지난 한 세기에 걸쳐 줄곧 매달려온 '자기'의 문제에서 고개를 돌려 주위를 돌아볼 여유를 찾았을 때, 유미리로 대표되는 재일한국인 문학은 어느덧 제도화된 '자기'를 되돌아보게 하는, 껄끄럽지만 신선한 존재감이 있는 '타자'로서 새로운 조명을 받았다.

'사실 일본 전후문학에서 '재일한국인 문학'은 중요한 의미가 있다. 그것은 단순히 민족적 소수자의 '특수'한 문학이라는 의미만이 아니라, 일본어에 의한 일본인의 문학이라는 의미에서 '일본문학'을 상대화할 수 있는 거의 유일한 계기이며, 문학적 소수자에서 소수자의 문학이라는 '세계문학'의 방향성을 나타내기 때문이다.'(가와무라 미나토『전후문학을 묻는다』중에서)

망명의 사고와 변방(=타자)에 대한 재인식은 현재의 일본문학계를 대변하는 두드러진 경향이다. 이러한 흐름 속에서 민족적 소수자들이 일본문단의 제도권으로 활발하게 진입하고 있으며, 그중에서도 가장 돋보이는 것이 재일한국인 문학이다.

일본문학에서 '일본어 문학'으로

일본 지식사회에서 무국적, 크레올, 디아스포라, 월경(越境)과 같은 단어들이 가장 첨단의 진취적 사고를 대변한다고 인식하는 풍토가 조성된 것은 이미 10여 년 전의 일이다. 재일한국인 문학이 주목을 받는 것은 이러한 시대 흐름과 무관하지 않다. 위에서 가와무라가 말한 대로 재일한국인 문학의 재인식은 지난 백 여 년간 유지해온 문화적 순혈주의의 자폐구조에 대한 자기반성이기도 하다.

1980년 전후부터 시작된 일본문학의 지각변동은 일국적 현상에 그치지 않는다. 이는 1960년대 이후 서양 문화권에서 진행된 근대적 가치체계의 붕괴 과정과 연계되기 때문이다. 따라서 우리는 그것을 탈근대postmodern적인 현상으로 이해해도 무방할 것이다. 실제 무라카미 하루키를 비롯해『로코코 거리』의 시마다 마사히코,『우아하고 감상적인 일본야구』의 다카하시 겐이치로 등은 포스트모더니즘의 문학적 달성을 보여준 작가들이다.

탈근대적 지향을 설명하는 단어로 주변, 유목(遊牧), 혼종(=잡종) 등을 떠올릴 수 있는데, 이것들은 1980년대 이후 일본 신세대 작가들이 보여준 문학적 모험을 설명하는 데 매우 유효하다. 이들은 기존 일본 현대

문학의 순혈주의에 대한 비판을 자신들의 문학적 근거로 삼았다. 오랫동안 금기로 여긴 하위문화를 창작 영역에 편입한 것도 혼종(混種)의 사고를 통한 새로운 글쓰기를 모색하기 위해서다.

일본문학이라는 일국 문학의 경계에서 벗어나려고 이제까지 자명하게 여겨온 일본문화를 상대화하거나 배제한 것도 같은 선상에서 이해할 수 있다. 스스로 자국문화의 울타리를 뛰어넘어 외부로 망명을 감행하거나, 아니면 타문화를 불러들여 자국문화와 접목을 꾀하는 움직임은 21세기 문학의 활로를 이종교배의 실천에서 모색하려는 지향을 보여주는 듯하다.

무라카미 하루키의 소설은 다른 작가에 비해 상대적으로 번역하기 쉽다. 그가 의식적으로 문화적 귀속성이 희박한 중성적 언어, 다시 말해 가치중립적인 인공언어를 지향하기 때문이다. 무라카미 하루키 소설이 누리는 세계적 공시성은 다름 아닌 혼혈의 감성에서 얻어진 성과이다. 그리고 이때 무라카미 하루키 문학은 일본문학이 아닌 '일본어 문학'으로 자리매김해야 할 것이다.

일본어와 일본문화를 낯설게 함으로써 표현의 확장을 꾀하려는 움직임은 시마다 마사히코, 호시노 도모유키와 같은 작가들의 소설에서도 쉽게 발견된다. 일국 문학의 경계를 넘나들기 시작한 일본 작가들의 다양한 모험을 통해 일본문학은 바야흐로 일본어 문학으로 진화중이다.

윤상인 yoonsi@hanyang.ac.kr
서강대학교 국문과를 졸업한 뒤 도쿄대학교 대학원 비교문학과에서 박사학위를 받았다. 런던대학교 객원연구원을 지냈다. 저서로 『世紀末と漱石』『일본문학의 흐름』(공저) 등이 있다.

'사생활의 발견'에서
'생활의 정치학'으로

우리가 발견한 것은 공적 담론의 억압 아래 오래 침묵하던 사사로운 인간의
언어다. 국가와 가족이라는 제도의 경계를 넘어선 사적 욕망의 움직임.
이제 한국문학은 집단의 언어가 보여주지 못한 미학적 반란과 새로운 욕망의
전선을 모색하고 있다.

이광호 서울예대 교수 · 문예창작 / 문학평론가

1990년대 이후 한국문학의 내용을 '요약'하는 일은 불가능하다. 작품들
의 다양한 양상 때문만이 아니라, 1990년대 문학의 '현재성' 때문이다.
1990년대적인 문학 작업은 완료된 것이 아니라 현재진행형이다. 1990년
대는 완결된 문학사적 시간대가 아닌, 살아 움직이는 의미형성의 공간이
다. 그러니 여기서는 다만 그 현재적인 공간에서 움직이는 몇 가지 문학
적 맥락을 점검해보는 일만이 가능하다.

1990년대 이후의 문학은 1980년대 이전의 문학과 무엇이 다른가? 이
질문에는 1980년대와 1990년대를 대비하는 논리가 자리잡고 있으며, 이
것은 1990년대 문학을 설명하는 낯익은 방식의 하나다. 이 논리 안에는
1980년대와 1990년대에 관한, '집단 · 개인, 거대담론 · 미시담론, 정치적
인 삶 · 문화적인 삶, 역사 · 일상' 등의 세부적인 대립 명제들이 포함된다.
이 이분법은 단순성의 문제를 노출하고 있지만, 먼저 사회적 상황과 관련
해 설명할 수 있다.

사회주의의 몰락과 자본주의의 전 세계적 지배가 공고화되는 1990년대

는 한국정치의 민주화 과정과 겹쳐 있고, 이것은 문학을 사회변혁의 중요한 실천방식으로 생각하는 문학이념에 타격을 가했다. 1990년대 이후 '문민정부'에 이은 '국민의 정부' 출현은 적어도 제도적 층위에서는 정치적 폭압의 시대가 사라졌음을 보여주었고, '적'에 대한 폭로와 분노를 쏟아내던 문학은 그 '표적'을 상실했다. 또한 한국 자본주의가 문화 혹은 정보상품 개발을 통해 시장개념을 확장하면서 노동형태와 생활양식이 변화했다.

이 과정에서 한국의 문화산업은 정치권력의 하부구조라는 상태를 벗어나, 자본의 논리를 관철하기 위해 스스로 시장을 확대해나가는 자율적인 생산기구로 자리잡았다. 문화산업의 성장은 영상, 음반 혹은 디지털 매체 영역에서 두드러지게 나타났지만, 여성 독자 중심의 문학 소비자군 형성으로 1990년대 문학시장 역시 확대되었다. 출판시장의 구조는 이른바 '본격 문학' 대신 장편소설과 아마추어리즘을 노출하는 시집 중심으로 변화했다. 이런 과정에서 문학은 피할 수 없이 문화산업의 구조 안에 편입되어갔다.

문학은 숨을 거두지 않았다

문화산업의 팽창과 디지털 매체의 발전으로 말미암은 문학의 주변화, 더 극단적으로 말하면 '문학의 죽음'이라는 풍문은 1990년대 내내 문학의 미래에 대한 불안을 자극했다. 하지만 문학은 아직 숨을 거두지 않았다. 단지 다른 방식으로 숨쉴 뿐이다. 특히 상업주의 문제를 둘러싼 갖가지 추문들은 1990년대 문학 공간을 진창으로 만들기에 충분했으며, 시장의 논리가 확장되면서 상품 경쟁력의 척도로 문학의 크기가 평가받는 상황이 빚어졌다. 여기에서 상품미학의 척도와 대결하는 진지한 문학적 실천은 적어도 표면적으로는 고립되는 것처럼 보였다.

이런 상황 속에서 한 시대를 주도한 정치적 상상력의 문학은 상대적으로 약화되었다. 한국 현대문학의 주류적 특성인 문학에 대한 정치적 소명과 계몽담론의 요구는 약화될 수밖에 없었다. 1980년대 문학의 추진력이던 정치적 전위와 미학적 전위는 위축되었다. 특히 정치적 전위를 표방한 문학운동은 그 정점에서 불과 몇 년을 견디지 못했다. 더는 폭로할 것도 분노할 것도 없는 세계, 낯선 정보사회의 환경과 자본주의적 일상성의 비속함 가운데서, 문학은 스스로 존재 위치를 다시 묻지 않으면 안 되었다.

그런데 오히려 여기서 1990년대 문학의 새로운 문학적 가능성이 열렸다. 이 낯선 문화적 상황에서 문학은 자신의 미학적 자율성을 다시 생각했고, 집단의 이념에 가려져 있던 개인적 삶의 영역이 새롭게 부각되었다. 공적인 명분을 내세우는 대신 문학은 개인의 실존적 · 문화적 경험 안으로 깊숙이 들어가지 않으면 안 되었다. 이제 이 다원화된 사회에서 개인의 사적 영역에 관한 관심이 새로운 문학적 탐구의 영역으로 등장하기 시작한다.

1990년대 문학공간에는 사적인 생활 세계와 문화적 삶의 문제와 관련한 새로운 주제들이 떠올랐다. 내면성의 재인식, 여성주의와 섹슈얼리티, 도시적 일상성의 탐구, 대중문화와의 접속, 디지털 환경과 사이버 세계, 몸의 시학, 생태학적 상상력 같은 다채로운 테마들은 이전 시대에 볼 수 없던 세계 인식의 다원화를 가져왔다. 이것은 주제와 소재의 다양성이라는 차원을 넘어 문학적 인식 대상과 관계의 다원화를 의미한다. 특히 '내면'과 '일상' '영상문화의 매혹' '여성성' 등이 1990년대 문학의 중심부에서 키워드로 작동한다.

여성성 · 탈낭만화 · 낯선 리얼리티

'내면' 혹은 '일상'에 대한 탐구는 근본적으로 새로울 것 없는 테마다.

근대문학이 기본적으로 '내면적 인간의 형식'이라고 한다면, 1990년대에 와서 왜 갑자기 내면성의 미학이 부각했을까? 1980년대 이전 한국문학에서 계몽에 대한 요청이 너무 강력했기 때문에 '내면성의 문학'이 주류로 부각하지 못했다고 할 수 있다. 그 연장선에서 '역사'와 '집단적 이념'에 대한 관심이 '일상'을 탐구하는 쪽으로 방향을 전환했다. 개인의 일상 세계에 대한 미시적 접근이라는 주제 역시 그러하다.

이런 상황에서 1990년대 문학은 전통적인 리얼리즘 미학에서 이탈하기 시작했다. 문학이 객관적 현실을 반영해야 한다는 '반영론'의 가치를 야유하기 시작했고, 리얼리즘의 규범에 대한 반란이 새로운 문학적 모토가 되기도 했다. '실재/반영'의 도식을 해체하는 포스트모더니즘의 문화논리와 맞물리면서 리얼리즘이 아니라 '낯선 리얼리티'가 새로운 문학적 관심사로 떠올랐다. 즉 미학 이데올로기와 문학운동 형태의 리얼리즘이 아니라, 생활 세계의 내부에 대한 현실적인 시선이 포착하는 리얼리티의 문제가 현안이 되었다.

이와 연관해서 서사성의 약화도 지적 대상이다. 소설에서 서사적 구조의 해체와 더불어 이미지와 기호의 유희가 우위에 서게 되었다. 1990년대 소비생활의 심미화와 디지털 세계의 확대, 그 안에서 미디어가 생산하는 무한복제의 이미지들은 재현의 코드를 의심스러운 것으로 만들었다. 이 이미지의 제국 안에서 소설은 이미지의 매혹을 위해 기꺼이 서사적 인과성의 원리를 희생하기도 했다.

한편 1990년대는 그 어느 시대보다 '여성성'에 대한 관심이 증폭된 시기다. 여기에는 몇 가지 문화적 조건이 관여한다. 기존의 변혁이념이 다원화하는 자리에서 여성주의와 성 정치학 이론이 진보적 의미를 획득했다. 진보와 보수의 전선은 단지 '좌우'의 문제가 아닌 문화적 지형 속에 형성되었고, 페미니즘은 기존의 전선을 해체하는 새로운 급진성을 보여주기에 이른다. 또 다른 측면에서 문학제도권과 독서시장의 여성작가와 여성독자층이 두터워졌다. 물론 이것은 한국사회의 구조적인 변화에 맞물린 여성의 사회적·문화적 성장을 의미한다. 그리하여 한 번도 '주류'가 된 적 없는 여성적 주제와 여성적 시선 혹은 여성적 미학이 문학사의 전면에 부각한다.

물론 이에 대한 비판적인 시각도 있다. 여성문학이 리얼리즘의 후퇴를 가져왔다는 논리의 연장선상에서, 여성독자들의 기호에 영합하는 사소설적 경향이 지배적인 상업성을 띠기 시작했다는 비판이다. 물론 일부 여성 작가들의 소설이 평면적인 여성성의 미학을 반복하고 불륜 소설의 매너리즘에 빠지면서 문제의식의 날카로움을 보여주지 못한 측면도 있다. 또한 페미니즘이라는 개념을 둘러싸고 여성문학가 내부에서 상호 이견과 비판도 표출되었다. 문제는 여성성이라는 개념이 단일한 미학적 전술을 형성하는 것이 아니라는 데서 출발한다. 1990년대를 통해, '언어미학으로서 여성성'과 '정치의식으로서 여성주의'는 한 작품에서 행복하게 만난 적이 별로 없다.

그럼에도 1990년대 새로운 여성문학의 탐색은 '성숙한 남성의 형식'으로서 존재하는 주류 서사문학을 낯설게 만들었으며, 일상 세계의 정치학에 대한 새로운 문학적 탐구의 차원을 열어놓고 있다.

영예이자 부담인 신세대 문학

'세대론'은 10년 단위의 시대구분론과 함께 한국문학사의 맥락을 설명하는 익숙한 설명방식이다. '신세대 문학론'은 문학사의 전환기에 출몰하는 일종의 유령일지도 모른다. 그 유령을 보는 시선은 다분히 이중적이다. 문화적인 층위에서 본다면 이 용어는 새로운 세대에 대한 기성세대의 거부감과 우려를 담은 동시에, 새로운 문화생산자이자 문화소비자이며 그 자체로 문화상품인 집단에 대한 매혹을 담고 있다. 거부감에는 다소 윤리적인 면이, 매혹에는 저널리즘과 문화산업의 논리가 스며 있다. 한쪽에서는 그들의 '가벼움'을 문제로 제기하고 다른 쪽에서는 그 새로움과 전환의 논리를 긍정적으로 내세운다. '신세대 문학'이라는 명명은 그래서 부담스러운 영예인 동시에 받아들일 수 없는 오명이다.

1990년대 초반에 등장한 '신세대 문학론' 역시 뚜렷한 실체가 있어 보이지는 않지만, 일군의 젊은 작가들이 1980년대에는 나타나지 않은 성향의 문학을 선보이기 시작한 듯 보인다. 저널리즘에서 '신세대 작가'로 명명한 일군의 작가들 작품에서 집단적 동일성과 문학적 동일성을 확인하는 일은 쉽지 않다. 그럼에도 이런 개념이 출현한 것은 그들이 1980년대 문학과는 다른 어떤 문학을 '따로 또 같이' 보여준 것처럼 인식되기 때문이다.

무엇보다 이들은 정치과잉의 시대인 '1980년대'와는 다른 목소리를 내지 않으면 안 되는 시대적 요청과 마주한 세대다. 이들 가운데 1980년대 후반부터 활동한 세대들은 여전히 '1980년대의 기억'을 중요한 문학적 관심으로 삼아 이른바 '운동권 후일담' 문학을 선보이기도 했다. 그러나 정작 세대적 새로움을 보여준 것은 영상대중매체에 밀착해 성장한 경험이 있는, 1990년대 이후에 등장한 작가들이다. 초기 신세대 문학론은 박상우, 구효서, 이순원, 공지영, 김소진, 김인숙, 이인화 등이 대상이지만, 실제 1990년대 중반 이후 문학적 평가를 받은 작가는 신경숙과 윤대녕, 성석제이며, 더 선명한 세대적 차별성을 선보인 작가는 백민석과 배수아 그리고 김영하, 박성원, 김연수 등이다.

신경숙에서 김영하까지

가령 신경숙의 『풍금이 있던 자리』(1993)와 윤대녕의 『은어낚시 통신』(1995)이 억압된 한국문학의 내향적 미학을 현실화했고, 그 연장선상에서 또 하나의 가능성은 배수아의 『푸른 사과가 있는 국도』(1995), 백민석의

왼쪽부터 소설가 신경숙, 윤대녕, 성석제

『헤이, 우리 소풍간다』(1995)로 그 징후를 드러냈으며, 성석제의 『새가 되었네』(1996)와 김영하의 『호출』(1997)에 와서 선명한 미학적 차별성의 공간이 열리기 시작했다는 가설을 세워보자.

이 가설은 주관적이며, 편향적이기도 하다. 이 가설을 뒷받침하는 1990년대 문학의 동력 가운데 하나는, 이미 알려졌듯 개인성 혹은 개인적 삶의 공간에 대한 문학적 탐구와 관련된다.

문제는 1990년대 문학이 모두 개인성의 실재를 주창한 것만은 아니라는 점이다. 1990년대 문학은 개인성의 문제를 제기하는 동시에 그것을 해체했다. 개인적 공간에 대한 발견은 동시에 그 공간의 부재에 대한 회의를 확인하는 작업이기도 했다.

신경숙과 윤대녕이 보여준 자기 기원에 대한 탐사는 1990년대 문학에 하나의 단초를 마련했다고 알려졌다. 서간체와 자기반영적 글쓰기 등과 같은 형식으로 표출되는 신경숙의 일인칭 고백체의 문학사적 의미 역시 실존적 기원을 찾아가는 내면성의 지향이라는 맥락에서 이해되어왔다. 그러나 그것은 개인적 내면성의 실체를 확인하는 것이기보다는 그 언어화의 어려움을 보여주는 문학이며, 개인의 실존적 윤리학을 탐구하는 문학이다.

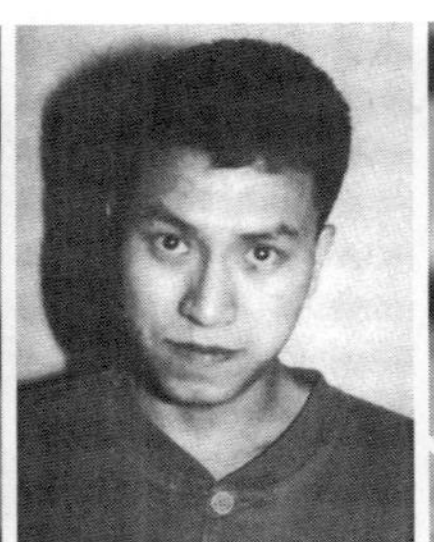

왼쪽부터 소설가 김영하, 백민석, 배수아, 은희경

　그 고백적 인간이 보편적인 가족주의를 수락함으로써, 신경숙 소설은 정신적 성숙을 보여주는 동시에 근대적 의미의 인간 윤리학으로 귀환한다. 이를테면 고백적 자아와 낭만적 자아로 요약될 수 있는 신경숙과 윤대녕 소설 속의 인간형들은, 집단적 주체를 대변하려던 1980년대 소설의 지배적 경향과 차별되는 지점에서 '안으로 향하는 시선'을 드러낸다. 물론 이와 같은 경향이 1990년대 여성소설의 주류로 부각하면서, 그 이후 다른 여성작가들도 인물의 스테레오 타입과 화법의 단성적·독백적 경향을 보였다는 것도 주지의 사실이다.

　한편 상대적으로 늦은 나이에 등단하여 세대론에 편입되지 못한 은희경은 1990년대적인 여성소설의 주제를 자신의 개성 안에서 확대해나가면서 많은 독자들을 확보했다. 은희경은 내면성의 지향과는 반대편에서, 사랑과 로맨스를 탈낭만화하여 연애와 결혼과 가족 그리고 성장을 둘러싼 생의 비루함을 거침없고 날카로운 입담으로 풀어냈다.

　조금 다른 자리에서, 백민석과 배수아는 자기성찰적 태도를 과감하게 던져버림으로써 새로운 세대의 미성년적이고 반사회적인 자아의 존재론을 보여주었다. 여기에는 제도적 훈육을 거부하고 생에 관한 스타일의 반란을 도모하는 불온한 아이들의 육성이 등장한다. 이들의 과격한 허무주의는 새로운 세대의 가망 없는 나르시시즘과 문화적 저항의 표지를 선명하게 드러낸다. 이 두 작가의 급진성은 체험적 혹은 생래적인 성격을 띤다고 볼 수 있다. 이들은 문학제도 안의 규범적인 미학에서 탈주해, 그로 테스크한 악몽의 미학과 잡종적인 차원의 새로운 여성적 언술로 자기 문학을 확대해나가면서 그 전위의 문법을 지켜나간다.

성석제와 김영하는 고백하는 존재라는 작가 개념을 넘어서 직업적인 이야기꾼의 면모를 뚜렷하게 보여준다. 이들의 소설에서 작가와 등장인물 그리고 서술자 사이의 연계성 문제는 더 이상 중요하지 않다. 이 두 작가에게서 우리는 '극화(劇化)된 화자' 혹은 숨은 '구연가'로서 나타나는 서술자라는 면모를 여실하게 볼 수 있다. 그리고 그것은 계몽과 고백의 문법 틈새에서 새로운 화법을 실험했다는 맥락에서 의미 있다.

성석제는 한국문학에서 잊혀진 구연적 전통을 되살려 비루한 남성 영웅의 서사를 풍성한 유머와 위트로 표현함으로써, 생의 아이러니를 포착하는 페이소스를 선사한다. 그는 여성적 화법이 지배적인 1990년대 한국문학에서 가장 선명한 개성 하나를 보여주었다. 김영하는 새로운 문화적 상황과 코드를 소설화했는데, 이것은 하위적이고 주변적인 장르들과 접속함으로써 소설 미학의 새로운 영역을 개척하는 작업으로 이어졌다. 이러한 소설 언술 자체의 새로움을 지향하는 문학적 움직임은 박성원, 김연수 등 젊은 세대의 문화적 감각과 결합하면서 소설과 현실과 텍스트의 관계에 대한 새로운 질문으로 확대되었다.

시는 어떻게 부활하는가

1990년대를 풍미한 '문학의 죽음'이라는 풍문은 '시의 죽음'이라는 풍문을 거느렸다. 문학시장이 문화산업의 구조 안에 들어가면서, 이른바 '본격 문학'의 공간에서 소통하는 시들은 시장과 저널리즘의 관심 영역에서 주변으로 밀려났다. 그런데 시는 오히려 이런 자기부정의 상황을 통해 장르에 대한 자의식을 심화하는 계기를 맞았다. 이 문화적 주변성의 자리에서 시는 '시란 무엇인가'를 다시 근원적으로 질문할 수 있었다. 1990년대 시의 공간에는 죽음과 소멸의 미학, 도시적 일상성의 탐구, 대중문화와의 접속, 디지털 환경과 사이버 세계, 몸의 시학, 여성주의와 섹슈얼리티, 생태학적 상상력, 정신주의의 세계 등 다채로운 테마들이 등장하여 시적 인식의 다원화를 가져왔다.

이 다원화한 공간에서 새로운 세대의 시인들이 등장했다. 우선 두드러진 것은 도시적 감수성을 보여주는 세대의 시다. 대중문화를 자양분으로 성장한 이들은 사회이념적 관심을 축소하고 자본주의적 일상의 이미지들을 표현하기 시작했다. 소비사회의 갖가지 문화적 영역이 시의 소재로 등장했다. 이들은 대중문화적 매혹에 적극적으로 반응하면서도 다른 한편으로는 개인적 주체의 정체성 혼란과 소외를 표현한다. 장정일, 유하, 함성호, 장경린, 함민복 같은 시인들은 현란한 자본주의적 스펙터클 뒤의 무의미와 공허와 혼돈을 노래했다. 이들에게 대중소비사회는 비판과 반성의 대상인 동시에 벗어날 수 없는 실존의 자리이자 강력한 매혹의 대상이다. 이들의 시적 문법은 서정시가 내포한 전통적인 절제의 미학을 파기하고 자본주의적 욕망의 과잉과 분출을 표현하는 산문적 진술과 요설의 어법을 선택한다.

소비사회적 현실과 관련해서 1980년대 후반 이후 한국시에 나타난 변화를 선명하게 보여주는 시인은 장정일이다. 그는 소비사회의 제도적 지배와 사물화를 문제삼으며, 거기에서 가짜 낙원의 매혹을 동시에 보여준다. 그의 상상력은 1980년대의 전위적인 시인들의 것보다 경쾌한데, 이는 소비사회를 사는 삶의 생태와 리듬이 그의 시 속에 육화해 스며들어 있기 때문이다.

이러한 새로운 세대의 도시적 감각을 대중문화적 상상력으로 확대한 시인은 유하다. 첫 시집 『무림일기』에서 그는 무협지라는 하위문화적인 장르를 패러디하여 정치현실을 풍자한다. 두번째 시집 『바람 부는 날이면

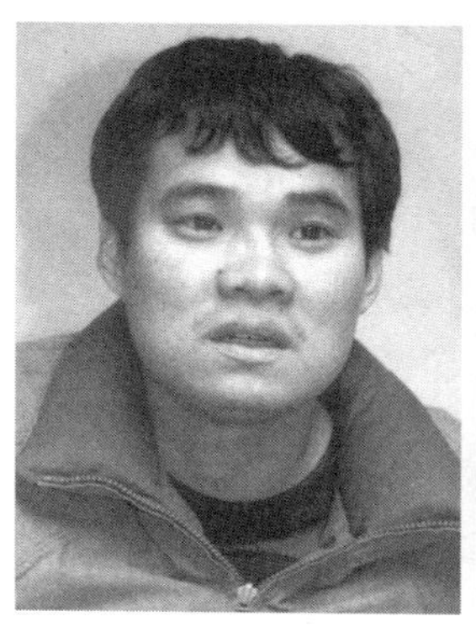

왼쪽부터 시인 장정일, 유하, 장석남

압구정동에 가야 한다』에서 '압구정동'이라는 공간은 자본주의적 스펙터클이 전시되는 장소다. 시인은 여기서 세속 도시의 욕망이 자아내는 풍경을 반성적으로 인식한다. 그는 거리의 풍경 안에 들어 있는 욕망의 만화경을 이미지의 연상으로 펼쳐 보인다. 이어지는 시집들을 통해 그는 '세운상가'와 '경마장'이라는 또 다른 도시적 공간을 탐사한다. 유하의 시적 자아는 소비사회의 매혹과 환멸을 '훔쳐보는' '반성적인 산책자'라고 할 수 있다.

다른 한편으로 서정시의 전통을 도시 공간에서 현대화하는 작업도 이어졌다. 장석남은 전통 서정시의 새로운 해석에서 섬세한 감각을 보여준 시인이다. 첫 시집 『새떼들에게로의 망명』은 새로운 세대에 의해 심화된 서정적 언어를 보여준다. 그는 전통적인 서정시의 정서를 더욱 감각적인 언어로 다듬어, 원초적인 자리로 귀환하려는 마음의 움직임을 섬세한 언어적 화음으로 빚어낸다. 이윤학의 시들은 폐허의 이미지로 뒤덮인 버려진 변두리 공간에서 삶의 쓸쓸함과 비애를 직관하는 시적 묘사를 보여준다. 그의 시에서 생은 폐허 그 자체이거나 폐허를 건너가는 시간일 뿐이다. 이윤학의 소멸과 폐허의 풍경들은 생의 실존적 조건을 응시하는 공간이다.

이런 서정시의 현대적 변용과는 조금 다른 층위에서, 시적 자아를 탈인간화 혹은 탈주체화하는 독특한 개성을 지닌 작업을 만난다. 꿈의 자리에 현실을 채워넣으며, 그 안에서 몸의 포복을 통해 독특한 몸의 시학을 그려낸 채호기, 죽음의 상상력을 극단으로 밀고 나가면서 세계에 대한 묵시록적 상상력을 건조한 시어로 드러낸 남진우, 시적 언술의 현실적·의미론적 연관을 파괴함으로써 초현실주의적 상상력을 선보인 박상순의 시들은, 자기 문법의 탐색이라는 측면에서 선명한 문학적 개성을 성취했다.

삶의 비애를 끌어안는 통속적 가락

여성시인들의 문학적 성장은 1990년대 시 공간을 풍요롭게 만들었다. 여성적 존재의 감각을 세밀하게 드러내는 여성시인들의 활동은 1990년대 시를 풍요롭게 한 가장 강력한 힘이다. 새로운 여성적 시학은 서정시의 전통을 여성적 서정성을 통해 풍부하게 하거나, 전복적인 여성적 상상력과 탈중심화된 언술 방식을 드러내주었다. 김혜순은 여성적 상상의 공간을 주술적인 어법과 여성적인 시선을 통해 드러내줌으로써 1990년대 들어와서 더욱 괄목할만한 시적 성취를 보여주었다. 남성적 시선이 아닌 여성적 존재의 관점에서 세계와 사물을 인식하는 여성 시인들의 작업은, 문화적인 층위에서의 전위적인 의미를 함유하는 것이다.

최정례의 시는 허위와 허무를 감추고 있는 일상의 시간들을 냉정하게 들여다본다. 그의 시에서 지리멸렬한 일상은 그 안에 날카로운 아픔과 생의 모순을 숨기고 있다. 시인은 절제되고 투명한 언어로 일상의 조각들을 재구성함으로써 틈새에 있는 또 다른 삶의 진실을 암시한다. 그래서 기억의 흔적과 일상적 시간은 낯설고 불길하게 묘사된다.

허수경은 토착적인 정서와 가락으로 세간의 고통을 감싸안은 감성을 보여준 시인이다. 『혼자 가는 먼 집』에 실린 그의 시는 숙성한 여성적 감

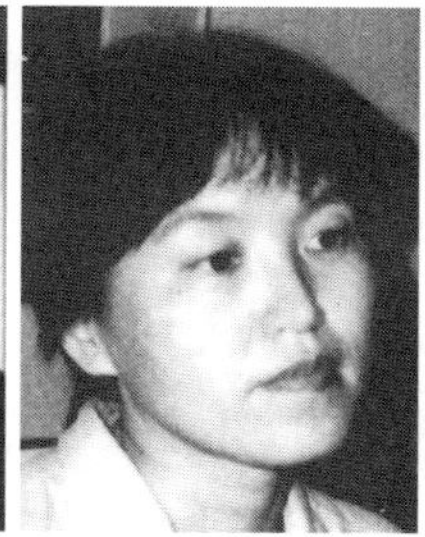

왼쪽부터 시인 김혜순, 최정례, 나희덕, 허수경

수성의 경지를 드러낸다. 허수경 시의 가장 빛나는 부분은 세속적 삶의 남루와 비애를 끌어안는 '통속적인' 가락인데, 이것은 삶의 질곡과 타자의 상처를 어루만지는 모성적 감수성으로 표현된다. 나희덕은 마음의 미묘한 색채와 사물의 빛깔을 관찰하는 시인이다. 나희덕의 서정성은 주관적 감정으로 사물을 규정하는 것이 아니라, 삶과 사물에 관한 성찰적 시선과 자기발견의 시학이다. 그리고 여기에는 모성적인 감성이 바탕으로 깔린 연민이 정서적 주조를 이룬다. 시인은 삶의 본질적인 어둠을 응시하면서도 그 안에서 여러 겹의 마음을 읽어내고 삶의 깊은 의미들을 찾아낸다.

젊은 시인 이원은 여성적인 상상력과는 조금 다른 차원에서 탈인간주의적 시선으로 사물과 공간의 보이지 않는 움직임을 가시적으로 묘사한다. 그의 시에서 사물들은 인간 주체의 관점에서 대상인 것이 아니라 자기들의 물질적 공간에서 그 존재성을 드러냄으로써 주체가 된다. 여기서 우리 시대의 상황은 물질적인 상상력과 전자적인 이미지에 따라 묘사된다. 이 물질적 상상력은 디지털 공간과 전자사막의 유목민이라는 주제로 나아간다. 이것은 1990년대 시가 새로운 문화적 상황과 만나는 징후라고 볼 수 있다.

화법의 전복, 새 문학의 시작

만약 '1990년대 문학'이라는 개념이 근본적인 문제점을 내포함에도 그 이름을 용인할 수밖에 없다면, '2000년대 문학'이라는 명명 역시 가능할 것이다. 그러나 이 명명은 '1980년대/ 1990년대'의 단절론을 반복하면서 앞 세대를 캄캄한 과거 속으로 밀어넣는 세대론 전략 이상이어야 한다. 더욱이 1990년대와 선명하게 구별되는 연대라는 뜻에서 2000년대는 아직 우리에게 그 문화적 표지를 선명하게 드러내지 않은 것처럼 보인다. 그러면 지금 무엇을 할 수 있을까? 우선 1990년대 문학의 작업을 섬세하게 읽어주는 독법, 그리고 그 문학들에서 '시작'된 미학적 주제들을 더욱 다양한 방식으로 실현하려는 시도가 중요하다. 그것은 1990년대라는 '기억'을 현재화하는 일이며, 그 기억의 시간을 '새롭게 사는' 일이다.

나는 이 글에서 1990년대 이후의 문학을 '사생활의 발견'이라는 개념으로 호명했다. 그런데 이 '발견'의 미학은 나름의 한계가 있다. 가령 1990년대 문학이 과연 사생활을 일차원적으로 드러내는 차원을 넘어서 사생활의 '정치학'을 적극적으로 탐구했다고 볼 수 있을까? 일상적 삶의 세부가 어떻게 사회적 힘의 자장 속에 놓여 있는가를 보여주는 것이 1990년대 문학의 한 가능성이었다면, 1990년대 문학은 그 가능성을 얼마만큼 적극적으로 실현했는가 하는 의문이 들 수 있다. 그러니까 사생활의 발견을 생활 세계의 정치학으로 밀고 나가는 작업은 이제 겨우 '시작'되었다. 그리고 이 새로운 시선은 새로운 문법과 언술을 요구한다.

그런데 그러한 미학적 징후들은 이미 실현되고 있는지도 모른다. 가령 젊은 작가들이 보여주는 화법의 범주에서 나타나는 전복은 한국문학사의 그 어떤 내용주의적 전환보다 근원적인 전환에 가깝다. 1990년대 문학 이후 한국문학에 나타난 '개인의 목소리'는 타자를 배제한 독백이 아니라 '타자가 말하게 하는' 공간을 구현함으로써 새로운 대화 관계를 구성한다. 우리가 이 낯선 문학에서 들을 수 있는 것은 공적인 담론의 억압 아래 오래 침묵하던 사사로운 인간의 언어다. 그 언어는 공동체와 집단의 언어가 아니라 철저히 사적인 영역의 개인 언어다. 그것들은 국가와 가족이라는 제도의 경계를 넘어서는 사적인 욕망의 움직임을 보여준다. 이런 개인화한 주체를 통해 한국문학은 집단의 언어가 보여주지 못한 미학적인 반란과 새로운 욕망의 전선을 모색한다. 그곳에서 '사생활의 발견 이후'의 문학을 예감할 수 있다.

이광호 over82@lycos.co.kr
고려대학교 대학원 국문과 박사과정을 마쳤다. 1988년 중앙일보 신춘문예로 등단, 문학평론가로 활동중이다. 「움직이는 부재」 「미적 근대성과 한국문학사」 「소설은 탈주를 꿈꾼다」 「환멸의 신화」 「위반의 시학」 등의 저서가 있다.

서점 한구석 고독한 문제작을 찾아

'포스트모던한 세상'에 치인 우리를, 혹은 냉소하고 혹은 위로할 자 누구인가.
새로움에 목마른 이들을 위한 프랑스 소설 넓게 보기.

이재룡 숭실대 교수 · 불문학

매년 가을이면 프랑스의 서점에는 각종 문학상을 겨냥한 작품들이 쏟아져 나온다. 어디에서나 문학의 위기를 운위하는 시대에 프랑스만 예외인 듯싶지만 속사정을 들여다보면 그리 밝지만도 않다. 수백 편의 소설 중 대부분은 서점에 진열도 되지 못한 채 사라지고, 한 해 동안 베스트셀러에 끼는 책 가운데 프랑스 소설은 손가락으로 꼽을 정도다. 그나마 독자의 환심을 산 작품 가운데 문학성을 인정받을 만한 작품도 그만큼 드물다. 풍년인 줄 알고 부푼 마음으로 키질을 했더니 쭉정이만 바람에 날리는 형국이다.

그러나 황량한 들판에서 귀하게 거둔 알곡일수록 미래를 꽃피우는 씨앗이 되기에 소중한 법이다. 파리에서 출간된 소설은 프랑스를 비롯한 불어권 독자뿐 아니라 수십 개 언어로 번역되어 전 세계로 퍼져나가는 행운을 누릴 수 있다. 우리나라에서도 번역의 시차가 점차 짧아지면서 의외로 많은 프랑스 소설이 소개되고 있다.

프랑스에서 문제작으로 대접받는 작품도 번역을 거쳐 바깥으로 나오면

외면당하기 십상이다. 나라마다 문화적 맥락이 다르고 심성이 제각각이니 당연한 노릇이다. 우리네 서점 한구석에서 먼지를 뒤집어쓰고 있는 고독한 소설 가운데는 프랑스 문학의 진풍경을 엿볼 수 있는 문제작도 적지 않다. 물론 좋은 작품을 가려내기란 쉽지 않은 일이지만, 그중에는 '현대의 고전'이라 보아도 무방한 작품들도 많다.

그런 작품을 고르기 위해 독자의 수고를 대신하는 사람들이 이른바 문학상 선정위원이다. 문학상을 중심으로 거론되는 작품은 적어도 인체에 유해한 불량식품은 아닐 것이다. 그중에서 비교적 신뢰할 수 있는 작품이 소위 '노벨리자블'이라 불리는 작가의 작품이다. 우격다짐으로 생긴 용어겠지만 '노벨문학상을 받을 만한 작가'란 뜻의 노벨리자블은 매년 가을 어김없이 프랑스뿐 아니라 전 세계 언론에 그 이름이 거론된다.

1986년 클로드 시몽이 노벨상을 받은 이래, 매년 가을이면 프랑스 바깥에서는 미셸 투르니에(1924~), 밀란 쿤데라(1929~), 이스마엘 카다레(1936~), 르 클레지오(1940~) 등이 유력한 후보로 꼽힌다. 여기에 프랑스에서 독자와 평론가의 존경을 받는 파트릭 모디아노(1945~)와 줄리앙 그락(1910~)을 더하면 현재 프랑스 문학을 대표하는 거목들의 목록이 완성된다.

각자 한 그루 나무라기보다는 울창한 숲이라 불러야 적절한 거장들이다. 이 정도 무게의 작가들은 우리나라에도 이미 오래 전에 작품이 번역, 소개되었으니 프랑스 문학에 관심 있는 독자라면 그리 낯설지 않은 이름들일 것이다.

사람과 시간의 검열을 견딘 명작들

프랑스 바깥에서 보았을 때 눈에 띄는 작가가 '노벨리자블'이라면 '공쿠라블'은 일차적으로 내수용 문학이다. 신간 소설을 발표해 자국 독자와 평론가의 관심을 끈다 싶으면 상투적으로 붙는 딱지가 바로 '공쿠르 상을 받을 만한 작품'이란 형용사다.

1904년부터 시작된 공쿠르 수상제도는 100년 가까운 세월 동안 수많은 수상자를 낳았다. 국내에 소개되는 프랑스 소설들도 대개 공쿠르 수상작품, 아니면 적어도 과거에 수상 경력이 있는 작가의 작품이란 광고 문구가 빠지지 않는 데서도 공쿠르 상이 얼마큼 권위를 인정받는지 가늠할 수 있다. 공쿠르 상 외에도 르노도 상, 메디치 상, 페미나 상, 아카데미 상 등을 수상한 작품은 적어도 한 해에 추수한 문학적 성과 중 알곡에 해당한다.

앞서 열거한 문학상 외에도 프랑스 내에만 대충 천 개가 넘은 문학상이 있지만 대부분 선별의 의미보다 위기에 빠진 문학의 어깨를 두드려주는 격려와 자축의 의미를 넘어서지 못하는 형편이다.

파스칼 로즈의 『제로 전투기』(1996), 파트릭 랑보의 『전투』(1997), 폴 콩스탕의 『비밀을 위한 비밀』(1998), 장 에슈노즈의 『나는 떠난다』(1999) 등의 작품들은 최근 몇 해 동안 국내에 번역됐지만 별 주목을 받지 못하고 한국 독자들의 기억에서 사라진 공쿠르 수상작들이다. 그 외 일반 독자에게는 어렵게 느껴질 서술 구조인 장 자크 쉴의 『잉그리드 카벤』이나 우리에게 생소한 프랑스의 브라질 식민사를 다룬 장 크리스토프 뤼팽의 『붉은 브라질』 또한 비슷한 운명인 것 같다. 같은 프랑스 작품인 가스통 르루의 『오페라의 유령』이나 베르나르 베르베르의 『개미』『뇌』를 생각하면 원작자나 역자는 다소 억울한 심정이 들 법도 하다.

문학상 수상작은 몇몇 명망 높은 비평가가 둘러앉아 고심 끝에 고른 작품이기에 시간의 검열을 통과한 뒤에도 명작으로 남을 가능성이 높다. 그러나 명작이란 '누구나 말하지만 아무나 읽지 않는 작품'을 뜻한다. 사정은 프랑스에서도 크게 다르지 않다. 독자의 호기심은 문학 교수나 평론가의 진지한 추천보다는 신문이나 방송에서 호들갑스럽게 떠들어댄 화제작으로 쏠리기 마련이다. 각종 문학상에 후보로 선정되었다가 결국 심사위원의 지나친 조심성, 무사안일, 불편부당에 희생되어 오히려 화제가 된 작품에 독자가 손을 들어주는 셈이다.

베그베데, 『어떤 미친 젊은 남자의 회상』

명작이 아닌 화제작을 꼽는다면 단연 두 작가가 떠오른다. 미셸 우엘벡 (1958~)과 프레데리크 베그베데(1960~)다. 각각 『플랫폼』 『소립자』 등과 『9,990원』이 번역돼 우리 독자들도 말썽 많은 두 악동의 실체를 어슴푸레 엿볼 기회가 있었다. 두 작가는 여러모로 비슷한 점이 많다. 우선 첫 소설이 젊은 세대에게 컬트로 부각되며 오랜 입소문을 타 유명해졌으나, 비평계는 상반된 평가를 내림으로써 양쪽으로 갈라졌다. 또 두 작가 모두 작품을 둘러싼 소송, 표절 등 무성한 구설수에 휘말려 언론에 자주 언급 되었다.

프레데리크 베그베데가 1990년 발표한 첫 소설이자 '올해에 나온 가장 속물스러운 소설'이란 평을 받은 『어떤 미친 젊은 남자의 회상』은 작가의 자전적 흔적이 고스란히 배어 있는 작품이다. 이 소설의 주인공인 24세의 마르크는 '체크 무늬 와이셔츠와 포스트모던한 허무주의가 유행하는 시대'에 술과 여자와 나이트클럽에서 젊음을 탕진한다.

'결코 세계일주를 못할 것이며, 인기가수 50위 안에 들지 못하며, 대통 령이 될 수 없고, 헤로인 중독자도 안 될 것이며, 관현악단 지휘자가 되거 나 사형선고 받는 일도 없을 것이다. 나는 (정크푸드의 과용으로) 자연사 할 것이다.' (베그베데 『어떤 미친 젊은 남자의 회상』 중에서)

세기말을 사는 프랑스 젊은이의 앞날에는 이렇듯 아무런 모험이나 열 정도 예정되어 있지 않다. 능률과 실질을 숭상하는 신자유주의 세상에서 화자는 '좌익 신문에 우익적 글을, 우익 신문에는 좌익적 글'을 기고하며 연명한다. 그에게 남은 유일한 열정은 파티뿐이고 연일 축제가 벌어지는

프레데리크 베그베데

나이트클럽이 유일한 모험의 세계다. 인공 낙원에서 만나는 여자들만이 당시 유행하는 포스트모던한 허무주의에서 벗어나는 길이지만 해가 중천에 뜬 뒤에야 술이 깨는 생활도 그리 신명나는 일은 아니다.

그들에게 삶이란 '태어나고 뛰어다니고 허둥지둥 살아가면서, 책도 읽고 극장도 가고 아침식사도 하고, 그러다가 죽는다. 가끔 자기는 독신생활에는 맞지 않는다는 생각이 들 때도 있을 것이다. 자칫하면 사랑에 빠질 수도 있다. 다시 말해 자신과 예쁜 여자에게 동시에 거짓말을 하는 때도 있는 것'에 지나지 않는다. 여럿이 모여 자기만의 고독을 확인하는 파티에 싫증난 인물들은 약물중독과 자살을 택하기도 하지만 대개 그들이 일컫는 지루한 포스트모던한 삶에서 벗어나지 못한다.

1999년에 발표한 『9,990원』은 물신주의에 찌든 현대 프랑스의 아픈 데를 꼬집은 베그베데의 대표작이다. 표절 혐의에 휘말리는 바람에 더욱 큰 화제를 모았다. 베그베데는 글솜씨가 있는 사람들이 살아온 역사를 이렇게 되돌아본다. 17세기에는 12음절로 희곡을 쓰고, 18세기에는 철학적 에세이, 19세기에는 부르주아의 여흥거리인 소설을 쓰며 연명했다. 그러던 문학이 20세기에는 무슨 장르로 눈을 돌렸을까. 글쟁이에게 가장 수익성이 높은 장르는 광고 문구라는 것이 『9,990원』 주인공의 생각이다.

단 몇 줄의 광고로 거액의 글 값을 챙기는 주인공은 매일 밤을 파티로 즐기지만 사는 것이 그리 재미있지 않다. 베그베데 작품 속 인물들의 신조는 '① 행복은 존재하지 않는다 ② 사랑은 불가능하다 ③ 아무것도 중요하지 않다'라는 말로 요약된다. 이유는 길게 고민하지 않는다. 아무것도 중요하지 않기 때문이다.

베그베데의 소설이 후기 자본주의 시대에서 흥청거리는 광고업계를 그렸다면 우엘벡의 처녀작 『투쟁 영역의 확장』(1981)은 컴퓨터 산업에 종사하는 두 인물을 중심으로 이야기를 전개한다. 나중에 더욱 다양하게 펼쳐질 우엘벡의 생각은 이 처녀작의 제목에 잘 요약되어 있다. 그에 따르면 인간의 삶은 갈등과 투쟁으로 점철되어 있으며 그 투쟁의 양상

미셸 우엘벡

은 시대에 따라 달라진다. 광고와 마찬가지로 각광받는 분야인 컴퓨터 업계에서 일하며 물질적으로 어려움이 없는 인물이 '포스트모던한 허무주의'에 빠지는 이유는 바로 투쟁 영역이 확장했기 때문이다. 소설이 인간 사이의 갈등을 그리는 장르라면 그 갈등이 어느 지점에 있는가에 따라 작품의 성격도 달라진다.

우엘벡, '포스트모던한 허무주의'의 세계

이른바 계급적 차원의 갈등은 비교적 선명하게 선악과 피아가 구별된다. 많이 가진 자는 가진 것을 지키기 위해 현 상태를 고수하려 들고, 전혀 갖지 않은 자는 어차피 잃을 것이 없기 때문에 무슨 수를 써서라도 판을 뒤집으려 한다. 근대소설이 그 사이에 낀 중간층의 어정쩡한 이중성, 그 내면 갈등에 초점을 맞췄다면 우엘벡의 소설에서 지목하는 갈등의 급소는 전혀 다른 데 있다. 28세가 되도록 한 번도 여자의 사랑을 받아본 적 없는 화자의 친구 티스랑은 이렇게 중얼거린다.

"어떤 놈은 무수한 여자를 건드리며 섹스를 만끽하는데 내겐 하나도 없다. 나 정도의 수입으로 여자를 돈 주고 살 수도 있다. 계산해보면 일주일

에 한 명 정도는 살 수 있는 경제적 여유가 있다. 그런데 어떤 놈은 공짜로, 게다가 사랑까지 덤으로 얹어서 여자를 즐긴다."

여기에서 여자란 단어를 돈으로 바꾸면 이 독백은 곧 전 시대의 구호가 된다. 마르크스의 이론이 설명하듯 바로 그 불평등한 사회의 모습이다. 마르크스가 분석한 소외와 불평등이 물적 토대, 생산력 관계에 입각했다면 우엘벡이 생각하는 포스트모던 시대의 갈등은 바로 사랑의 빈곤에 있다. 빵보다는 사랑, 어렵게 말하면 개체보존보다 종족보존에서 벌어지는 부익부 빈익빈이 더욱 심각한 문제다.

섹스의 빈곤화는 신자유주의 체제가 신봉하는 자유경쟁 시대에 더욱 가속화한다. 컴퓨터 전문가인 주인공은 가상공간에서는 뭇 여성을 유혹하지만 정작 현실에서는 번번이 사랑에서 소외당한다. 그래서 우엘벡 소설에는 수음행위가 빈번하게 묘사된다. 자유경쟁이란 '자유'라는 접두사가 그럴듯하지만 사랑의 영역에서는 가장 부당한 경쟁제도라고 작가는 주장한다.

빵의 영역에서 벌어진 투쟁이 섹스의 영역으로 확장된 시대를 그리면서 우엘벡은 나이트클럽을 바로 그 자유경쟁의 장으로 예시한다. 예컨대 뭇 남자의 가슴을 설레게 하는 금발의 미녀가 시장 한복판에 있을 때, 정상적 남자라면 머뭇거리며 범접 못 하기 십상인데, 무턱대고 다가가 결국 쟁취하는 자는 대개 겉만 번지르르한 건달, 밑져야 본전이라는 뻔뻔한 심보의 남자라고 화자는 생각한다. 그래서 그는 '자유'를 대단히 불신한다. 사랑의 영역에 적용되던 자유에 대한 불신은 점차 정치, 사회적 차원까지 확대된다.

예컨대 68세대가 부르짖은 '모든 영역에서의 자유와 평등'에 입각한 페미니즘은 세기말에 이르러 우엘벡 세대를 낳았다는 것이 작가의 생각인 듯하다. 68세대의 남녀평등주의, 자유스런 계약에 의한 남녀관계, 자유스런 성, 소위 프리섹스를 주장한 여성 페미니스트들은 세기말에 이르러서는 모두 남자에게 버림받은 중년 아줌마가 됐다는 것이다. 20대에 성의 자유를 주장한 페미니스트가 50대에 이르자 경제력을 무기로 여전히 성을 만끽하는 동년배 남자에 비해 성의 시장경제체제에서 완전히 소외되어 자신이 신봉하던 자유에 제 발등을 찍히는 세대가 되었다. 이렇듯 성적 욕구불만에 가득 찬 신경질적인 세대가 바로 68혁명기의 페미니스트라는 우엘벡의 주장은 당연히 여성계의 강렬한 비난을 불러일으켰다.

하여튼 성적 소외현상과 관련, 유전자 조작에 의한 무성생식이나 종족 보존의 문제를 자유경쟁이 아닌 합리적 과학, 예컨대 유전공학에 맡기자는 우엘벡의 주장은 그간 그의 소설세계에 호의적이던 평론가들조차도 당황하게 만들어버렸다.

결국 『소립자』 『플랫폼』과 같은 작품이 잇달아 화제가 되었음에도 우엘벡은 문학상 심사위원의 눈밖에 났고, 상의 공정성에 시비를 거는 기자들조차 '우엘벡이 상을 받지 않은 것만으로도 올해 문학상은 성공적이었다'는 조롱을 퍼붓는 지경에 이르고 말았다.

키냐르, 고전적 사유를 분방한 형식에 담다

베그베데나 우엘벡에게 문학상이 돌아가지 않은 것만이 유일한 희소식이라는 평가와는 달리, 2002년에는 공쿠르 상을 둘러싸고 이채로운 소문이 떠돌았다. 파스칼 키냐르(1948~)에게 상을 주자는 의견이 모아지자 심사위원 중 일부가 공쿠르 상을 주기에는 너무 벅찬 작가란 이유로 선정을 망설였다는 것이다. 한국 독자들은 2001년에야 파스칼 키냐르의 작품을 만날 수 있었다.

키냐르의 작품은 우리 소설 독법으로 보면 매우 낯설고 난해하지만, 읽을수록 종교적 명상과 깊은 성찰을 엿볼 수 있다. 한 번역가의 고생 덕분에 우리말로 다시 태어난 『은밀한 생』은 파스칼 키냐르의 다른 작품과 ㅁ-

파스칼 키냐르와 그의 대표작 『은밀한 생』

찬가지로 별다른 줄거리 없이 작가의 철학적 독백만으로 된 소설이다. 이 작품에서 작가가 천착하는 주제는 우엘벡과 다름없이 사랑이지만 그의 접근 방식은 매우 전근대적, 좀더 정확히 말하자면 고대적이다. 『은밀한 생』의 끝에 붙은 작가 소개를 대충 옮기면 그의 작품 세계를 이해하는 데 도움이 될 것 같다.

1948년 프랑스 노르망디에서 태어난 파스칼 키냐르는 풍금 제작에 종사하는 집안 분위기 덕분에 어린 시절부터 피아노, 첼로 등을 연주하며 고전음악과 친숙했다. 생후 18개월과 16세에 자폐증을 앓았고 1966~1969년 혁명 분위기 속에 레비나스, 폴 리쾨르와 더불어 철학 공부를 했다. 21세가 되던 1969년 『말 더듬는 존재』로 작가 생활을 시작했다. 뱅센대학과 사회과학 고등연구원의 교수로 재직했고, 미테랑 대통령과 함께 베르사유 바로크 음악 페스티벌을 창단했다. 그는 첼로 연주자이자 시나리오 작가, 라틴어와 그리스어에 능통한 고전문학 번역가이기도 하다.

『은밀한 생』은 네미 사틀레라 불리는 여인에게 첼로를 배우다 그녀와 사랑에 빠지는 남자의 독백이다. 무거운 첼로의 선율을 배경음으로 깐 듯한 그의 글은 금발의 여인들, 술과 마약이 흥청거리는 포스트모던 시대에서 몇 천 년을 거슬러 올라간 듯한 분위기를 자아낸다. 고대언어 전문가답게 그의 사유는 언어의 원천에서 시작한다. 몇 문장만 읽어보자.

"사랑amour은 젖가슴을 찾는다는 고어에서 나온 말이다. 이 고대 라틴어 어휘에는 희한하게도 태생 포유동물의 특징적 속성이 있다. 포유동물은 지질시대 제3기에 태어났고, 그때 인간의 운명에 가장 독특한 조건들이 형성되었다. '사랑amour'은 '젖꼭지amma' '유방mamma', '유두mamillia'에서 유래한 단어다. '유방의mammaire'라는 단어와 '엄마maman'라는 단어는 거의 구분하기 어려운 형태다. '아무르amour'는 말을 하는 입이라기보다는, 배가 고파 입술을 앞으로 내밀어 본능적으로 젖을 빠는 입 모양에 더 가까운 단어다."

파스칼 키냐르 소설이 낯설 수밖에 없는 것은 항상 근원적인 것부터 탐색해나가는 현학과 명상이 주조를 이루기 때문이다. 화자와 첼로 선생 사이에서 96일간 지속된 사랑에 대한 이야기는 첫머리에 잠깐 언급될 뿐, 이 소설은 동서고금의 무수한 일화를 환기하며 사랑의 본질을 성찰하는 철학서에 가깝다. 그래서 길이가 제각각인 53장으로 된 『은밀한 생』은 쉽게 요약할 수 없다. 짧은 아포리즘("더는 사랑받지 못하는 것처럼 품위를 손상시키고 가치를 떨어뜨리는 것은 아무것도 없다" "사랑받는 자는 사랑하는 자를 자화시킨다" "진정한 사랑은 준비되지 않고 협상되지 않은 관계다" "사랑에만 고유한 경험은 결별에 있다" 등)부터 고대 일화(기원전 2세기 중국 주오원췬과 스마시앙루의 사랑 이야기)까지, 이 소설을 마주한 독자는 현란한 철학적, 역사적 모험을 겪는다.

이렇게 파스칼 키냐르는 기존 문학 장르에 가둘 수 없는 그만의 독특한 장르를 만들어낸 작가다. 앞에 거론한 작가들이 자유분방한 현대적 삶을 진부한 형식으로 그려냈다면 파스칼 키냐르는 고전적 사유를 분방한 형식으로 표현한 셈이다.

 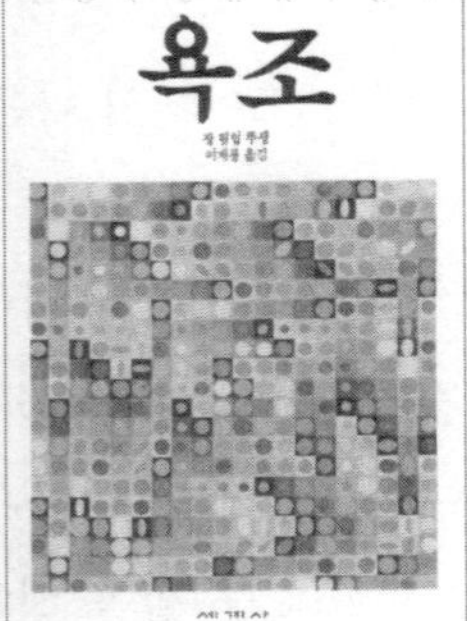

장 필립 투생의 대표작 『욕조』

뒤라스·투생·에슈노즈, '미뉴'의 작가들

현대 프랑스 문학 풍경을 둘러보다 가장 돌올한 산등성이가 눈에 띈다면 그것은 십중팔구 미뉴 출판사의 작가들이다. '미뉴'라는 출판사 이름은 이제 현대소설이 보여줄 수 있는 전위, 새로움, 품위의 동의어다. 20세기 후반기의 굵직한 문학사는 미뉴를 중심으로 쓰였다 해도 과언이 아니다. 『연인』의 마르그리트 뒤라스, 『욕조』의 장 필립 투생, 『나는 떠난다』의 장 에슈노즈 등 우리나라에 소개된 미뉴 작가들의 작품세계는 사실주의 전통에서 본다면 다소 낯설고 접근하기 어려운 것이 사실이다.

『분간할 수 없는 이야기들』이란 연구서에서 블랑크망은 앞서 거론한 파스칼 키냐르와 더불어 장 에슈노즈를, 새롭게 변신하는 과정에 있는 프랑스 서사문학의 가장 앞자리에 선 작가라 치켜세운다. 로브그리에에 따르면 진정한 소설가는 아무런 할 말이 없는 사람이며 어떤 방식으로 말할 것인가만이 그들의 유일한 관심거리다.

고전적 의미의 서사가 불가능해진 시대에 소설만이 여전히 100년 전의 방식으로 이야기하는 데 의문을 제기한 누보로망이 미뉴 출판사에서 시작되었다는 것은 널리 알려진 사실이다. 모험의 글이 글의 모험으로 대체된 누보로망은 흔히 소수 엘리트 독자의 소설, 대학 강단에서 연구하는 소설로 치부되기도 했지만, 1999년 장 에슈노즈가 『나는 떠난다』로 공쿠르 상을 받으면서 대중과 폭넓게 만나는 계기가 되었다.

장 에슈노즈의 소설에는 장르소설이란 새로운 명칭이 따라다닌다. 그는 모험소설, 탐정소설과 같은 기존 장르의 형식을 변형해 새로운 서사틀을 만들어내는 목수 같은 소설가다. 에슈노즈가 서사의 전범으로 삼은 탐정소설은 주로 서스펜스를 자아내 독자를 사로잡는 장르다. "소설이 유발하는 흥분과 시간 사이에는 수학적 함수관계가 있다. 그 관계가 바로 서스펜스"라는 정의에서도 알 수 있듯, 서사가 진행되는 시간을 고려해 그것을 묘사하는 문장의 호흡 조절은 탐정소설가의 중요한 덕목이다. 장 에슈노즈는 그 수학적 함수를 정확하게 계산하며 거기에 탐정소설에선 쉬이 찾기 힘든 섬세한 유머까지 곁들인다.

『나는 떠난다』에서 주인공은 북극에 남아 있는 보물선을 찾아 떠난다. 보물의 위치를 귀띔해준 친구는 주인공이 고생 끝에 보물을 찾아오면 나중에 가로챌 속셈이다. 간단한 이야기지만 소설이 제공하는 재미는 이런 줄거리에 있지 않다. 근시를 위한 작품이란 평을 듣는 그의 소설은 여기저기 행간에 내장된 묘사가 아주 작은 폭죽 혹은 미세한 불꽃처럼 터지면서 눈을 즐겁게 한다. 물론 언어의 음악성에 치중하는 그의 문장은 번역 과정에서 손상되기 마련이고 유머만큼 국경을 넘기 어려운 감각도 없다.

에슈노즈 외에 우리에게 소개된 미뉘 작가로 장 필립 투생을 꼽을 수 있다. 그는 5년 가량 침묵한 뒤 『섹스하기』란 도발적 제목의 작품을 발표해 다시 주목받았다. "황산을 구입한 뒤부터 이상하게 마음이 차분해졌다"로 시작하는 그 작품은 부인과 헤어지는 과정을 일본을 배경으로 그린다. 기하학적 문학이란 평을 들을 만큼 정교한 문체와 문장을 구사하는 벨기에 출신 장 필립 투생은 소설보다는 영화와 사진에 빠져 한동안 작품 발표가 뜸했다. 또 다른 벨기에 출신의 미뉘 작가로 『개의 날』을 쓴 카롤린 라마르슈를 꼽을 수 있다. 최근 몇 해 동안 발표된 불어권 소설 가운데 매우 뛰어난 작품의 하나로 알려진 『개의 날』은 벨기에의 권위 있는 문학상인 빅토르 로셀 상을 받았다.

자타가 공인하는 거목들의 이름을 나열한 뒤 세간에 소문난 화제작과 소수 평론가가 선별한 문제작의 순서로 프랑스 문학을 일별했지만 정작 프랑스 문학의 진경은 이런 주마간산에 포착되지 않는다. 아멜리 노통브, 엠마뉘엘 카레르, 파스칼 브뤼크네르, 탕기 비엘, 디디에 반 코벨라에르, 안나 가발다, 파트릭 베송 등이 빠졌으니 제 모습을 갖춘 풍경일 수 없다. 인위적인 분류를 하고 나면 항상 어떤 범주에도 딱히 넣을 수 없는 작품이 생기고 개성적 작품이란 그 정의상 어디에도 속하지 않는다.

평론가 35인이 뽑은 프랑스 신세대 작가

예컨대 『적의 화장법』의 작가 아멜리 노통브의 기발한 상상력과 발칙한 반전, 경쾌한 대화체는 번역이란 세금을 떼고도 본전이 남으며, 집요하게 정체성의 문제를 파고드는 『콧수염』의 작가 엠마뉘엘 카레르, 철학적 내용을 그로테스크한 분위기와 함께 전달하는 『아름다움을 훔치다』『새 삶을 꿈꾸는 식인귀들의 모임』의 파스칼 브뤼크네르도 일독에 넉넉히 값하는 작가다.

2000년대의 프랑스 문학 풍경을 한눈에 훑어볼 수는 없는 일이다. 수백 종의 포도주를 각자 입맛에 맞춰 골라 음미하듯, 프랑스 문학은 독자의 개성만큼이나 다양하고 독창적인 길을 모색하는 듯하다. 소설 한 권을 100만 명이 읽는 곳보다 100권을 1만 명이 읽는 곳이 문학이 자라는 데 유리한 풍토일 것이다.

참고로 평론가 35명이 뽑은 프랑스 신세대 작가(1962년 이후 출생한 작가) 10명의 명단을 덧붙인다. 이들이 앞으로 10년 동안 프랑스 문학의 주역으로 떠오르리란 예상이 적중할지 두고 볼 일이다. 평론가 둘 중 하나가 신세대 작가 가운데 가장 뛰어나다고 꼽은 이들은 아멜리 노통브, 마리 느디예, 마리 다리위섹, 필립 베송, 얀 모아, 니콜라 파르그, 엘리에트 아베카시스, 니나 부라위, 프레데리크 베그베데, 안나 가발다로 프랑스 문학을 이끌 기대주다.

이재룡 jllee@ssu.ac.kr
성균관대학교 불문과를 졸업하고 프랑스 브장송대학교에서 석·박사학위를 받았다. 역서로 『참을 수 없는 존재의 가벼움』, 『불확정성의 원리』, 『욕조』 등이 있다.

보이는 것 그 너머

너무나 인간적인, 너무도 인공적인

"정신이란 모습 속에 있는데, 모습이 이미 같지 않다면
어찌 속정신을 전할 수 있겠는가."
—이익의 『성호사설』 중 '논화형사'에서

정주하 백제예술대 교수 · 사진학/사진가

사진은 생일이 있다. 그러니까 다른 예술 장르처럼 자연 발생적이 아니라 어느 시기에 특정한 인물이 발명해 오늘에 이르렀다. 사진의 발명이 공표된 장소는 프랑스의 파리로, 1839년 8월19일이었다. 당시 하원의원이자 과학학술원 서기이며 파리 천문대 대장인 프랑수아 아라고의 추천으로, 의회에서 이날 자신의 발명품을 시연한 루이 자크 망데 다게르는 이것을 다게레오타이프(은판사진술)라고 부르기를 원했다.

다게레오타이프 사진은 지금의 사진과는 전혀 다르다. 복제도 할 수 없고 지지체도 종이가 아니라 금속이다. 뿐만 아니라 사진 한 장을 얻기 위해 사진가는 커다란 암실을 지고 다니거나 마차에 싣고 다녀야 했으며, 확대가 되지 않기 때문에 사진의 사이즈에 맞추어 카메라를 새롭게 제작해야 했다. 이러한 방식의 다게레오타이프 사진은 사실 다게르 혼자서 일군 성과물이 아니다. 그의 동업자이자 아마추어 발명가인 조제프 니세포르 니엡스가 아니었다면 다게르는 결코 이 사진을 발명할 수 없었다.

프랑스혁명과 산업혁명, 그리고 사진

당시 살롱-쉬르-손이라는 조그만 시골에 살던 니엡스는 사진을 발명하는 데 관심이 있던 다른 어떤 발명가보다도 이미지 정착을 성공적으로 해냈다. 그러나 아직 확실한 방법을 몰라 불안하던 그는 대도시 파리에서 살던 다게르가 비슷한 착상으로 사진을 만든다는 사실을 알게 되고 병중인 형 클로드를 만나러 가는 길에 파리에서 다게르를 만난다. 그후 그들은 동업하기로 계약을 맺는다.

그러나 발명이 진행되던 1833년 니엡스는 병으로 세상을 떠나고, 다게르가 사진 발명을 마무리한다. 결과는 대성공이었다(니엡스가 죽고 나서 동업권은 그의 아들 이시도르에게 계승되나 별다른 관심이 없던 그는 프랑스에서 주는 연금을 받는 데 만족하고 다게르에게 모든 것을 넘긴다. 니엡스의 공이 지극히 큰데도 당시의 사진술을 다게레오타이프라고 불렀다. 니-게레오 타이프가 아니라!).

그러나 당시 사진 발명은 그 둘만의 관심사가 아니었다. 영국의 윌리엄 헨리 폭스 탈보트는 오히려 지금의 사진과 더욱 유사한 사진(복제가 가능한)을 거의 완성했으며, 브라질에 거주하던 에르퀼르 플로랑스도, 노르웨이에서 활동하는 변호사이자 석판화 제작소의 소유주인 한스 퇴거 빈터

최초의 사진 발명가 중 한 명인 조제프 니세포르 니엡스가 찍은 작업실 창문 밖 건물의 지붕 모습(1827)

도 유사한 아이디어가 있었다. 뿐만 아니라 프랑스 재무성의 서기이던 이 폴리트 바야르 또한 매우 독창적인 사진술을 완성하는 중이었다.

그러니까 사진의 발명이란 어느 시점을 중심으로 시작된 '시대적 요청'으로 보아야 옳다. 비록 발명품이기는 하지만 이 발명은 단지 어느 한 사람의 독특한 생각에서 나오는 것이 아니라 1789년이 기점인 프랑스혁명(계몽과 근대를 아우르는 시점인)과 19세기 초반이 중심인 산업혁명(인간이 적극적으로 기계와 에너지를 사용하기 시작하는 의미에서)의 진행 과정이 빚어낸 시대의 산물이었다.

이를 미술사적으로 본다면, 이제 재현의 문제가 단지 사물의 객관적인 묘사에서 작가의 주관적인 취미 판단(이는 1690년 존 로크의 오성론에서 시작해 1790년 칸트의 판단력 비판에 이르러 정리가 된다. 물론 이 취미 판단은 개인적이 되는 문란함 때문에 공평무사한 취미판단의 공통분모를 찾으려고 애써야 하는 모순을 드러냈다.)의 문제로 전환되던 시기에 사진이 탄생했다.

"이제 회화는 죽었다"

사진은 탄생하면서 그 표현의 지극한 명징성으로 수천 년 동안 회화가 지닌 '재생의 힘'을 일거에 무력화했다. 더는 사실적일 수 없을 사진은 아무리 천재적인 재능이 있는 화가라 할지라도 따라가기 힘든 힘을 태생적으로 가지고 있었다.

사진의 명징한 재현 능력 때문에, 당시 역사화가인 폴 들라로슈는 "이제 회화는 죽었다"고 외치며 침통해 마지않았다. 초상화를 그려 먹고 살던 당시의 많은 화가들을 생각해보면 이해가 되는 대목이다.

그러나 중요한 사실은 사진이 예술로서 당시 회화와 견주기 위해 탄생한 것이 아니라, 일군의 발명가와 화가가 결탁해 자신들의 생존 영역을

최초의 사진 발명가 가운데 한 명인 자크 망데 다게르가 찍은 파리 풍경(1839)과 윌리엄 폭스 탈보트의 작품(1844)

확대하기 위해 만들었다는 사실이다. 이는 향후 사진의 본질을 규명하는데 매우 중요한 단서를 제공한다(적어도 발터 벤야민(1892~1940)에게는 그렇다). 그러니까 사진은 보편적으로 알려진 것보다 더욱 인간적이고 천박한(고상한 예술의 시각에서 본다면) 태도로 이 세상에 나온 발명품이라는 말이다. 이 시점에서 20세기를 여는 새로운 예술이 시작된다. 적어도 민주주의적인, 그리고 저변 수평적인 향유가 가능한 그런 의미의 예술로

왼쪽 위부터 시계방향으로 하인리히 칠레(1890~1910), 으젠느 아트제(1913), 알프레드 스티글리츠(1907), 로라 길핀(1917)의 작품

서 말이다.

이렇게 태어난 사진은 산업적인 우여곡절을 겪고 19세기 후반에 이른다. 여전히 사회와 예술이 멸시하는 대상인 사진이 급기야 예술로 인정받기 위해 회화가 구축해놓은 영역으로 비집고 들어가려 애쓰는 시기다. 소위 픽토리얼리즘이라 불리는 이 조류는 위대한 사진가 몇 명의 탄생과 함

께 널리 퍼진다. 이 픽토리얼리즘 시대의 사진은 말 그대로 회화풍을 따르는 작업방식이었으며, 매우 교훈적이고 윤리적인 계몽을 위한 대규모 작업들을 선보인다.

그러나 이 시기조차 사진가들이 맹목적으로 회화성만 추구하지는 않았다. 그들이 제시한 흐릿한 초점의 사진은, 오히려 인간의 눈에 기반한 '인간적인 시각의 좀더 과학적인 탐구'의 결과라 할 수 있다. 원형인 우리의 눈은 그 원형의 곡선 때문에 어느 지점에 초점을 맞추면 바로 그 옆에 있는 지점에는 초점을 맞출 수 없는 한계가 있다. 누구나 간단한 실험으로 알 수 있는 이 눈에 대한 '확연한 진실'이 이제 사진예술을 하는 사진가들에게 매우 중요한 요소로 작용하기 시작했다.(책을 앞에 놓고 한 글자에 초점을 맞추면 그 옆의 글자가 명확하게 보이지 않는다.) 대상에 대한 진실한 재현을 깊게 생각하는 사진가일수록 이 초점이 흐린 사진에 깊게 매료당했다.

잘 알려졌듯 19세기 후반은 고전 물리학과 현대 물리학이 교차하는 시기다. 분자와 원자가 발견되고 과거부터 내려오던 비밀스러운 과학이 엄청난 힘으로 사회를 견인한, 마침내 과도한 에너지의 사용을 경고하는 엔트로피 법칙에 대한 이해가 깊어지던 그런 시기였지 않은가. 뿐만 아니라 모더니제이션(근대화)이라고 불리는 19세기를 지나면서 발전된 과학의 힘으로 인간은 엄청난 잉여생산물과 잉여노동력(식민지 확보를 통해)을 생산했다. 물론 대규모 살상이 가능한 전쟁도 치렀다.

이러한 시기에 사진이 당시의 과학을 바탕으로 재현의 문제를 더욱 역설적이게 표현한 것은 당연하다 하겠다. 특히 예술의 문제가 이제 주관적인 태도로 바뀌어 작가의 창의적인 시각이 중요해지고, 이를 바탕으로 천재의 문제가 새롭게 재인식되던 시기(18세기에 시작하여 19세기까지 이어온)에 사진가들이 대단한 콤플렉스에 갇혀 당시의 예술적 분위기에 후둘린 것 또한 당연한 일이라 생각한다.

그러나 사진은 이러한 콤플렉스 속에서 새롭게 태어나는 계기를 맞는다. 우리가 사진의 역사를 이야기할 때 대체적으로 초기와 근대를 구분 짓는 시기가 바로 이 시기이다. 픽토리얼리즘이라는 회화성의 사진이 진행되던 시기에 겹치기에, 그리고 회화와 문예 중심의 시기 구분으로는 모더니즘 시기와 겹치기에 사진은 매우 사실적이고 대상을 있는 그대로 재현하는 방법으로 다시금 회귀한다. 포토리얼리즘 시대라고 불러야 옳을 이 시기는, 19세기 말과 20세기 초에 걸쳐 있으며, 대표적인 작가로는 프랑스의 으젠느 아트제(1857~1927)와 미국의 알프레드 스티글리츠(1864~1946), 그리고 독일의 하인리히 칠레(1858~1929)가 있다.

'여실한 삶'의 재현을 향한 갈망

이 세 작가가 대표하는 사진의 리얼리즘은 회화사와 예술사에서 이야기하는 리얼리즘과는 다소 차이가 있다.(회화에서는 귀스타브 쿠르베(1819~1877)가 중심인 리얼리즘이 이미 19세기 중반에 전통적인 회화의 대상과 표현의 의미를 사실적으로 전환하려 애썼고, 예술사적으로는 1917년 러시아혁명 이후 러시아와 유럽 일부에서 사회주의 리얼리즘이 있었다. 그리고 1960년대 팝아트 이후에 다시 미술사 안에는 극사실적인 묘사를 중시하는 포토리얼리즘이 나타났다.)

사진의 역사에서 리얼리즘 운동은 사진이 탄생하고 50여 년이 흐른 뒤 빠르게 발전한 기술력을 동원하여 예술로 인정받기 위해 몸부림쳤다. 이런 시기를 지나 이제 비로소 자신이 가진 '표현 매체로서 근본적인 가능성'을 진정으로 깨닫는 '사진 이해의 여명기'에 이르렀다고 할 수 있다.

위에 열거한 세 명의 작가뿐만 아니라, 이 시기에 자신들의 독특한 작품세계를 구축한 이들의 사진을 들여다보면 때론 신비한 느낌마저 들 때가 많다. 서로 전혀 다른 공간에서 전혀 다른 직업적 관점을 가지고 있던 이 작가들은 자신들이 사용하는 도구를 이용하여 인간의 삶을 매우 적나라하게 들여다보고 재현해놓기를 열망했다. 특히 독일의 하인리히 칠레는 우리에게 잘 알려져 있지 않으나, 그가 죽은 후 발견된 사진들을 보면 카메라로 그가 어떻게 인간의 삶에 파고들었는지 짐작할 수 있다. 그 당시 그는 사진으로 예술을 보여주었다.

이제 사진은 매우 빠르게 발전한다. 두 차례의 세계대전을 거치면서 광학과 기계학의 급격한 발전으로 카메라의 부피가 작아지고 필름 감광시간이 줄어들면서 촬영 방법이 다양해졌다. 그동안 사진을 찍으려면 늘 무거운 카메라를 고정할 든든한 삼각대가 필요했다. 때문에 사진가의 시각은 당연히 고정적일 수밖에 없었으며 정적인 대상을 표현하는 작품이 대부분이었다. 그러나 라이카로 대표되는 소형 카메라가 등장하면서 사진의 내용은 매우 역동적이 된다.

사진예술, '지적인 미국'에서 꽃을 피우다

프랑스 태생의 사진가 카르티에 브레송은 이러한 소형 카메라의 달인이다. 그는 매우 독특한 시각으로 세상을 연극 무대처럼 표현한다. '결정적 셔터 찬스'라고 알려진 그의 사진 미학은 소형 카메라에 표준렌즈(50mm)를 장착하고 절대로 대상에 의식적인 개입을 하지 않으면서, 그 대상의 절묘한 순간성에 집착했다. 그의 사진들이 보여준 재미(삶의 단면으로)는 이전의 사진들과 매우 다르다. 그러나 그의 사진이 품은 그 재미가 다시 그의 사진을 폄훼하는 요소로 작용하기도 한다. 다시 말해 스냅이라고 일컬어지는 기법으로 찍은 사진들의 가벼움이 사진 읽기를 오히려 재미로만 그치게 할 우려도 있다는 뜻이다(그 시대에는 그것이 매우 중요했지만).

같은 시대를 살던 아우구스트 잔더(1876~1964)는 매우 다른 작업을

왼쪽 위부터 시계 방향으로 앙리 카르티에 브레송(1932), 아우구
스트 잔더(1932), 도로시아 랭(1938)의 작품

진행하고 있었다. 쾰른에서 사진관을 하던 그는 '20세기의 사람들'이라는
주제로 자신이 살던 시대의 사람들을 직업별로 구분한 뒤 그들의 초상 사
진을 찍었다. 언뜻 보면 지루하기 이를 데 없는 그의 사진들은, 찬찬히 들
여다보면 보는 이가 그 시대의 '전모'를 전면에서 밝힐 수 있게 해준다.

 이런 작업은 사진이 내포한 '증명의 기운'과 '보존의 기운'을 모두 잘
이용한 예라고 할 수 있겠다. 아트제가 이러한 사진의 힘을 이용해 판매

로버트 프랭크의 〈미국인들〉 연작 중 한 편(1956)과 워커 에 반스의 〈지하철 승객〉(1959)

원고로 사진을 제작했다면, 잔더는 그 힘을 시대의 증빙자료를 만드는 데 이용했다고 볼 수 있다. 그런 이유 때문에 지금까지도 유형학적 사진 Typology Photography이라는 장르로 설명되는 잔더 부류의 사진은 사진이 어떻게 인류를 객관적으로 기록할 수 있는지를 보여주는 본보기다.

유럽에서 시작한 사진은 유럽에 국한되지 않고 전 세계로 급속히 퍼져 나갔다. 그중에서도 미국은 사진을 가장 열렬하게 받아들인 나라다. 19세 기 말까지 별 독특한 문화가 없던 신생국 미국은 남북전쟁을 사진으로 기 록할 정도로 사진의 수용력이 활발했다. 뿐만 아니라 1920년대 후반부터 시작된 경제 공황을 극복하기 위해 루스벨트는 농업안정국 산하에 사진 가들을 고용해 자신의 뉴딜정책을 실현하는 밑거름으로 삼기도 했다. 미 국은 이처럼 사진을 사회의 공적인 변화를 주도하는 매체로 사용했을 뿐

베른트, 힐라 베허의 〈휴텐베르크 루어 지방〉(1970)

아니라, 사진이 예술로 가장 강력하게 안착된 나라이기도 하다. 이미 유럽은 양차 세계대전을 겪으면서 많은 지식인과 예술가가 신대륙으로 이주하는 사태를 맞는다. 독일의 바우하우스가 학교로는 대표적이고, 미국으로 이주한 예술가는 셀 수 없을 정도로 많다. 이러한 고급 두뇌들의 유입으로 미국은 점차 지적인 나라가 되어갔다.

이러한 시기에 주목할 사진가로 워커 에반스가 있다. 그는 당시 이미 사진으로 할 수 있는 모든 실험적인 작업을 다 마쳤다. 작은 카메라로 지하철에서 승객의 얼굴을 자연스럽게 담고 11×14 카메라로 풍경사진을 찍는 등 그가 사용한 방법과 접근 태도는 거의 '전Pan' 사진적이라고 할 수 있다. 무엇보다도 그가 풍부한 인문학적 지식을 바탕으로, 당시 미국 사회에 커다란 영향을 준 시인 휘트먼의 관점에서 노동자와 빈민층의 미국인들을 카메라에 담은 것은 매우 의미 있는 작업으로 평가해야 한다.

제2차 세계대전은 세계 예술계에 많은 변화를 가져왔다. 특히 예술을 통한 인류의 구원에 관심이 있는 모더니스트들은 세계대전을 겪으면서 예술에 대한 극심한 혐오를 경험한다. 1910년부터 1930년대까지 러시아 혁명을 중심으로 매우 격렬하게 인류의 삶에 파고든 아방가르드 예술가들은 기존의 예술로는 결코 인류의 삶이 구원받을 수 없다는 것을 깨닫고, 과거의 모던한 예술에서 더욱 천박하고 천한 대중성 중심의 예술로 전환하려 노력한다.

지금 우리가 팝아트라고 부르는 이 예술 장르는 당시까지 진행되던 예술관으로 본다면 매우 혁명적인 것이 틀림없다. 예술을 보여주는 도구가 간판쟁이들이나 쓰던 실크스크린으로 대치된다든지, 예술의 소재가 싸구려 창녀와 같은 이미지의 영화배우(마릴린 먼로 같은)인 것을 어떻게 같은 시대의 위대한 예술가들이 참아냈는지 모르겠다. 물론 지금이야 매우 익숙한 기법과 대상 들이지만 '예술지상주의'적인 태도와 '고답적'이고 '엘리트주의'적인 태도로 일관했을 당시 예술가들의 눈에는 이 팝 예술이 천박하고 쓰레기 같았을 것이 분명하다. 잘 넘어오기는 했지만 말이다.

진짜와 가짜의 경계에서

이제 사진도 새로운 시대를 맞는다. 소위 현대사진이 시작된 것이다. 스위스 취리히 출신인 로버트 프랭크는 1946년에 미국 뉴욕으로 이주한다. 그가 시인 잭 케루악의 도움으로 구겐하임에서 장학금을 받아 1956년부터 1957년까지 1년 동안 아내인 마리아와 아들 파블로 그리고 막내딸 안드레아와 함께 미국 동부에서 서부로 여행하면서 작업한 사진이 그 유명한 〈미국인들〉이다. 사진의 근대성을 버리고 주관적인 관점으로 세상을 바라본 이 사진들은 당시 상승일로의 미국 산업이 낳은 국민들의 우울과 무력함을 잘 대변한다. 선배인 워커 에반스의 스타일을 잇는 로버트 프랭크는 이 사진을 끝으로 사진에서 영화로 매체를 바꾼다(그는 그 이유를 사진으로는 더이상 자신의 생각을 다 표현할 수 없기 때문이라고 했다).

그러나 그가 보여준 사진 속에서의 기호 읽기와, 주관적 태도로 기호를 생성하는 작업태도는 이후 세계적으로 사진의 스타일을 완전히 바꾸어버리는 역할을 한다. 그 이전까지 사진의 역할은 기록과 사실성의 재현에 성실하게 묶여 있었다. 위대한 사진가 카르티에 브레송도 마치 르네상스

시계 방향으로 낸 골딘의 〈뉴욕 모텔에서 낸과 디키〉(1980), 안드레아스 구르스키의 〈루어 지방〉(1989), 신디 셔먼의 〈무제 #17〉(1978)

시대의 화가가 그러했듯 사실을 보고 네모난 파인더 안에 그 사실을 사실 적으로 (잽싸게) 가둔 공은 있으나, 그 파인더의 공간에서 선택한 대상들 을 원하는 대로 재배치해 자신이 해석한 의미로 전환하지는 못했다.

비록 그의 사진이 아름답고 절묘하기는 하지만 그 사진을 통해 깊은 감 정의 전이를 느끼지는 못한다. 그러나 프랭크의 사진은 다르다. 그는 우 리에게 자신이 대상과 상황에 개입한 감정을 그대로 전한다. 그의 감정이 대상을 선택한 의도와 함께, 우리에게 같은 감정의 선 위에 서도록 제시 하며 살그머니 우리의 감정을 껴안는다. 이러한 감정이입의 가능성은 그 가 매우 세심하게 대상의 의미를 읽고 해석해 그것을 어떻게 사진으로 옮 겨야 바르게 감정이 전달될 수 있는지 끊임없이 훈련한 결과다. 그러니까 우연이 아니라는 말이다.

로버트 프랭크의 등장은 사진의 재현 태도가 주관적으로 전환하는 계기였을 뿐만 아니라(마치 18세기에 미학이 변환했듯이) 사진이 더는 사진으로서만 존재하는 것을 거부하는 계기이기도 했다. 다시 말해 사진이 전시되고 소통되는 장이 사진계에 묶인 것을 예술계 전체로 확산하는 지각변동이 생겼다. 사진의 역사가 그 안에서만 의미를 지니다가 이제 예술계전체에서 나름의 자리를 확보하고 다른 장르와 다르지 않은 그런 처우를받게 되기에 이른다.

가장 큰 변화로는 사진 가격의 엄청난 폭등이다. 얼마 전 우리나라에서도 전시된 적이 있는 독일 사진가 안드레아스 구르스키의 사진 가격은 60만~70만 달러다(에디션은 6매다). 이는 사진이 사진으로서 이해되기보다 과거의 회화처럼 예술로서 소비된다는 단적인 증거일 수 있다. 이러한사진의 예술계 진입은 참으로 격세지감을 느끼게 해준다. 태어난 뒤 수십년이 지나도록 태어난 곳에서조차 싸구려라는 냉대를 받던 사진이(특히시인 보들레르가 심하게 사진을 경멸했다) 이제 예술의 최전방에서 소비를 주도하기에 이르렀다.

우리는 보통 예술의 역사를 가르면서, 최근의 사조라 할 수 있는 포스트모더니즘의 시작을 1970년대로 본다(꼭 맞다고 할 수는 없지만). 건축에서 시작한 이 새로운 사조는, 사진으로 최고의 꽃을 피운다. 1978년이되자 1970년대까지의 사진과는 전혀 다른 작업들이 등장한다. 신디 셔먼과 낸 골딘 등이 작업한 사진들은 무엇보다도 매우 사적인 문제를 제시한다. 이중 신디 셔먼은 자신이 등장인물인 셀프 포트레이트를 주로 작업했는데, 마치 영화의 한 장면을 연상하도록 분장을 하고 촬영했다. 때문에그녀의 작업을 보면 우리가 어디선가 본 듯한 그런 느낌을 받으나 자세히보면 모두 가짜다. 매우 익숙하나 전혀 낯선 사진을 통해 셔먼은 우리에게 이것과 저것, 진짜와 가짜의 경계를 허물라고 외친다.

예술보다 더 전투적인 예술

작가의 '자기 반영적 태도'는 낸 골딘에 이르러 더욱 심화된다. 〈성적 억압의 발라드〉라는 제목의 초기 작업에서 그녀는 자신과 주변 친구들의 일상적 삶 속으로 보는 이들을 초대한다. 적나라한 성적 발현과 다시 그 성적 공간에 함몰된 젊은 미국인들의 초상을 확인할 수 있는 이 작업은 그래서 우리에게 매우 커다란 충격을 준다. 이 작업에서도 신디 셔먼의 작품과 같이 작가가 자신의 작업에 대상으로 등장한다. 물론 이렇게 자신을 드러내는 작업이 그간 없지는 않았다. 그러나 1980년대를 아우르는 이 새로운 경향의 작업들에 나타난 자화상은 단지 자신의 모습을 드러내는 의미가 아니라, 적극적인 역할을 하는 자기 반영성을 확립한다. 포스트모더니즘의 정신이 구현된 것이다.

신디 셔먼이나 낸 골딘의 작품들로 대표되는 포스트모던한 사진들은 로버트 프랭크 이후 현대 미국의 사진계를 주도하며, 다른 한편으로는 세계적으로 사진이 뉴욕으로 집결되는 현상을 이루어낸다. 가장 큰 사진 시장이자 사진과 예술의 합일에 성공한 뉴욕은 그래서 지금 사진천국으로 불린다. 이러한 보스턴 스쿨 작가들과 함께 뉴욕의 사진계를 지배한 또 하나의 이념은 아우구스트 잔더의 맥을 잇는 타이폴로지 사진들이다. 독일 뒤셀도르프 예술대학 교수이던 베허 부부와 그의 제자들이 이룬 타이폴로지 사진들은 극도의 객관성을 띤 채 현대 사회의 한 단면을 세밀하게 절개한다. 대형 카메라와 컬러, 섬세한 디테일이 특징인 이 사진들은 이제 '사진세계 속의 사진'이라기보다는 이념 중심의 여타 미술방식과 다르지 않은 예술로 자리를 잡고 있다. 예술보다 더욱 전투적인 예술이 돼버린 것이다.

사진과 예술을 묶어 이야기하는 일은 매우 복잡하다. 특히 사진의 역사가 사회 속에서 아직 잘 회자되지 못하는 것을 전제한다면, 단지 예술사의 관점으로만 보아도 안 되고, 그렇다고 같은 평면인 회화사의 차원으로만 봐서도 안 된다. 너무도 인간적인 매체이고, 인공성이 뛰어난 사진은 이제 새로운 세기에 가장 예술적인 존재로 이해돼야 마땅하다. 누가 규정해놓았든 예술을 가름하는 가장 중요한 조건이 바로 이 인공성이기 때문이다. 인간의 문제를 다루는 일, 이것이 예술이다. 인간의 문제를 다루면서 인공적이 아닌 것이 어디 있으랴마는 그중에서도 사진이야말로 인공적으로 탄생하여 인공적인 자양분을 끊임없이 공급받으며 인간의 문제와 함께 변화하니 가장 현대적 예술이라고 할 수 있을 것이다.

정주하 chuha123@hanmail.net
퀼른 대학교 사진학과와 같은 대학원을 졸업했다. 1992년 아르노 얀젠 교수의 지도로 마이스터 학위를 받았다. 퀼른 시립개방대학교 사진과 강사를 역임했다. 사진작가로 한국과 독일 등지에서 9차례 개인전을 열기도 했다.

칸과 칸 사이, 피가 흐른다

말과 그림의 결합, 만화. 그를 완성하는 건 독자의 상상력이다.

이미지로 표상되는 모든 것을 빨아들이는 힘,

만화의 매혹은 어디에서 오는가.

성완경 인하대 교수 · 미술 이론 / 미술평론가

만화는 재미있다. 만화는 우리를 빨아들인다. 대부분의 만화는 그렇게 재미있지만, 한편 그렇고 그런 상투형(常套形)이다. 그런 만화는 대개 빨리 읽고 잊어버리는 소비적 특성을 띤다. 사실 만화를 읽는다는 행위 자체가 집중적 독서나 진지한 감상과는 거리가 있다. 사람들은 만화란 가볍고 흔한 것이어서(요즘엔 어디에나 만화가 있다) 오다가다 시간 때우기로 잠시 뒤적거리거나 빨리빨리 책장을 넘겨가며 대충 보는 대상이지, 뭐 명작소설이나 명화를 감상하듯 찬찬히 음미해가며 즐기는 대상은 아니라고 생각한다. 또 설사 만화가 감동을 준다 하더라도 그 감동의 강도나 깊이 혹은 여운 같은 것이 명작소설이나 좋은 영화 한 편, 혹은 음악이나 미술 작품과는 비교가 안 된다고 생각한다.

하지만 꼭 그렇지만은 않다. 상투적 재미를 넘어 진지한 창작품으로서 깊은 감동을 주는 만화도 있다. 스토리가 좋아서건 그림이 좋아서건 혹은 그 둘 다이건. 어떤 만화는 대단히 심오하고 감동적이며, 그것이 보여준 '새로움'(모든 예술은 새롭다는 것이 생명이다) 때문에 마음이 설레는 일

도 있다. 또한 천재적 예술성에 깜짝 놀라는 그런 만화도 있다.

만화가 가벼운 소일거리냐 진지한 예술이냐의 구별이 곧 좋은 만화와 그렇지 않은 만화를 가르는 기준은 아니다. 만화가 대중문화 즐기기의 대상이란 사실을 가볍게 보아서는 안 된다. 만화에는 그 특유의 문화가 있다. 팬덤 fandom(스타를 좋아하는 방식이 하나의 문화현상으로 나타나는 것)이나 마니아의 세계가 있고 특유의 숭배와 열광, 평판과 비평의 형식도 있다. 만화 마니아들은 서로 정보를 교환하고 열광을 나누며, 주관이 확고한 비평가의 몫까지 톡톡히 해내고, 때로 직접 만화를 그리기도 한다. 그들은 대개 자신의 인터넷 홈페이지나 블로그를 운영하고 있으며 독특한 커뮤니티 문화를 형성하고 있다. 때로는 만화가가 직접 운영하는 홈페이지를 통해서 서로의 의견과 관심사를 공유한다.

꺼벙이와 무당거미, 공포의 외인구단

만화는 다른 어떤 예술 장르보다 작가와 독자, 그리고 독자와 독자 사이에 주고받는 쌍방 소통적 요소가 중요하며 팬덤과 마니아의 정서가 가득한 영역이다. 한국의 아마추어 만화 문화의 저변은 대단히 넓다. 아마추어 만화 동아리 수천 개가 학교 또는 온라인 커뮤니티를 중심으로 결속돼 있다. 이 가운데 상당수는 중고등학생 등 젊은 세대가 주축이다. 불과 몇 개월 만에 사라지는 것도 있지만, 1986년 이래 12년간 판진 Fanzine(만화 마니아이자 아마추어 작가인 이들이 만드는 잡지. 실험성과 도발성이 도드라진다)을 발행하는 동아리도 있다.

'판진을 중심으로 형성되는 아마추어 만화의 특징은 기성 출판사에서 출간하는 '보편적' '대중적' 취향과는 다른, 독자들 자신의 개성에 기반한 더욱 다양하고 소수자적인 취향을 반영한다는 점이다. 여고생들이 좋아하는 보이그룹 멤버들이 만화 속에 등장해 서로 동성애를 나누는 것을 묘

오세영 「투계」. 만화를 문학의
가장 가까운 친구로 끌어올렸다
는 평을 듣는 수작이다

사한다든지, 이미 프로로 활동하는 작가가 자신의 숨겨진 욕망을 드러내
는 단편들을 발표하기 위해 다른 필명으로 판진을 발간한다든지 하는 식
이다. 이런 동아리들에 활동 무대를 제공하는 정기 행사 또한 많이 열린
다.'(김낙호「한국의 아마추어 만화」, 『2003 앙굴렘국제만화페스티벌 한
국만화전 카탈로그』 중에서)

이렇게 보면 만화는 저자와 독자가 인기 · 애정 · 대화를 함께 나누는,
대단히 생생하게 살아 있는 장르라 할 수 있다. 미디어 이론가 마셜 맥루
언이 만화를 텔레비전과 더불어 쿨 미디어cool media의 하나로 정의한 것도
바로 이 때문이다. 독자가 참여하는 미디어라는 뜻으로, 이 점은 만화라
는 장르의 본질을 이해하는 데 놓치지 말아야 할 중요한 열쇠다.

대중의 정서와 애환은 시대의 변화 속에서 아주 구체적이고 민감하게
형성되고 바뀌기 때문에 나름의 섬세하고 미묘한 결이 있다. 한국은 개항
이래 지금껏 다른 어떤 나라보다도 많은 사연을 간직하며 숱한 변화를 겪
어왔다. 정치 · 사회적으로도 그렇고 풍속 · 문화적으로도 그렇다. 식민지
경험, 분단과 전쟁, 군사독재, 민주화, 초고속 압축 성장과 IMF 구제금융
위기, 세계화 등 그야말로 격동과 변화 그 자체가 우리 역사다. 그만큼 상

처와 고통, 보람과 희망, 좌절과 방황도 많고, 생활양식과 의식의 변화에 따른 갈등과 희로애락의 감정 폭 또한 매우 넓고 깊을 수밖에 없다. 한국 만화는 탄생하면서부터 그러한 시대 상황과 정서를 반영하며 대중과 함께 호흡해왔다.

한국만화의 역사는 19세기 말에서 20세기 초에 창간된 애국 계몽적 신문의 풍자만화와 더불어 시작되었다. 일제 지배하에서는 젊은이들을 전쟁터로 내몰고 쌀의 생산을 독려해 공출량을 높이기 위한 관제 만화가 창작되기도 했다. 해방 후 격동의 현대사에서는 만화가 전단이나 포스터 같은 프로파간다로 폭넓게 활용되었다. 전쟁중 피란지 어린이들의 위안거리이던 '딱지 만화'를 거쳐서, 전쟁이 끝난 뒤에는 성인 대상 오락 잡지와 만화전문 잡지가 탄생했고, 1950년대 후반에는 단행본 출간 유행과 더불어 만화 대본소가 생겨나기 시작했다. 대본소는 혼란스런 시절, 아이들에게 꿈을 심어준 환상의 공간이었다.

1966년부터 한국만화는 검열과 독점이라는 두 가지 악재에 시달려야 했다. 이 암울한 시기, 어린이 잡지에 정기적으로 연재된 명랑만화와 성인용 잡지에 연재된 성인극화는 상처 입은 사람들의 마음을 위로해주었다. 길창덕의 『꺼벙이』 등 명랑만화, 고우영의 『삼국지』, 강철수의 『팔불출』, 이두호의 『객주』『임꺽정』 등 역사극화는 독자를 매혹했다.

1980년대 대본소 만화의 붐을 이끈 작가는 이현세로, 최고 히트작은 『공포의 외인구단』이다. 허영만의 『무당거미』도 이에 못지않은 인기를 누렸다. 1986년 창간된 『만화광장』에 발표된 많은 리얼리즘 만화들의 성과도 빼놓을 수 없다. 농촌과 도시빈민 문제 등을 다룬 이희재의 단편이나 1970년대 SF작가인 김형배가 월남이라는 공간을 새롭게 조망한 만화 『투이호아 블루스』, 근현대사에 대한 새로운 해석을 보여준 허영만의 『오! 한강』, 김혜린의 뛰어난 단편에 이르기까지 다양한 만화가 잡지 『만화광장』에 모습을 드러냈다.

김진 「바람의 나라」

1986년 『만화광장』에 단편을 발표하면서 데뷔한 오세영은 근대 조선 민중의 얼굴과 조선의 풍광을 가장 정확하게 묘사하는 작가로 유명하다. 특히 그가 1990년대 이후 발표한 중단편 만화문학관은 만화를 문학의 가장 가까운 친구로 끌어올린 수작이다. 1980년대를 대표하는 어린이 만화로는 김수정의 『아기공룡 둘리』가 있다.

1980~1990년대 한국만화는 새로운 시각문화로 확장되기 시작했다. 특히 1980년대 한국만화는 민중미술과 만나면서 외연이 풍부해졌다. 1988년 한겨레신문 창간과 함께 한겨레그림판을 맡아 그린 박재동의 작품이 대표적이다. 한편 1980년대 대본소 극화 붐은 작품의 양적 확산을 불러왔을 뿐 질적인 도약으로 나아가지 못했다. 대본소 만화는 점차 상업적 시스템에 따라 제작되는 만화로 굳어졌으며, 이에 식상한 독자들은 대본소 만화에서 떠나기 시작했다. 그 빈자리를 채운 것이 『드래곤볼』 『슬램덩크』 같은 일본만화로, 이를 계기로 일본은 우리나라에 일본 출판만화의 시스템을 적극적으로 이식하기 시작했다.

1990년대 들어 한동안의 혼란이 정리되면서 새로운 작가군이 만화 잡지의 전면에 나서기 시작했다. 이들의 공통 특징은 자신의 욕망과 개성적 시선을 적극적으로 표현하기 시작했다는 것이다. 양영순, 이유정, 권가야, 박흥용이 그 대표적인 작가들이다. 1990년대 중반 눈에 띄는 변화 중 하나는 '순정만화'라 불리는 여성만화의 약진이다. 대표작으로 김진의

『바람의 나라』, 김혜린의 『불의 검』을 들 수 있다. 황미나, 김혜린, 김진, 신일숙, 강경옥, 박희정 등 1980년대 작가들에 이어 등장한 1990년대 작가들은 일상의 영역으로 눈을 돌렸다. 이런 여성작가들의 약진과 함께 1990년대 후반에 접어들면서 홍승우, 조남준, 이우일, 홍윤표 등 또다른 신세대 작가들이 대거 등장했다. 이들은 주로 일상의 이야기를 만화로 옮기는 데 남다른 기량을 발휘했다.

만화와 그 사촌들, 대중문화를 휘어잡다

만화가 우리 문화에서 차지하는 비중은 얼마나 될까? 우선 만화시장의 규모를 통해 그 크기를 짐작해볼 수 있다. 한국에서 1년에 발행되는 만화 타이틀은 약 1만 종이며, 이는 전체 출판물의 4분의 1을 넘는다(26.5%). 부수로 따지면 그 수치는 더욱 증가해, 4200만 부로 전체 출판물의 35.9%를 점하고 있다(일반 단행본 만화와 학습만화를 합친 숫자임). 이것만으로도 만화의 문화적 지위는 결코 가볍다 할 수 없다. 문화산업적인 측면에서 본다면 만화와 형제지간인 애니메이션 산업 및 팬시와 캐릭터 시장의 규모도 점차 증가 추세에 있고, 여기에 또 사촌지간인 게임·영상·음반·테마파크·방송까지 합하면 대단한 규모에 이른다. 정부가 한국문화콘텐츠진흥원이란 기구까지 설립해 이 분야를 지원하고 나선 것도 이른바 문화콘텐츠 산업의 성장 잠재력을 인식했기 때문이다.

만화 관련 학교의 숫자도 점점 늘고 있다. 청강문화산업대, 순천대, 목원대, 상명대, 세종대, 한국예술종합학교, 명지대, 경민대, 공주대, 부산예술대, 전주대 등 많은 대학이 만화 관련 전공학과를 두고 있다. 애니메이션이나 멀티미디어 디자인 학과까지 합하면 50개가 넘는다. 이는 세계적으로 유례없는 현상으로 한국에서 이 분야의 인기가 어느 정도인지를 짐작케 한다.

  그러나 만화가 우리 문화에서 차지하는 비중을 꼭 산업적 외형이나 직업적 인기에서만 찾을 일은 아니다. 하나의 소통언어이자 표현수단으로서 만화 내지 만화적 언어가 우리 일상에 얼마나 깊숙이 침투해 있는지 이해하는 일이 중요하다. 만화는 현대사회에서 다양하게 활용된다. 출판뿐 아니라 상업 광고와 공공 캠페인, 교육, 방송, 디자인, 패션, 문구산업 등 다양한 영역에서 만화가 폭넓게 활용되고 있다. 이제 이런 현상들을 단편적이고 근시안적인 안목이 아닌, 좀더 포괄적이고 통합적인 시야로 보아야 한다. 왜 만화가 주목을 끄는지, 왜 만화가 중요한지에 대한 문명사적·문화론적 관심과 예술적인 시각에서 행하는 깊이 있는 이해가 필요하다. 무엇보다 '만화란 무엇이냐'는 기본적 인식부터 확고히 해야 한다.

'보여주며 말하기'의 막강한 힘

  만화가 주는 매혹의 근원은 이야기, 형상, 마술의 상호 관련 속에서 찾을 수 있다. 모든 형상의 비밀은 이야기에 있다. 이야기(이스토리아) 없이 형상(피구라)은 태어나지 않는다. 다시 말해, 도대체 무슨 말을 하려는가를 이해하는 게 중요하다는 뜻이다. 이야기는 인류의 시작과 더불어 지금까지 항상 존재해왔다. 인류의 역사가 곧 이야기의 역사라 해도 틀린 말이 아니다. 인간은 이야기가 필요한 동물이다. 인간은 이야기를 통해 이 세계와 자신을 이해해왔으며 통어(通語)해왔다. 이 말이 어렵게 느껴진다면, 그냥 어린 시절 할머니가 해주던 귀신 이야기나 도깨비 이야기를 떠올리면 된다.

  그렇다면 이야기란 무엇인가. 이야기는 곧 형상, 이미지다. 형상은 눈에 보이는 것도 있고 보이지 않는 것도 있다. 눈에 보이는 형상보다 중요한 것이 눈에 보이지 않는 형상이다. 더 정확히 말해 형상은 가시적인 것과 비가시적인 것의 중간에서 역동적으로 존재한다. 형상은 상상력을 자

만화의 조상 중 하나인 이집트 벽화

극한다. 반대로 형상은 곧 상상력의 산물이기도 하다.

인류 문화의 역사는 곧 이미지의 역사다. 원시미술을 보자. 죽음에 생명을 불어넣는 것이 마법이고 아니마anima라면 모든 이야기와 모든 형상의 핵심은 마법이다. 형상과 이야기는 마법의 산물이다. 형상과 이야기는 하나로 합쳐지고 서로 작용함으로써 생명을 얻는다. 이것이 세계의 비밀이자 모든 종교와 문화예술의 비밀이라 할 수 있다.

단지 정신적·상징 문화적 차원에서만 아니라 실용적 지식을 전달하기 위한 기술적 차원에서도 그러하다. 계몽주의 시대의 백과전서나 의학서적, 천문서적 등에서 알 수 있듯 그리고 오늘의 멀티미디어와 웹디자인에서 보듯 말과 그림의 결합은 (그리고 소리의 결합은) 지식 전달에 가장 효과적인 형태다. 따지고 보면 그림과 말의 결합이 없는 어떤 문명도, 나아가 어떤 종교, 예술, 지식, 기술도 이 지구상에는 존재하지 않는다. 그림과 말의 결합이 낳은 힘의 핵심은 '사로잡는 것'과 '잘 알게 해주는 것'에 있다. '보여주며 말하기'는 모든 예술, 모든 지식의 가장 강력하면서도 우월한 형태다.

이제까지 이야기한 것을 정리하면 이렇다. 이야기와 그림은 우리를 사로잡는다. 그런데 만화는 그 두 가지가 합쳐진 것이기에, 우리를 사로잡

에르제 『땡땡』. 칸과 칸 사이 빈 시
공간을 채우는 것은 독자의 상상력
이다

아 그 속에 푹 빠지게 하는 특별한 힘을 원천적으로 갖고 있다. 그러면서
도 만화는 이 두 가지를 그저 단순히 합친 것이 아니다. 매우 복합적으로
그리고 독자를 깊이 개입시키는 형식으로 그 연출 노하우를 개발해왔다.
무엇보다 주목할 것은 칸과 그림의 연속을 통한 다양한 방식의 시공간 편
집이며, 이에 기반한 이야기의 독특한 전개방식이다.

　만화의 핵심적 속성은 '연속된 칸과 페이지 그림에서 이야기가 태어나
는 것'이다. 스토리 그림이라는 측면에서 보면 원시 동굴벽화로부터 이집
트·고대 멕시코의 벽화, 불교 벽화, 중세 기독교의 수사본 삽화들, 바이
외 Bayeux 태피스트리, 근대의 연속 장면으로 구성된 교훈적인 풍속화 등
미술사 속 이야기를 담은 그림의 긴 전통이 모두 만화의 조상이다. 그러
나 만화는 지면에 인쇄한 형태로 나타나는 서사이며 대중문화의 산물이
라는 점을 간과하지 말아야 한다. 근대적 의미의 만화는 신문이라는 대량
인쇄술의 발전과 구독자 경쟁, 여행과 여가활동의 증대(심심풀이 읽을거
리의 필요)를 기반으로 태어나고 발전했다. 영화, 애니메이션, 만화 등 20
세기 대중문화의 총아들이 모두 19세기 말에 태어난 것은 우연이 아니다.
그 공통 기반은 대중사회의 출현이다.

칸과 그림, 보이는 것과 보이지 않는 것의 배합

만화의 형식은 다양해서 어느 하나의 틀에 맞춰 이야기하기 힘들다. 시대와 지역, 작가에 따라 만화는 다양한 형식을 보여준다. 그러나 우리 시대의 대중문화가 그렇듯 만화도 어느 정도 국제적으로 통용되는 표준 형식이 있다. 칸, 페이지, 이야기라는 세 요소가 그것이다. 만화는 인쇄된 지면이라는 공간 속에 특유의 방식으로 이야기와 그림을 분절하고 배열하면서 시간과 공간의 연속체를 만들어낸다. 연속한 칸 그림으로 지면을 구성한 만화 형식이 우리를 사로잡는 힘은, 그것이 칸과 그림 그리고 텍스트로 구성된 지면 위에서, 보이는 것과 보이지 않는 것의 교묘한 교차 배합을 통해 독자의 상상력을 자극하고 끌어들이는 특이한 방식을 떠나서는 설명하기 어렵다.

칸과 칸 사이, 이미지와 텍스트 사이, 한 칸에 담긴 그림과 전체 지면 사이에서 시선은 한 방향으로 흐르기도 하고 되짚어 배회하기도 하면서 시각적인 동시에 문학적인 서사를 음미하고 그래픽과 공간의 매혹에 빠져든다. 그것이 만화 특유의 마력이다. 칸들의 배열과 그 상호연결, 칸과 페이지의 관계. 그림과 문자 텍스트의 연결방식, 다양한 모양의 의성어나 의태어, 그리고 만화 특유의 그래픽으로 전환된, 흔히 '만화 아이콘'이라 부르는 등장인물이나 동식물, 물건, 풍경들. 이 모든 것이 만화에 특유한 방식으로 공간과 시간을 분절하고, 축약하고, 연결하고, 중첩하고, 우회하게 한다. 이처럼 다양한 시공간 편집을 해내면서 만화는 이야기와 특유의 매혹을 만들어낸다.

특히 중요한 것은 칸과 칸 사이의 관계다. 칸의 구성은 이야기의 구성이자 시간 흐름의 공간적 구성이며 그림의 구성이기도 하다. 이 구성에는 대체적인 컨벤션(관습)이 있지만 자유롭고 새로운 형식의 구사도 얼마든지 가능하다. 대개 각 칸을 따라 우리 눈동자가 움직이지만 사실 만화가

스콧 맥클루드의 『만화의 이해』 중에서

촉발하는 상상력이 작용하는 공간은 칸과 칸 사이의 여백이라 하는 편이 더 정확하다. 하나의 칸과 다음 칸 사이의 이 틈에서 행위 혹은 장면의 상호 관련성을 포착하고 음미하면서 하나의 사건이나 이미지로 형상화하는 것은 만화를 읽는 독자의 상상력이다. 만화는 독자를 칸과 칸 사이의 '도랑'으로 적극적으로 끌어들이면서 독자의 상상력에 가속도를 붙게 한다.

만화 형식으로 만화를 탁월하게 해설한 책으로 유명한 『만화의 이해 Understanding Comics』의 저자 스콧 맥클루드는 이것을 '도랑에 흐르는 피'라는 말로 설명한다. 칸과 칸 사이에 진짜 이야기를 구성하는 피가 흐른다는 의미다. 맥클루드는 두 칸으로 된 만화를 예로 들어 이 점을 명료하게 설명했다. 첫 칸에 "이제 죽어라" 하고 외치며 도끼를 치켜든 남자와 "악! 안 돼!" 하고 외치며 도망치는 남자가 있다. 그 다음 칸에는 원경으로 잡은 도시의 야경이 있고 "아악!!"이란 큰 의성어 글자가 밤하늘을 찢고 있다. 독자의 상상력은 이 별개의 두 장면을 하나의 생각으로 바꾼다. 독자의 연상이 살인을 완결하는 것이다. 좀 멋 부려 얘기하면 '독자가 살인자가 되는' 것이다. 독자가 적극적으로 매체의 동맹자가 되며, 독자의 연상이 변화와 시간과 동작의 중개자가 된다.

독자라는 주체의 이같은 적극적 역할은 아이콘이나 캐릭터의 카툰적 특성, 곧 핵심을 살린 약화식 그림이 우리를 사로잡는 이유와도 상통한다. 카툰식 그림이란 일종의 '그림 기호'나 '시각 상징어'처럼 상징성과 연상성, 특징화와 전달성이 강화된 약식 그림이다. 흥미 있는 것은 남녀노소 할 것 없이 사람들은 대개 사진 같은 사실적 그림보다 만화식 약화 그림을 더 좋아한다는 점이다. 그것은 만화적 아이콘이나 캐릭터가 독자를 자기 동일시로 강력하게 이끌기 때문이라고 맥클루드는 설명한다. 다시 말해 독자는 주인공 속에 자기를 투사한다. 이 점은 만화식 약화 그림의 특성에서 기인한다.

풍부한 아이콘, 넘치는 '그리기'의 자유

만화식으로 그린다, 곧 카툰화한다는 것은 형상을 추상화함을 의미한다. 이는 세부 묘사를 없앤다는 뜻이 아니라 특정 부분에 초점을 맞춘다는 뜻이다. 핵심 의미를 좇아 주어진 형상을 벗겨내면, 사실 묘사를 했을 때보다 그 의미가 더 커진다. 단순화가 의미 전달에 더 효과적인 것이다.

또 중요한 것은 카툰의 보편성이다. 예를 들어 한 사람의 얼굴을 그릴 때 카툰에 가깝게 그릴수록 더 많은 사람을 묘사한 것으로 비칠 수 있다. 그만큼 보편성이 커지는 것이다. 우리 인간은 자기 중심적이어서 모든 것에서 우리 자신을 본다. 아무것도 없는 곳이나 무생물에도 동일성과 감정을 부여하고, 세상을 우리와 닮게 고친다. 얼굴을 사진이나 사실화로 보면 나를 모델로 한 것이 아닌 다음에야 확실히 다른 사람의 얼굴로 보이지만, 카툰의 세계로 들어가면 자신으로 보일 수 있다. 이것이야말로 아이들이 카툰에 빨려드는 중요한 요인이다. 카툰이라는 진공상태로 독자와 그의 의식이 빨려들어가며 그 빈 껍데기를 타고 그들은 다른 세계로 여행을 한다.

카툰의 세계에서 우리는 구경꾼이 아니라 주체이다. 독자가 느끼는 일체감이 카툰의 최대 강점으로, 이를 통해 카툰은 전 세계의 대중문화를

뫼비우스(본명 장 지로)의 장편 『아르작』

파고들 수 있다. 만화는 우리의 감각 기관을 확장해 이 세계와 일체감을 느끼게 하는 언어다. 마치 우리가 운전할 때 차의 기어라든가 운전대, 백미러 등이 우리 몸의 연장이 되어 차와 일체감을 이루는 것과 같은 이치다. 만화를 읽는 독자들은 카툰화된 주인공 속에 몸을 숨기고 감각을 자극하는 세계로 안전하게 들어가 그 속에서 마음껏 모험을 펼친다.

만화는 역사상 존재한 어떤 장르의 예술보다 다양하고 풍부한 아이콘을 만들어냈다. 이처럼 약화된 인물의 도상이 독자의 내면에 있는 추상적·개념적·일반적 인지작용 방식과 맞물려 대단히 강력한 설득력을 얻는다.

만화는 또한 그래픽(그림)으로도 대단히 놀라운 형식을 실험해볼 수 있다. 앞서 만화의 칸과 칸 사이의 공간에 관해 말했지만 칸과 칸 사이만 중요한 것이 아니다. 페이지 전체도 중요하다. 독자의 시선은 한 칸에서 다음 칸으로만 이동하지 않는다. 만화는 한쪽 페이지 전체 혹은 양쪽 페이지 전체를 한눈에 볼 수 있는 파놉티콘panopticon(한곳에서 내부가 전부 보이는 원형 교도소)적 시각장치가 있는 서사 형식이다. 이 점은 만화와 영화를 가르는 중요한 차이점이기도 하다. 만화는 페이지 공간에서 구현되는 시각장치의 다양하고 창조적인 운용에 크게 빚지고 있다. 만화작가마다 혹은 작품마다 다른 개성도 그 시각장치의 운용방식과 그 안에 담기는 그래픽적·회화적 표현의 특성과 떼어놓고 생각할 수 없다.

그림의 개성과 매력은 이 시각장치에서 결정적으로 중요한 역할을 하는 요소다. 만화는 다른 어떤 조형예술 장르보다 더 폭넓게 '그리기'의 자유를 실천해왔고 의미를 담은 그림, 이야기를 담은 그림이라는 회화의 전통을 현대적·대중적으로 재해석해냈다. 적응력이 뛰어나고 효용가치가 높은 시각 상징어라는 점에서든, 회화적으로 밀도 있는 멀티미디어 언어라는 점에서든, 만화가 보여주는 시각적 서사의 다양성과 그림의 표현미학적 질, 그리고 실험성은 실로 현기증이 날 만큼 대단하다.

이와 관련해 유럽만화의 그래픽 어휘에서 느낄 수 있는 다양성과 실험성이 그들의 형상문화의 전통과 제도에, 또 그 제도의 인문성과 세속성에 얼마나 크게 빚지고 있는지 주목해야 한다. 만화적 어휘와 발상법의 풍요성은 단지 만화 자체의 전통만이 아닌 인접한 다양한 예술 및 시각 커뮤니케이션 형식(회화 · 건축 · 조각 · 판화 · 일러스트레이션 · 캐리커처 · 아동도서 · 광고 · 신문 · 화보잡지 · 패션 · 사진 · 영화 등)에 그 젖줄을 대고 있다. 이같은 형상문화의 풍요로운 전통은 곧바로 만화 어휘의 풍요성과 다양성으로 이어지며 역으로 흘러나오기도 한다. 서로 흘러들고 흘러나가며 끝없이 번안 · 실험 · 재생산되고 있다.

근대 이후 유럽 형상문화의 풍부함을 한국의 상황과 비교하는 일은 불가능하다. 그들은 근대 계몽주의 시기 이래 '비주얼라이제이션visualization'의 전통이 있었다. 우리는 이에 비견할 만한 형상문화의 근대적 제도가 없었고(같은 동양권이지만 일본은 이 점에서 우리와 다르다) 근대적 세속성에 뿌리를 둔 형상언어 번안의 전통도 없었다. 만화 창작은 만화 자체만이 아니라 이렇게 넓은 형상문화의 전통과 그 창고에서 영향을 받는다. 사실 유럽만화의 매력에서 그래픽의 풍요로움과 깊이가 중요한 몫을 한다는 점에는 많은 사람들이 동의한다. 오리지널리티와 풍요로움은 만화 자체가 내포한 상투형의 습득에서보다는 미술과 그래픽아트 전반의 폭넓은 체험과 그 크로스오버에서 온다.

어떤 이야기든, 모든 방식으로

조형적 · 심미적 매혹의 측면만 따지더라도 만화는 이른바 미술관 미술이나 순수미술, 그래픽아트에 결코 뒤지지 않을 뿐 아니라 어느 면에서는 오히려 앞서가는 예술 장르다. 이미지 예술이라는 시각에서 혹은 시각예술이라는 관점에서 볼 때 만화와 미술, 그래픽과 만화의 경계는 분명치 않다. 만화사의 뛰어난 걸작들을 보면 이 점을 실감할 수 있다. 주류 미술사의 모든 위대한 작품들과 일러스트레이션, 사진, 그래픽, 영화 언어의 빛나는 형식들이 만화라는 블랙홀에 빨려들면서 다시 만화 고유의 형식으로 방사되는 느낌이다.

꼭 그림의 차원에서만이 아니다. 이야기에서도 그렇다. 만화는 고급 장르에서 저급 장르에 이르기까지 근대 이래의 거의 모든 문예 장르에 젖줄을 대고 있다. 가장 현실적이고 당대적인 것에서 가장 허구적이고 환상적이며 민담적인 것에 이르기까지 모든 이야기를 끌어들여 자기 것으로 소화해낸다. 서사시, 풍자, 다다, 의식의 흐름 계열 심리소설, 전기, 엽기적 공포물, 초현실주의, 민담, 에로티카, 추리물, 공상과학 등 만화가 다루지 못하는 영역은 없다. 이처럼 다양한 이야기들이 만

아트 슈피겔만의 퓰리처상 수상작 「쥐」

화 특유의 시각적 서사 형식으로 재가공되어 강력한 흡인력으로 독자를 빨아들인다는 점이 만화의 저항하기 힘든 괴력이다.

이 괴력은 최근의 그림소설 Graphic Novel (우리나라에서는 극화 형식의 단행본이 여기에 해당한다. 유럽과 미국의 그림소설을 대부분 고급지에 컬러 인쇄를 하고 그림 스타일도 매우 정교하고 회화적이며 복합적인 편이다)이라 불리는 만화 장르에서 특히 두드러지게 느껴진다. 미국 만화계의 거장 윌 아이스너가 말했듯이 "코믹스(보통 만화)가 멜로디라면 그림소설은 심포니다." 소재와 스타일의 가공할 다원주의와 혼합성 그리고 독창성과 실험성이 이러한 그림소설류 단행본 '저자 만화(작가 만화)'의 주요 특징이다.

작품 『쥐』로 퓰리처상을 받은 미국의 만화가 아트 슈피겔만이 "만화는 연극보다 유연하고 영화보다 심오하다"고 말했을 때, 그것은 완성에 13년이 걸린 『쥐』와 같은 작품을 포함한 그림소설류의 저자 만화를 염두에 두고 한 말이다. 최근의 몇몇 만화들은 멀티미디어형 예술을 지향하는 흥미

로운 실험들을 보여주고 있다. 데이브 맥킨이나 크리스 웨어의 만화에서 일종의 시각적 사운드를 지향하는 만화 혹은 하이퍼텍스트 구조의 만화를 만날 수 있다.

예술이면서 예술이 아닌

만화는 예술이면서 또한 예술이 아니다. 이 점이 만화의 큰 장점이요 다행스러운 점이다. 만화는 미술관에서 보는 미술보다 훨씬 더 상호반응적이고 참여적이다. 만화는 평등하게 사람들을 끌어들이는 힘이 있으며 디지털 시대의 심적 상태라고 할 수 있는 문화적 본능과 잘 맞아떨어지는 본성이 있다. 만화는 저비용의 일인 제작 영화이자 독립 출판물이고 혹은 아티스츠북 Artists' Book (예술가들에 의한 비규격 실험 출판물)이기도 하다. 또한 '비규격 그래픽아트'로 디자이너에게 환영받는다. 한편으로는 누구든 서로 자유롭게 소통하는 그래피티(낙서)이자 온라인 대화방 같은 것이다. 만화는 21세기에 가장 어울리는 글로벌한 심적 상태, 지구의 정반대쪽 사람과 서로 즉각 알아보고 쉽게 소통하게 하는 일종의 대중적 영매(靈媒)라 할 수 있다.

비단 영화(제7)와 TV(제8)에 이어 '제9의 예술'이라 불리는 문예적 명칭의 권위를 빌리지 않더라도 만화는 엄연히 존재하는 문화이고 또한 중요한 예술 장르다. 유럽에서는 만화가 주류 문예 장르와 어깨를 겨룰 만큼 확고한 힘이 있다. 최근 우리나라에서도 만화에 대한 인식이 차츰 바뀌고 있다. 따지고 보면 만화가 예술이냐 아니냐는 이제 거의 무의미한 질문이다. 만화를 예술로서보다 오히려 '새로운 언어'로 보는 것이 필요한 시대다.

만화에 대한 이해는 이제 영상문화의 본질적 특성에 대한 이해로 지평을 넓혀야 한다. 영상언어와 영상문화의 본질적 특성은 무엇이며, 왜 만

'만화 형식의 파괴자'로 불리는 크리스 웨어의 『지미 커리건 : 세상에서 가장 똘똘한 아이』의 한 부분. 할아버지–아버지–지미로 이어지는 가계 흐름을 오직 그림만으로 표현했다.

화가 21세기 멀티미디어형 커뮤니케이션의 핵심 장르로 주목받는지 정확히 이해하려는 노력이 필요하다. 만화에서 우리는 이미지와 의미 사이의 다중적 포섭관계, 멀티미디어 형식의 서사, 디지털 인터페이스 디자인, 하이퍼텍스트 문제 등 오늘날 영상문화 시대의 여러 문화론적 · 인문학적 화두와 만난다.

디지털 기술은 모든 매체의 속성을 한데 녹여 형질이 바뀐 다중매체(멀티미디어)로 통합한다. 문자, 그래픽, 소리, 비디오, 애니메이션과 같이 과거에 분리되었던 매체들이 다중매체로 결합되어 하이퍼미디어 체계로 구축되는 이 공간은 잡종적(하이브리드) 텍스트성의 공간이다. 이때 가장 중요한 것이 인터페이스 개념이다. 좁은 의미로 인터페이스란 다중매체적 가상공간에서 사용자들의 다양한 문화적 감수성을 이해하고 이를 의미 있는 구조로 만들어내도록 인지적 기제(機制)를 제시하는 방식이다.

넓은 의미로 보면 우리의 지식과 감각과 마음을, 삶과 문화의 전 체계를 상호 연결하고 통합하는 일종의 지적 · 미학적 융합력에 비유할 수 있다. 이렇게 볼 때 인터페이스 디자인이란 한마디로 우리 감각의 기제와 삶의 경험을 하나로 융합해내는 것이라 할 수 있다. 곧 인간이 이 세계와 문화 속에서 거주하는 방식을 주의 깊게 보고 해석하고 창조하는 행위를 뜻한다.

디지털 시대 융합 언어의 뿌리

만화 자체가 오랫동안 본능적으로 추구하고 실현해왔으며 최근 크리스 웨어 같은 만화가의 작품에서 느끼는 가장 유연하고 매혹적인 측면이 바로 이것이다. 삶과 시간과 사건, 공간과 장소에 대한 기묘하고도 느긋한 혹은 강박적인 통찰력, 그리고 그것을 표현해내는 지극히 미세하고 유연한 혼성적 구성력 말이다. 크리스 웨어, 데이브 맥킨, 아트 슈피겔만, 윈저 맥케이, 보두앵 에드몽, 댄 클로우스 같은 작가들에게서 이런 측면을 특히 주목해볼 수 있다.

문자 텍스트, 그래픽, 사운드, 동영상을 하나의 다중미디어로 통합해내는 디지털 인터페이스의 핵심 감각은 만화의 본능이기도 하다. 팬덤 만화 문화에서 보이는 상호 대화 또한 이와 무관치 않다. 이미 만화는 첨예하게 그리고 생래적으로 디지털 시대의 미디어 융합과 쌍방향 소통, 열린 참여적 예술형식의 본능을 실천해온 예술이다. 또한 만화는 중요한 예술 장르일 뿐 아니라 새롭고 잠재력이 큰 언어 형식이다. 만화는 디지털 시대 융합 언어의 뿌리로 더욱 놀랍고도 새롭게 발전하는 궤적을 그려갈 것이다.

성완경 lunapark@unitel.co.kr
서울대학교 회화과와 파리 국립장식미술학교 벽화과를 졸업했다. 1979년 『현실과 발언』 창립 동인으로 작가활동과 평론활동을 시작했다. 광주비엔날레 커미셔너(1995 · 1997) 및 예술감독(2002)을 역임했고, 한국영상문화학회 회장 · 부천만화정보센터 이사장 · 2003 앙굴렘국제만화페스티벌 한국만화특별전 총괄 큐레이터 등을 겸했다. 저서로 『민중미술 · 모더니즘 · 시각문화』, 『기계시대의 미학』, 『성완경의 세계만화탐사』 등이 있다.

일상을 들쑤시는 '불편함'의 미학, 그 미학을 즐기라

낯익은 매체의 낯선 활용으로 새로운 예술적 감흥을 불러일으키는 현대미술. 이를 위해 또 얼마나 많은 제도와 질서 그리고 법칙이 혼란스러워지는 불편을 겪어야 하는가.

박신의 경희대 교수 · 문화예술경영학/미술평론가

현대미술의 복잡한 자기 변신과 다양한 형태를 강의할 때마다 학생들에게 "예술이란 무엇일까?"라는 질문을 던진다. 학생들이 현대미술의 복잡다기한 양상에 혼란스러워할 때는 그 현상에 내재하는 근본적인 물음을 던져주는 것이 오히려 효과적이기 때문이다. 이런 질문에 학생들은 당황한 표정으로 애써 교과서적인 답을 찾거나, 질문을 던진 교수에게 무슨 다른 의도가 있으리라 짐작해서인지 아예 입을 다물기도 한다. 그러다가 궁리 끝에 "예술은 정신적인 것" "윤리적으로, 미학적으로 올바른 것" "숭고미의 체험" 같은, 미학 · 철학 서적에나 나올 법한 어려운 어휘들을 조심스레 꺼내놓는다. 나름으로 '체면'은 살려보려 하지만, 결코 확신에 찬 낯빛은 아니다.

그러나 이정도 답변으로는, 거의 쓰레기 같은 재료를 사용한 설치미술이나 도무지 이해할 길 없는 영상물과 테크놀로지를 활용한 미디어 아트 등을 제대로 설명할 수 없음을 학생들도 잘 안다. 결국 멋쩍은 웃음과 함께 논의의 주도권은 교수인 내게로 돌아온다. 그 순간 나는 학생들을 더

애태우지 않으려고 바로 답을 말한다. "예술은 우리를 불편하게 만드는 것"이라고. 그러면 학생들은 다시 의아한 표정을 짓지만, 그중 몇몇은 짐짓 그 의미를 알겠다는 듯 고개를 끄덕인다.

학생들이 내놓은 답들이 전적으로 틀리다는 것은 물론 아니다. 그것들은 고대 그리스 철학이나 근대철학에서 만들어진 '역사적 답안'이다. 하지만 그 의미와 맥락이 시대나 환경의 변화에 따라 바뀔 수 있다고 생각해보자. "예술은 정신적인 것"이라는 말은 육체와 정신의 분리를 전제로 한 그리스 철학의 원리, 다시 말해 현실과 일상을 떠난 전혀 다른 정신세계를 지칭하는 것이 아니라, 오늘날의 사회를 반영하고 현실의 체험에 바탕을 둔 생각과 가치체계, 이념 등과 관련된 것이다.

평범한 우리를 찜찜하게 하는 무엇

"윤리적으로, 미학적으로 올바르다"는 것은 미적 가치가 반드시 순수미나 절대미의 기준이라는 의미가 아니라, 옳고 그름을 가르는 가치판단의 문제와 관련하여 생각과 가치체계를 변화시킬 수 있다는 뜻이다. 칸트에서 비롯된 "숭고미의 체험"이라는 것도 본래 절대불변의 진리를 체험한다는 의미지만, 현대사회에서 그 의미는 자신의 생각이 바뀌면서 주어지는 변화를 체험하는 것과 같은, 어떤 '깨달음'이라는 의미로 해석할 수도 있다. 그렇다면 결국 예술에는 우리의 생각을 바꾸게 하려는 의도가 있는데, 그런 점에서 예술은 "우리를 불편하게 하는 것"이다. 쉽게 말해 우리가 이제까지 아무런 문제의식도 없이 그저 사실이라고 믿는 것, 너무 익숙해서 한 번도 의심해보지 않은 생각을 바꾸는 일은 솔직히 아주 불편한 일이기 때문이다.

그런데 왜 예술은 우리의 생각을 바꾸려고 하는가. 예술이 그토록 불편한 것이라면 없어도 되지 않을까. 예술가는 쓸데없는 짓을 하는 사람이 아닐까. 사실 예술가라는 존재 자체가 우리를 불편하게 만드는지도 모른다. 그들이 없으면 얼마나 편하겠는가. 비엔날레라는 거대한 행사를 위해 엄청난 돈을 쓰지 않아도 되고, 종잡기 어려운 작품들 앞에서 '예술'이라며 감상해야 하는 고역을 치르지 않아도 되며, 읽기조차 어려운 미술평론이나 이론 들로 머리를 피곤하게 하지 않아도 될 것 아닌가. 극단적으로 말해 과연 예술은 필요한가. 그저 미켈란젤로의 〈시스티나 성당 천장벽화〉나 루브르 박물관에 있는 레오나르도 다 빈치의 〈모나리자〉를 바라보는 것을 예술이라고 못박는 게 낫지 않을까.

그런데 가만히 생각해보면 미켈란젤로와 다 빈치가 살던 시대에도 그들은 많은 사람에게 아주 '불편한 존재'였다. 자신들의 예술적 기준과 생각을 관철하기 위해 늘 교회 세력이며 귀족과 갈등을 일으켰기 때문이다. 그것뿐이 아니다. 이들은 관습과 관행, 윤리에서도 새로운 기준을 만들어내는 바람에 여러모로 불편한 관계를 만들 수밖에 없었다.

그들이 주는 불편함은 기존 세력에 대한 것인 만큼 어떻게 보면 정치적인 맥락을 띠기도 한다. 그러니 예술이란 평범한 우리를 불편하게 하는 일에서 시작해 한 사회를 불편하게 하고, 나아가 위정자들을 불편하게 만든다. 물론 미켈란젤로와 다 빈치의 그림은 지금 우리에게 많은 감동을 주지만, 사실 감동을 받는다는 것도 조금 더 생각하면 우리를 '부드럽게' '불편하게' 만드는 일 가운데 하나다. 감동이란 우리의 감정을 예사롭지 않게 움직이게 만든다. 어쨌든 움직이는 일은 불편하니 말이다.

시각 예술에서 개념 예술로

다시 현대미술의 결코 부드럽지 않은 불편함으로 얘기를 돌려보자. 1910년대 중반부터 유럽과 미국을 풍미하던 다다운동의 중심인물인 마르셀 뒤샹의 〈샘〉이라는 작품을 보자. 남자 소변기를 가져다 거꾸로 돌려놓

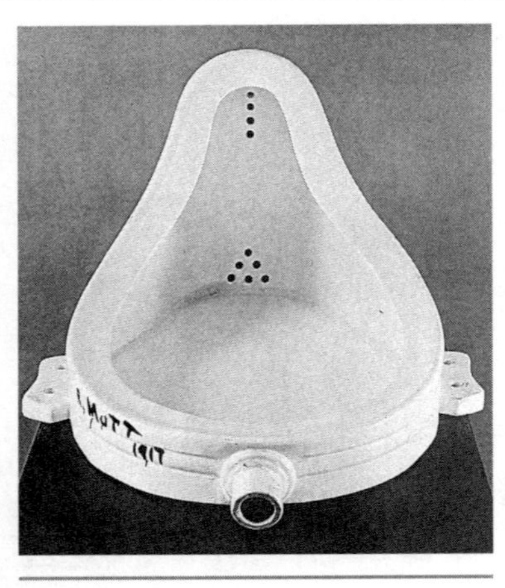

마르셀 뒤샹 〈샘〉

은 작품이다. 미술관에서 이 작품을 본다면 누구라도 "이게 작품이야?"라고 반문할 것이다.

너무 엉뚱해 웃는 사람도 있겠지만, 반대로 화를 내는 사람도 있을 것이다. 그런 반응은 어떤 배신감에서 온다. 예술작품을 바라보는 우리의 기대치에 대한 배신감 말이다. 우선 뒤샹은 작품을 위해 아무 일도 하지 않았다. 모름지기 작가란 위대한 작품을 위해 혼신을 불태우며 작업에 몰두하여, 그 결과물을 우리에게 보여줘야 마땅하지 않은가. 그럼에도 이 불성실한 작가는 변기를 판매하는 가게에서 소변기 하나 달랑 사서 미술관에 던져놓았을 뿐이다. 이런 것이 작품이라면 예술가는 누구나 될 수 있지 않겠는가. 그렇다면 과연 예술가란 무엇이고, 예술작품이란 무엇일까.

뒤샹에게 느끼는 불편함은 그 강도가 제법 세다. 불편함의 파장이 근본적인 물음에 있기 때문이다. 과연 예술작품의 기준은 어디에 있고, 예술가란 어떤 존재인가. 뒤샹은 말한다. 현대사회에서 예술작품은 더이상 시각적인 아름다움을 만들어내는 것이 아니라고. 그럼 뭘 만들어낸다는 것인가. 그래서 그는 다시 말한다. 예술은 우리의 생각을 '개념적으로 conceptually' 바꿔놓는 일이며, 시각적인 부분에 집중한 예술작품은 이제 장식적인 기능밖에 할 수 없다고. 그런 점에서 예술가란 장식적 작품을 만드는 존재가 아니라 우리 사고(思考)의 축을 바꾸기 위해 '개념을 던지는 자'이어야 한다고.

그래서 뒤샹은 소변기를 예술작품으로 선택한다. 우리에게 오랜 믿음으로 자리한 예술작품 개념이 확실히 깨지는 순간이다. 소변기는 정신적인 것도 아니고, 철학적인 것은 더더욱 아니며, 종교적이라 말할 수도 없는 물건이다. 그는 소변기에 작가의 서명 대신 소변기 제작회사 이름인 'Mutt'라는 글자만 남겼다. 이로써 다시 한번 우리에게 오랜 믿음으로 자리한 위대한 예술가의 신화가 여지없이 깨진다. '신화 깨기', 이것은 엄청나게 심기 불편한 일이다.

마르셀 뒤샹은 현대미술사에서 '개념미술Conceptualism'의 장(場)을 연 선구자로 평가된다. 그러나 개념미술이란 게 따로 있는 것이 아니다. 현대미술의 핵심이 시각적인 것에서 개념적인 것으로 옮아갔다는 뜻으로 이해하면 된다. 개념적인 것이 중요해졌기 때문에 독자들이 익히 겪은 대로, 이제 더는 예술가들이 그림을 예쁘게, 조각작품을 근사하게만 만들려고 하지 않는다. 예쁘고 근사하기는커녕 일상에서 흔히 보고 사용하는 물건들을 갖다놓질 않나, 신문이나 광고 사진을 그대로 사용하질 않나, 심지어 고물과 폐품들을 마구 늘어놓는 둥, 도무지 예술가들은 그럴 듯한 일을 하지 않는다. 그래서 뒤샹은 작품이라는 말 대신 기성품이라는 뜻인 '레디메이드Ready Made' 개념을 제안했다. 결국 중요한 것은 예술가가 그 물건objet(오브제)을 선택한 동기가 무엇이며, 더 나아가 그 물건에 어떤 의미를 부여하고 어떤 해석을 내리느냐에 달려 있다는 것이다.

좌대(座臺)를 내던진 과격한 '설치'

예술작품의 개념은 우리 현실과 동떨어진 위대한 무엇이 아니라, 우리의 삶과 일상에 가까이 있다는 얘기다. 작품은 '마스터피스masterpiece(걸작)'와 같은 완결된 개념이 아니라 미완의 것이며, 과정process을 중시한다. 개념적으로 해석하고 의미 부여를 계속해야 하기 때문이다.

작품은 이제 일방적인 감상의 대상이 아니라 관람객도 그 의미를 만들고 '발견'하기 위해서 동참해야 하는 '숙제'와도 같다. 그렇게 참여해야 작품이 완성된다. 그러니 우리를 얼마나 불편하게 하는가. 현대미술? 어렵다. 그러나 문제는 생각을 바꾸는 데 있다. 게다가 예술은 딴 세상에 있지 않고 '지금, 여기'에 있다고 하지 않는가. 우리가 그 안에서 삶을 생각하고 자신을 돌아보며 새로운 생각으로 우리를 새롭게 한다면 그게 어찌 나쁜 일일까. 그러면 이런 관점에서 현대미술을 함께 만나보자. 즐겁게, 기꺼이 불편해지자.

현대미술의 난해한 양상을 빈번하게 드러내는 예술은 설치미술Installation이다. 설치미술은 내용도 그렇거니와 무엇보다 복잡하게 늘어놓은 형식에 거부감과 낯설음을 호소하는 반응이 일반적이다. 일단 '설치'라는 말은 일종의 형식이고 기법이다. 다시 말해 조각의 방식에서 그 의미가 확장되었는데, 조각이 입체적 조형을 다루는 반면 설치는 그보다 훨씬 더 건축적인 공간개념 속에서 작품을 배치한다. 작품을 놓는 좌대 위에 얌전히 있는 것이 조각이라면, 설치는 좌대를 던져버리고 공간 전체를 점유하겠다는 의지를 보이는 예술인 만큼 조각보다 훨씬 과격하다.

공간을 점유하면서 설치는 대형화되고, 공간 구성에서 사뭇 무대장치처럼 보일 수도 있으며, 전혀 다른 공간을 만들어내 공간 자체가 예술적 체험이 될 수도 있다. 설치는 미술관 안에서도 가능하지만 그 규모나 성격에 따라 미술관 밖에서도 가능하다. 그렇다면 무엇이 설치적 기법을 만들어냈는가에 대한 설명이 필요할 것 같다. 실제 모든 형식은 내용적 결합을 통해 완성되는 법이다. 그러니 설치적 기법으로 진전한 내용적 계기가 무엇인가를 알아야 한다.

설치란 조각의 연장이자 확장이라 했다. 그런데 조각은 처음부터 좌대 위에 얌전히 놓인 작품이 아니었다. 좌대 위에 독립적으로 놓인 것은 사실 현대에 와서 벌어진 일이다. 그 전에 조각은 건축물의 부속물로, 혹은 공공 공간의 기념물로 존재해왔다. 파르테논 신전의 기둥으로 만들어져 그 무거운 지붕을 이고 있던 아름다운 여인상을 생각해보라. 또한 전쟁의 승리를 기념하는 오벨리스크에는 모든 이야기를 들려주는 인체들이 무수히 새겨져 있지 않은가.

조각은 역사적으로 어떤 의미와 맥락 속에서 만들어졌고, 공간적으로 특별한 의미와 맥락이 있는 장소에 특별히 '배치'되었다. 그런데 현대에 이르러 조각은 작가 개인의 예술 표현으로 그 개념이 바뀌었다. 그런 이유로 좌대 위에 놓인 작품은 특별한 의미와 맥락이 있지도 않고, 그런 장소에 배치되는 것도 아닌 독자적인 물건이 된다. 현대조각은 그저 창백한 화이트 큐브white cube(하얀 입방체, 즉 전시장의 조건을 비유하는 말이다)에 전시될 뿐이다. 그런 점에서 현대조각은 조각의 오랜 역사를 통해 보존해온 이른바 의미와 맥락, 그리고 '장소성 siteness'을 상실했다고 할 수 있다.

익숙한 환경을 낯설게 바라보다

그런 점에서 설치미술은 '조각이 잃어버린 장소성을 회복한 것'이다. 물론 여기에서 장소성은 실재하는 장소뿐만 아니라 그 의미와 맥락을 새롭게 만들어내는 작업까지 포함한다. 그래서 설치미술은 그렇게 뭔가를 늘어놓고 공간을 많이 차지한다. 따라서 우리는 설치미술에서 조각 같은 어떤 입체적 조형물을 감상할 뿐만 아니라 장소적 체험을 하게 된다.

서구에서 설치미술이 시작된 때를 1960년대 말에서 1970년대 초반으로 볼 수 있는데, 이 시기 대지미술의 예술가들이 공간을 점차 통합적으로 해석하면서 환경과 건축적 공간개념의 중요성이 커지기 시작했다. 그리하여 대지미술Land Art이 출현하면서 예술가들은 환경 자체를 작품의 소재로 삼고 이를 통해 우리에게 '장소성'이라는 개념을 던져주었다.

대표적인 작가 크리스토는 아예 자연과 환경 자체를 포장하는 개념으로 설치작업을 했다. 그 규모는 충격적일 만큼 크다. 미국의 광활한 대지를 둘러싼 고속도로를 포장한다거나, 마이애미 주의 작은 섬 주변을 포장

크리스토(위)와 일리아 카바코프(아래)의
설치작품

한다거나 해서 자연을 전혀 다르게 체험하게 하는 식이다. 또한 그는 파리의 퐁네프 다리와 베를린 국회의사당을 통째로 포장해버렸다. 그래서 그곳 시민들은 한 달 정도 포장된 다리와 건물을 보면서 지내야 했다. 우리에게 남은 것은 익숙한 환경을 전혀 색다르게 바라보는 일이다.

구소련 출신의 일리아 카바코프는 '토털 인스톨레이션'이라는 용어를 사용하면서 말 그대로 총체적인 설치미술의 사례를 보여주었다. 그는 미술관에서 본격적인 토목공사를 벌여 아파트와 공공시설물 같은 건축물을 만들고, 그 안에 침대나 가구, 부엌용품을 비롯한 갖가지 집기를 들여놓

오인환 〈유실물 보관소〉

아 거의 실제와 다름없을 정도의 완벽한 복원을 이뤄낸다. 그가 복원해놓은 아파트와 공공건물들은 모두 구소련의 것이다. 그는 이미 페레스트로이카 시기에 서구로 망명하여 조국을 등졌지만, 그의 작품 소재는 희망과 절망, 애정과 혐오, 따스함과 냉냉함, 추억과 악몽 등 구소련 사회주의 체제에서 보낸 삶의 모든 기억을 담고 있다. 그는 그 기억을 우리에게 알려주기 위해 그들의 아파트 공간을 거닐어보라 한다.

비슷한 맥락에서 한국작가 오인환을 살펴보자. 제4회 광주 비엔날레에 출품된 오인환의 〈유실물 보관소〉는 전시장 안에 실제 보관소를 만들었다. 이것은 작품이면서 동시에 전시 기간 내내 공식적인 유실물 보관소 역할을 했다. 잃어버린 물건이 없고, 잃어버린 물건을 찾으러 오는 사람이 없다면 이 작품은 작품이 될 수 없다.

보관소는 점차 관람객이 잃어버린 물건들로 채워지고, 작가는 그 물건들을 촬영하고 기록한다. 때로 물건을 찾으러 온 주인과 우연히 만나 대화를 나누기도 한다. 관람객은 잃어버린 물건을 찾지만, 더 나아가 보관소 진열대에 마치 전시된 작품처럼 놓여진 자신의 물건을 '낯설게' 바라본다. 그리하여 그 물건에 새롭게 의미를 부여하기도 하며, 궁극적으로 인생에서 잃어버리고 되찾는다는 것은 어떤 의미인가를 성찰할 것이다. 그러나 가만히 생각해보라. 여느 유실물 보관소라면 이런 성찰을 할 수 있을까. 전시장 안에 난데없이 유실물 보관소가 출현하면서 우리는 평소 생각지도 않던 인생에서의 유실(流失)과 회생(回生)을 고민하게 된다. 참으로 예술가란 쓸데없는 짓을 하는 존재다. 우리를 불편하게 하려고.

중심과 주변, 문화적 위계질서의 반전

설치미술이 추구하는 지향점은 총체적인 공간개념과 환경을 새롭게 체험하는 데 있다. 아울러 중요한 것은 그런 작업을 통해서 어떤 인식의 전환이 이루어졌냐는 것이다. 다시 개념적인 작업의 연속이다. 게다가 작품은 전시가 끝나면 철거해야 하니 남는 게 없다. 남는 게 없으니 미술시장에 내놓을 수도 없는 노릇이다. 만일 설치작품이 팔린다면 물건이 팔리는 게 아니라 눈에 보이지 않는 '개념 idea, concept'이 팔리는 것이리라. 그렇다면 이렇듯 보이지 않는 개념을 사는 컬렉터(소장가)는 얼마나 위대한가. 그는 투자가치로 작품을 구입하는 것이 아니라 한 예술가의 정신적 후원자로 작품을 구입한다. 그러니 멋진 작품이 계속 만들어지기 위해 멋진 컬렉터가 나와줘야 한다.

설치작업은 정말 '설치는' 작업이다. 설치다 보니 미적 형식의 중심과 주변의 위계질서가 없다. 뭐가 중요하고 뭐가 덜 중요한지의 기준이 별 의미가 없다는 말이다. 더구나 작품의 주제도 이미 일상으로 완전히 내려와 앉았기 때문에 예술의 고고한 위상에 콤플렉스도, 열등감도 없다. 작품은 늘 미완성이니 완결된 작품에 강박관념을 가질 이유도 없다. 또한 이전에는 사용할 엄두도 못 내던 일상용품과 폐품 등 하찮은 것들이 허다하므로 재료에서도 예술과 일상의 경계가 사라진 셈이다.

실제 이런 변화의 의미는 매우 중요하다. 이것은 비단 설치미술만이 아니라 1950년대 후반 이래, 이른바 포스트모더니즘 시대에 이르러 서구에 나타난 공통적인 현상이기 때문이다. 다시 말해 후기산업사회로 진입하면서 발생한 모든 변화들, 즉 대중매체 시대로 돌입하면서 위세를 떨친 대중문화, '소비가 미덕'이라 할 만큼 새로운 삶의 양식이 된 소비문화 등과 같은 현상이 이전의 많은 가치를 바꿔놓았기 때문이다. 무엇보다도 대중문화와 고급문화의 경계가 사라졌다고 할 수 있는데 이는 중심이던 고급문화가 주변이던 대중문화에 밀렸다는 것을 방증한다. 이 말은 이제 '고급 대 대중'에 담겨 있던 문화적 위계질서가 중요한 것이 아니라, 문화 전반을 어떻게 이해할 것인지에 문제의 핵심이 있다는 뜻이다.

여기서 잠시 포스트모더니즘이란 말을 살펴보자. 포스트모던은 우선 '모던 이후'라는 의미의 시기적 개념으로 이해할 수 있다. 그리고 그 시대의 조건은 후기산업사회로 명명되는 일련의 경제적 현상과 일치시킬 수 있다. 그러면서 발생하는 대중매체 시대의 문화적 변화는 매우 중요하다. 이제 우리는 미술관에서 추상미술을 감상하는 고급문화 향유자의 일원이 아니다. 우리는 광고와 사진, 영화, 만화, 디지털 영상, 컴퓨터 게임 등을 즐기는 대중문화 향유자다. 예술가들은 또 어떤가. 1960년대 미국의 팝아트 작가들은 마릴린 먼로와 코카콜라, 미키 마우스와 배트맨 등의 대중매체 이미지를 예술적 소재로 사용하지 않았던가. 문제는 고급문화냐 대중문화냐가 아니라 오늘날 우리의 삶과 환경을 지배하는 것이 무엇이냐에 관심을 모으는 일이다. 이제 아무도 대중문화를 주변부 문화라 하지 않는다. 오히려 대중문화가 중심일 정도이다. 그것은 대중문화가 우리들이 호흡하기에 가장 가깝기도 하지만 말하는 방식이 훨씬 매력적이기 때문이다.

그런데 문제는 또 간단치 않다. 대중문화가 우리와 가까이 있지만, 그것이 늘 건강에 좋지는 않기 때문이다. 광고는 거짓말을 하고, 대중스타는 우리에게 희망만 주지는 않는다. 그러니 앤디 워홀이 왜 마릴린 먼로를 그렸겠는가. 그는 마릴린 먼로가 섹스 심벌로 기능하는 자본주의의 문화 풍경을 그리는 동시에 그 이미지를 반복하여, 마릴린 먼로의 실체는

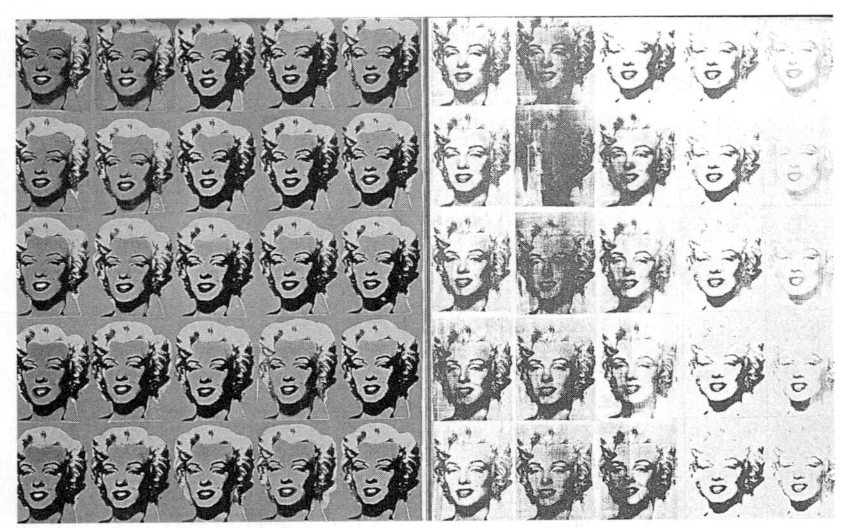

마릴린 먼로의 이미지를 차용한 앤디 워홀의 작품

사라지고 그림자 같은 껍데기만 남은 오늘날 영상문화의 현실을 말하려 했다.

'던져진' 텍스트를 어떻게 읽을 것인가

이제 문제는 '문화'다. 정확히 말하면 대중문화의 언어적 맥락을 읽어가고, 그 의미구조의 허위의식을 드러내며, 그 속에서 또 다른 신화를 '해체'하는 일이 필요하다는 점에서 문화의 중요성을 말하자는 것이다. 이제 문화는 모든 정치, 사회, 경제적 논리에서 자유롭지 않다. 오히려 문화를 통해 한 사회의 변모된 의식과 일그러진 자본의 논리를 읽을 수 있다. 끝없이 펼쳐지는 문화의 다양성은 민족주의의 합일체를 달리 보게 하고, 또 새로운 문화 정체성을 논하게 만든다. 미디어의 발달은 시간과 공간의 개념을 새롭게 만들고 있다. 그런 점에서 포스트모더니즘은 문화의 광활한 바다에서 새로운 의미를 창출하기 위해 항해를 시작하는 일이라 하겠다.

포스트모더니즘이라는 이름으로 탄생한 여러 새로운 미술현상들, 이를테면 페미니즘과 문화의 혼성, 복합문화주의 등이 그런 맥락에서 이해될 수 있다. 여성이 이전에는 주변으로 내몰렸다면, 그리고 청소년 세대와 그들 특유의 여러 하위 문화, 소수민족 문화와 제3세계 문화, 이민자 문화, 동성애 문화 등이 처음부터 주변부 문화였다면, 이제 그 문화들이 또 하나의 중심을 만들어가면서 주요 미술현상으로 드러나고 있기 때문이다.

주변부 인생만을 찍어온 낸 골딘의 사진은 그 자체로 하나의 문화론이다. 경쟁이 치열한 자본주의 사회에서 주변부로 내몰려 살지만 나름으로 삶과 문화를 만들어가는 인생들, 그리고 에이즈 환자들을 향해 그녀는 '있는 그대로의' 시선을 던진다. 더는 그녀의 사진 속 인물들은 단순한 피사체가 아니다. 한 사회의 문화적 컨텍스트 속에서 자기 삶에 대한 텍스트를 만들어가는 주체로서, 후기산업사회의 문화적 표상으로서 드러난다. 이처럼 사진 작업을 통해 당대의 문화적 표상을 말하는 작품은 많은 작가에게서 풍부하게 발견된다. 그래서 이제는 한 사회의 문화적 표상을 담아내는 매체로서 사진의 존재론적 가치가 거론되는 시기다.

다른 한편 중국 작가 차이 코캉의 〈문화혼성탕〉은 문화의 세계화 속에서 동서양의 문화가 교류하고 섞이면서 혼성의 과정을 겪는 현실을 목욕탕에 비유한 작품이다. 오늘날 과연 순수한 동양문화가 있을까. 또 아시아는 어떤가, 민족적·문화적으로 단일한 하나의 아시아가 있을까 아니면 둘, 혹은 셋, 아니면……. 또한 우리는 어떤가. 진정한 한민족의 변함없는 문화적 정체성을 지금도 제시할 수 있을까. 단군신화보다 차라리 퓨전문화가 젊은이에게 더 익숙한 문화가 아닐까. 이동기의 〈아토마우스〉는 아톰과 미키마우스를 '짬뽕'한 캐릭터다. 그런데 그 얼굴에서 친근한 우리들의 모습을 읽을 수 있다. 하지만 그 모습이 참인지 거짓인지 혹은 착각인지는 다시 생각해볼 일이다.

낸 골딘의 사진작품(왼쪽)과 차이 코캉의 설치작품 〈문화혼성탕〉

이제 현대미술은 '문화 읽기'라는 과제로 방향을 돌렸다고나 할까. 예술가들은 그 텍스트를 만들어 우리에게 던져주고, 우리는 이를 읽어가야 한다. 그러나 어떻게 읽어갈 것인가. '해체'하라. 그것이 답이다. 그렇게 그들은 결코 우리를 편히 놔두질 않는다.

기술매체의 예술적 결합

현대미술이 어려운 것은 그것이 한 순간도 가만히 있지 않기 때문이다. 새로운 언어를 만들면 금세 다른 언어로 옮겨간다. 미처 이해하기도 전에 또 다른 뜻모를 언어를 만들어대니 그 속도를 따라가기 힘들다. 그러나 명심하라. 그들이 여러분을 정신 사납게 하려고 무작정 새로운 것만 만들어내지는 않으니까.

그들은 급변하는 문화의 지형 변화에 늘 능동적으로 대처하려 하기 때문에 그런 것이고, 그 변동 속에서 우리가 길을 잃지 않게 방향을 잡아주느라 그토록 분주하다. 앞서 다양한 양태의 미술현상을 소개했지만, 그래도 그것은 언제나 일관된 목표, 즉 우리를 불편하게 하는 데는 변함없는 애정을 보여오지 않았는가. 앞으로도 현대미술에 대한 신뢰를 쉽게 저버리지 않기 바란다.

이제 디지털 시대의 미술을 얘기해야 하겠다. 미술은 기술매체의 발달과 그에 따른 문화변동으로 한 시대를 마감하고 새로운 시대를 맞이하고 있다. 만일 현대미술의 흐름을 기술매체 발달과 문화변동의 관점에서 본다면, 세 단계로 나눌 수 있다. 우선 모더니즘 시기라 할 20세기 전반 기계적 생산이 활발하던 기계 시대, 20세기 중반의 대중매체 시대, 그리고 20세기 후반의 디지털 시대가 그것이다. 이러한 구분은 실제로 자본주의 발달과 그 전개 과정에서 크게 벗어나 있지 않다.

다음, 문화적 양상에 따른 미술양식의 변화를 보자. 20세기 전반의 기계 시대에는 생산성이 중시되면서 포토몽타주나 새로운 실험사진, 기계적 개념을 결합한 각종 실험 등이 가능했다. 이어서 후기산업사회로 진입해가는 시점인 대중매체 시대에는 다양한 문화담론 형성이 집중됐고, 디지털 시대에는 컴퓨터 보급과 확산으로 인터넷 문화가 일상화되면서 다양한 형태의 문화적 변화가 병행하는 현상을 보여주었다.

그런데 왜 하필 미술은 기술매체와 지속적으로 결합하는가. 그것은 곧 미술이 개념적 확장을 꾀하기 때문이다. 가만히 생각해보면 미술이 관람객을 만나는 방식에는 참으로 제한이 많다. 기껏 전시회를 통해 제한된 날짜에 일부러 미술관을 찾아가야만 서로 상봉할 수 있다. 또 작품이라는 것도 화가나 조각가가 공들여 제작한 진품(?) 하나만 존재하므로 한 미술관이 아닌 다른 곳에서 같은 작품을 볼 수 없다. 게다가 오리지널리티의 가치 때문에 작품의 복제는 처음부터 가능하지도 않다.

이런 방식에 한계를 느낀 예술가들이 눈을 돌린 것이 바로 기술매체와 그것의 존재방식이다. 다시 말해 기술매체는 커뮤니케이션 체계를 현대화하고, 또 그것의 전달방식을 효율적으로 만든다는 데 주목했다. 만일 자신의 그림이 한 점도 팔리지 않아 절망하던 빈센트 반 고흐가 오늘날처럼 그의 작품들이 화집으로, 엽서로, 기념품으로 만들어져 불티나게 팔리고, 심지어 영화로까지 만들어지는 엄청난 산업을 형성한 것을 보면 기분이 어떨까. 만일 그가 지금도 살아 있다면, 아마 그는 인터넷에서 최고의 천재화가로 추앙받으면서 인기 만점의 홈페이지를 운영하고 있을 것이다. 그렇다면 그것은 미술관에서 조용히 전시회를 하고 끝나는 일보다 훨씬 진보적이지 않은가. 기술매체란 그렇게 미술의 존재방식을 완전히 바꿔놓을 수 있다.

미술관을 넘어 미디어 속으로

최근 들어 회자되는 '미디어 아트Media Art'라는 것의 원리가 바로 그렇다. 미디어 아트는 기술매체를 인간적으로 이해해 인간의 감각을 새롭게 살리고, 작품의 유통 경로를 미술관이 아닌 대중 소통의 회로와 결합하며, 나아가 기술주의에 빠지지 않고 새로운 문화 인터페이스를 실천할 가치론을 제시하는 것이 그 본분이라 할 수 있다.

우리는 백남준의 비디오 아트를 잘 알지만, 이를 미디어 아트의 맥락에서 보는 일엔 그다지 익숙지 않다. 쉬운 예로 백남준의 첫번째 인공위성 작품 〈굿모닝 미스터 오웰〉(1984)을 떠올려보자. 이 작품은 비디오 아트라는 것을 인공위성을 통해 방영하면서 TV 문화의 시공간 초월이라는 특성을 최초로 활용한 작품이다. 또한 대중문화의 속성에 개입해 그 안에 판치는 상업적 요소를 거둬내고 어떤 평화적 메시지를 전달한다는 점에서 미디어 아트의 매우 중요한 측면을 보여준다.

미디어 아트가 기술매체의 속성을 살려 미술의 개념적 확장을 꾀한다고 했는데, 실제 그 가능성은 엄청나다. 1984년에 미술관이 아닌 거실에서 TV를 통해 예술작품을 감상하리라고 누군들 상상이나 했을까. 더욱이

이동기 〈아토마우스〉

이제는 인터넷을 통해 미디어 아티스트의 작품을 언제라도 감상할 수 있다. 예술작품이 미술관을 벗어나 정보회로를 네비게이션한다. 그러나 그 작품은 여전히 비물질적이며 개념적이다. 오히려 작품은 버추얼 리얼리티나 하이퍼텍스트 등의 개념 속에서 또 다른 주제를 만들어간다. 가상현실에 대한 인식과 감각을 예술적 소재로 사용하면서 더욱 확장된 현실개념을 말하고, 비선형적인 방식의 서사구조로 이야기한다.

게다가 더 흥미로운 것은, 이제 예술가들이 만화와 애니메이션의 장르 구분 없이 총체적으로 활용할 뿐만 아니라, 만화가나 애니메이터로 활동하고 있다는 사실이다. 미디어 아트란 어떤 정해진 양식이나 기법의 문제가 아니라 '기술매체의 예술적 결합'이라는 방법론의 문제이기 때문이다. 미디어 아티스트 이성강이 〈마리 이야기〉를 만들었고, 전통적인 미술대학 교육을 받고 화가로 활동하던 조범진은 〈아씨와 씨팍〉이라는 장편 애니메이션을 제작했다. 화가 출신인 박재동도 시사만평 애니메이션 제작사인 '오돌또기'에서 총감독으로 활동하고 있다.

이런 상황에서 오늘날 한국사회의 미술교육은 무엇을 할 수 있을까. 여전히 순수미술 개념에 의존한 채 사회의 변화, 기술의 발달, 문화 지형의 변동에 아무런 대처도 하지 못하는 상황이다. 조금 과격하게 말하면, 어쩌면 우리 대학의 미술교육 체계를 완전히 바꿔야 할지도 모른다. 기술과의 결합을 꿈꾸는 예술로 말이다. 그래서 잘 된다면, 우리는 미술관을 통해서만이 아니라 매일 접하는 영상문화 속에서도 충분히 예술적 감성과 개념들을 만나게 될 것이다. 그런 변화가 예술가들이 거의 한 세기 이상 꿈꾸어온 진정한 '미술의 확장'이 아닌가.

하지만 그 변화가 이루어지기 위해 얼마나 많은 제도적 질서와 법칙들 속에서 혼란스러워지는 불편함을 겪어야 할 것인가. 현대미술이 우리를 불편하게 하기 위해 저 높은 정신세계에서 우리네 낮은 일상세계로 내려왔다고 했는데, 이제 더 확실하게 그 임무를 수행해야 할 때가 아닌가 생각해본다. 그 불편함……. 그러나 불편함의 정체를 알면 길이 보인다.

박신의 lunapark@khu.ac.kr
이화여자대학교 대학원 미술사학과를 수료한 뒤 파리4대학 미술사학과에서 석사학위를 받았다. 같은 대학원 박사과정을 수료했다. 1988년 동아일보 신춘문예 미술평론 부문에 당선하면서 평론과 전시기획 활동을 병행하고 있다. 경희대학교 문화예술경영연구소 소장, 미술인회의 정책연구센터 소장, 문화중심도시조성위원, 문화관광부 미술은행(Art Bank) 운영위원, 인천문화재단 이사, 부천시 한국만화박물관 자문위원, 한국영상문화학회와 한국예술경영연구학회 이사로 있다.

자존의 철학이 꽃피운 우리 그림

민족적 자존의식을 토대로 성립된 조선 후기의 진경풍속,

조선 사람 조선 풍경의 진솔한 반영,

그 속에 현재형으로 살아 있는 예술적 화두.

강관식 한성대 교수 · 한국미술사

조선 후기의 자연과 사회를 사실적으로 묘사한 '진경풍속(眞景風俗)'은 그 동안 우리 그림을 강하게 지배해온 중국풍을 벗어나 우리의 현실을 우리의 화법으로 형상화했다는 점에서 우리 그림의 가장 고전적인 전범으로 평가된다. 특히 겸재(謙齋) 정선(鄭敾, 1676~1759)의 진경산수화와 단원(檀園) 김홍도(金弘道, 1745~1806)의 풍속화에서 알 수 있듯, 우리의 자존적인 주체의식 위에 외래 화법까지 적극적으로 소화하여 우리의 현실을 높은 수준으로 형상화하는 뛰어난 지혜를 보여주었다는 점에서 더욱 값진 의미가 담겨있다. 그런 점에서 조선 후기의 진경풍속은 조선적인 고유성과 현실적인 사실성, 국제적인 개방성의 다원적인 요소가 조화롭게 통일된 복합적인 체계로 이루어진 것이라고 할 수 있다.

그런데 한때 조선 후기의 문화를 주로 서구 근대문화의 틀 속에서 이해하려는 경향이 많았던 시절에는 이러한 조선 후기 진경풍속의 복합적인 체계를 구체적으로 파악하지 않은 채, 조선 성리학의 관념적인 공리공론을 극복하고 나타난 '실학사상'과 신분제가 붕괴되며 성장한 '서민의식'

을 배경으로 발달했던 것처럼 막연하게 설명하는 경우가 많았다. 그러나 이는 조선 후기 진경풍속 발달의 가장 핵심적 사상인 조선 성리학(朝鮮性理學)과 그 속에 담긴 자존적 주체의식을 실증적으로 파악하지 못한 채 서구 근대문화의 틀과 구조에 맞추어 지나치게 일면적으로 편향되게 해석한 것이라고 할 수 있다.

한편에서는 조선 초기 이래의 도석적(道釋的)인 진경관(眞境觀)이나 와유관(臥遊觀), 문인사대부들의 기행(紀行) 사경(寫景) 풍습, 궁관(宮官)의 무일도(無逸圖)나 경직도(耕織圖) 같은 유사(類似) 진경풍속의 흐름 속에서 설명하면서 조선 후기 진경풍속의 고유한 역사성과 실존성보다도 오히려 일반적인 보편성과 전통성의 맥락을 강조하기도 하고, 또 다른 한편에서는 조선 후기 진경풍속에 보이는 중국과 서양 그림의 수용 과정이나 수용 양상을 밝혀 그 발생 배경을 오히려 외래성과 국제성에서 찾으려는 작업이 시도되기도 하였다. 그러나 이것은 조선 후기 진경풍속의 가장 고유하고 핵심적인 근본인(根本因)과 일반적이고 통시대적인 보편인(普遍因)이나 기타 부가적이고 주변적인 진행인(進行因)을 제대로 구분하지 못한 채 이를 혼동함으로써 조선 후기 진경풍속의 성격과 의미를 올바로 파악하지 못한 것이라고 할 수 있다.

조선 후기 진경풍속의 가장 본질적 핵심이라고 할 수 있는 조선적인 고유성과 현실적인 사실성의 문제는 17세기 전반의 민족적 시련을 극복하는 과정에서 대두된 민족적 자각의식과 자존적 주체의식을 핵심적인 근본인(根本因)으로 파악하고, 기타 내적인 문화 전통과 외적인 문화 수용의 다양한 요소를 부가적이고 현실적인 진행인(進行因)으로 포괄하는 복합적인 체계로 이해할 때 비로소 그 구체적인 실상과 역사적인 의미를 올바로 이해할 수 있게 된다. 그리고 이와 같은 복합적인 다원성 속에 조선 후기 진경풍속의 진정한 역사적 의미와 민족미술사적 가치가 있다고 할 수 있다.

정선 〈인왕제색도〉(1751)

동아시아 정신사를 조선의 기준으로 해석하다

17세기 전반 양차에 걸친 호란(胡亂)과 명청(明淸) 교체라는 국제적인 변동으로 엄청난 충격을 당한 조선 지식인들은 암울한 현실을 극복할 수 있는 강고한 이념체계를 모색하며 새로운 자아 정체성의 확립에 부심했다. 그 결과 조선 성리학자들은 중국의 명청 교체에 담긴 전통적인 '중화(中華)' 질서의 붕괴에 주목하고, 그 동안 중국이 우리에게 적용해왔던 중화의 논리를 역이용하여, 이제 중화 문화의 핵심인 성리학(性理學)과 예학(禮學)이 가장 발달한, 전통적인 유교 문화를 상징하는 의관(衣冠) 제도까지 올바로 보존하고 있는 조선이 곧 중화라는 '조선중화사상(朝鮮中華思想)'을 주창하기에 이르렀다.

이는 그 동안 중화의 주체로 군림했던 한족의 명나라가 망하고(인조 22년, 1644) 새로 야만적인 여진족의 청나라가 들어서며 나타난 중국의 약점과 명나라를 능가할 정도로 성리학이 발달한 데 큰 자부심을 갖고 있었던 조선의 장점을 교묘히 활용하여 조선 지식인들이 청나라의 무력 침략으로 입었던 정신적 상처를 극복하고 나아가 명청(明淸)의 제국주의적인 패권적 자장을 벗어나 하나의 독자적인 주체로 설 수 있는 최상의 실존적 이념이었다. 그리하여 조선 성리학자들은 당시 동아시아의 보편적 세계관과 인식의 틀이었던 '화이론(華夷論)'의 체계 속에서 지금까지 중화의 주체로 존재해 왔다.

하지만 이제는 현실적으로 존재하는 명나라를 계승하여 우리가 새로운 중화의 적통을 잇는다는 허구적인 명분론을 빌려 이를 교묘히 역이용함으로써, 새로운 제국주의적 패권을 강요하는 청나라의 실체를 결코 인정하지 않겠다는 자존적인 주체의 논리로 활용한 뒤 실제로는 명청(明淸)의 어디에도 종속되지 않게 된 자의식의 해방 공간에서 조선의 독자성과 고유성을 추구하는 조선 중심의 자존적인 주체의식을 발전시켰다.

그리하여 숙종 8년(1682)에는 그 동안 명나라의 제도에 따라 문묘(文廟)에 모셔왔던 역대 유교의 성현들 가운데 조선 성리학의 엄격한 명분론에 맞지 않는 인물들을 빼버리고 새로 중국에서 모시지 않았던 인물들을 추가하는 개정을 감행함으로써, 동아시아의 유학사와 정신사의 골격을 조선적인 기준으로 재해석하고 재정리하는 독자성을 과시했다. 나아가 숙종 30년(1704)에는 중국에서 황제가 하늘에 제사지낼 때 사용하던 형식의 대보단(大報壇)을 설치하여 숙종(肅宗)이 임진왜란 때 조선을 도와준 신종(神宗)과 명나라의 마지막 황제인 의종(毅宗)의 제사를 거행했다.

이것은 사대주의의 표본으로 잘못 알려져 있지만, 숙종과 조선의 성리학자들이 이를 거행했던 진정한 의도는 이제 조선이 동아시아 문화의 정통 주체가 되었으므로 그 동안의 주체였던 명나라의 마지막 황제 제사도 새로운 정통 주체인 조선이 계승해야 된다는 조선중화사상을 실제로 실천한다는 데 있었다. 흔히 오해하듯 존재하지도 않는 명나라 황제의 제사를 지낼 만큼 한심한 사대주의에 빠져있었던 것이 아니라, 역으로 이를 빌어 조선이 동아시아의 정신과 문화를 상징하는 유교 문화의 새로운 정통 주체, 곧 새로운 중화(中華)가 되었음을 천하에 제의적(祭儀的)으로 천명한다는 자존적 주체의식의 실천을 상징적으로 보여준 것이었다고 할 수 있다.

일찍이 이러한 사상과 논리를 강력하게 주장하며 반청(反淸) 운동에 앞장섰던 우암(尤庵) 송시열(宋時烈, 1607~1689)이 '명나라의 학문은 조선보다 못해 전혀 볼 필요가

정선 〈금강전도〉(18세기 중반)

없다'고 단언하며 한 마디로 평가절하 했던 사실이나, 송시열이 이끌었던 노론(老論)들이 명나라의 문묘(文廟) 제도를 과감히 조선적인 기준으로 고쳐놓는 독자성을 과시했던 사실에서 그 진정한 본의의 핵심을 단적으로 확인할 수 있다.

그 결과 조선 후기의 숙종 무렵에는 사고와 가치의 기준을 조선에 두고 조선 중심으로 생각하는 자존적인 주체의식과 자각의식이 그 어느 때보다 강하게 나타나서 하나의 시대정신과 시대의식으로 광범위하게 확산되며 발전되었다. 그리하여 유계(柳棨, 1607~1664)나 홍여하(洪汝河, 1621~1678) 같은 지식인들은 우리의 역사를 주체의 관점에서 서술하는 역사 편찬을 시도하여 그 동안 중국사에만 적용해왔던 강목체(綱目體)로 우리의 역사를 새롭게 체계화하였다. 그리고 서포(西浦) 김만중(金萬重, 1637~1692) 같은 문인들은 '중국의 한자어로 이루어진 우리의 한문학은 본질적으로 앵무새의 흉내에 불과한 거짓 문학이며 우리말로 이루어진 한글 문학이 진정한 우리 문학이다'고 단언하는 획기적인 민족문학론을 정초

했다.

　나아가 18세기 초 서울 문단을 주도했던 삼연(三淵) 김창흡(金昌翕, 1653~1722)은 '진실한 시란 길거리의 아동이나 여염집 아낙네들의 말에 있다'고 하며 김만중의 관점을 더욱 발전시켰고, 북헌(北軒) 김춘택(金春澤, 1670~1717)도 '자기 나라의 언어로 지은 시는 허위가 아니라 진실이기 때문에 사람을 가장 크게 감동시키는 것이다'고 하여 우리문학의 언문일치론(言文一致論)의 새로운 지평을 열어놓기도 하였다. 훗날 다산(茶山) 정약용(丁若鏞, 1762~1836)이 '나는 조선 사람이기 때문에 중국 한문시의 창작 원리를 따르는 어리석은 식자(識者)가 되기보다는 자신의 기준에 입각한 조선시(朝鮮詩)를 짓겠다'고 선언했던 것은 조선 후기에 광범위하게 퍼져있었던 자존적이고 주체적인 자의식을 가장 웅변적으로 대변해준 것이라고 할 수 있다.

중국식 양탄자냐, 조선의 화문석이냐

　18세기 초의 내재(耐齋) 홍태유(洪泰猷, 1672~1715)가 '중국 그림을 따라 그리는 것은 한심한 짓이며 우리의 현실을 그리는 것이 참되고 올바른 그림이다'라고 주장했던 것이나, 동계(東谿) 조구명(趙龜命, 1693~1737)이 '중국 그림을 똑같이 따라 그리는 화가를 보고 그 손가락을 비틀어 버리고 그림을 불태워버린 뒤 금륜성왕(金輪聖王)에게 참회하고 싶다'고 말했던 것도 회화에 있어서 주체적인 문화의식이 얼마나 강했던가를 보여주는 예이라 하겠다. 특히 숙종 39년(1713)에 숙종의 어진(御眞)을 그리며 태조어진 이래 300여 년간 국가의 제도처럼 계승돼온 중국식 양탄자를 우리의 현실이 아니라고 하여 과감히 조선의 화문석으로 대체함으로써, 조선의 건국 이래 처음으로 조선 국왕의 모습을 명나라 초상화를 빌어 허구적으로 그리는 것이 아니라 조선 국왕의 현실적인 실제 모습 그

조영석 〈새참〉(18세기 초반)

대로 그린 뒤, 이후 200여 년 동안 조선 왕실의 새로운 전통으로 계승되었던 것은 이 시기에 광범위하게 퍼져 있던 주체적 문화의식과 그 구체적인 조형적 실천의 예를 매우 상징적으로 보여주는 것이라고 할 수 있다.

18세기 초에 진경풍속이 하나의 단층을 이룰 만큼 급격히 발전하며 조선적인 현실성과 고유성이 분명하게 드러나는 전혀 새로운 단계에 들어섰던 것은 이러한 주체적 문화의식이 근원적으로 작용했기 때문이다. 특히 조선적 진경산수화와 풍속화를 확고하게 확립하며 새로운 시대정신과 시대양식을 분명하게 열어준 겸재 정선과 관아재(觀我齋) 조영석(趙榮祏, 1686~1761)이 주체적 문화의식이 가장 강고했던 서인계 노론의 조선 성리학자로서 매우 의식 있는 사대부 화가였다는 사실은 그런 점을 잘 말해준다. 또한 조선 후기 진경산수화의 핵심적 소재였던 금강산 그림을 말할 때면, 으레 중국 사람들도 조선에 태어나 금강산을 구경하고 싶어 한다는 말을 강조하거나, 금강산은 중국에도 없는 천하의 최고 명산이라고 자랑했던 것은 당시 사람들이 진경산수화에서 얼마나 강한 민족적 자긍심을 느끼고 있었는가를 잘 보여준다. 그리고 조영석이 정선의 〈진경산수화〉를 보고, '전국의 산천을 수없이 사생하는 각고의 노력으로 사실적이고도 독

김홍도 〈씨름〉(18세기 후반)

창적인 산수화를 창조함으로써 비로소 진정한 우리나라 산수화의 새로운 경지를 열었다'고 극찬했던 것은 조선 후기 지식인들이 이를 얼마나 분명하게 자각하고 있었으며, 이에 얼마나 노력하고 있었던가를 잘 말해준다고 할 수 있다.

그렇다고 조선 후기의 진경풍속을 모두 자존적인 주체의식의 소산으로만 이해해야 된다는 것은 물론 아니다. 그것은 하나의 근원적인 기반이며, 이를 축으로 다양하게 전개된 여러 가지 요소들이 복합적으로 작용했다고 할 수 있다. 특히 이 무렵부터 매우 중시되고 강조되었던 현실적이고 사실적인 의식이 대표적인 예다. 주체에 대한 자존과 자각, 관심, 애정에서 현실에 대한 사실적인 의식이 싹트고 발전했으며, 이런 의식이 다음 단계로 진경풍속이 발달하는 데 매우 중요하게 작용했다. 특히 숙종 39년(1713)에 숙종의 어진을 그리며 중국식의 양탄자를 우리의 현실이 아니라고 하여, 당시의 현실 모습 그대로 조선의 화문석을 사실적으로 묘사했던 것은 바로 자존적인 주체의식에서 현실적인 의식과 사실적인 의식이 같이 싹트고 있었다는 것을 보여주며, 그것이 바로 그 시대정신이었음을 잘 보여준다고 할 수 있다.

여기에 더하여 풍속화의 경우는 사대부들의 독특한 회화관과 생활경험도 중요한 계기로 작용했다고 할 수 있다. 가령 조선 후기의 조선적 풍속화를 확실하게 정립시킨 조영석은 사회와 현실에 대해 건전한 책임의식을 가진 성리학자로서, 그림의 형상성을 통한 현실 인식의 효용적 가치와 정서적 감응을 통한 심미적 가치를 아울러 중시하는 독특한 성리학적 회

화관을 갖고 있었다. 그리하여 그는
산천과 초목, 인물 및 고금의 복식
이나 도구, 제도 같은 내용을 올바
르게 담을 때 그림은 국가적으로나
사대부에게 유용한 것이 되며, 그림
을 보고 그리는 것이 아니라 실제
사물을 직접 보고 그릴 때 살아있는
그림이 된다고 주장하였다.

그럼으로써 그는 사대부가 적극
적으로 풍속화를 그릴 수 있는 이론
적 근거를 확보함과 동시에 오랜 지
방 관리를 지내며 자신이 직접 경험
했던 사농공상의 다양한 풍속을 틈
틈이 사생한 70여 점의 풍속화를 모

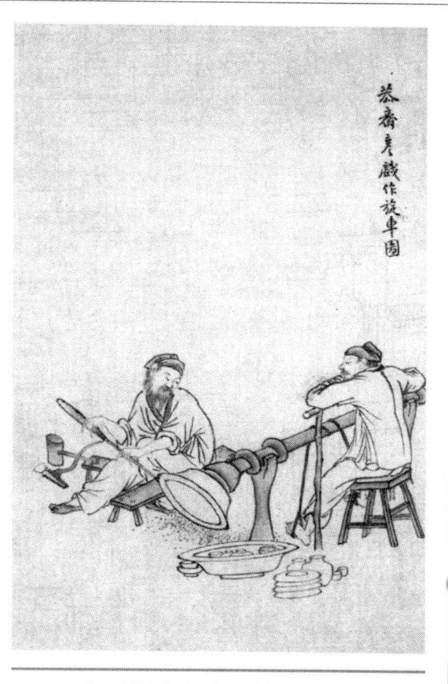

윤두서 〈선차도(목기 깎기)〉(18세기 초반)

아 풍속첩을 만들어 풍속화가 목적성을 넘어서 감상을 위한 예술적인 그
림으로 독립되고 정착되는 데 중요한 역할을 했다. 공재(恭齋) 윤두서(尹
斗緖, 1668~1715)가 조선 중기에 유행했던 산수인물도풍(山水人物圖風)
을 약간 변화시켜 농부와 공인들의 생활 장면을 담은 풍속화를 시도했던
것도 손꼽히는 거부의 대지주로 수백 명의 노비와 공인 및 소작인들을 직
접 관리했던 경험이 큰 계기가 되었다.

윤두서와 조영석은 농업뿐만 아니라 공업과 상업 등에 관한 다양한 내
용의 풍속화도 남기고 있는데, 이는 이 무렵에 조영석 주변의 농암(農巖)
김창협(金昌協, 1651~1708)과 삼연 김창흡 형제를 중심으로 한 서울의
낙론(洛論) 문화계에서 명물도수(名物度數)와 상수학(象數學) 같은 문물
제도와 자연과학에도 강한 관심을 갖는 새로운 학풍이 대두되고 있었다.
한편 윤두서의 경우는 그 자신이 이에 뛰어난 재능과 강한 관심을 갖고

풍부한 경제력을 토대로 하여 많은 자료를 활용할 수 있었으며, 비록 남인이기는 하지만 노론 학계와도 적지 않게 연결되어 있었을 뿐만 아니라 그 자신의 주변에서도 이런 학풍이 일어나고 있었던 배경들이 중요한 기반으로 작용했다고 할 수 있다.

한편 18세기 초 사실적인 진경풍속이 출현하고 발달하는 과정에는 당시의 국제적인 여건도 의미 있고 유리하게 작용했다. 이 무렵에는 대청(對淸) 전쟁의 직접적인 참전(參戰) 세대가 거의 졸했을 뿐만 아니라, 명청 교체기의 한족 반란도 거의 진압되어 만주족의 청나라가 확고한 기반을 확립했기 때문에 조선과 청나라의 외교관계도 어느 정도 현실화되고 정상화됨으로써 중국에서 서양의 자연과학은 물론, 사실적인 묘사력을 보여주는 남종화와 서양화 같은 새로운 화법들이 그 전보다 더욱 용이하게 소개되었다. 그리하여 당시 치열하게 조선의 진경풍속을 모색하던 조선의 지식인과 화가들이 이를 적절히 참고하며 그들 나름의 현실적이고 사실적이며 독자적인 화법을 창안하는 데 매우 효과적으로 원용할 수 있었다.

다만 외래문화가 더욱 범람할 수도 있었던 청나라 간섭기의 위기와 시련을 강고한 민족적 자존의식을 토대로 하여 슬기롭게 극복하고, 오히려 이를 계기로 더욱 주체적이고 독자적인 진경풍속을 창조하는 뛰어난 성과를 이룩했다는 점에서 18세기 초의 진경풍속은 값진 의미가 있다. 진경풍속이 당시 조선이 처했던 현실 문제에 대해 가장 고뇌하며 그 해결책을 가장 치열하게 모색했던 노론과 남인의 핵심부에서 가장 의식 있는 사대부 화가들에 의해 주도적으로 시작되었던 것도 바로 그렇기 때문이라고 할 수 있다.

진경풍속의 다채로운 전개

18세기 초반의 선구적인 사대부 화가들에 의해 본격적으로 시작된 진경풍속은 민족적인 주체성이 담겨 있어 자랑스럽고 현실적인 사실성이 담겨있어 친근할 뿐만 아니라 뛰어난 조형성이 담겨 있어 아름다운 것이었기 때문에 전 조선화단으로 급격히 확산되며 19세기 초반까지 난만하고 화려하게 전개되었다. 이는 조선의 자존적 주체의식과 그것을 현실에 구현하고자 하는 개혁적 실천의지가 더욱 고양되고 확대되는 한편, 영·정조 시대의 사회경제적 발전과 문화적 발달을 토대로 하여 태평성세를 구가하던 난만하고 자유로운 현실의식이 반영된 결과였다. 18세기 후반에 특히 화려하게 개화된 김홍도의 진경풍속은 가장 전형적이고 대표적인 예라고 할 수 있다. 그 결과 18세기 후반의 진경풍속은 18세기 전반의 진경풍속과 비교할 때 작가층과 후원자층은 물론, 주제와 소재, 기법, 미감 등 거의 모든 면에 있어서 전면적인 변화가 나타났다.

먼저 작가층에 있어서 18세기 전반의 진경풍속이 사대부 화가들에 의해 주도된 데 비하여, 18세기 후반의 진경풍속은 화원 화가들에 의해 주도되는 큰 변화가 나타났다. 이처럼 화원 화가들의 수준이 사대부 화가들을 능가할 정도로 급격히 상승한 데는 우선 국왕과 중앙 사대부 및 중인들의 적극적인 후원이 크게 작용했다고 할 수 있다. 화원은 신분적인 특

김홍도 〈총석정도〉(1795)

성상 국왕과 집권층을 중심으로 한 조정에 크게 의존할 수밖에 없는데, 영·정조 시대의 강력한 왕권 정치는 많은 회화 활동을 필요로 했기 때문에 화원계가 크게 활성화되는 결과를 가져왔다. 특히 영조와 정조가 왕권 강화를 위한 정치적 맥락에서 10년마다 정기적으로 많은 어진을 그린 것이나, 영조가 국왕의 통치 강령이 담긴 어제(御製) 등사(謄寫)를 맡기기 위해 '자비대령화원(差備待令畵員)'을 설치한 것, 그리고 정조가 역대 선왕들의 어제를 봉안하고 자신의 왕권 정치를 보좌하기 위한 핵심기구로 규장각(奎章閣)을 창설한 뒤 영조 시대의 전통을 더욱 확대·발전시켜 '규장각 자비대령화원'이라는 궁중 화원 제도를 법제화함으로써(정조 7년, 1783) 화원들을 후원했던 것은 이러한 사실을 확인할 수 있다.

또한 후원자층에서 살펴본다면, 이 무렵의 중앙 사대부들은 서화(書畵)를 다소 제한적으로 용인했던 이전의 엄격한 성리학적 세계관과 달리 서화골동(書畵骨董)을 문명의 상징으로 인식하기도 하고 비실용적인 것이기는 하지만, 인간의 정취 생활에서 빠뜨릴 수 없는 것으로 보는 확대된 예술관을 가짐으로써 18세기 전반보다 서화를 더욱 애호하고 화원 화가들을 보다 적극적으로 후원했다. 그리고 18세기 후반에는 기술직 중인(中人)이나 경아전(京衙前)을 중심으로 한 중인들의 사회경제적 성장과 문화적 성장이 두드러져 내의원(內醫員)을 지낸 김광국(金光國)이나 역관(譯官) 신분의 김한태(金漢泰), 경아전(京衙前) 출신의 마성린(馬聖麟)처럼 문예를 애호한 중인들이 풍부한 경제력과 높은 문예적 능력을 바탕으로

하여 화원 화가들과 친밀히 교류하고 적극적으로 후원해줌으로써 화원계가 더욱 활성화되고 화원들의 수준이 향상되는 결과를 가져왔다.

18세기 후반의 진경풍속은 소재와 주제에 있어서 18세기 전반보다 그 시각이 더욱 확대되고 내용도 크게 확장되었다. 이런 경향은 특히 이 시기에 다채롭게 전개된 풍속화에서 더욱 잘 나타났다. 18세기 전반의 풍속화가 선비들의 고상한 생활모습이나 백성들의 건실한 생업을 화폭에 집중적으로 담은 데 비해, 18세기 후반의 풍속화는 시정의 모든 인간사를 선악의 가림 없이 적나라하게 묘사하는 시각의 확대가 두드러졌다. 이는 이 시기의 활기차고 역동적인 현실 자체의 새로운 변모가 반영되었을 뿐만 아니라, 그러한 소재를 바라보는 작가의 시각에도 새로운 변화가 일어나서 생긴 결과였다.

우선 소재의 측면에서 이 시기의 풍속화에는 사농공상 전 계층의 건강하고 활기찬 생활모습이 더욱 광범위하고 생생하게 그려지는 한편, 도시의 상공업 활동과 문화적인 정취 생활, 향락적인 오락 생활 같은 다채로운 모습이 크게 증가되었다. 이는 이 무렵 기층사회가 농법의 개량과 농기구의 개선, 경영방식의 확대, 그리고 유통경제의 발달에 따라 상품성을 염두에 둔 생산이 활발해져 역동적이며 활기에 찬 사회 모습이 반영된 결과였다. 그 결과 서울의 인구가 급격히 증가하고 유통량이 확대되었으며, 사회는 더욱 도시화되어 활기가 넘쳤을 뿐만 아니라, 향락적인 소비 풍조와 오락 문화까지 발달했던 번화한 모습이 반영되었다.

특히 극장이나 유흥가는 물론이요, 싸움하는 장면, 투전하는 장면, 술취한 사람, 기녀, 걸인까지 묘사했던 사실에서, 그리고 정조가 당대의 대표적인 화원 화가들을 동원하여 서울의 번화한 모습과 다양한 생활상을 장대하게 담은 다량의 〈성시전도(城市全圖)〉를 그리게 하고, 자신은 물론 대표적인 학자들을 시켜 이 그림을 주제로 삼은 장편의 서사시를 짓게 했던 사실에서 당시의 난만한 현실 분위기를 상징적으로 느낄 수 있다. 그것뿐이 아니다. 정조가 규장각 자비대령화원의 궁중 화원들에게 직접 출제했던 시험문제 가운데 풍속화를 가장 많이 출제한 사실이나, 이 시기 대표적인 풍속화가들이 거의 대부분 정조 주변의 규장각 부근에서 활동한 궁중 화원이었다는 사실에서, 그 당시 풍속화의 기반이 얼마나 넓었으며 또한 당시의 풍속화가 흔히 오해하듯 단순한 서민의식을 배경으로 하여 발달했던 것이 아니라 실은 궁관(宮官)을 중심으로 궁관 주변으로 널리 확산된 것임을 알 수 있다.

이러한 도시적 면모와 정서 가운데 이 시기의 새로운 특징으로 주목할 만한 것은 여인 풍속의 증가와 그에 따라 나타났던 애정표현의 노골화 현상이다. 18세기 전반의 풍속화에 묘사된 여인들의 모습은 그 수도 많지 않을 뿐만 아니라, 그저 나물 캐고 절구질하며 바느질하는 평범하고 건실한 일상적 생활상이 대부분이었다. 그러나 김홍도와 신윤복의 풍속화에는 여인 풍속이 양적으로 많이 증가했을 뿐만 아니라, 남녀의 정감을 숨기지 않고 표현하는 새로운 경향이 강하게 나타났다. 김홍도의 단계만 하더라도, 아직은 평범한 자기생활을 영위하는 가운데 자연스런 남녀 조우의 장면이 설정되고, 여인을 향한 사내의 모습도 대개 부채로 얼굴을 가리고 나타나든가, 여인들이 짐짓 사내의 시선을 외면하는 등 은근하고 조심스런 경우가 많았다. 그러나 신윤복의 단계에 이르면, 이제 기녀들이 주인공으로 등장하여 관능미를 과시하듯 노골적으로 속살을 드러낼 뿐만 아니라, 남녀 포옹 그 이상의 농도 짙은 애정행각을 적극적으로 표현하는 등 점점 노골화되어 마침내 춘화적인 성격을 띤 그림까지 나타났다.

이는 이 시기에 성리학적인 세계관이 점차 이완되어 가며 나타났던 변화된 생활감각과 정서가 반영된 것이라고 할 수 있다. 본디 성리학은 일반적인 감정인 칠정(七情)까지도 극도로 절제되고 순화된 형태로만 긍정할 정도로, 감정의 욕구를 불순한 심지어 위험한 것으로 생각했기 때문에 엄격한 금욕주의적 수양론을 강조했다. 그 결과 남녀유별을 윤리적인 덕

신윤복 〈단오풍정〉(19세기 초반)

목으로까지 강조했다. 그러나 사회경제적인 변동과 그에 따른 도시화로 성리학적 요소들이 이완되어 갔던 18세기 후반에는 감정의 자연성과 순수성을 긍정하고 생명력 있는 욕구체로서의 자연인의 상을 긍정하는 경향이 싹텄다.

그리하여 이 시기에는 남녀의 애정과 성애를 노골적으로 표현한 문학 작품들이 나타나는가 하면 그 가치를 적극적으로 주장하는 문학론까지 나타났다. 그리고 사대부들도 미인도를 적지 않게 애호했을 뿐만 아니라 다분히 춘의적(春意的)인 시각에서 감상하는 경우도 적지 않았다. 특히 혜원(蕙園) 신윤복(申潤福)의 풍속화에서 볼 수 있듯, 이 시기 풍속화에 남녀의 애정표현이 노골적으로 나타났던 것은 이러한 시대의식이 반영된 결과였다. 정조와 순조 시대의 대표적인 궁중 화원의 하나였던 장한종(張漢宗)이 수원(水原)에서 관리 생활을 하면서 한가로움을 달래기 위해 듣기 민망한 성애(性愛) 농지거리한 뒤 이를 다시 자신의 이름으로 기록하여 남긴 것이나, 순조 7년(1807)에 당대 최고급 궁중 화원을 뽑는 규장각 자비대령화원의 시험문제로 '유흥가의 그네 타기' 같은 점잖지 못한 제목이 거론되던 상황에서도 난만한 시대적 분위기의 일단을 상징적으로 읽을 수 있다.

　이처럼 18세기 후반의 진경풍속에 나타난 작가층과 주제상의 전면적인 변화, 그리고 이를 낳았던 난만한 현실의식과 자유로운 생활감각은 조형 기법과 미감에도 큰 변화를 초래했다. 그 결과 18세기 전반의 진경풍속이 단순한 공간 설정과 직관적인 대상 파악을 기반으로 강경하고 명징하며 엄격한 미감을 보여준 경우가 많았던 데 비해, 18세기 후반의 진경풍속은 투시법적으로 구조화된 공간 설정과 서술적인 주제 전개 및 사실적인 대상 묘사를 토대로 하여 객관적인 현실성과 시각적인 사실성을 추구하는 경향이 강하게 나타났다. 그리고 다른 한편으로는 대상 자체에 대한 묘사적 관심을 넘어서 대상을 빌어 작가 자신의 문학적인 상상력과 서정적인 정서를 표출하며 감각적이고 정취적인 필묵의 유희에 더욱 관심을 기울이는 주관성 지향의 상반된 경향도 새롭게 나타났다. 18세기 후반을 대표하는 김홍도의 다양한 진경풍속은 이러한 두 가지 경향이 분기되던 당시의 시대양식을 가장 잘 보여주는 전형적인 예라고 할 수 있다.

　18세기 후반에 더욱 난만하게 발전한 풍속화는 이 새로운 경향을 종합적으로 보여준다. 놀랍도록 다양하게 확장된 소재들이 실로 역동적이고 활기찬 내용들로 구성되어 있을 뿐만 아니라, 풍부한 서술성이 투시법적 원리에 따라 체계적으로 구조화된 공간 속에 매우 극적인 구성을 이루며 생동감 넘치는 사실적인 묘법으로 전개되었다. 그 결과 소재와 장면에 따라 친근하게, 서정적으로, 가련하게, 풍자적으로, 해학적으로, 격정적으로, 염정적으로 묘사되는 등 실로 다양한 표정과 심리들이 매우 생생한 필치와 다채로운 어법으로 표현되어 있으며, 산뜻하고 화사한 색채 감각까지 구사되었다.

　이는 주관과 객관이 혼연일체를 이룬 자기와 현실에 대한 적극적인 긍정이자 애정이며 찬미라고 할 수 있다. 18세기 전반의 사대부 풍속화에 나타난 일상의 모습들이 사대부들의 교화론적(敎化論的) 엄격성과 신분상의 거리감을 지닌 관찰자적 시각에서 묘사된 모습이라면, 이 시기 화원

화가들의 풍속화에 나타난 시정의 갖가지 모습과 다양한 어법은 바로 그들이 더불어 호흡하고 함께 생활하는 일체감 속에서 선악의 가림 없이 보고 느낀 그대로를 솔직하게 담아 올린 그들 자신의 주변 모습 바로 그것이라고 할 수 있다. 다시 말해 이 시기의 풍속화가 사회의 중간 계층인 화원 화가들에 의해 주도됨으로써 민초들의 일상에 보다 가까이 접근하여 더욱 친근하게 공감할 수 있었기 때문에 그러한 화풍상의 변화가 더욱 다채롭게 나타났다고 할 수 있다. 한편 국왕인 정조조차도 규장각 자비대령 화원 시험의 풍속화 문제를 출제하며 '모두가 보자마자 껄껄 웃을 만한 그림을 그리라'고 특별히 지시할 정도로 난만한 현실의식에 젖어 있었기 때문에 그러한 화풍이 더욱 발달할 수 있었다.

한편 진경산수화의 경우는 본디 자연미를 대상으로 한 것이기 때문에 소재나 주제에 있어 풍속화만큼 큰 변화가 나타나지 않았다. 그러나 이 시기의 진경산수화도 18세기 전반의 진경산수화와 비교할 때 투시법적 원근법의 원리에 따라 보다 사실적으로 묘사하는 새로운 경향이 나타났을 뿐만 아니라, 다른 한편으로는 단순한 자연미의 구현보다 인간적인 정서를 강조하는 서정적인 진경산수화가 많았다는 점에서 대략 풍속화와 유사한 조형적 변화가 나타났다고 할 수 있다.

가령 정조 12년(1788)에 어명으로 김홍도가 그려 올린 금강산 일대의 진경산수화나 이 무렵에 김홍도와 함께 금강산을 여행했던 표암(豹菴) 강세황(姜世晃, 1713~1791)이 그린 금강산 유역의 진경산수화, 그리고 정조 20년(1796)에 정조의 명으로 김홍도가 그려 올린 수원 화성(華城) 주변의 진경산수화에 강한 투시법적 원근법이 구사된 것은 객관성을 중시하는 전자의 경향을 보여주는 대표적인 예라고 할 수 있다. 이는 18세기 후반의 학계에서 이제 인간과 사물이 본질적으로 동일하다고 보는 인물성동론(人物性同論)이 보편화되고, 그 결과 사회와 자연계의 물질적 측면에 대한 객관적 인식과 그 실용화에 강한 관심이 제기됨으로써 수학과 기

강세황 〈결성범주도(결성의 범선들)〉(18세기 후반)

하학, 천문학, 투시법, 광학 같은 자연과학이 더욱 발달하고 서양화법까지 매우 적극적으로 수용하던 시대적 상황이 반영된 결과였다.

이와 달리 정조 15년(1791)에 김홍도가 당시의 대표적 중인시사(中人詩社)였던 송석원시사(松石園詩社)의 동인(同人) 모임을 주제로 하여 문학적 서정이 짙게 감도는 진경산수화를 그린 것이나 정조 19년(1795)에 바닷바람 속을 떠다니는 물새를 주인공으로 설정하여 매우 시적 정취가 넘치는 총석정(叢石亭)을 그려서 당대의 대표적인 후원자였던 역관 출신의 김한태에게 증정했던 것, 그리고 김석신(金碩臣)이 담담정(澹澹亭)과 도봉산(道峯山)에서 열린 풍류적인 모임을 주제로 삼아 매우 낭만적이고 감각적인 진경산수화를 그렸던 것은 주관성을 중시하는 후자의 경향을 보여주는 예라 할 수 있다. 이런 작품들은 문학적인 상상력과 서정성을 통한 인간과 자연의 정서적인 만남을 중시하여 감각적이고 정취적인 필묵을 강조하는 경향이 많았고, 그 결과 이 시기의 진경산수화는 산뜻하고 경쾌하며 친근한 시적 정취를 풍기는 경우가 많았다.

이런 현상은 이 시기의 자유롭고 난만한 현실의식이 반영된 결과이기도 하지만, 특히 이 무렵에 화원 화가들도 포함된 규장각 서리(胥吏) 중심의 중인시사(中人詩社) 활동이 매우 활발하게 전개되며 서울 문예계에 큰 영향을 미쳤을 뿐만 아니라, 당시 화원계에 가장 직접적인 영향을 미친 규장각 자비대령화원의 궁중 화원 녹취재(祿取才) 시험에서도 화제(畵題)가 언제나 시제(詩題)로 출제되던 상황들이 복합적으로 작용하여 나타난 결과였다고 할 수 있다.

정조의 죽음과 진경풍속의 쇠퇴

18세기 후반의 정조 시대에서 19세기 초반의 순조 시대 전반까지 다채롭게 전개되던 진경풍속은 대략 순조 시대 후반을 지나 19세기 중반에 접어들면서 점진적으로 쇠퇴하기 시작했다. 이후에도 진경풍속이 적지 않게 그려졌지만, 전성기의 진경풍속을 계승하거나 변형시킨 채 경화되거나 형식화된 것이 많아 이제 진경풍속이 쇠퇴기에 접어들었음을 한 눈에 알 수 있다. 이처럼 진경풍속이 쇠퇴하게 된 것은 대략 이 무렵을 경계로 하여 조선의 문화적인 풍토가 크게 변화되면서 진경풍속을 떠받쳐온 기반이 점차 변모되었기 때문이다.

정조 시대까지만 해도 조선의 주체적인 자존 의식을 토대로 하여 이를 현실에 구현한다는 개혁적인 실천의지와 현실적인 문화의식이 팽배했고, 이러한 연장선상에서 시각을 넓혀 청나라와 서양의 문화까지 적극적으로 수용하고 소화함으로써 난만한 사회경제적 발전과 문화적 발달이 가능했다. 바로 이러한 시대적 분위기를 기반으로 우리의 자연과 사회를 사실적으로 형상화하는 진경풍속이 다채롭게 전개될 수 있었다.

그러나 조선 중심적인 시각에서 개방의 속도와 개혁의 균형을 적절하게 유지하면서 이를 현명하게 주도하던 정조가 24년(1800)에 갑자기 서거함에 따라 그 균형과 중심이 급격히 붕괴되기 시작했다. 그것뿐이 아니다. 연이어 일어난 사적인 이익만을 추구했던 소수 귀족 가문에 의한 세도정치의 파행적인 정치 변동을 거치면서 체제가 흔들리고 위협받을 정도였다. 이런 난만하게 발전했던 현실 개혁의 기운에 대한 광범위한 역작용으로 전반적인 경화 현상이 일어나며 국가 중심적인 사고와 현실적인 의식이 크게 굴절되기 시작했다. 그리하여 현실 반영적인 측면이나 현실 개혁적인 성격보다도 현실 초월적인 경향이 강한, 순수 학술성과 예술성을 지향하는 청나라의 고증학과 서도금석학 및 남종문인화풍 중심의 북학(北學)이 점진적으로 유행하기 시작하면서 지금까지 조선의 고유한 진경 문화를 일구어온 기반이 서서히 변모되기 시작했다.

물론 19세기 초의 순조 시대 전반까지는 정조 시대에 난만하게 발달했던 현실적인 문화가 사회 저변에서 지속적으로 계승되었고, 정조 시대에 성장한 진경 문화의 주역들도 여전히 활동하고 있다. 또한 아직 고증학풍의 새로운 문화가 절대적인 영향을 미치는 단계는 아니었기 때문에, 한편에서는 진경풍속이 지속되며 농익을 정도로 흐드러진 마지막 모습을 보여주기도 했다. 가령 정조 시대부터 시작된 규장각 자비대령화원 녹취재 시험의 풍속화 문제가 순조대 초반에 이르러 "닭싸움"이나 "시장통의 재주자랑", "유흥가의 그네 타기"처럼 매우 현실적이고 난만한 내용으로 출제되고 있었던 것은 바로 그러한 분위기를 상징적으로 보여주는 것이다. 그런 점에서 신윤복의 농염하고 비속한 춘화풍의 풍속화들은 대략 이 무렵 전후에 그려졌을 가능성이 많다고 생각되는데, 그의 기년작 풍속화가 순조 5년(1805)과 13년(1813)의 순조 시대 초반에 집중되어 있는 것은 결코 우연이 아니라고 생각된다. 아마도 정조 시대부터 난만하게 발달했던 현실적인 문화가 세도 정권의 파행적인 정치적·사회경제적 행태와 그에 수반된 윤리의식의 감퇴가 더욱 그러한 환경과 문화를 조장했던 것이 아닌가 생각된다.

대략 순조 시대 후반을 경계로 이제 진경 문화의 주역들이 거의 모두

죽고, 대체로 이 무렵을 경계로 추사(秋史)
김정희(金正喜, 1786~1856)를 중심으로 한
고증학과 서도금석학 및 남종문인화풍의 새
로운 북학풍(北學風, 中國風)의 문화가 서울
문화계에 강한 영향을 미치게 된 것이 진경풍
속을 점진적으로 쇠퇴하게 만든 요인이 되었
다. 규장각 자비대령화원의 궁중 화원 녹취재
시험에서 풍속화의 화제들이 순조 시대 후반
부터 갑자기 고아하고 격조 있는 내용으로 순
화되기 시작하는 변화가 나타났던 것은 바로
그와 같은 새로운 경향을 상징적으로 보여주
는 것이라고 생각된다.

　특히 이 시기에 대두된 서도금석학과 남종
문인화는 고전적인 이념미와 현실 초월적인
추상미, 탈속한 인격미 같은 것을 가장 중요

조정규 〈구룡연〉(1860)

한 과제로 지향하고 있었기 때문에 본래 현실적인 사실성과 구체성, 세
속성, 토속성이 강한 진경풍속은 이제 새로운 회화관을 만족시켜 줄 수
없을 뿐만 아니라, 오히려 그것을 구속하고 방해하는 측면까지 있었기
때문에 더욱 문화계의 중심에서 멀어져 갈 수밖에 없었다. 여기에 더하
여 전성기 마지막 단계의 진경풍속에는 지나치게 감각적이고 비속한 내
용이 적지 않았기 때문에 이제 그와 상치되는 새로운 문화적 풍토가 형
성되자마자 역으로 진경풍속이 더욱 쇠퇴하는 역작용을 일으킨 측면도
많았다고 생각된다. 이 시기의 새로운 문화를 주도한 김정희가 회화의
묘사성을 오히려 속된 요소로 비판한 것이나, 겸재 정선의 진경산수화는
안목만 혼란하게 만들 뿐이니 전혀 볼 필요가 없는 것으로 치부해 버렸
던 것은 진경풍속이 쇠퇴할 수밖에 없는 새로운 문화적 풍토를 상징적으

로 보여준다.

그리하여 17세기 말과 18세기 초 조선 후기에 주체적인 문화의식과 현실적인 조형의식의 성장과 함께, 조선의 자연과 사회를 다양하게 형상화하며 발전했던 진경풍속은 19세기 들어 그런 의식이 약화되면서 점진적으로 쇠퇴하기 시작했다. 이후 19세기 중후반의 조선 말기 회화는 개항(開港)으로 인한 북학(北學)이 대대적으로 유행하고, 청나라 회화의 영향이 더욱 강하게 나타났다. 한편 20세기 들어 일제와 서구열강이 밀려 들오면서 다시 일본과 서구 중심의 새로운 조형성을 추구하는 경향이 전면적으로 나타나며 광범위한 외래화의 길을 걷게 되었다.

그런 점에서 볼 때, 조선 후기의 진경풍속은 국제적으로 개방되고 또한 그 속에 강한 제국주의적 권력관계가 존재했음에도 불구하고, 오히려 민족적인 자존 의식을 토대로 이를 주체적으로 활용한 뒤 더욱 고양된 자기 발전과 자아 실현을 이루는 뛰어난 지혜를 보여주었다. 그것뿐이 아니다. 이 시대가 다른 어떤 시대보다도 이런 자존 의식을 분명하게 자각하고 있었다는 점에서 우리 민족미술사의 영원한 고전적 전범으로 남으며 우리에게 언제나 현재형으로 살아있는 예술적 화두를 던져주고 있다고 할 수 있다.

강관식 kkshy@hansung.ac.kr

서울대학교 회화과와 같은 대학원을 졸업했다. 한국정신문화연구원 한국학 대학원에서 박사학위를 받았다. 간송미술관 연구위원을 겸하고 있다. 저서로 『조선후기 궁중화원 연구』 『우리 문화의 황금기; 진경시대』(공저) 등이 있다.

'사는 집'에서 '느끼는 집'으로

일제에 등 떠밀려 시작된 한국 근대건축. 전쟁의 소용돌이와 국가 주도 프로젝트의
수행자 역할을 거쳐, 이제 새 세기의 문화 아이콘으로 자리잡아가고 있다.
삶의 양식(樣式)에서 이미지와 상징으로, 한국 근현대 건축이 걸어온 길.

강혁 경성대 교수 · 건축도시학

먼저 우리가 잘 안다고 생각하는 '건축'이란 단어를 짚어보자. 건축(建築)이라는 한자말이 먼 옛날부터 있었던 것은 아니다. 건축은 영어 'architecture'의 번역어인데, 일본인들이 근대화를 시작하면서 만들었다. 이런 사정은 문화, 공간, 시간, 과학, 미술 같은 말들도 마찬가지다. 일본인들이 서구 문물을 수입하면서 필요에 따라 만들어낸 조어들이다. 이제 그 말들은 우리 삶 속에 깊숙이 뿌리 내려, 기원은 잊혀진 채 늘상 쓰는 일상어가 되었다. 그런데 건축이란 단어가 근세 일본에서 만들어졌다면, 그 전까지 우리에게는 건축이 없었다는 이야기가 된다. 얼른 납득이 가지 않는다. 우리에게는 분명 조상이 남긴 찬란한 건축문화유산이 있지 않은가.

그렇다. 우리에겐 우리 식의 집짓기 전통이 있었고 그것을 영조(營造) 혹은 조영(造營)이라 불렀다. 그러나 이것은 집짓기라는 점에서는 동일할지 몰라도 분명 건축이 아니었다. 서구인들이 생각하는 건축의 전통이 우리에게는 없었기 때문이다. 누군가 그게 그거 아니냐고 따지고 든다면 아니라고밖에 할 수 없다. 한 예를 들면, 오늘날 걸작으로 꼽히는 종묘나 무

량수전을 지은 건축가를 우리는 알지 못한다. 그 건물을 지은 목수나 대목(大木)은 있었으되 건축가는 없었다. 우리에겐 작가로서의 건축가라는 개념 자체가 없었기 때문이다. 서구적인 건축의 체제 혹은 전통 안에서라야 비로소 건축물은 작품이 되고 그것을 만든 이는 예술적 재능이 있는 건축가로 인정받는다.

　건축이라는 한자 조어도 아주 잘된 번역 같지는 않다. 건(建)과 축(築)은 말 그대로 '짓는다'는 뜻인데, 그런 뜻의 영어로는 따로 'building'이 있다. 명사이기도 하고 동명사이기도 한 '빌딩'은 짓는 일 그리고 그것의 결과물인 건물을 말한다. 그렇다면 'architecture'는 무슨 뜻일까. 'architecture'의 연원은 라틴어에 있는데 'archi'는 근본 또는 으뜸이라는 뜻이고 'tecture'의 'tec'은 (제작의) 기예 또는 기술이라는 뜻이다. 그러므로 건축architecture은 으뜸가는 기예, 혹은 근본이 되는 제작술이라는 뜻이다. 또 건축가architect에는 우두머리, 대장이라는 뜻이 있다. 여기서 우리는 서구에서 건축이 하나의 의미심장한 술(術)technique로서 고급한 문화나 예술에 속했으며 건축가를 비범한 능력이 있는 인물로 간주했음을 알 수 있다.

　또 서구에서 건축architecture과 건물building을 구분해 사용해온 데 주목할 필요가 있다. 양자의 차이에 대해서는 "링컨 성당은 건축이고 자전거 창고는 건물이다"라는 유명한 언명이 있다. 풀어 말하자면 '건축'은 조형적이고 기념비적이며 예술적 질과 가치가 있는 특별한 건물을 칭하고, '건물'은 실용적인 목적을 위해 지은 평범한 집을 가리킨다. 사실 건축과 건물은 그렇게 똑 부러지게 갈라지지 않는다. 중요한 것은 그들이 관습적으로 건축을 건물에서 분리하여 보려 했으며 건축을 특권화해 거기에 독특한 지위를 부여했다는 사실이다.

'건물'과 '건축'은 어떻게 다른가

건축은 서구에서 조형예술의 범주에 속한다. 미술사 책이 회화, 조각과 더불어 건축을 다루는 것도 그런 이유에서다. 그에 비해 조선시대의 건축은 공조(工曹)에 속했다. 여기에 두 문화권 사이의 근본적인 시각차가 있다. 서구의 건축도 근대에 이르러 공학, 곧 근대 기술technology의 영향권에 들면서 예술로서의 성격과 기술로서의 성격이 대등하게 변화하지만, 예술에 더 가치를 두고 그것을 건축가 개인의 창조적 산물로 보려는 시각은 오늘날까지 끈질기게 이어진다.

한편 자본주의적 근대사회에서 건축가는 국가에서 자격을 부여받아 배타적 권리를 행사하는 전문가였으며, 건축물은 법에 따라 규제하고 관리하는 대상이었다. 건축의 제도화라고 부를 수 있는 이 사건은 공공 권력이 건축을 자기 지배와 보호의 영역으로 편입했음을 뜻한다. 여기서 근대 건축의 독특한 두 측면이 드러난다. 건축은 창조적인 예술 행위로 인정받으면서 한편으로 의료나 법률과 같이 지식과 경험을 갖추어야 제공할 수 있는 전문 서비스로 자리매김했다.

우리가 오늘날 집짓기를 건축이라 부르는 것은 이런 서구식 제도이자 시스템 그리고 인식으로서의 건축을 받아들였음을 뜻한다. 서구적 형태

한국의 전통 집짓기에는 '건축가'가 없다. 경복궁 전경

와 공간을 지닌 집을 새로운 재료와 축조술을 구사해 짓고, 그 일을 전담하는 건축가라는 직능이 생겼다. 그것은 우리가 근대화라 부르는 역사적 과정의 일부이며, 그 자체가 서구문명의 수용이자 새로운 삶의 방식을 도입한다는 뜻이기도 했다. 결과적으로 100년 조금 넘는 기간에 우리의 생활환경은 급진적인 변화를 경험하였으며 수천 년 동안 계승되어온 목조의 건립 방식은 고고학적 유산으로 잔존했다.

우리가 서양 건축을 경험하기 시작한 것은 1876년 개항 이후다. 선교, 외교, 교육을 목적으로 이 땅에는 이국풍의 건축물들이 세워지기 시작했다. 그것들은 오늘 우리가 모던하다고 일컫는 그런 형태가 아니라 근세 건축 또는 양식 건축이라 부르는 것이었다. 키 낮은 초가집과 기와집밖에 없던 한양에, 하늘을 찌를 듯 치솟은 고딕식 교회의 탑들과 견고하고 당당한 르네상스 혹은 신고전의 석조 건축물들이 들어서면서 조선 민중이 받았을 충격은 상상하기 어렵지 않다. 명동 성당이라든가 정동의 영국성공회 교회가 그 시절을 증언한다.

우리의 근대건축 수업은 식민지 경험으로 값비싸게 치러졌다. 한일합방은 주체적인 근대화의 기회를 박탈했다. 일제로부터 그들이 이해하고 소화한 서구의 근대식 건축을 전수할 수밖에 없는 상황이 상당 기간 계속되었다. 식민지 시절에 진행된 물적 토대와 사회체제의 변화는 근대적 건립과 거주, 근대 도시의 형성을 의미하기도 했다. 행정기관, 은행, 학교, 병원, 백화점, 호텔, 사무소, 철도역, 공장, 창고 등과 같은 전에 없던 건물유형이 도입되었다. 신공법이 시행되고 건설의 조직화와 분업화가 일어났다. 한양(경성)은 커다란 구조적 변화를 경험하였으며 부산, 인천, 군산 같은 도시가 일제에 의해 새롭게 조성되었다. 이제 한국인은 과거와 다른 시간과 공간에서 살기 시작했다. 근대적 삶, 또는 근대성의 체험이었다.

조선총독부 건축은 왜 최고여야 했나

식민 잔재로 지탄받아 철거된 조선총독부나 이제 문화재로 지정된 한국은행과 서울역 같은 건물은 일제가 심혈을 기울여 지었다. 조선총독부 건축에는 역량의 한계를 느껴 독일인 건축가의 손을 빌리기도 했다. 일본 본토에서도 찾아보기 힘들다는 대작을 건립한 의도는 명백하다. 조선의 정궁을 가로막는 거대한 서구식 건축물을 세움으로써 근대화한 일본의 선진성을 조선 민족에게 보여주고 문화와 기술력에서도 진정 일제가 우월하다는 사실, 그래서 식민 통치가 정당하다는 사실을 설득하려 한 것이다. 이미 당시 서구 건축은 선진화의 상징이었다. 그리고 이는 지금도 동일한 코드로 작용한다.

이렇게 한국인은 최초의 근대식 건축 교육을 일제에게서 받았다. 그러나 경성고공을 비롯한 한반도의 건축학교가 기술 위주의 교육을 펼쳤음을 알아야 한다. 반면 일본의 건축대학 중에는 건축가 양성이 목표인 곳도 있었다. 일본인은 자의식 있는 건축가를 양성하되 조선인은 단순한 건설 기술자로 키우려 했다.

또 하나, 일본은 서구 건축을 수용하여 집을 짓고 도시를 건설하다가 관동대지진을 겪었다. 그 사건은 서구식 건축을 그대로 수용하는 일의 한계와 변용의 필요성을 인식하게 했다. 그들은 구조적 안전성을 강조하는 교육체제 또는 디자인과 공학이 공존하는 독특한 일본식 교육체제를 개발했다. 그 체제는 지진과 무관한 한반도에 그대로 이식되었다. 그것이 현재까지 한국의 건축학과가 공학과라는 이름을 달고 공대에 있는 큰 이유다.

이런 교육을 받은 일제시기 최초의 한국인 건축가에 우리는 주목해야 한다. 박길룡(1898~1943)은 경성공전을 졸업한 최초의 한인이다. 그는 사무실을 열고 일련의 수작을 선보였다. 한국인 자본가 박흥식이 건축주인 화신백화점은 그의 대표작으로 꼽힌다(최초의 한국인 건축가와 한국

철거되기 전의 옛 조선총독부 건물

인 자본가의 합작품이라는 사실만으로도 화신백화점은 보존했어야 한다). 경성제국대학 본부(현 문예진흥원)도 박길룡의 작품이다. 경성고공 건축과 출신의 시인 이상(김해경)은 건축 현장에 근무하기도 했고, 자신이 설계한 카페를 운영하기도 했다. 그의 모던한 시는 그가 받은 근대식 건축 교육과 깊은 연관이 있다. 시각성이 돋보이고 기하학이 동원되는 그의 시는 종이 위에 펼쳐진 가상의 집짓기라고 할 수 있다.

이렇게 전래의 집짓기 법칙 대신 서구식 축조법과 건축 언어로 근대식 건축이 시작되었지만, 그것이 오늘날 우리가 말하는 모던 건축은 아니었다. 개화, 외세, 서양, 권위를 상징하는 그 양풍 건축은 고전적 양식을 응용한 복고적인 것이었다. 건축에서의 모더니즘, 그러니까 진정한 의미의 근대건축은 19세기 말에서 20세기 초 유럽에서 진행된 건축의 문화혁명에서 비롯한다. 일제가 그것을 수입한 것이 1920년대 중후반이고, 1930년대에는 한반도에도 철근 콘크리트조의 모던한 건축물들이 다수 선보였다. 그리고 20세기 내내 우리 건축문화는 이 모더니즘 건축의 지배를 받았다.

여기서 짚고 넘어가야 할 것은 우리의 모던 건축 수용이 근대주의에 대한 진정한 이해나 내면화에 따른 것이 아닌, 근대화 과정의 일환이었다는 사실이다. 즉 역사적 필연성, 사회적 도시적 필요에 따른 수용이 아니라 선진문화를 받아들여야 한다는 강박관념에서 기인한 결과다. 이에 따라 우선적으로 수입한 것이 그 모던한 형태와 그를 위한 기술과 공법이다.

사실 당시 사람들에게 모던 건축의 바탕에 깔린 사고와 이념, 그 사회·문화적 배경은 매우 낯설다. 서구의 모던 건축이 성숙한 자본주의와 기술, 도시를 온상으로 태어났다면, 우리의 모던 건축은 전혀 다른 맥락에서 근대를 성취하고 근대적인 삶의 세계를 구축하려는 의도에서 시작했다. 이러한 전도는 건축에서 근대성의 내용을 이념과 가치로서보다 건설의 합리화와 개발을 통한 발전이란 측면에서 추구한 큰 이유다. 한마디로 건축의 문화적 측면에 대한 이해가 대폭 축소된 채 수용되었다는 뜻이다.

서구에서 모던 건축이 자리잡기까지

유럽 중심부에서 아주 짧은 기간에 태동해 두 번의 세계대전 후 전 세계로 퍼져나간 모던 건축 혹은 건축의 모더니즘은 20세기 지구촌의 도시와 건축을 구성한 원리 및 방법 그리고 실천을 가리킨다. 그것은 모더니스트라 불리는 건축가들이 주도한 문화운동으로, 오래되고 낡아빠진 건축의 관행과 어법을 부정하고 시대에 적합한 '새로운' 건축을 지향했다.

모던 건축의 생성에는 근대사회의 도래와 더불어 등장한 거대한 변화와 문제들이 도사리고 있었다. 시민혁명, 과학혁명, 산업혁명이 가져온 근대 산업 자본주의의 세계는 과거와는 전혀 달랐다. 도시화와 환경문제, 노동계급의 발생과 주택난, 기계에 의한 사물의 대량생산과 분업화, 교통과 통신이 불러온 시공간 감각의 변화, 시민 대중사회의 성장. 그것은 새로운 삶의 체험이고 문화적 가능성이었는가 하면, 한편으로는 엄청난 역기능과 사회적 모순들을 드러내는 것이기도 했다.

이전까지 서구를 지배해온 고전적인 건축의 전통으로는 이러한 변화를 감당할 수 없다는 것이 점차 분명해졌다. 건축의 내부에도 심각한 문화적 위기가 야기됐다. 동시대의 건축이 근대적 생산방식과 기술, 재료를 수용하여 환경과 사회문제에 적절히 대처하고 근대에 합당한 표현 형식을 갖추어야 한다는 요구가 제기되었다. 즉 건축을 통해 삶의 공간을 재편성하고, 근대인의 생활방식을 주조하며, 새로운 문화적 가치와 이념을 드러낼 필요성이 대두했다. 이에 많은 모더니스트 건축가들이 등장하여 다양한 시도와 실험, 실천에 전념했다. 르 코르뷔제, 미스 반 데어 로에, 그로피우스, 프랭크 로이드 라이트 등이 그중 두드러진 인물들이다. 독일에 세워진 디자인 학교 바우하우스는 혁신적인 방식으로 건축가를 양성했고 근대 디자인 교육체제의 모태이다.

근대 모던 건축은 대개 건축의 합리적 생산방식인 콘크리트, 철, 유리 등 신재료의 구사와 그것의 진술한 사용, 장식을 배제한 단순하고 추상적인 형태, 기계 미학, 역동적이고 투명한 공간, 건축가의 사회적 책임 등과 같은 내용들로 규정된다. 복잡하고 다양한 양상을 띤 모던 건축은 1930년에 이르면 보편적이고 동일한 성격을 띠면서 한 방향으로 수렴되는데, 이를 국제양식International Style이라고 부른다. 그것은 인근 유럽과 남미, 일본 등 여타 지역으로 전파되었다.

세계대전은 모던 건축에 커다란 시련을 주었다. 특히 나치는 모더니즘을 탄압하여 많은 모더니스트들이 미국으로 망명하는 계기가 되었다. 하지만 자본주의의 나라 미국에서는 국제양식이 꽃피고 미국의 부와 힘을 앞세워 전 세계로 퍼져나갔다. 제2차 세계대전 후 폐허의 복구와 재건은 근대건축, 그것도 합리주의와 기능주의를 내세우는 국제양식을 기초로 진행되었다. 비서구의 개발과 도시 건설도 마찬가지였다. 유럽 본토에서와 달리 여타 지역에서 근대건축은 양식과 방법으로 이해되고 수용되는 경향이었다. 해방과 6·25전쟁 후, 국가 건설이 지상과제이던 한국에서도 근대건축은 동일하게 받아들여졌다. 해방 이후 미군정, 그리고 건국에서 오늘에 이르기까지 미국의 건축문화는 한국에 지대한 영향을 끼쳤다. 일차적으로는 건립 방식이었고 이차적으로는 근대화의 표징이었다.

6 · 25전쟁, 상자곽, 콘크리트

해방 공간의 혼돈과 곧이어 일어난 분단은 '한반도의 남북조시대'를 불러왔다. 근대건축 또한 근본적으로 동일함에도 남북한에서 전혀 다른 방식으로 작동하고 상이한 가치를 드러냈다. 남한에서 근대건축은 자본주의적 도시와 생활을 만들어가는 유력한 수단이었다. 재화이자 부동산이고 상품이었다. 한편 북한에서 근대건축은 인민에게 평등한 삶을 제공하는 도구이며 이념을 드러내는 프로파간다였다. 소련의 영향으로 사회주의적 리얼리즘 건축이 북한의 국가적 공공 건축으로 채택되었는데, 전체주의적 색채가 강한 고전적인 것이었다. 인민의 건축이 왕정시대의 억압적 형식을 취했다는 사실이 흥미롭다. 훗날 주체 건축을 한다면서 북한은 전통건축을 공공의 표현양식으로 채용하기도 했다.

광복과 건국 그리고 6 · 25전쟁으로 말미암은 처참한 파괴 후, 폐허에서 시작된 한국 근대건축은 취약한 물적 토대와 저급한 건설 기술, 빈약한 재료, 빈곤한 실무 경험으로 어려움을 겪어야 했다. 전쟁으로 초토화된 국토의 재건과 생존을 위해 최소한의 삶터를 마련하는 데 모든 노력이 경주되었다. 피란민 등으로 갑자기 불어난 도시 인구를 수용할 주거공간이 절대 부족했고 달동네 또는 산동네라 불리는 불량 주거지도 이때 생겨났다. 일제 때 한국과 일본에서 교육받은 소수의 한국인 건축가가 실무와 교육을 담당했고, 건축가와 건설 기술인을 양성했다. 전반적으로 이 시기에 볼 만한 건축물의 생산은 극히 한정적이었다.

근본적으로 모던 건축의 전제는 공업화였다. 콘크리트, 철, 유리 같은 근대적인 신재료를 사용해 표준화, 규격화, 조립화라는 합리적 방법을 통해 대량생산을 꾀하고 보편적이며 단순 명료한 미학적 표현을 추구했다. 그렇다고 재료와 공법이 한정되고 물적 생산기반이 없던 당시 한국의 여건에서 그것이 꼭 적합한 선택이었다고 볼 수는 없다.

한편 건축가들은 외관으로나마 세계적 추세인 국제양식을 따르려 했다. 그 건립은 수공업적인 방식이었으되 선진사회의 건축문화를 이상으로 추구했다. 그러나 그 내부에 담긴 사고와 미학에 대한 깊은 이해는 결여해 있었다. 어쨌든 단순하고 추상적인 상자 형태와 격자형 벽면은 당시 한국의 경제 사정에서 나름의 타당성을 지닌 측면이 있었고, 조형의 가능성을 부여하기도 했다.

우남회관(시민회관), 신신백화점, 명보극장, 국제극장, YMCA, USOM 청사(현 미대사관), 서울농대, 성모병원, 혜화동 성당, 장충체육관 같은 건물들이 이 시기에 설계되거나 지어진 대표적 건축물들이다. 거의가 전쟁 피해가 다소 복구된 1957년 이후 건립되었으며, 대개 콘크리트 구조였으나 철과 유리를 이용해 조잡하나마 커튼 월(단순히 칸막이 구실만 할 뿐 하중을 지지하지 않는 바깥벽)을 시도하기도 했다. 당시 김태식, 이천승, 정인국, 김희춘, 이희태, 강명구, 배기형 같은 건축가들이 일선에서 활약했다. 1957년, 건축가들은 한국건축가협회를 설립했는데, 이는 자신들의 정체성을 자의식 있는 작가로 인식했다는 점에서 중요한 사건이다. 또 하나, 아파트라는 새로운 주거형식이 처음 선보인 시기도 1950년대다. 저층의 공동 주거 건물이 1950년대 후반 서울에 실험적으로 지어지는데 이것이 한국 아파트 역사의 시발이다.

와우아파트에서 새마을운동까지

1961년 5·16 군사 쿠데타로 집권한 박정희 정권의 출범은 한국 근대 건축사에서도 의미심장한 사건이다. '조국 근대화'라는 구호로 대표되는 이 시기의 거대한 변화가 한국을 경제적 근대 또는 현대로 이끌었다고 보이기 때문이다. 한국 건축의 변모와 발전이 그 바탕에서 이루어졌음을 부인하기는 힘들다. 제3·4공화국은 경제성장을 지상의 목표로 삼고 정부

주도의 계획경제, 수출주도형 경제를 강력히 추진했다. 5차에 걸친 경제개발 5개년 계획은 '한강의 기적'이라 불리는 고도성장을 가져왔다. 이 시기에 산업화와 도시화가 급속히 진행되고 상공업이 비약적으로 발달했으나 근대화의 모순들도 점차 그 모습을 드러내기 시작했다. 1965년 한일협정과 월남 파병, 1973년의 에너지 파동은 사회적·경제적으로 역사적인 변곡점이었다.

경부고속도로 건설(1970)은 전국을 일일 생활권으로 축소하면서 개발에 따른 국토 공간의 대변혁을 예시했다. 인구 급증에 따라 대도시들은 기형적으로 팽창했으며 심각한 도시문제가 발생했다. 울산 같은 공업도시가 생긴 것도 이때다. 대도시의 주택난은 집합 주거 형태인 아파트의 건설을 촉진했고 와우아파트 붕괴와 광주대단지 폭동 같은 사건을 유발하기도 했다. 농촌의 새마을운동은 수천 년 동안 내려온 주거와 마을의 풍경을 순식간에 바꾸어버렸다. 대형 공공사업이 벌어져 워커힐 건설, 여의도 개발, 한국과학기술연구원KIST 건립, 한국종합무역박람회 개최 같은 프로젝트들이 진행됐다.

1962년 도시계획법과 건축법의 발효, 1963년 건축사법의 제정은 국가 권력이 법과 제도로 도시 공간과 건축을 규제하고 관리하기 시작했다는 점에서 중요한 의미가 있다. 경제개발의 가시적 성과가 보이는 1960년대 후반쯤이면 건설 물량이 확대되고 볼 만한 건축물들이 도시 가로를 수놓았다.

그러므로 박정희 시대라 일컬어지는 1960~1970년대는 한국인이 왜곡된 형태로나마 근대성을 본격적으로 체험한 시기라 할 수 있다. 경제성장과 사회변화는 도시 문화가 자라날 바탕을 제공했다. 한국 건축은 그 생산과 소비에서 산업 자본주의 사회 특유의 국면으로 진입했다. 무엇보다 건축의 합리성과 효율성을 위한 기술적 발전이 요청되었다. 근대적 감수성과 미의식, 문화적 정체성과 한국성의 추구, 작가의식과 개성의 표출 같은 근대성의 발현도 이 시기에 발견된다.

두 거장, 김중업과 김수근

당시 걸출한 건축가 두 사람이 등장해 활약을 펼치는데, 바로 김중업
(1922~1988)과 김수근(1931~1986)이다. 김중업은 세계적인 거장 코르
뷔제 밑에서 건축 수업을 받고 1956년 귀국해 사무실을 연다. 그는 낭만
적 이상주의자의 모습을 보이면서 작가로서 드물게 강한 자의식을 표출
한다. 부산대학교 본관, 서강대학교 본관 등 1950년대 후반에 이미 몇몇
우수한 작품을 선보였지만 그가 본격적으로 활약한 것은 1960년대에 들
어서면서부터다. 이 시기에 주한 프랑스대사관, 주한 이탈리아대사관, 제
주대학교 본관, 삼일빌딩 등 일련의 역작을 선보인다.

그중에서도 1962년 완공된 주한 프랑스대사관은 김중업의 최대 걸작으
로 꼽힐 뿐 아니라 아직까지도 한국 현대건축이 낳은 가장 탁월한 건축물
중 하나로 간주된다. 근대 콘크리트의 조소적 특성을 한국 전통건축과 창
조적으로 결합했다는 것 말고도 경사진 대지의 탁월한 이용, 건물들의 교
묘한 배치, 아름다운 지붕선 등은 이 건물의 미덕으로 꼽힌다. 당시 최고
높이를 자랑한 삼일빌딩은 국제양식에 충실히 따랐으면서도 당시로선 드
물게 세련된 커튼 월의 감각과 우아한 비례미로 한국 오피스 건축사에 남
는 수작이 되었다.

김중업의 주한 프랑스 대사관. 한
국 현대 건축의 가장 탁월한 성과
물 중 하나로 꼽힌다.

김수근은 일본 동경예대에서 공부하고 박춘명 등과 함께 응모한 국회의사당(1960) 현상설계에 일등으로 당선하면서 귀국한다. 그후 자신의 설계사무소인 공간사를 개설하고 잡지『공간』을 창간하는 등 의욕적인 활동을 펼쳤다. 5·16쿠데타로 국회의사당 설계는 무산됐지만 그는 당시 군사정부와 손잡고 워커힐 개발에 참여했으며 자유센터(1953) 설계도 맡았다. 워커힐 힐탑 바, 타워호텔, 오양빌딩, 한국과학기술연구원 본관, 문화방송국, 한국일보사 등 1960년대의 작업들은 철근 콘크리트의 조소적 가능성을 탐색하는 것으로 동시대의 세계 사조 및 일본 현대건축의 영향을 엿볼 수 있다.

1970년대 후반에 지어진 서울대 예술관, 동숭동 문예회관, 마산 성당, 경동교회 등에서 그는 작가적 변신을 보인다. 대개 벽돌을 사용하면서 한국적 조형미와 공간감을 추구한 것이다. '공간' 사옥(1977)은 그의 작품 중 백미로 꼽히며 인간적인 스케일에 미로처럼 변화무쌍한 공간으로 주목받았다.

한국 근대 건축의 두 거장이라 할 김중업과 김수근의 작업이 소중한 것은 작품의 수월성뿐 아니라 근대의 보편적 건축 언어를 사용하면서도 한국적인 표현을 추구했다는 점에 있다. 모더니즘 안에서 지역성을 탐색하려는 경향은 근대건축이 성숙하면서 국제적으로 일반화되었는데 한국도

나란히 붙어 서있는 김수근의 '공간' 구사옥(왼쪽)과 제자 장세양의 신사옥

그 영향을 받았다 할 수 있다.

당시 한국 근대건축은 국제양식의 보편성에 충실하려는 경향과 지역성을 모색하는 경향이 공존하는 양상을 보인다. 이희태의 복자기념성당(1967)과 국립극장(1973), 정인국의 수운회관(1970), 엄덕문의 세종문화회관(1978) 등에서 우리는 지역성을 표출하려는 작가적 의지를 읽을 수 있다. 부산 구덕체육관(이광노), 어린이회관(이광노), 대한교육연합회관(이광노), 유네스코회관(김정수), 조흥은행 본점(이천승 등), 한전 별관(강명구·정인국), 군종회관(김석재) 등도 1960년대의 주요 작품이다.

1970년대, 재벌 사옥과 대형 호텔

김수근의 부여박물관을 둘러싼 왜색 시비나 강봉진이 당선된 국립박물관 설계 경기(1966)에서 관에 의한 전통양식의 강요에 대한 반발은 당시 한국 건축이 근대와 전통, 국제와 지역 사이에서 갈등하며, 비서구가 근대화 과정에 필연적으로 봉착하기 마련인 정체성 문제에 부딪혔음을 의미한다. 다만 그것이 성숙한 실천적 성과로 열매 맺지 못했음은 유감이 아닐 수 없다. 박정희 시대 후반으로 갈수록 관변 건축이 국수주의적 성격을 띠어갔다는 사실도 고려해야 할 것이다. 우리의 전통에 대한 고민은 자발성과 타율이 교차했다.

1970대에 들어서 유류파동 같은 시련을 겪지만 한국경제는 10%대의 경이적인 성장률을 경험하며 도약단계에 진입한다. 이 시기 건설이 국부에 차지하는 비율이나 중동 건설붐이 경제성장에 기여한 정도를 고려할 때, 개발시대의 절정이라 부를 만하다. 이러한 변화가 건축에 반영되었음은 물론이다. 노출 콘크리트에서 벗어나 조립식 패널과 커튼 월이 일반적이 되고 자재와 건설의 규격화, 표준화, 공장 생산이 본격화되었다. 건물의 규모가 대형화하고 삼성의 동방빌딩이나 대우그룹의 대우빌딩 같은 재벌들의 사옥이 건립되었다. 일본 자본과 일본 건축가들의 참여로 플라자호텔, 신라호텔, 하야트호텔, 롯데호텔이 들어선 것도 이때다.

해외 유학파와 실무자들이 귀국하여 국내 건축술을 한 단계 높이는가 하면 대형 사업 발주와 물량 확대는 '정림' '원도시' '종합' '공간' 같은 대형 설계조직들이 활동할 수 있는 여건을 제공해주었다. 근대건축에서 또 한 사람의 거장인 미스 반 데어 로에의 제자인 김종성이 귀국해 동성빌딩, 효

김수근의 마산 양덕 성당

성빌딩, 힐튼호텔 등의 설계에 참여하며 한국 오피스 디자인 수준을 한 단계 높였음도 기록할 필요가 있다. 1970년대 세워진 건물 중 공주박물관(이희태), 서울의대병원(이광노), 한국방송공사(박춘명), 연세대학교 도서관(김정수), 연세대학교 루스채플(김석재), 서울대학교 도서관(이승우), 서울가든호텔(황일인), 제주민속박물관(김홍식), 출판문화회관(홍순인) 등이 주목할 만하다.

1980년대는 박정희 시대에서 1990년대 개방 시대로 가는 이행기 혹은 과도기로 볼 수 있다. 군사 독재의 닫힌 사회와 경제 규모의 팽창, 민주화의 욕구 사이에서 일어난 파열음으로 점철된 시기였다. 재벌 기업의 확장과 무역수지 흑자는 부동산 투기와 건설 붐을 일으켰다. 주택 가격 상승과 주택난은 계속되는 신시가지와 신도시 건설이라는 대증 요법을 동원해야만 했다. 1980년대는 재벌 기업의 사세를 과시하는 대형 고층 사무소 건립이 두드러졌으며 이때 지어진 63빌딩(박춘명)은 아직도 한국 최고의 오피스 건물로 남아 있다. 서울에서 강남의 시대가 열린 것도 1980년대

다. 강남의 아파트촌은 도시 중산층의 출현과 대중 소비집단의 등장을 알리는 신호탄이었다. 올림픽을 위한 스포츠 콤플렉스, 무역센터KOEX, 대형 호텔, 백화점, 레저시설이 건립되는 등 급속한 강남 개발이 진행되었다.

탈근대의 표정, 압구정동 · 동숭동

박정희 시대와 차별화하기 위해 전두환 정권은 문화예술 부흥이라는 슬로건을 들고 나왔다. 그래서 지어진 것이 예술의 전당, 국립국악당, 현대미술관, 독립기념관 같은 시설이다. 그것들은 문화공간에 적합한 자유로움 대신 여전히 국가 권력에 봉사하는 상징 조직이라는 한계가 있었다. 제5공화국 정부는 86아시안 게임과 88올림픽을 유치했고, 국제 행사에 걸맞는 도시 미관을 조성하기 위해 간선도로 정비, 도심 재개발 등을 추진했다. 용적률 완화와 고도 제한을 해제하여 도시의 고밀 고층화가 이루어졌다. 결과적으로 오늘 서울 도심과 강남의 스카이라인, 가로의 대강이 형성되었다. 국가 행사가 도시 발전을 위한 계기로 작용하기보다 국가 이벤트를 위해 도시의 모든 것을 맞춰나가는 방식은 아직도 그 후유증을 남기고 있다.

1980년대 한국 건축계는 포스트모더니즘 논의로 한참 시끄러웠다. 잘 알려졌다시피 구미에서 탈근대 담론은 건축에서 제일 먼저 시작되었다. 대표적 비평가인 찰스 젱크스Charles Jencks는 모더니즘 건축의 실패를 지적하고 그 대안으로 포스트모더니즘을 제안했다. 근대 건축의 시행이 낳은 현대 도시와 공간의 획일성, 비인간화를 비판하고, 인간을 위한 풍요로운 환경을 위해 건축에서 다양성과 전통을 용인해야 한다는 그의 주장은 큰 파장을 불러일으켰다. 그러나 그의 탈근대 건축론은 건축에 대한 문화적 · 역사적 통찰이 결여한 형태 위주의 논의였다는 점에서 한계를 노출하기도 했다.

한국 건축계가 1980년대에 서구의 탈근대 담론을 답습한 것은 우리 건

조성룡의 아시안게임 선수촌. 요즘의 고층, 고밀도 아파트와는 다른 여유와 배치의 변화가 느껴진다.

축문화의 식민성을 여지없이 드러낸 사태였다. 서구인들이 비판하는 근대가 낳은 역기능을 삶 속에서 절실하게 느낄 상황이 아니었기 때문이다. 오히려 당시까지 최소한의 근대적 합리성조차 성취하지 못한 상태였다고 보아야 합당할 것이다. 우리의 도시 문제는 근대성 자체가 안고 있는 본질적 한계와 관련된 것이기보다 근대화의 부작용에서 비롯했다. 그래서 포스트모더니즘 건축은 우리의 현실 맥락과 무관하게 선진문화의 사조라는 이유로 수입된 혐의가 짙다. 그래서 당연한 결과로, 거의 전적으로 양식적 관점에서 이해되고—단조롭고 무표정한 상자곽 건축에서 탈피하자는 운동 정도로—일종의 유행이자 취향으로 받아들여졌다.

여하튼 포스트모더니즘 건축은 1980년대 한국 현대 건축에 주요한 계기로 작용했다. 그것은 1980년대에 대대적으로 성장하기 시작한 상업 건축의 요구와 잘 맞아떨어졌다. 압구정동이나 동숭동 같은 가로변에는 시각적 충격 효과를 유발하는 포스트모던 건축물들이 마구 들어섰다. 모던 건축의 엄격함에 비해 포스트모던 건축은 역사적인 모티프를 자유롭고 유희적인 방식으로 인용했고 신기성, 다양성, 장식성이 특징이었다. 근대가 중점적 가치를 둔 공간과 기능, 구조 대신 외관을 중시하기에 중소형 상업 건물 건축에 특히 유용했다. 그 밖에도 다양한 시설들이 탈근대의 표정과 제스처로 독자성을 추구했다. 한국의 포스트모던 건축은 곧 몇 가지 수법으로 정형화한 모습을 띠며 일종의 포장술로 전락한 감이 없지 않다.

포스트모더니즘은 민간 상업 부문에서만 맹위를 떨친 게 아니다. 1982년 독립기념관의 현상 설계에서 거대한 한옥 지붕을 얹은 김기웅의 것이 당선안으로 선정됐다. 역사적 상징의 인용이라는 포스트모더니즘의 전략을 채택한 그의 수법은 근대에선 금기시되던 수법이다. 이후 전주시청사(김기웅), 국립국악당(김원) 등 공공 건축에서도 내부 기능과 분리된 외피로 전통의 복식을 입히는 데 주저함이 없었다. 그것은 1960년대 전통 논쟁과는 다른 양상을 띠었고 민족주의와 외래 이론의 결합이라는 이상한 조합이었다. 심지어 예술의 전당 설계에서도 갓과 부채라는 민속적 소품이 그 형식적 정당화를 위해 거론되었다.

오히려 1980년대에 주목할 사실은 건축 기술의 축적과 대형 고층 건축물의 건립 붐, 해외 건축가들의 국내 진출이다. 이 시기의 대형 건축들은 포스트모던하기보다 오히려 후기 모던적Late modern인 성격을 보였다. 구조적 합리성 위에 기술적 진보와 세련된 외관을 추구하는 이 수법은 대규모의 공간에 적합하였으며 그 온건함과 보수성으로 말미암아 자본이나 권력이 수긍할 만한 조형이었다. 철골과 대형 판유리, 조립식 패널 등 공업화된 재료 사용이 일상화했고 다양한 조형적 시도는 1990년대의 오피스 르네상스를 예고했다.

88올림픽과 예술의 전당

해외, 특히 미국 저명 건축가의 대형 프로젝트가 두드러진 것도 이 시기의 특징이다. 시자 펠리가 광화문의 교보빌딩을, SOM이 럭키 트윈타워를, CRS가 구 국제그룹 사옥을 지었고, 웰튼 베켓 사가 삼성그룹 본관 및 중앙일보사를 지었다. 일본의 니켄 세케이는 국내 유수 건축사와 합작으로 무역센터를 세웠다. 1980년대는 또한 은행 본점들의 건축 붐이 인 시기이기도 해서, 외환은행 본점(정림건축), 한일은행 본점(원도시건축), 제일은행 본점(원도시건축), 중소기업은행 본점(김중업), 수출입은행 본점(정림건축), 한국은행 본점(원정수·지순) 등이 국내 유수 건축가 집단에 의해 건실한 조형으로 지어졌다.

어찌 보면 1980년대 건축문화는 88올림픽과 86아시안 게임을 대비하고 수렴하는 성격이었다 해도 과언이 아니다. 우선 종합경기장과 체조경기장(김수근), 역도경기장(김종성)을 위시한 체육시설들이 잠실에 지어졌다. 국가 행사를 대비해 고층 건축물 건설이 장려됐고 많은 대형 호텔이 지어졌다. 힐튼호텔(김종성), 스위스그랜드호텔(WBTL+서울건축), 라마다르네상스호텔(공간), 인터컨티넨탈호텔(김병현)이 건립됐으며, 서울투자금융(이상수+선진엔지니어링), 두산빌딩(우일건축), 안국화재빌딩(정림건축), 무역센터 사무동(니켄 세케이) 등 주목할 만한 고층 오피스가 세워졌다. 아시아선수촌 아파트(조성룡)와 올림픽선수촌 아파트(우규승)는 그 배치와 공간에서 참신한 아파트 주거 형식을 제시한 점에 의의가 있으나 이윤추구 위주의 한국 아파트 건축에서 예외적인 현상으로 남았다. 집합주거 분야는 한국 현대건축에서 가장 소외되고 후진적인 부문이다.

과천미술관은 재미 건축가 김태수의 작품으로 부지가 과천으로 무리하게 선정되었으나 전통 성곽의 모티프를 이용하여 자연 경관 속에 건물을 앉히고 내부 전시공간을 교묘하게 배치한 우수한 작품이라 하겠다. 서초동에 있는 예술의 전당 역시 건립 당시에는 위치가 문제되었으나 수도권의 팽창으로 현재 별 무리 없이 사용된다. 한 장소에 각종 시설을 집중한다는 발상은 결코 문화적이라고 할 수 없다. 원안의 큰 변경으로 설계 의도가 훼손된 점은 있으나 콘서트홀이나 오페라하우스는 한국에서 본격적인 전용 문화공간으로 의의를 찾을 수 있을 것이다.

그 밖에 육사도서관(김종성), 정릉수녀원 성당(김영섭), 한강 성당(김

김원의 갤러리 빙. 뒤편에 자리잡은 하이아트 호텔을 의식해 설계한 까닭에 작은 규모임에도 그 존재감이 당당히 드러난다.

원), 갤러리 빙(김원), 두손갤러리(김석철), 단국대학교 퇴계기념도서관(김정식), IBC(김중업), 계성원(김태수), 충북대학교 인문관(홍순인) 등도 흥미로운 작품이다.

1988년 올림픽을 개최하고 1989년 사회주의 정권의 몰락을 경험하면서 한국 사회는 서서히 후기 근대적 상황으로 진입한다. 문민시대를 거쳐 국민의 정부로 정권이 교체되면서 미흡하나마 개방사회로 이행하는 등 다원적 가치를 용인하는 분위기가 조성되었다. 더불어 후기 자본주의적 모습을 띠면서 대중 소비사회로 진입이 가속화했다. 세계화, 정보화, 영상화의 거센 바람은 산업사회에서 지식정보사회로 이행하는 데 큰 역할을 했다. 이런 변화는 1990년대 이래 문화의 시대, 욕망의 시대, 대중의 시대를 도래하게 했다. 1997년 IMF 관리체제나 2002월드컵의 붉은악마 현상은 이런 시대 상황과 고스란히 맞닿아 있다.

건축이 계급을 구별짓는 시대

시장이 막강한 권력으로 등장했고 일상, 여가, 향유가 주요 화두가 됐다. 상업주의와 소비문화가 삶 깊숙이 침투하면서 생활환경은 이미지와 매체, 기호들로 가득 찼다. 서울이나 부산 같은 대도시의 장소적 안정성은 희박해지고 그 대신 이질성과 혼돈이 주 특성이다. 종잡을 수 없는 도시에서 유목이 정주를 대체하며 삶의 새 양식으로 자리매김하고 있다. 자가용의 보편화, PC 보급과 인터넷 상용화, 이동통신의 일상화, 신용카드의 소지 같은 신변 변화부터 케이블 TV, 위성방송, 디지털방송, DVD 등 신종 매체의 등장과 커뮤니케이션 환경의 변화, 거대 할인매장, 대형 쇼핑몰, 복합영상관, 고층 고밀도 아파트, 주상복합, 원룸하우스, PC방, 스타벅스 같은 프랜차이즈 업소들의 출현까지. 도시 공간의 변모를 열거해보면 지난 십여 년간 우리 사회가 얼마나 격심한 변화를 겪었는지 실감할 수 있다.

이런 변화 속에서 한국 현대건축이 보여주는 풍경은 겉보기엔 제법 화려하다. 전 시대와 비교가 되지 않을 만큼 건축 물량이 증가했고 수준 높은 작품들이 쏟아져 나왔으며 건설 기술상으로도 크게 발전했다. 하지만 그 사이 건축의 사회적 역할과 위상에 심각한 변화가 있었음을 주목해야 한다.

가장 중요한 지점은, 건축이 문화로 인식되고 이미지로 소비되기 시작했다는 사실이다. 건축물을 심미적 대상으로 보고 공간을 욕망하고 향유하는 일이 보편적 현상이 되었다. OECD 가입과 국민소득이 1만 달러를 훌쩍 넘어선 시대의 필연적 현상으로 볼 수도 있겠지만, 오히려 건축이 후기 산업사회의 문화산업으로 포획되었다는 게 옳을 것이다. 이는 실내건축이라 불리는 인테리어 디자인에서 더욱 적나라하게 나타난다. 건축이 일종의 패션 같은 것이 되고 있다.

이제 건축은 대중과 소원한 영역이 아니다. TV의 러브하우스 같은 프로그램은 건축계에서 생소한 인사를 스타 건축가로 탄생시켰다. 영화나 TV 연속극, 혹은 광고에서도 건축가는 빈번히 등장한다. 건축가는 갑자기 문화 엘리트가 되었고, 삶의 공간을 풍요롭고 윤택하게 장식하는 전문가로 간주된다. 이제 건축 공간은 더이상 공동체의 삶의 양식을 제안하고 꼴 짓는 인프라가 아니다. 대신 그것은 이미지이자 소통의 대상인 정보이며, 거래되고 소비되는 기호이자 계급을 구별짓고 신분을 표시하는 수단이다. 이제는 건축물의 사물적 측면이 아니라 그것의 상품 미학적 측면이 중요하다. 그래서 오늘의 건축은 점점 가벼워지고 표층적이 된다. 청담동 명품거리에서도, 한국의 맨해튼이라는 테헤란로에서도 쉽게 읽을 수 있는 현상이다.

이런 변화는 건축가들에게 당혹스럽기도 하고 때로 새로운 도전으로 비치기도 한다. 후기 자본주의 사회는 건축가에게 

라파엘 비뇰리의 종로타워. 해외 건축가의 국내 작업은 더이상 드문 일이 아니다.

대담한 디자인상의 실험을 허용하고 작가적 역량을 펼칠 기회를 부여하기 때문이다. 오늘 우리는 도시 곳곳에서 신기하고 특이한 건물들이 경쟁하듯 솟아오르는 장면을 목격한다. 그러나 그렇다고 해서 오래 전 건축 본래의 진정성에 대한 고민에서 자유로울 수는 없다. 분명한 점은 근대 이래 암묵적으로 받아들인 가치들이 점점 낡은 것이 되어간다는 사실이다. 이 시대 가장 첨단을 걷는 건축들이 대개 상업 건축이라는 사실은 우연이 아니다. 거기에 편승하든 저항하든 건축가는 집을 지어야 한다.

또 하나, 이 시대 건축에서 일어난 큰 변화는 전산화와 영상문화의 영향이다. 그것은 디자인의 생산방식을 송두리째 바꿔놓았다. 전산과 정보기술은 전에 없이 새로운 형태와 공간을 산출하고 있다. 디지털 문화의 여파는 건축에도 새로운 지평을 열고 있다. 그것이 가져다줄 '용감한 신세계'가 우리 도시와 생활공간을 어떻게 바꾸어놓을지는 아무도 모른다.

이렇게 지난 10여 년간 한국 현대건축에 일어난 변화는, 과거 30~40년 간 일어난 변화에 못지않다. 건축가가 인기 직종으로 전에 없는 호황을 구가했는가 하면, 외환위기 이후에는 불경기와 구조조정으로 몸살을 앓기도 했다. 삼풍백화점 붕괴 등의 사고는 우리 건축의 근대성을 반성하고 성찰하는 기회였다. 월드컵, 부산아시안게임, 대전엑스포, 아셈 총회 등 대규모 국가 이벤트에 건축이 동원됐고 그 소기의 역할을 감당했다. 인천 신공항 건설, 경부고속철도 역사 건설, 국립박물관 건립 등 국책사업에 따른 거대 건조물의 건립은 새로운 기회와 경험을 제공해주고 있다. 최근 대도시에 세워지는 초고층 건물, 대형 복합건물, 컨벤션센터, 문화공간들은 그 양과 질, 기술에서 이제 웬만한 건축물은 별 어려움 없이 완성할 만큼 국내 건축계의 역량이 축적되었음을 입증한다. 일부 건축물들은 어디 내놔도 부끄럽지 않은 수준이다. 그러나 아직 세계적 수준과는 엄연한 차이가 있다는 사실 역시 인정해야 할 일이다.

국가 주도 설계 경기는 '차이의 게임'

1990년 이후 한국 현대 건축에서 두드러진 현상의 하나는 주도적 이념이나 사조의 부재 가운데 다원적 가치와 개성의 발현을 추구한다는 점이다. 굳이 규정하자면 모던으로 회귀한다고나 할까. 이는 성찰적 탐색으로 나타나는가 하면, 후기 자본주의에 대한 순응으로 나타나기도 한다. 서구의 해체주의 건축은 주로 담론으로 거론될 뿐 일부를 제외하곤 실제 큰 영향을 발휘하지 못했다. 그렇다고 우리가 해외 조류에 초연하다는 뜻은 아니다. 오히려 그 반대라 해야 할 것이다. 정보와 지식, 인력의 왕래가 그만큼 빈번해졌기 때문이다.

현재 공공시설과 상당수의 민간 프로젝트들이 설계 경기를 통해 작품과 건축가를 선발한다. 아마 한국처럼 설계 경기가 많은 나라도 드물 것이다. 공정한 시합을 통해 최선의 작품을 선발한다는 취지다. 그러나 그것이 정말 가장 나은 작품을 선택하는 방편인지, 실험적 시도들을 수용해 이 땅의 건축문화 발전에 기여하는지에는 회의적이다. 가장 중요한 국가적 시설들은 대개 무난하고 보수적이며 회화적인 디자인을 선발하니 말이다. 어느새 설계 경기는 '차이의 게임'이 되고 있다.

1990년대 건축문화와 관련해 가장 주목할 일은 건축가의 저변이 넓어졌다는 것이다. 3세대, 4세대에 해당하는 중견과 신인의 등장과 활약이 두드러진다. 이는 1960, 1970년대의 두 거장, 1980년대 소수의 대표적 건축가가 주도하던 상황과는 판이하다. 물론 4.3그룹 출신과 같은 이 시대의 대표적인 건축가 그룹이 없지 않지만 이전보다 훨씬 다양한 출신과 성향의 건축가들이 저마다의 세계를 펼쳐 보이고 있다. 그들 중에는 한국에서 공부하고 경력을 쌓은 국내파가 있는가 하면, 해외 유학과 실무를 경험한 해외파도 상당수 있다. 이들은 1980년대와는 전혀 다른 새로운 사고 방식과 감성을 드러낸다. 신세대 건축가의 대거 출현은 유학 붐 그리고 1990년대 프로젝트의 급증과 맞물려 있다. 역량 있는 신인 건축가들의 출현은 계속될 전망이다.

또 하나 언급할 것은 해외 건축가들의 빈번한 국내 작업이다. 개방시대에 건축문화의 국제적 교류는 당연한 일로 일부 한국 건축가들도 해외 진출을 모색하고 있다. 세계적인 대가들의 상당수가 한국에서 작업 기회를 가졌다. 그들의 능력이 '브랜드'를 중시하는 자본의 욕구와 맞아떨어진 결과라고 할 수 있다. 1980년대에 이어 김태수, 우규승, 손학식, 이타미 준(유동룡)과 같은 해외 거주 한국인 건축가들도 국내 작품 활동을 계속하고 있고, 유걸, 김병현, 최두남처럼 아예 귀국해 활동하는 건축가도 있다. 대형 건축 사무실들 또한 불경기 속에서도 선전했다.

1999년은 건축문화의 해였다. 그러나 외환위기의 충격 때문인지 문화로서 건축의 위상을 대중에게 각인하는 데는 미흡했다고 생각된다. 2002

년에는 건축가 승효상이 현대미술관의 '올해의 작가'로 선정돼 대대적인 전시회를 열었다. 건축과 문화의 만남이 점차 활발해지는 현상도 고무적이다. 많은 건축가들이 다른 장르 예술가들과 만나 생산적인 대화와 작업을 시도하고 있다.

1990~2004년을 대표할 작품을 고르는 일은 쉽지 않다. 그만큼 훌륭한 작품들이 많이 쏟아져 나왔기 때문이다. 그중 포스코 사옥(간삼), 환기미술관(우규승), 바른손센터(이종호·양남철), 수졸당, 웰콤시티(승효상), '공간' 신사옥(장세양), 제주 월드컵경기장(황일인), 상암경기장(류춘수), 파주 어유지동산(조병수), 밀알학교(유걸), 의재미술관(조성룡·김종규), 선유도 공원(조성룡), 아산 신도리코공장 및 기숙사와 문태고등학교(민현식), 김옥길기념관(김인철), 삼청동주택·삼곡천주교회(김영섭), 포도호텔(이타미 준) 등은 주목에 값하는 작품들이다.

한국 현대건축은 신자유주의, 지구화, 정보화의 험한 파고 속에서 자기 변혁과 갱신의 노력을 계속하고 있다. 이 땅의 건축가들은 건축의 힘을 믿고 희망의 집짓기를 멈추지 않을 것이다.

강혁 hkang@ks.ac.kr
서울대학교 건축과를 졸업하고 같은 대학원에서 석·박사 학위를 받았다. 미국 MIT 객원연구원, 신시내티 대학교 방문교수를 지냈다. 월간 『이상건축』에서 주간으로 일했다.

들리지 않는 소리까지도

청중의 힘이 음악사 바꿨다

18세기 초까지 음악가는 궁정과 공공기관에 배속된 기능인이자 고용인에 지나지 않았다. 19세기, 공공연주회가 활성화하면서 비로소 대중과 함께 숨쉬는 진정한 음악의 역사가 시작되었다.

김용환 한세대 교수·음악학

서양음악에 관심이 있는 사람들은 중세, 르네상스, 바로크, (빈)고전주의, 낭만주의, 20세기 음악 등 각 시대를 지칭하는 용어를 접해보았을 것이다. 이들 용어는 일반 역사(중세·현대), 미술사(르네상스·바로크) 및 문학사(고전주의·낭만주의)에서 차용했으며, 시기적으로는 대략 중세(450~1450), 르네상스(15~16세기), 바로크(17~18세기 초), 고전주의(1780~1803 또는 1810), 낭만파(19세기)를 포함한다. 20세기 음악을 현대음악이라고도 한다.

그러나 이러한 시대용어와 그 시기는 대중적으로 통용되는 것일 뿐이다. 현대 음악학은 기존의 시대 구분 및 용어가 각 시기의 음악적 특징과 시대정신을 적절하게 대변하는지에 많은 문제를 제기하기 때문이다. 그리고 각 시기의 설정 역시 학자들마다 이견을 보인다. 예를 들면 "20세기에 매우 다양한 음악적 경향이 혼재되어 있기 때문에 하나의 대표적 시대용어를 사용할 수 없다면 이것은 19세기에도 적용할 수 있다"고 학자들은 주장한다. 또한 18세기 음악이 '(빈)고전주의'로 집중되는 것 역시 당시의 실제 음악 상황을 무시한 결과라고 학자들은 문제를 제기한다. 또한 미술사에서 차용한 '르네상스'와 '바로크'라는 용어 역시 음악사의 시대용어로 적합지 않다고 하면서 다른 대안을 제시하기도 한다.

물론 이에 대한 전문적이고 상세한 논의는 이 글의 목적과 범위를 넘어서지만, 서양음악에 한결 진지한 관심이 있는 독자들은 현재 통용되는 기존의 시대구분을 고착된 것이라고 단정짓지 않기 바라는 마음에서 언급해보았다.

음악가 먹여 살린 궁정, 교회, 시청

오늘날 우리는 입장권만 구입하면 어느 누구를 막론하고 음악회장을 방문할 수 있다. 이러한 공공연주회는 서양음악사의 어느 시기에 생겼을까? 그리고 그 이전에는 어떤 방식으로 음악을 들었을까?

18세기 중엽 이전의 절대주의 왕정시대에 음악 행위는 일반적으로 세 기관에서 주도했다. 궁중, 교회 그리고 시립악대가 그 기관으로 음악가는 이들 세 기관 중 하나에 소속된 '고용인'이었다. 이중에서 교회에 소속된 음악가는 궁중 또는 시립악대에 이중으로 소속되기도 했다.

궁중에 소속된 음악가의 사회적 지위가 가장 높았으며, 궁중은 당시 음악생활의 구심점을 형성하며 음악문화의 가장 중요한 위치를 차지했다. 하지만 궁중에서 개최하는 연주회는 극히 제한적이고 폐쇄적이었다. 이 연주회에 참가할 수 있는 청중은 사회적으로 그 지위를 인정받은 자 중에서도 선택된 자들이었다. 일반 시민은 아주 예외적일 때만 연주회에 참석할 수 있었다. 궁중에서 개최된 음악회에서 군주나 귀족들은 아마추어 음악가로서 자신의 연주기량을 발휘했다. 청중은 그 음악회에 연주자로서 참석한 자신들이었다.

다른 한편으로 궁중의 대외적 행사를 위한 연주회는 궁중에 소속된 음악가들의 작곡과 연주에 의해 수행되었다. 각 궁중의 통치자는 대부분 관현악단과 가극단을 소유하고 있었으며, 이것을 자신의 위세에 대한 척도로 과시했다. 그들은 자신에 소속된 음악가에게 작곡을 지시하고 프로그램을 구성하게 했다. 고용인으로서 작곡가나 연주가는 궁정 통치자의 주문에 따라 작곡하고 연주해야만 했다. 예술인의 창작에 대한 자유의지는 통용되지 않았다.

교회에 소속된 음악가들 역시 통제를 받았다. 교회를 시청에서 주관했기 때문에 시청의 통제를 받았다. 칸토르Kantor(교회 부속 합창대의 지휘자)는 시 소속 교회의 모든 예배를 위한 음악을 책임지며 정기적으로 칸타타, 수난곡 등을 작곡해야만 했다. 바흐와 텔레만이 그러했다.

사회적 지휘가 가장 낮은 시청 소속 음악가들은 시의 모든 행사에 동원되었다. 예를 들어 시의회가 폐회될 때나 하루 중 일정 시간을 알릴 때 시청이나 성의 탑에서 나팔을 불었으며, 관례적인 축제나 결혼식 또는 장례식 등에서 작곡과 연주를 수행했다.

이렇듯 모든 작곡과 연주 행위를 적어도 18세기 중엽까지는 어느 특정 기관이 좌우했다. 궁정, 교회, 시청은 공공의 음악생활을 담당하는 주체였으며 칸토르, 시의 음악감독 또는 궁중의 악장이 무엇을 작곡하고 무엇을 의무적으로 해야 하는지 정해져 있었다. 전문음악인들에게 이와 같은 직업 영역을 떠나서는 거의 선택의 여지가 없었다. 물론 음악인들과 음악은 이러한 사회구조에서 나름으로 극진한 대우를 받았다.

공공연주회의 활성화가 가져온 것

일반 시민들로서는 교회나 시가 주최하는 행사를 제외하고는 좀더 규모가 큰 음악회를 경험할 기회가 없었다. 그러나 이러한 상황은 18세기 중엽에 이르러 서서히 변화한다. 이런 변화는 18세기에 점차 강화되기 시

19세기를 지나면서 마침내 음악은 '정신적 산물'의 차원으로 고양되었다

작한 시민들(중산층)의 정치적·사회적 지위와 그 축을 같이한다. 중산층 계급의 지위 고양은 경제적·이데올로기적 변화와 이에 따른 사회 전반에 걸친 변화에 바탕을 두고 있다. 문화적 생활을 향유하려는 욕구가 자란 중산층은 감성적 생활과 정서를 폭넓게 누리기 위한 수단으로 음악이 가장 적절하다고 여겼다.

이러한 시민들의 자의식 변화는 17세기에 네덜란드와 영국에서 번지기 시작한 계몽주의 사상의 영향을 받았다. 계몽주의 사상은 그뒤 프랑스로 번졌으며 18세기에 이르러서 독일로 확대되었다. 계몽주의 사상은 문화 영역을 비롯하여 철학, 신학, 교육과 법률 등 모든 부문에 침투하였다. 다른 한편으로 교회와 궁정의 영향력은 점차 축소되기 시작했다.

이러한 사회적 변혁기에 더는 음악이 교회나 궁중이라는 특정 기관의 전유물이 될 수 없었다. 사회적 지위가 향상되고 영향력이 강해진 시민들은 문화적 향수를 위하여 열심히 음악을 연주하였고, 연주회장을 방문했다.

그런 변화는 두 연주단체 덕분에 가능했다. 첫째, 독일어권의 대도시를 중심으로 발전한 '콜레기움 무지쿰 Collegium musicum'이다. '콜레기움 무지쿰'은 처음에는 폐쇄적인 영역에서 개최되었으나 곧바로 일반 시민들에게 문호를 개방하면서 공공연주회로 발전했다. 둘째, 사적인 음악모임이라고 할 수 있는 '음악연주모임Musikkr nze, Musikgesellschaft'을 들 수 있다. 이 그룹 역시 처음에는 특정인들만 대상으로 하였으나, 후에는 '콜레기움 무지쿰'과 마찬가지로 수용 영역이 확대되어 공공연주회로 발전한다. 이 두 연주단체는 수십 년의 변화과정을 거쳐 음악을 사랑하는 일반 시민을 위한 공공연주회로 발전하면서 '근대적인 연주회'의 초기 형태라는 역사적 중요성을 지니게 되었다.

18세기 중반부터 서서히 자리잡은 공공연주회는 19세기에 들어 더욱 활성화된다. 공공연주회에 참석한 청중의 음악적 취향은 매우 다양했다. 청중은 입장권을 구매한 대가로 자신들이 선호하는 음악을 듣고자 했다. 각 연주회를 개최하는 비르투오소 또는 중개업자들은 이러한 청중의 다양한 취향을 고려하지 않을 수 없었다. 그들은 오케스트라 단원, 솔로 주자의 개런티, 연주회장 대관료, 선전비, 세금 등 연주회에 드는 모든 경비를 스스로 부담해야 했기 때문에, 연주회의 흥행 여부가 그들의 최대 관심사일 수밖에 없었다.

연주회를 개최하는 비르투오소는 작품을 탁월하게 연주해야 함은 물론, 짧고 많은 곡들로 변화를 주는 다양한 프로그램을 구성해야만 했다. 이러한 프로그램 구성은 장르별 변화는 물론이고 음향적인 변화도 고려해야 했다. 즉 기악음악과 성악음악을 교대로 선보여야 했다.

물론 18세기 말부터는 일부 연주회 프로그램 구성에서 장르와 양식을 통일하려는 시도가 있었지만 그것은 예외에 해당했다. 당시 대부분의 연주회는 청중의 다양한 취향을 염두에 두고 프로그램을 구성하였다. 이와 같은 조건들을 충족하려다 보니 연주회 프로그램의 양이 현대에선 상상하기 힘들 정도로 방대해지는 일이 태반이었다. 한 예로, 당시 피아니스트 겸 작곡가로 이름을 날리던 페르디난트 리스Ferdinand Ries(1784~1838)는 1837년『신음악잡지』에 기고한 글에서 런던의 한 음악회에서 36곡의 작품이 연주되었다고 보고했다.

올림픽 경기를 방불케 한 19세기 초 연주회

음악회는 통상적으로 1부와 2부로 구분되고, 각 부에서는 교향곡, 협주곡, 아리아, 듀엣, 즉흥연주, 독주곡 등이 반복적으로 연주되었다. 파리나 런던에서 개최되는 연주회에서는 수많은 비르투오소들이 동시에 출연하여 마치 올림픽 경기를 방불케 하는 상황도 연출되었다. 연주회 프로그램이 이처럼 방대하다 보니 연주회 시간도 보통 3~4시간에 이르렀다. 청중은 지금의 연주회에서처럼 처음부터 마지막까지 자리를 지키며 음악을 듣는 것이 아니라, 술 마시고 담배 피우며 담소하다가 자신이 좋아하는 곡이 연주되는 순서가 오면 자리로 돌아가 음악을 감상했다.

프로그램으로 선택되는 작품은 대부분 새롭게 작곡되었다. 청중은 이미 알려진 곡보다 새로운 곡을 선호했다. 새로운 작품이 많을 때는 악보를 인쇄하기도 전에 필사본 상태에서 초연되었다. 당시 청중은 새 작품의 악보가 인쇄될 때까지 기다리지 못했다. 새로운 작품을 맛보려는 욕구는 매우 강렬했다.

그런데 프로그램 구성에서 우리를 더욱 놀라게 하는 것은 그 임의성이다. 즉 청중의 다양한 취향을 고려하여 한 음악회에서 가능한 한 많은 작곡가의 작품을 선보이기 위하여—오늘날의 연주 관행처럼—한 작품의 전 악장을 연주하는 것이 아니라 그중에서 가장 사랑받는 한 악장씩을 연주하거나 또는 각 악장을 임의로 짜맞추어 구성하는 관행이 있었다. 예를 들면 당대의 저명 피아니스트 크라머 J. B. Cramer(1771~1858)는 런던에서 개최한 연주회에서 자신의 다단조 피아노협주곡 1악장과 2악장을 연주한 뒤에 모차르트 작품 중 같은 조성의 피아노협주곡 〈KV 491〉 3악장을 연이어 연주했다. 이런 식으로 프로그램을 임의로 짜맞추는 것은 당시의 연주

관습으로 볼 때 전혀 놀랄 만한 일이 아니었다. 드문 상황도 물론 아니었다. 오히려 그렇게 함으로써 당시 청중의 다양한 욕구를 충족할 수 있다고 믿었다.

이처럼 다양하고 임의로 구성된 음악회 프로그램은 19세기 중엽 이후 변화를 겪는다. 바로 이때 오늘날 음악회 프로그램의 일반적 유형인 서곡-기악협주곡-(휴식)-교향곡이라는 틀이 마련되었다. 19세기 전반기의 연주회 프로그램이 다양한 장르의 각양각색의 작품을 선보이는 '만물상적 프로그램'이라면 19세기 중엽 이후는 교향곡이 프로그램 중심에 선다.

그런데 교향곡은 베토벤 이후, 특히 19세기 중엽 이후 작품의 길이와 규모가 점점 방대해지고, 그에 따라 음악회에서 연주되는 작품 수는 상대적으로 감소하면서 전체 음악회 시간도 줄어들었다. 즉 19세기 중엽 이전의 연주회 시간이 3~4시간이었으나 20세기 들어서면서 음악회 시간이 한 시간 반, 길어야 2시간을 넘지 않았다. 그 이유는 청중의 집중력 한계와 관련이 있다. 즉 교향곡이 점점 방대해지면서 작품의 내적 구성 역시 복잡해졌기 때문이다.

'피아노 중독'과 순회 비르투오소들

베토벤 이후 등장하는 주요 작곡가들의 인생사를 좇아가는 독자들은 그 이전과는 판이하게 변한 작곡가들의 새로운 직업 영역을 경험한다. 즉 18세기까지는 '궁정음악가'라는 지위가 음악가로서 누릴 수 있는 최고의 영예였지만, 19세기에 접어들면서 음악가들이 활동할 수 있는 다양한 무대가 마련되었다. 케루비니와 스폰티니는 각각 콘서바토리의 원장과 시의 음악감독직을 역임하며 공무원으로 활동했고, 로시니는 작곡료만으로도 부유한 생활을 누린 최초의 작곡가다. 그러고 나서 우리는 파가니니, 쇼팽, 클라라 슈만과 리스트 같은 '순회하는 비르투오소'들을 만난다.

　음악생활은 공공의 영역에서뿐만 아니라 사적인 영역에서도 급속도로 확대되어갔다. 19세기 중엽에는 예약 연주회가 여러 도시에서 조직적으로 구성되었다. 대부분의 중산층 가정에 피아노가 보급되면서 너도나도 피아노를 배우는 분위기가 팽배하여 '피아노 중독증'이라는 말이 유행할 정도였다. 이웃들은 '가정에서 피아노를 칠 때는 반드시 창문을 닫게' 하는 규정을 시당국에 요구하기도 했다.

　오페라하우스가 중소도시에도 건립되었고, 노래를 좋아하는 시민들은 합창단에 가입하여 음악생활을 즐겼다. 또 그들은 피아노를 배우고 모여서 실내악을 연주했다. 이들이 고객인 음악출판업이 활기를 띠었고, 작곡가들은 아마추어 음악인들을 겨냥하여 가볍고 흥미로운 음악이나 이미 잘 알려진 오페라 아리아 혹은 민요를 주제로 변주곡을 만들거나 편곡을 했다.

　이같은 발전상은 작곡가의 의식에 변화를 주었다. 그들의 공손한 (때로는 비굴한) 자세는 사라졌으며 몇몇 작곡가들은 경제적으로 매우 윤택해졌다. 로시니, 베르디, 바그너와 같은 오페라 작곡가만 경제적 부를 축적한 것이 아니라 기악음악 작곡가들 역시 부유한 삶을 누릴 수 있었다. 브람스는 자신의 집을 방문한 사람들에게 "여기에 시민적 풍요로움이 있다"고 하면서 자필 악보와 출판 악보로 가득 채운 서재를 보여주었다.

　이렇게 변화한 경제적 여건만이 음악가들에 대한 이미지를 바꾼 것은 아니었다. 음악미학 역시 여기에 일조를 했다. 보편적 예술철학의 한 부분으로서 음악미학은 예술적 행위를 하나의 정신적 행위로 소개하고 예술작품을 정신적 산물로 인정함으로써 예술가들의 사회적 지위를 한 차원 높게 끌어올렸다. 바야흐로 예술가는 신과 인간을 연결하는 중계자로서 그 지위가 향상했다. 음악가는 '궁정작곡가'의 지위에서 '인류의 천재'

로, '음표 제작' 행위는 '예술작품'으로 자리바꿈했다.

이탈리아의 오페라 세리아, 독일의 징슈필

서양음악이 취미라는 사람들 대부분은 교향곡을 접한 것을 계기로 서양음악에 관심을 보이기 시작한다. 현악주자들이 일사불란하게 활을 구사하는 시각적 효과와 음악회장 전체를 꽉 채우는 음향의 풍부함으로 말미암은 청각적 효과가 감동을 선사했기 때문에 교향곡에 끌렸다고들 한다. 이와 유사하게 성악 분야에서는 많은 사람들이 화려하고 스펙터클한 무대장면, 감동적인 아리아 등에 이끌려 오페라를 좋아한다.

이러한 단계를 거듭하다가 사람들은 서서히 규모가 작은 장르에 눈을 돌린다. 마치 지성인들이 담소하는 것과 같은 현악사중주 등 실내악의 묘미에 빠지고, 커피 향과 와인 맛을 음미하듯 리트와 서정적 성격소품 같은 은밀하고 내적 감수성을 자극하는 음악에 심취한다. 이런 각각의 장르들은 서양음악사가 진행되는 동안 나름의 배경 아래 탄생하였고 변화와 발전을 거듭하면서 오늘에 이르고 있다. 이 글에서는 오페라와 교향곡 그리고 예술가곡Lied을 살펴보려 한다.

오페라는 16세기 말 이탈리아 피렌체에서 고대 그리스의 극음악을 연구하던 모임인 카메라타가 우연하게 만든 장르다. 이후 17세기 말 로마의 '문학 아카데미'에서 오페라 (대본) 개혁이 시도되었다. 이 작업은 18세기 들어 제노가 계승하고 메타스타시오가 비로소 완성한다. 1720, 1730년경에 확립된 이 유형을 음악사에서는 '메타스타시오식 오페라'라 일컫는다. 메타스타시오의 대본이 1730년에서 1780년까지 이어진 '오페라 세리아 Opera seria(진지한 오페라 또는 정가극)'의 역사를 결정지을 정도로 막강한 영향력을 발휘했기 때문이다.

메타스타시오의 대본은 예외없이 3막으로 구성되며, 각 막은 10 내지

15장면으로 구성되었다. 극의 소재는 거의 역사적·신화적 이야기에서 구해왔다. 등장인물은 대부분 6명으로 남녀 주인공(프리모우오모 & 프리마돈나), 남녀 조연 그리고 또 한 명의 테너와 조연자가 그들이다. 이들은 정형화된 성격에 주로 도량이 넓은 군주, 그들의 연인, 동료, 조언자 그리고 하인들로 등장한다. 작품의 극적 갈등은 이성과 욕망, 의무와 사랑의 대립으로 만들어진다. 줄거리가 진행되는 동안 전원이나 전장, 엄숙한 의식장면 등 갖

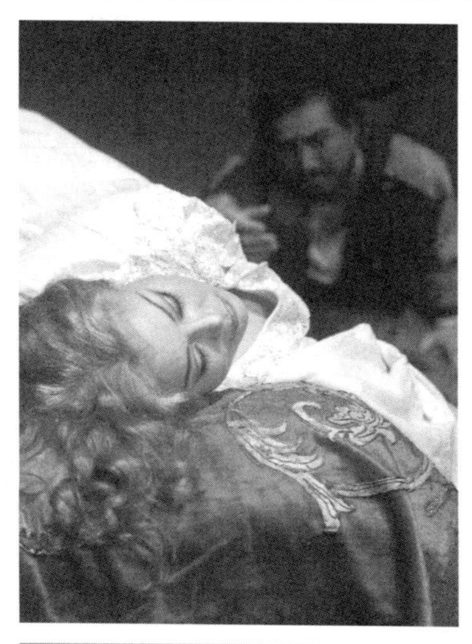

베르디 오페라 〈오셀로〉를 공연중인 영국 로열오페라단

가지 장면이 도입되고, 몇몇 예외를 제외하곤 대부분 '행복한 결말lieto fine'을 맞는다.

줄거리는 '레치타티보'와 '아리아'가 교차하는 형식으로 구성된다. 극의 줄거리는 대화형식의 레치타티보로 전개되고, 등장인물들은 극적 독백이라고 할 수 있는 아리아를 통해 자신들의 심정을 표현했다. 때에 따라서는 이중창이 나타나지만, 더 큰 편성의 중창은 거의 없으며 아주 드물게 합창이 동원되기도 했다.

진지한 내용의 '오페라 세리아'와 하나의 대칭축을 이루던 장르로서 코믹한 내용의 '오페라 부파Opera buffa(희가극)'가 있다. 오페라 세리아가 영웅적(귀족적)이거나 신화적 내용을 다룬다면, 오페라 부파는 현실적이면서 일상적이고 서민적인 내용을 매우 익살스럽게 전개한다는 점에서 두 장르는 상호간에 대조적이면서도 보충적인 성격이라고 할 수 있다.

오페라 세리아와 오페라 부파가 이탈리아를 대표하는 장르라면 레치타티보 대신 연극식 대화가 나오는 징슈필Singspiel은 독일을 대표하는 장르

다. 본래 극의 진행 도중에 서커스와 같은 해프닝도 벌어지는 등 하층민의 오락 수단이던 징슈필이 예술적 장르로 격상한 것은 1782년 〈후궁으로부터의 유괴〉를 발표한 모차르트의 공적이다. 모차르트의 〈마술피리〉 또는 최초의 독일 낭만오페라로 평가되는 베버의 〈마탄의 사수〉가 바로 징슈필 장르에 속하는 작품이다.

독일 오페라는 이후 19세기 후반 바그너에 의해 음악극이 창출되면서 리하르트 슈트라우스 등으로 그 전통이 이어진다. 독일의 음악극은 텍스트를 매우 중시하여 작곡가가 직접 작성한 후 거기에 음악을 붙이는 작업 과정을 거친다. 이에 반해 이탈리아식 오페라는 텍스트보다 음악에 더 치중하는 점이 특징이다.

'화려하고 극적인 장면'을 위하여

그런데 18~19세기 동안 거의 전 유럽의 무대를 석권한 것은 이탈리아식 오페라였다. 19세기 전반기에 로시니, 벨리니, 도니제티 등의 오페라가 주옥 같은 아리아를 세상에 선보이면서 수많은 청중이 감동했는데 그 전통은 19세기 후반기에 베르디가 계승하고 푸치니는 이탈리아 오페라의 마지막 월계관을 장식한다.

한편 프랑스에서는 이미 17세기부터 독자적인 오페라 문화가 발전했으며 19세기 초에는 '그랑 오페라(그랜드 오페라)'라는 새로운 유형의 오페라가 탄생한다. '그랜드 오페라'의 개념은 프랑스에서는 본래 '일괄 작곡된 오페라'를 의미했다. 그러다가 7월 왕정(1830~1848) 기간에 유형화된다. 즉 심각하고 슬픈 소재, 혹은 화려하고 극적인 장면을 위해 음악적 수단을 동원하게 되었다.

뿐만 아니라 '그랜드 오페라'에서는 발레 장면이 필수불가결한 요소로 자리잡는다. 물론 오페라에 무용을 삽입하는 것이 프랑스에서는 17세기 이래 관례가 되었고 '코믹 오페라'와 같은 다른 장르에도 무용이 삽입되기도 했다. 하지만 '그랜드 오페라'에서 특히 그 역할이 중요했다. 파리에서 활동한 많은 외국 작곡가들(로시니, 베르디, 바그너)도 파리 특유의 관습에 따라 작품에 발레를 삽입할 수밖에 없었다.

'오페라 서곡'에서 비롯한 교향곡

근대적 의미의 교향곡, 즉 길이가 길고 여러 악장으로 구성된 오케스트라 작품으로서 교향곡은 17세기말에 이탈리아 나폴리에서 성행한 '오페라 서곡'에서 비롯했다. '빠름─느림─빠름'의 세 부분으로 구성된 이 서곡은 대체적으로 뒤이어 진행되는 오페라와 음악적, 내용적 연관성이 없었기 때문에 연주회장에서 독립된 악곡으로 연주될 수 있었다. 18세기 전반기에 비발디를 비롯한 여러 작곡가들은 이러한 서곡을 오페라하우스가 아닌 음악회장에서 연주했다. 이 '오페라 서곡'은 대략 1720년부터 1740년까지 나폴리, 볼로냐, 빈에서 활동하는 제1세대 작곡가를 중심으로 발전한다. 나폴리의 페르골레시가 그중 대표적인 작곡가다.

1740년부터 1760년까지 활동한 제2세대 작곡가들은 '오페라 서곡'의 형식을 더욱 확장하고 정형화한다. 한편, 이와 병행하여 근대적 교향곡의 발달에 중요한 영향을 끼친 또 다른 유형이 이탈리아 작곡가 삼마르티니(1700~1775)에 의해 만들어졌는데, 1730년경에 창안된 '연주회용 교향곡'이 바로 그것이다. '연주회용 교향곡'은 처음부터 독자적인 연주회를 위해 작곡되었다.

18세기 말 하이든은 교향곡의 고전적 모델을 완성한다. 특히 말년에 영국 무대를 위해 작곡한 12편의 교향곡은 느린 템포의 서주와 4악장 구성에 교향곡의 형식을 정형화하였다.

이후 베토벤이 등장하면서 교향곡의 혁명적 변화가 일어난다. 베토벤은 9편의 교향곡을 작곡하면서 다양한 모습을 선보였다. 9번 교향곡에서는 합창까지 등장했다. 베토벤 이후의 교향곡 작곡가들은 모두 베토벤의 그늘에서 벗어나기 위해 고통의 시간을 보냈다. 리스트와 바그너는 교향곡이 베토벤에 의해 장르로서 수명을 다했으며, 교향시와 음악극으로 대치된다고 믿었다. 이에 반해 브람스와 브루크너, 말러, 차이코프스키, 드보르작은 여전히 교향곡을 작곡하면서 제2교향곡 세대를 대변했다. 그러나 19세기에 작곡된 교향곡은 베토벤을 극복한 것이 아니라 베토벤이라는 항성을 중심으로 그 주위를 맴도는 행성의 모습을 보여주었다. 모두 베토벤의 그늘에서 자유로울 수 없었다.

가곡Lied에서 예술가곡Kunstlied으로

유럽에서 가곡에 대한 논의를 본격적으로 시작한 것은 18세기 중엽이다. 특히 헤르더Herder 이후 각 민족의 민요에 대한 관심이 높아졌다. 이 시기는 사상적으로 계몽주의가 득세였기 때문에 리트(가곡)의 이상적 형태는 민요였다. 민요가 계몽주의 음악관, 즉 과장되고 복잡하며 인위적이어서는 안 되고 보통 사람들이 쉽게 이해할 수 있어야 한다는 원칙에 맞았기 때문이다. 따라서 리트 작곡가는 시(텍스트)가 잘 전달되도록 간단하고 단순한 반주를 붙이는 것에 만족해야 했다. 반주가 너무 요란해 가사 전달을 방해하는 것은 금물이었다.

작곡가의 임무는 '단순함'과 '명료성'에 걸맞은 시를 선정하고, 시인의 문체를 따르면서 시의 정서와 운율 그리고 리듬을 제대로 표현할 수 있게 선율적으로 고양하는 데 있었다. 이것은 다른 말로 표현하자면, 언어와 음악의 관계에서 언어가 절대적 우위를 차지한다는 뜻이다. 리트의 형식도 동일한 선율이 1절, 2절 등으로 반복되는 유절형식을 선호했다. 가곡집이 출판될 때도 글을 쓴 시인이 부각되었고, 거기에 곡을 붙인 작곡가

바로크 시대 초기 오페라의 연주 모습을 그린 그림

의 이름은 아주 작

은 글씨로 표기될 정도였다. 그러나 이러한 상황은 18세기 말 그리고 19세기 초에 이르러 서서히 변화의 모습을 보인다. 여기에는 낭만주의 음악관의 태동이 아주 중요한 역할을 한다.

낭만주의자들은 기악음악을 최고의 예술로 찬미했는데 기악음악만이 '모호함'을 띠면서 '말로 형용할 수 없는 예감'을 느끼게 해주고, '무한한 판타지'를 열어준다고 생각했기 때문이다. 텍스트가 없어 그 정서를 전달하는 데 불완전하다고 취급되던 기악음악이 이제는 그 모호함 때문에 오히려 최고의 예술로 찬미되었다.

이러한 음악관의 변화는 리트 작곡에도 영향을 끼친다. '낭만적 리트'의 작곡가는 시의 언어음을 단지 음악적으로 뒷받침하는 임무를 초월하여 시를 자유롭게 해석하는 위치에 섰다. 작곡가는 텍스트에 단순히 선율을 붙이는 것이 아니라 텍스트를 읽고 난 후 거기에서 얻은 느낌(혹은 영감)으로 음악을 만들어간다. 작곡가는 언어적 텍스트가 미처 '형용할 수 없는 것'을 음악적으로 드러내 보인다.

이러한 낭만적 예술가곡의 문을 두드린 작곡가가 바로 슈베르트다. 슈베르트는 불과 17세(1814)의 나이에 작곡한 최초의 작품, 〈실 잣는 그레첸Gretchen am Spinnrade〉 그리고 그 이듬해에 작곡한 〈마왕Erlkönig〉에서, 각 텍스트가 보이는 시적 현상과 행간에 담긴 분위기를 피아노 파트의 음악을 통해 표현하였다.

그의 가곡에서 피아노 파트는 단순히 시의 운율에 맞추어 선율적, 화성적 뒷받침으로 전개되는 것이 아니라, 성악 파트와 동등한 자격으로 독자적인 음악적 분위기(혹은 정조)를 연출한다. 이때 피아노 파트는 텍스트가 지닌 표현과 분위기를 개별적으로 또는 전체적으로 암시하고, 전주와 간주 그리고 후주를 이용하여 슈베르트 이전에는 경험할 수 없던 시적, 상징적 암시를 펼쳐 보인다.

이 때문에 슈베르트의 리트는 이전의 리트와는 그 이념이나 전개방식 등이 사뭇 다를 수밖에 없었고, 때문에 새로운 용어의 등장이 필요해졌다. 그리하여 만들어진 용어가—뒷날 음악학자들이 명명한—'예술가곡Kunstlied'이며, 〈실 잣는 그레첸〉은 음악사상 최초의 '예술가곡' 또는 '낭만적 가곡'이라는 역사적 의미를 획득한다.

슈베르트의 업적은 슈만에 의해 이어진다. 그리고 볼프, 브람스, 말러, 리하르트 슈트라우스 등은 19세기 후반기의 독일 리트 역사를 찬란하게 빛낸다. 물론 작곡가들마다 예술가곡을 형상하는 방법이 다르고 텍스트와 음악의 우위 여부도 달랐지만 각 성부의 예술성은 견지되었다.

민족주의 음악 전성시대

전 유럽의 음악 역사가 진행되는 동안 하나의 공통 음악언어가 존재해 왔다. 이 언어를 통해서 작곡가들은 청중을 비롯해 다른 나라의 음악가들과 교류할 수 있었다. 예를 들어 18세기 초에는 비발디의 음악언어로, 16세기 후반에는 오를란도 디 라소의 음악언어로 교류가 가능했다. 그리고

19세기 전반기는 로시니의 음악언어가 판을 쳤으며, 때때로 베토벤의 음악언어가 일정부분을 차지했다.

그러다가 19세기 후반기에 들어서면서 서양음악사에는 새로운 조류가 등장하는데, 그중 하나가 바로 민족주의 음악이다. 각 민족의 음악적 특성이 당시의 후기 낭만주의적 음악어법에 첨가된 것이다.

민족주의 작곡가들의 두드러진 특성은 자기 나라의 민요 선율과 민속춤 그리고 민속춤의 리듬을 인용하거나 모방함으로써 독특하고 색다른 정취를 느끼게 하는 것이었다. 이러한 경향이 특히 두드러진 지역은—그동안 음악사 발전에서 상대적으로 주도적 역할을 하지 못한—헝가리, 체코와 같은 동유럽 국가와 러시아, 그리고 노르웨이, 덴마크, 스웨덴, 핀란드와 같은 스칸디나비아 반도에 있는 나라들이다. 또한 스페인, 영국, 미국에서도 민족의식이 고취된 일부 작곡가들이 나름의 민족음악적 이디엄을 자신들의 작품에 반영했다. 민족주의 음악 작곡가들은 특히 자국어의 언어적 특성을 고려한 음악적 진행과 짜임새를 우선적으로 고려했다.

스칸디나비아 반도의 민족주의적 작곡가로는 스웨덴의 스벤센, 노르웨이의 그리그, 핀란드의 시벨리우스, 덴마크의 가데와 닐센 등이 대표적이다. 이들의 음악은 낭만주의적 화성어법에 각 민족적 색채감을 접합해 북유럽 특유의 서정적이면서도 무겁고 힘찬 음악을 연출해냈다. 특히 그리그, 시벨리우스 그리고 닐센은 20세기를 전후하여 북유럽의 민족주의적 특성을 가장 잘 보여주는 작곡가들로 손꼽을 수 있다.

러시아에서는 훗날 '러시아 5인조'라고 불리는 젊은 아마추어 작곡가 그룹이 등장하는데, 발라키레프를 정점으로 한 무소르그스키, 보로딘, 림스키코르사코프, 큐이가 그들이다. 이들은 모두 귀족 출신으로 다른 직업에 종사하면서 창작활동을 벌였다. 오직 림스키코르사코프만이 훗날 직업을 바꾸어 전문음악인으로 활동했다.

한편 체코에서는 스메타나, 드보르작, 야나첵이, 헝가리에서는 코다이

와 바르톡이, 스페인에서는 알베니스, 그라나도스, 파야가 탁월한 민족적
작품을 양산하면서 유럽음악을 더욱 풍요롭게 했다. 영국과 미국에서는
각각 본 윌리엄스와 찰스 아이브스가 매우 독창적인 음악을 선보였다.

김용환 kimyh@hansei.ac.kr
서울대학교 음악대학을 졸업한 뒤 독일 마르부르크 대학교에서 음악학 석·박사학위를 받았다. 독일 헤센 국립음악
아카이브 연구원, 한국예술종합학교 예술연구소 책임연구원을 지냈다. 저서로 『서양음악사 100장면』 『윤이상 연구』
등이 있다.

기술의 힘을 빌려, 청중과 함께

'불소통의 모더니즘'을 넘어 대중 곁으로 달려가는 현대음악.
기술의 발달은 청중의 감정, 뇌파와 근육 상태까지도 음악적 표현 영역으로
끌어들이는데, 인간 · 음악 · 기술, 그 접점은 어디인가.

황성호 한국예술종합학교 · 음악학 / 작곡가

　　대부분의 사람들은 현대음악을 '동시대 음악contemporary music'이라는 개념으로 이해한다. 이 개념을 '어느 시대에나 있었고 앞으로도 있을 음악'이라고 설명한다면, 현재 작곡되어 연주되는 모든 음악, 즉 미국의 잘나가는 작곡가인 존 콜리리아노의 작품만이 아니라 자우림의 노래도, 황성호의 컴퓨터 음악도 다 현대음악이다.

　　아울러 음악사적으로 현대음악은 모던뮤직modern music을 뜻한다. 이는 모더니즘 양식을 의미하는 것으로 동시대 음악과는 거리가 있다. 모더니즘 음악을 하나의 양식으로 이야기하는 것은 너무 포괄적이지만, 서양음악사에서 모더니즘은 1910년경 표현주의의 무조음악부터 음렬음악의 전성기인 1950, 1960년대까지의 음악 경향을 일컫는 말이다. 14세기에 새로운 경향의 음악을 뜻하던 아르스 노바가 이제 과거의 한 사건을 지칭하듯 모더니즘 역시 과거를 가리키는 말이 되고 있다.

　　일반인들만이 아니라 현대음악을 모더니즘으로 파악하는 사람들 또한 이를 난해하고 이해하기 힘든 음악이라 생각한다. 낯설고 이상한 소리들,

어설픈 해프닝 혹은 과장된 해설 등은 가히 폭력적이라는 평가를 받기도 한다. 우리는 익숙함을 거부하는 이 반동의 소리들에서 무엇을 기대할 것인가? 왜 현대음악 작곡가들은 일반인들이 볼 때 무모한 일들을 자행하는가? 또한 전통 가치에서 이탈을 시도한 이 시기 음악들은 기존 음계와 형식, 더 나아가 어법과 상식을 거부했으며 녹음기, 전자매체, 컴퓨터 등 테크놀로지의 산물을 음악의 도구로 삼으면서 새로운 가능성들을 모색해왔다. 이제까지와 다른 모든 것이 올드 미디어와 뉴 미디어를 통해 실험됐다. 이 모든 거부와 이탈을 기존 질서의 붕괴라는 시대정신으로 이해할 수 있을까?

음악을 소리의 언어라고 한다면, 어느 시대든 그 시대의 작곡가들은 그가 속한 사회에서 문화적으로 통용되는 음악 단어와 문법으로 음악 언어를 구사해왔다. 바다처럼 거대한 공통의 관습 속에서 성장한 작가는 자신만의 어법을 통해 제 생각을 주장함으로써 개성을 찾지만, 그도 공통 관습에서 본다면 큰 강의 한 거품 정도인지 모른다. 바흐나 하이든만 하더라도 자기 개성, 작가의 의지를 주장하기엔 그들을 둘러싼 사회의 힘이 너무 컸다. 우리는 바흐의 음악이 고용주가 바뀜에 따라 어떻게 변했는지, 그리고 하이든이 에스테르하지 공과 맺은 불평등 고용 계약서를 통해 우리가 그토록 경외하는 대작곡가가 주변에 얼마나 종속되었는지 알 수 있다.

이러한 굴레에서 벗어나기 위해서 모차르트는 오스트리아 빈으로 갔지만, 불행히도 그가 원하는 만큼 성공하지 못했다. 베토벤에 이르러서야 작곡가의 진정한 작가의식과 그 위대성이 눈을 뜬다. 작가의식은 곧 개인의식의 발현이었으며 시민 정신의 상징이었다. 이를 통해 베토벤은 형식위주의 고전주의에서 벗어나 낭만 정신을 이끌어낼 수 있었으며, 공통 관습의 양식화를 거부한 그의 작가의식은 후대에 의해 양식화되면서 새로운 사조인 낭만주의의 근원이 되었다.

불소통을 전제로 한 모더니즘

낭만주의를 대표하는 바그너에 이르러 작곡가는 하이든이나 바흐와 같
은 일방적 고용인이 아니라 한 사회의 정신적 지주와 같은 단계에 오른
다. 100년 전만 하더라도 상상하기 힘든 상황이 전개되어 작곡은 철학적
사고의 표상으로 여겨졌다.

이러한 작곡가의 신분 상승 과정은 음악에 많은 희생을 요구했다. 작가
의식이 강해지면서 작가의 음악언어는 일반인들과 먼, 개인적인 것이 되
어 소통에 문제가 발생하기 시작했다. 음악이 감각과 교양의 차원에서 이
해하고 즐기는 대상이 아니라 더 많은 생각과 작가에 대한 관심을 요구하
게 되었다.

공통 관습의 중력권에서 이탈하기 시작한 음악은 19세기 말, 20세기 초
에 이르러 정치적, 사회적, 음악적 이유로 분화하기 시작했다. 또한 그 분
화 과정에서 자신의 어법을 찾는 수단으로 기존 조성이라든가 음계를 벗
어나는 일들을 꾀했다. 리하르트 바그너는 반음계 화성을 구사하여 조성
을 흐리게 했으며, 이에 반해 클로드 드뷔시는 온음만으로 된 온음음계라
든가 옛 교회선법, 민속음계 등을 사용해서 조성을 비껴갔다. 아르놀트
쇤베르크는 옥타브 안의 12음을 대등하게 구사함으로써 인위적으로 조성
을 타파했으며, 더 나아가 반음의 반음을 사용하는 미분음계를 사용한 체
코의 알로이스 하바와 같은 이도 있었고, 심지어 한 옥타브가 아니라 두
옥타브 사이를 일정 간격으로 나눈 음계를 구사하는 일도 생겨났다.

또 종래 기능화성 체계에서 벗어나 음향 개념으로 음들의 집합을 다루
기 시작했고, 리듬과 박자, 강약의 구성에도 많은 변화가 일어났다. 서사
(敍事)나 감정 대신 주변 일상을 담담하게 그린 인상주의자가 있는가 하
면 빈의 쇤베르크, 베르크와 같은 작곡가들은 인간의 정신을 탐색했다.

휴식과 즐거움을 거부하다

핵분열처럼 작가들은 기존의 모든 개념을 해체한 후 나름으로 재구성했다. 사실 20세기 초반의 제1차 세계대전, 사회주의 혁명, 제2차 세계대전 등은 기존 체제를 부정할 만한 충분한 이유를 주었다. 정치·사회·경제구조의 대변혁, 대중이라는 계층의 출현과 교육 및 대중문화의 확대는 음악문화에 엄청난 충격을 주었다. 음악가들은 음악의 사회적 기능에 눈을 떴으며, 때로는 음악을 사회주의 전파의 도구로 전락시키기도 했다.

제3세계 음악가들은 민족주의 경향으로 새로운 음악에 대한 갈망을 해결했으며, 문화 강대국의 작곡가들은 제3세계 음악으로 자신의 음악적 한계를 극복하려 했다. 과학정신에 매료된 음악가들은 음악을 논리적이며 구조적인 것으로 몰아갔다. 과학의 발달에 따라 녹음기, 컴퓨터, 전기악기 및 전자음악 신시사이저, 대형 PA시스템, 멀티미디어 등 새로운 개념의 음악도구와 전달방법을 사용해 새로운 언어를 구사하는 음악가도 나타났다.

바벨탑이 수많은 방언에 의해 무너졌듯 불안한 상황이 전개되고 있다. 그 누가 이들의 언어를 모두 이해할 수 있을까? 소통의 어려움은 작곡가들 자신이 일반인들의 이해를 바라지 않기 때문이기도 하다. 따라서 일반인들에게 그들의 음악은 자폐증에 빠진 아이의 웅얼거림처럼 느껴질 수도 있다. 그러기에 소비에트 사회주의자들은 이러한 현대음악을 전혀 생산성이 없는 부르주아의 퇴폐적인 산물로 매도했는지 모른다.

낯선 언어를 구사하면서, 또 존립 배경이 점점 희미해지는 가운데 현대음악 작곡가의 존재 의미는 무엇일까? 그들은 무엇을 이야기하는 것일까? 이 대목에서 잠시 고교 국어시간을 떠올려보자.

국어시간에 우리는 고전문학과 더불어 현대문학을 배웠다. 자유시, 현대시, 상징시에서 각 시어가 지닌 원개념과 보조개념을, 그리고 시어마다

숨어 있는 암호들을 해독하여 나름으로 의
미를 부여하는 것을 배웠다. 즉 우리는 제3
자의 표현을 통찰하고 이해하는, 또 그의
감정을 내 것으로 만드는 훈련을 받았으며
결국 우리 내부에 잠재한 수많은 감정이
시인의 것과 일치할 수 있었다. 한마디로
국어시간은 단순히 현대문학을 이해하는
시간이라기보다 다른 이의 감정을 세심하
게 이해해야만 하는 시간이었다. 결코 안
식의 시간이 아니었다.

클로드 드뷔시

　음악과 미술시간은 어떠했는가? 이 시간은 한마디로 쉬는 시간이었다.
그래서인지 많은 사람들에게 음악회 가는 이유를 물으면 "좀 쉬기 위해
서"라고 한다. 맞다! 그들이 바라는 음악은 숙고하게 하는 것이 아니라 안
식과 위안을 주는 기호식품과 같은 것이다. 즐거움과 편안함. 이렇게 생
각하니 열린 음악회가 누리는 인기를 이해할 수 있으며 작곡가들의 쇼면
십도 고맙게 느껴진다.

　하지만 즐거움이 정말 '모든' 것일까? 적절한 템포가 유지되면 으레 기
계 인간처럼 박수를 치는 것이 즐거움일까? 축구 경기장의 응원처럼 감정
마저 복제된 듯 하나같이 즐거워하는 것이 자연스러울까? 음악회장에는
현실이 없다. 음악회장에서 사람들은 그렇게 약 먹은 것처럼 현실을 더나
고 싶어한다.

　사람들이 현대음악을 듣지 않는 이유 중 하나는 듣는 훈련이 안 되어
있기 때문이다. 이는 곧 작가에 대한 무관심과 음악에 대한 기대 결여로
나타난다. 진정한 작가란 무릇 문제의식을 갖고 고민하는 사람이다. 요즘
처럼 경제적 이윤추구가 치열한 세상에서 문제의식 운운하는 것은 사치
스러운 일인지 모른다. 그러나 작가는 바로 그런 것들을 사유하고 표현하

는 재능이 있는 사람들이다. 그들을 통해 우리는 우리의 문제를 투영하며, 그들의 사고를 통해 진지해진다.

작가에 대한 관심은 곧 자기 성찰로 이어진다. 또한 작곡가의 작업은 과거에 비해 더욱 전문적이어서 감성만으로는 이해하기 어렵다. 현대음악을 이해하려면 이에 관한 역사적 관심과 더불어 음악에 관계된 여러 가지 지식도 필요하다.

또한 진정한 작가는 세련되고 정제된 표현을, 또는 실험을 통해 늘 새로움을 선보여 우리를 즐겁게 하며 또 앞으로 일어날 변화를 기대하게 한다. 그들은 주문배수로 소비자를 만족시키는 사람이 아니라 그들이 원하는 대로 우리를 이끌어가는 매력 넘치는 사람이다. 그래서 기술과 정신이 충만한 작가는 늘 진지하며, 자신감이 넘치고 또 솔직하다.

"나는 무엇인가를 시도했다"

우리는 우리를 즐겁게 할 광대만 기대하고 있다. 이런 작가가 누굴까? 그런 매력 있는 작곡가가 있다면 왜 이런 물음이 존재할까? 현대음악 작곡가들은 벼랑에 몰린 사람과 같다. 사회의 문화 인력권에서 너무 멀어져 있다. 그 과정은 작가에게는 매우 멋있는, 의미 있는 길인지 모르지만 그에 도취된 나머지 그들은 너무 멀리 나가버렸다.

예술가들의 개인의지는 어쩌면 18세기부터 서서히 발아한 시민정신의 구체적인 표상이었는지 모른다. 그러나 금세기 두 번의 세계대전과 커다란 사회변화에서 받은 충격으로 말미암아 자신의 내부로 침잠한 예술가들은 표현보다는 오로지 실험에만 몰두했다.

물론 크세나키스, 루토슬라브스키, 블레즈와 같은 작곡가들처럼 표현을 위해 실험한 일도 있었다. 그러나 대부분 실험에만 집착한 작곡가들이 즐기는 말은 "나는 무엇인가를 시도했다"는 것이다. 학교와 현대음악계라는, 사회와 유리된 수도원의 울타리 안에서, 연금술사처럼 결과는 없고 무한한 실험만을 지속해온 그들에게 대중문화와 매스미디어로 대변되는 바깥 세상은 너무 무서운지도 모른다.

현대음악 작곡가들은 이렇게 그들의 안전지대에서 마피아 보스 같은 스타 작곡가들을 앙모하며 자신들끼리도 소통하기 어려운 언어로 근근이 존재해왔다. 유일한 위로는 국가나 공공기관, 사회재단의 도움으로 간신히 이어지는 페스티벌과 음악회

그리스 전위작곡가 크세나키스

에서의 연주, 그리고 언젠가 음악사의 한 페이지를 장식하게 되리라는 소박한 희망이다. 하물며 우리 작곡가들은 어떠한가? 원로 음악평론가 박용구 선생은 다음과 같이 신랄하게 이야기한다.

"형식의 해체를 몰고 온 유럽 중심의 문화예술은 세기말을 향해 치졸화로 비탈길을 달렸다. 그 뒤꽁무니를 잡고 숨가쁘게 따라온 우리나라의 문화예술도 가관이었다."(『객석』 1997년 1월호)

우리나라의 현대음악은 정신적으로 우리의 것이 아니며 우리의 역사, 사회와 진정한 상관관계도 없다. 그러나 우리는 마치 서양 정신이 우리 것인 듯, 그리고 서양의 현상이 우리의 현상인 듯 착각했다. 독일에서 공부한 사람은 독일의 모더니즘을, 미국에서 공부한 사람은 미국의 모더니즘을 주장한다. 마치 국제 문화의 대리전 양상을 느끼게 한다. 어찌 그들의 모더니즘이 우리의 모더니즘이며 이를 어떻게 우리 이웃들에게 이해하라고 할 것인가? 지금까지도 그래왔지만 21세기에도 이렇듯 국적 없이 막연한 구미음악 취향은 현대음악과 청중을 더욱 멀어지게 할 것이다.

이제 우리 창작음악가들은 전통과 현실, 과거와 미래를 염두에 두고 우

리의 이야기를 해야 한다. 사회와 올바른 관계를 회복할 때 청중은 그들의 동시대 음악으로 돌아올 것이다. 현실에서 대중문화가 하지 못하는 많은 이야기를 예술가는 해야 할 의무가 있다.

20세기 말, 현대음악계의 두드러진 현상 중 하나는 20세기 초·중반까지 빈번하던 해체적 실험 경향이 많이 사라졌다는 것이다. 1960년대를 풍미한 다름슈타트 류의 조성·음계·화성·선율·리듬의 해체, 그리고 음향 위주의 악기 연주법 확대 등 기존 가치를 넘어선 실험들은 이제 기법의 하나로 정착되면서 원래의 의미를 잃었다. 따라서 1960년대까지를 해체의 시기라고 한다면 그 이후의 기간은 통합의 시기라 할 수 있을 것이다.

종래 실험성만으로는 누구나 난해하게 생각한 이 기법들이 오랜 시간 우리 귀에 익숙해진 다른 기법과 공존하면서, 청중은 더 이상 그것들을 낯설어하지 않고 현대의 독특한 어법, 어투로 인식하게 되었다.

실험적 경향이 사라진 자리에

이러한 경향은 할리우드 영화음악에서도 찾아볼 수 있다. 이는 결과적으로 작곡가의 표현 세계를 폭넓게 만들어 존 콜리리아노, 알프레드 슈니트케, 볼프강 림처럼 대중적으로 성공한 현대음악 작곡가도 나왔다. 또한 지나칠 정도로 지극히 개인적인 개념적 작곡 태도에 싫증이 난 일부 작곡가들은 과거 형식으로 돌아가는 복고 경향도 추구하고 있다. 슈니트케의 콘체르토 그로소와 같은 바로크 양식의 원용, 소나타와 교향곡과 같은 고전 낭만주의 형식의 일반적인 채용 등이 그것이다.

이러한 복고적 분위기로 그동안 소외되어온 아르보 페르트, 페테리스 바스크스 등과 같은 발틱 지방의 작곡가들이 재평가되기 시작했다. 또한 복고란 점에서 모차르트나 브람스 시대와 다른 방식으로 조성(調聲)하려는 회복운동도 일어나고 있다. 콜리리아노, 슈니트케, 페르트, 구레츠키 등의 음악이 좋은 예다. 이러한 흐름은 청중의 관심을 끌어 1991년에 출반한 구레츠키의 교향곡 3번, 〈슬픔의 노래〉는 전세계에서 100만장이나 팔렸다.

펜데레츠키, 카겔 등 과거 실험음악의 거장들 역시 노령화하면서 조성으로 돌아가는 경향을 보인다. 사실 작곡가들이 노년으로 가면서 보수성향을 띠는 현상은 이전에도 흔히 나타났다. 종래의 극적 구조에 대한 집착에서 탈피한 미니멀 음악들도 스티브 라이히, 필립 글래스의 실내악 수준에서 존 애덤스의 대편성 오케스트라 음악으로 확대되었으며 영국의 개빈 브라이아스, 마이클 니만, 독일의 하멜 등으로 이어져 중요한 흐름을 형성하고 있다.

최근 현대음악의 두드러진 경향은 다른 문화나 장르와 혼합하는 하이브리드 경향이다. 세계화와 더불어 이러한 현상은 더욱 확대할 것이다. 과거 서양음악에서 볼 수 있던 이국취미와는 다른, 본질적 측면에서 타문화를 적극 수용하고 절충하려는 시도는 이미 1960년대 미니멀 음악의 탄생에도 영향을 끼쳤으며 최근 더 많은 신경향의 음악들을 탄생케 하고 있다.

단순하면서 명상적 분위기가 특징인 몰튼 펠드먼, 크로노스 현악사중주단이 선보인 베트남·이집트 등 제3세계 작곡가들의 음악이 대표적이다. 또한 관심 있는 사람이라면 우리 국악에 심취한 알반 호바네스의 음악을 들어보라. 이러한 경향은 20세기 후반 발틱은 물론 아시아, 남미, 호주 등 다양한 지역에 활발하게 확산되고 있다. 1960~1970년대 독일 모더니즘을 답습하는 우리 작곡계로서는 주목해야 할 태도이며 필요한 가치관의 변화다.

문화와 장르의 혼합

그리하여 지역마다 나름의 특색과 주제가 있는 현대음악제를 개최함으로써 그들의 주장을 펼치는데, 이는 점차 음악문화가 특정 지역 위주가 아니라 다원화함을 뜻한다. 여러 문화권에서 서구 현대음악이 일방적인 의미를 띠는 일은 점차 없어지고, 잦은 여행과 국제 음악제, 위성방송, 인터넷 등으로 글로벌해진 환경 변화에 따른 자연스런 현상이라고 하겠다.

다원화 경향은 지역 문화에서만이 아니라 작품 및 연주회의 크로스오버 경향으로도 나타난다. 이는 기본적으로 작가 의지에 따른 것이지만 예술가와 대중 사이의 관계가 좀더 밀접해진 문화상황에 기인한 것이기도 하다.

작가의 취향보다 작품 시장의 요구에 더 민감한 예술가들은 익명의 소비자들을 위한 서비스에 충실하다. 음악시장의 규모가 확대되면서 대중문화는 종래와 달리 풍부한 제작비와 뛰어난 환경 속에서 고학력의 문화기술자들에 의해 생산되어 고도의 유통구조를 통해 대중에게 전달된다. 그리하여 다양한 선택 가능성 속에서 특정 장르에 국한되지 않고, 여러 장르를 필요에 따라 향유하는 음악 소비자들이 생겨났다. 대중문화와 고급문화의 간격을 좁힌, 절충문화가 등장한 것이다. 이는 전위문화의 실험성까지도 흡수하고 있다.

고급문화라 할 수 있는 현대음악 분야에서도 이러한 움직임이 나타나고 있다. 현대음악이 고급문화 속성을 지니면서도 대중의 새로운 욕구에 부응해 대중성마저 획득할 수는 없을까? 그리하여 청중의 발길을 되돌릴 수는 없을까? 어느 한 편에 편중되지 않은 균형감각을 찾을 수는 없을까?

이러한 요구에 부응한 음악들이 1970년대 전자악기와 테이프 녹음 기술의 발달에 따라, 또 그간 양성된 풍부한 음악인력들에 의해 자연발생적으로 나타나기 시작했다. 뉴욕 WNYC의 진행자이며 음악비평가인 존 쉐

최초의 신시사이저인 테레민복스를 발명한 러시아 과학자
레프 세르게이비치 테르멘

퍼는 이렇게 나타난 모든 음악들을 '새로운 사운드들New Sounds'이라고 했다. 절충문화, 중간문화로서 '새로운 사운드들'은 청중 재확보란 점에서 무엇보다 연주가들에게 호응을 얻었다. 신선한 레퍼토리라는 점에서 청중에게도 환영받았다. 사무엘 펠먼Samuel Pellman은 지금까지 일어난 음악 도구 기술의 발전과 음악의 상호작용 관계를 다음과 같이 요약했다.

"음악 양식이 변함에 따라 음악 기술도 변하지만, 음악 양식도 청중의 사회·경제 조건과 관계 변화에 따라 변한다. 음악 양식은 테크놀로지 자체의 변화에 따라 바뀔 수 있는데 음악 테크놀로지는 최신 테크놀로지에 의한다. 예를 들어 오르간의 공기 풀무술은 피아노에 이르러 기계 기술로 대체되었다. 이 또한 아날로그 신시사이저의 전기 기술로 대체되었으며 다시 디지털 테크놀로지로 대체되고 있다."

예를 들어 전기기타의 등장으로 대단위 대중음악 공연이 가능해지고, 코러스, 와와, 플랜저 등 부속 액세서리의 발달이 기타 연주 테크닉과 대중음악 스타일을 바꾼 것과 같은 방식이다.

로버트 무그와 같은 기술자와 많은 음악가들의 요구가 일치해 탄생한 1960년대의 신시사이저는 이후 대중매체를 통해 전자기술 시대의 대표적

인 음악 도구로 확고히 자리잡았다. 그러나 더 큰 변화는 1982년 미디
MIDI · Musical Instrument Digital Interface 출현 이후에 일어났다. 이는 회사마다 다른
방식의 전자악기들을 호환하기 위해 만든 것으로, 컴퓨터를 포함한 네트
워크로 사용되는 미디는 연주된 음악을 악보로 바꾸어주기도 하고, 컨트
롤 데이터와 음색 정보를 저장하고 불러들인다.

다채널의 연주 데이터 녹음과 편집, 재생이 용이한 미디 시퀀싱의 성공
으로 수많은 개인 홈 스튜디오가 등장했으며, 아티스트들은 혼자 힘으로
레코딩해 청중에게 다가갈 수 있었다.

그러나 초기 미디 시퀀서는 몇 가지 문제점을 안고 있었다. 페르마타,
아고기크(리듬을 기계적으로 다루지 않고 속도에 완급을 주어 표현을 풍
부하게 하는 연주기법), 템포 루바토(음의 길이를 조금 바꾸어 빠르거나
느리게 하는 것) 등을 음악적으로 유연하게 처리하는 것이 쉽지 않았다.
그러나 최근 미디 시퀀서 프로그램들은 이를 실시간 레코딩으로 해결하
고 있다.

새로운 악기, 새로운 교감의 등장

1980년대 중반 이후 미디 시퀀서, 디지털 신시사이저, 마이크로 컴퓨터
를 무대 위로 올리기 시작하면서 라이브 공연자는 스튜디오에서나 가능
하던 강력한 테크닉을 쓸 수 있었다. 음향 또한 미리 녹음한 미디 명령들
에 의해 연주되기 때문에 테이프 음악 재생과 차이가 없었다.

컴퓨터와 사람이 실시간 대화식으로 작용하게 하려는 시도는 1990년대
부터 있었다. 마크 코닐리오와 몰튼 수보트니크가 개발한 인터랙터interacter
는 공연중 특정 조건에 일정한 명령 발생을 프로그래밍할 수 있다. 프랑
스의 밀러 푸케트와 데이빗 지카렐리는 다양한 방식으로 미디 명령을 처
리하고 반응하는 오브제를 제공하는 MAX 프로그램을 개발했다(MAX란

이름은 컴퓨터 음악의 대부 맥스 매튜스를 기려 지어졌다).

무용 동작에 따라 음악이 생성하거나 변화하는 시도는 1965년 존 케이지가 데이빗 튜더 등의 도움으로 커닝햄 무용단과 공연한 〈변주곡V〉에서 테레민theremin을 사용하여 소리 발생에 동작 제어의 개념을 시도한 이래 꾸준히 이어지고 있다.

미디의 출현은 기존의 다양한 센서 값들을 더욱 효과적으로 미디 기기에 적용할 수 있게 함으로써 한층 정교한 소리 제어를 가능하게 했다. 실시간 제어는 초음파, 압력, 온도, 습도, 빔 등 여러 센서들과 비디오카메라를 이용, 이들을 통해 얻은 값을 미디 데이터화한 후 제어에 사용하는 것이다. 배우의 동작이나 위치를 미디 값으로 변환하여 이미 만든 음악 패턴들을 재생하거나 바꾸는 등 많은 가능성을 얻을 수 있다.

이런 생각으로 1986년부터 하이퍼 인스트루먼트를 실험한 MIT 미디어랩의 토드 맥코버의 최종 목표는 요요마와 같은 최고의 연주가가 더 폭넓은 음역으로 풍부하게 표현할 수 있는 악기를 만드는 것이었다. 그에 따라 만들어진 하이퍼 첼로를 피터 가브리엘리가 로스앤젤레스 필과 협연하여 음반으로 출시하기도 했다.

"당신의 반응이 음악을 만든다"

사람이 의자에 앉아 허공에 팔을 움직이면 음악이 연주되는 센서 의자sensor chair는, 청중이 실제로 앉아 제어(연주)함으로써 대단한 반응을 일으켰다. 이 성공으로 맥코버는 디지털 바통이라는 지휘봉을 개발했으며, 그리고 몇 년 전 화제를 모은 브레인 오페라 프로젝트를 완성했고, 최근에는 이를 장난감에 응용, 음악적 훈련 없이도 아이들이 쉽게 음악을 연주하게 하는 연구를 하고 있다. 센서를 이용한 이러한 실시간 제어는 곧 대화형 음악의 근원이기도 하다.

또한 많은 개발자가 이들 프로그램을 위한 오디오/비주얼 오브젝트를 개발해 선보이고 있다. 센서 값이 소리만이 아니라 영상이나 조명까지도 제어함에 따라 멀티미디어 공연이 매우 활발해지는 추세다. 이를 위한 대표적인 프로그램으로 1980년대 도스DOS상에서 프랙탈 이미지나 BMP 파일 이미지의 색 팔레트를 미디 노트 명령이나 벨로서티 값으로 제어한 프랙튠Fractune, 그리고 이보다 진일보한 비디오델릭Videodellic 등이 있다.

비디오델릭은 카메라로 촬영하는 실시간 영상을 미디 신호나 입력 오디오 신호로 변형하는 프로그램으로 실시간 첼로 연주의 음역이나 강도 등에 따라 색을 바꾸는 등의 작업이 가능하다. 따라서 연주나 동작에 정확히 맞춰 실시간 영상 변화가 일어나 정교한 인터랙션이 가능하다. 또한 이러한 프로그램들은 MAX와도 연계되어 더욱 정교한 실시간 인터랙션의 세계를 보여준다. 이밖에도 현재 SoftVNS, 지터Jitter, 네이토Nato 등의 프로그램들이 개발, 사용되고 있다.

현대의 기술 발달은 몸짓과 표정만이 아니라 뇌파, 근육의 상태 등 또 다른 내면까지도 대화형 표현 방식의 요인으로 삼는다. 미래 예술의 소재와 표현 방식의 한계를 정하기란 쉽지 않다. 앞으로 공연이 어떤 양상으로 변할 것인지는 누구도 예측하기 힘들다. 기술 발전과 더불어 우리의 경험 역시 미래를 향한 하나의 과정이기 때문이다.

20세기 음악이 작곡가 중심이라고 이야기한다면 21세기 초 지금의 음악문화는 분명 청중과의 인터랙티브가 중요성을 띨 것이다. 종래 청중의 기호에 맞추거나 작가의 의도로 몰아가려는 단방향이 아니라 청중의 반응을 작품의 구성요소로 접수하여 다시금 표출하려는 이 태도는 앞으로 음악을 비롯한 많은 공연 예술의 형태를 변화하게 할 것이다. 게다가 인터랙티브 환경인 인터넷이 음악문화의 중요한 터가 되면서 창작음악에 새로운 인자로 등장하고 있다.

그간 현대음악은 우리의 것이라기보다 서구의 선진문화 양식으로 받아들여졌다. 그러나 최근 세계무대에서 능동적으로 활동하는 우리 음악 테크놀로지 분야를 보면서 '이제 우리 현대음악이 제자리를 찾는구나' 하는 생각을 하게 된다.

우리 중심의 현장에서 벌어지는 오늘날의 현대음악은 관심 있게 지켜볼 만하다. 각 나라 작곡가들의 사고와 관심을 읽으면서 그들의 표현 양식과 기술에 관심을 가져보자. 또한 그들과 우리 작가의 차이와 유사성을 발견하면서 우리 현대음악의 고유성과 세계성을 생각해보는 일도 의미 있을 것이다.

황성호 shhwang@knua.ac.kr
서울대학교 음대, 브르셀 왕립음악원, 우트레흐트 음악원을 졸업했다. 추계예술대학교와 서울대학교 음대 교수와 한국전자음악협회장을 지냈다. 고베국제전자음악제, 산타페 국제전자음악제, 아바나의 봄 축제 등 주요 국제음악제에 작품이 초대되었다. 주요 작품으로 오케스트라를 위한 〈파랑도〉〈유니버시아드〉, 세 대의 하프시코드를 위한 〈Triskelion〉, 합창 모음곡 〈사두봉 신화〉, 전자음악 〈TV Scherzo〉〈Silhouette〉〈心象 歌曲〉 등이 있다.

한번 간 길은 다시 가지 않는다

스스로 찾는 이에게만 자신의 매력을, 마치 옷자락 살짝 들어올리듯
아쉽게 보여주는 음악, 재즈. 가까이 갈수록 멀어지지만 한편으로는
강한 중독성으로 우리를 끌어들이는 그 역설의 미학을 만난다.

김현준 재즈비평가

재즈에 대한 관심이 부쩍 높아지고 있다. 지난 1990년대 초와 마찬가지로, 주로 2, 30대의 젊은층을 중심으로 일어나는 현상이다. 이는 새로운 음악적 패러다임에 대한 갈구와 직접적으로 맞물려 있다는 생각을 떨칠 수 없다. 재즈는 이미 100년의 역사를 지닌 서양문화의 산물이다. 그럼에도 언제나 '새로움을 안겨주는 역할'을 담당한다는 사실은 참으로 흥미롭다. 이렇듯 재즈는 언제나 가까운 듯 멀게만 느껴진다.

재즈처럼 그 매력과 특성을 만끽하기 위해 많은 시간과 정성이 필요한 음악이 또 있을까. 재즈는 첫눈에 빠져 정신 차릴 수 없을 만큼 강렬하게 타오르는 사랑이기보다는, 오랜 세월이 흐른 뒤 문득 깨닫는 그것처럼 깊고 넓고 복합적이다.

대한민국에서 재즈를 듣는다는 것

재즈가 멀게 느껴지는 가장 큰 이유는, 애초 우리 문화 속에 재즈가 온

전히 자리잡지 못했기 때문이다. 제2차 세계대전을 전후해 우리나라에 유입된 재즈는, 그러나 1970년대가 지나도록 클래식이나 팝 음악처럼 대중을 위한 음악으로 재정립되지 못한 채 부유를 거듭했다. 지금도 서울, 대구, 인천, 부산 등지에 재즈를 듣는 이들이 더 많은 이유는 그곳이 미군 주둔지이기 때문이다. 물론 도시 중심의 문화 편중 현상도 한몫 했겠지만, 적어도 재즈가 '우리의' 음악이 아닌 '그들의' 음악인 시절이 훨씬 더 길었다는 점에는 의문의 여지가 없다. 1970년대 후반 들어 음악인들 사이에 새롭게 부각된 재즈의 중요성은 10여 년의 세월을 거쳐 1990년대에 들어서서 비로소 빛을 발하기 시작했다. 뒤늦게나마 공연문화나 연주생활에서 나름의 독자적 영역을 확보하기에 이른 것이다.

재즈를 흔히 대중음악의 한 장르로 생각하지만 막상 속을 들여다보면 그 대중성이란 극히 일부에 지나지 않는다는 사실을 깨닫는다. 대중에게 널리 알려질 수 있는 스타일의 재즈는 전체의 10~20%에 지나지 않는다. 처음 재즈에 관심을 갖는 이가 10이라면 1년 뒤에는 3으로 줄고, 다시 1년 뒤에는 채 1도 못 되는 소수의 사람들만이 가까스로 그 곁에 머무른다. 재즈를 접할 기회가 상대적으로 적은 탓도 있겠지만, 그만큼 들을수록 어려운 것이 또 재즈인 까닭이다. 그럼에도 우리가 재즈에 대한 관심을 쉽게 접어버릴 수 없는 이유는 무엇일까. 재즈의 역사, 그리고 재즈를 이해하기 위한 세 가지 코드를 설명하다보면 나름의 해답을 찾을 수 있을 것이다.

장르의 변천으로 살펴본 재즈의 역사

초기 재즈Early Jazz : 재즈의 탄생과 이주

재즈는 멕시코 만과 연한 미국 남부의 항구도시 뉴올리언스에서 태어났다. 흑인 노예 후손들의 정서를 담은 블루스Blues가 그 모태이다. 뉴올리언스는 식민지 시절부터 전략적 요충지로 군대 유입이 빈번했고 이들을 맞기 위한 군악대도 발전해 있었다. 군악대를 형성하는 주 악기는 관악기다. 주로 기타 반주에 맞추어 노래하는 기존의 블루스와 달리, 관악기로 연주하는 블루스는 1900년대부터 1910년대까지 약 20년간 변형, 발전해서 초기 재즈가 되었다. 최초의 재즈 녹음은 1917년, 백인 음악인들이 행했지만, 학자들은 이미 1910년대 초반에 초기 형태의 재즈가 연주되었으리라 파악한다. 흑인과 백인 연주자들이 함께 연주한 초기 재즈를 발생지의 지명에 따라 '뉴올리언스 재즈'라 부른다.

유흥가인 스토리빌에서 주로 연주된 뉴올리언스 재즈는 반복적이고 짧게 끊어지는 아주 단순한 리듬 패턴이었다. 하지만 당시 군부가 지역의 퇴폐문화 일소를 명분으로 스토리빌을 강제 폐쇄하면서 뉴올리언스 재즈는 다른 지역으로 이주할 수밖에 없었다. 처음 미국 북부 시카고로 옮겨 간 본거지는 다시 1920년대 후반에 뉴욕으로 건너갔다. 재즈는 1930년대 초까지의 대공황으로 말미암은 문화 암흑기를 이겨낸 뒤 스윙 Swing 이라 불리는 안정된 스타일을 찾았다. 전통적으로 재즈의 근간이라 일컫는 스윙의 독특한 느낌 Swing Feel 은 여러 중요한 음악적 현상들을 불러일으키며 발전을 거듭했다. 네 박자를 기준으로 첫번째와 세번째 박자에 박수를 치는 다른 음악과 달리 두번째와 네번째에 박수를 쳐서 엇박자의 효과를 내는 리듬 패턴은 바로 이때 정착했다.

스윙은 재즈의 한 장르이자 리듬 패턴의 근간이며 매우 흥겨운 느낌을 전해주기 때문에, 처음 재즈를 듣는 이들도 쉽게 접근할 수 있는 장점이 있다. 지금도 처음 재즈를 들으며 그 매력을 느끼는 대상이 스윙인 사람이 많은데, 초기 재즈가 미국 전역에서 연주되기 시작한 것도 바로 스윙을 통해서였으며, 얼마 지나지 않아 재즈는 당시의 전형적 대중음악으로 받아들여졌다. 라디오 방송의 발달과 더불어, 주로 댄스홀에서 연주되던 스윙은 현대적 의미에서 미국이 낳은 여러 춤곡의 모태이기도 했다. 뉴올리언스 재즈를 연주한 대부분의 음악인들이 스윙을 일구어낸 주인공이며, 우리에게도 잘 알려진 루이 암스트롱, 듀크 엘링턴, 카운트 베이지, 글렌 밀러가 모두 이러한 스윙의 거장들이다.

모던 재즈Modern Jazz : 비밥과 쿨 재즈의 등장

1930~1940년대, 스윙을 통해 음악적 역량을 다져온 일련의 젊은 음악인들이 스윙보다 예술적으로 한 단계 성장한 새 스타일을 선보이기 시작했다. 찰리 파커, 디지 길레스피, 델로니어스 몽크, 버드 파월 등으로 대변되는 이 신세대 음악인들은 춤곡으로 연주하던 스윙에서 탈피해 소규모 재즈 클럽에서 연주하는 감상용 음악으로 재즈를 창안했다. 이것이 바로 비밥Bebop이다.

1930년대 말에서 1940년대 초 비밥의 초기 형태가 나타났는데 이로 말미암아 1940년대 재즈계는 스윙과 비밥이 혼재한 상태가 되었다. 연주자 개개인의 연주력이 유난히 강조된 비밥은 보수주의자들의 극심한 지탄과 혁신주의자들의 절대적인 지지를 한몸에 받았다. 물론 상당수 음악인들이 비밥의 음악성에 높은 점수를 주었다. 아직 대중적으로는 스윙이 대세였지만 초기 재즈 시대를 잇는 모던 재즈란 새 물결을 일으키는 데는 비밥이 중요한 역할을 했다.

한편, 비밥이 흑인 음악의 중심 장르로 자리잡은 것은 특기할 만한 일이다. 시간이 흐르면서 많은 백인 음악인들이 비밥의 매력에 휩싸였지만 지금도 비밥은 '흑인들의 재즈'라는 인식이 널리 퍼져 있다.

제2차 세계대전이 끝난 뒤, 재즈는 음악적으로 한층 더 정제됐다. 흑인 중심의 비밥과 달리 백인 정서에 부합하는 또 다른 비밥, 즉 쿨 재즈Cool Jazz가 등장하면서 비밥과 쿨 재즈는 모던 재즈를 형성하는 양대 산맥으로 자리잡았다. 대부분의 쿨 재즈 연주자들은 비밥을 그 교과서로 삼되 빠르고 변화무쌍한 이미지의 비밥에 비해 좀더 여유로운 정서를 드러내는 연

스윙의 거장 루이 암스트롱(위)과 글렌 밀러(오른쪽 위), 듀크 엘링턴

주를 했다.

쿨 재즈의 시작은 재즈에 다양성이라는 강점을 부여하는 결과를 낳았다. 제리 멀리건, 리 코닛츠, 스탄 게츠, 쳇 베이커 등이 쿨 재즈를 대표하는 백인 음악인들이다. 이들은 모두 자기만의 독창적 연주 스타일을 창안한 재즈의 거장들이다.

언뜻 보기에 매우 이질적인 느낌을 주는 비밥과 쿨 재즈는 기본적으로 스윙에 뿌리를 두며, 이들을 총칭하는 모던 재즈는 현대 재즈의 발전에 중추적 역할을 했다. 재즈를 듣는 사람들에게도 이는 마찬가지인데, 대체로 모던 재즈는 재즈를 듣는 이들이 반드시 거쳐야 할 일종의 통과의례처럼 여겨진다. 양적으로도 모던 재즈는 재즈 전체에서 가장 넓은 부분을 차지한다. 모던 재즈는 1940~1960년대, 오랜 기간 전성기를 구가했다.

프리 재즈Free Jazz : 아방가르드 재즈의 실험성

이 세상 어떤 예술 분야든 아방가르드Avant Garde, 즉 전위예술이 존재한다. 유난히 강한 실험성을 전제 조건으로 내세운 이들은 기존의 그 어떤 형태의 예술도 철저하게 부정하려는 습성이 있다. 재즈에서도 1960년대에 들어서면서 이러한 경향이 본격적으로 등장하기 시작했다. 이를 프리 재즈라 한다. 오넷 콜맨, 세실 테일러, 앨버트 아일러, 돈 체리 등이 그 선구자다.

프리 재즈 음악인들은 1970년대가 지날 때까지 재즈를 욕되게 했다는 오명을 쓴 채 수많은 문제작을 만들어냈다. 그러나 미국을 중심으로 형성된 재즈의 헤게모니가 서서히 유럽 쪽으로 넘어가면서 이들의 진취적 음악성은 많은 동조자들을 양산하기에 이른다.

프리 재즈가 재즈의 역사에서 그 존재가치를 인정받은 가장 큰 이유는, 대중적 한계가 명확히 드러남에도 실험정신을 꾸준히 실천에 옮겼다는 데 있을 것이다. 사실 처음 재즈를 듣는 이들에게 프리 재즈는 음악이 아닌 소음 같다는 인상을 줄 공산이 크다. 그럼에도 프리 재즈는 많은 연주자들의 전폭적 지지를 획득했으며 젊은 시절 한때 프리 재즈에 몰두하지 않은 음악인이 드물 정도로 그 심오한 음악성을 인정받는다.

재즈는 모던 재즈 시기를 거치면서 일종의 언더그라운드 음악으로 자리잡는 양상을 띠기 시작했는데, 프리 재즈는 그중에서 가장 마니아적 취향이 강한 장르다. 현재도 미국, 유럽 등 전 세계에서 많은 프리 재즈 음악인들이 수준 높은 연주력을 과시하며 지속적 실험을 통해 매년 새로운 스타일의 음악을 만들어내는 데 몰두하고 있다.

퓨전 재즈Fusion Jazz : 록과 재즈의 만남

모던 재즈와 프리 재즈가 혼재하는 1960년대를 보내면서 많은 재즈 음악인들은 새로운 돌파구를 찾기 위해 노력했다. 어느 정도 정형화한 모던

퓨전 재즈 연주자로 이름을 날린
밥 제임스와 칙 코리아

재즈와 너무 난해한 프리 재즈 사이에서 여러 차례 시행착오가 있었지만, 결국 1960년대 말 모던 재즈의 거장 중 한 사람인 마일즈 데이비스는 재즈 록Jazz Rock 퓨전이라는 또 다른 스타일을 만들어냄으로써 재즈 역사상 최고의 문제작들을 발표하기에 이르렀다.

1960년대 록 음악이 남긴 진한 흔적이 재즈에도 큰 영향을 끼친 것인데, 재즈의 리듬과 달리 맺고 끊는 맛이 강한 록 음악의 비트Beat와 전자악기를 사용한 새로운 음색의 도입이 재즈 록 퓨전의 근간이 되었다. 대부분의 보수주의자들은 프리 재즈가 시도될 때보다 더 강하게 거부감을 드러냈지만 대중은 매우 적극적인 지지를 보내는 등, 비난과 호평이 엇갈리는 상황을 연출했다.

사실 1970년대 초에 본격화한 초기 재즈 록 퓨전은 상당히 난해한 음악이었다. 당시의 노력이 또 다른 실험의 일환이었다는 평가를 받는 것도 이 때문이다.

그러나 재즈 록 퓨전이라는 말 대신 퓨전 재즈라는 말이 통용되기 시작한 1970년대 말에 접어들면서 마치 1930년대 중반의 스윙이 그러했듯이 대중성이 매우 강한 장르가 되었다. 초보자의 상당수가 퓨전 재즈를 통해 재즈와 첫 인연을 맺는 이유도 그 때문일 것이다. 때로는 재즈보다 록 음악에 훨씬 더 가까운 느낌을 주는 등, 퓨전 재즈는 재즈의 대중화에 크게 기여했다. 웨인 쇼터, 칙 코리아 등의 초기 재즈 록 퓨전 음악인 외에 팻

메시니, 밥 제임스, 마커스 밀러 등도 넓은 의미에서 퓨전 재즈 연주자라
할 수 있다.

현대 재즈 Contemporary Jazz

스타일에서 재즈가 지닌 가장 큰 매력은 다양성이다. 재즈의 이미지를
특정한 한두 가지로 귀결하는 경향이 없지는 않았지만, 재즈의 이미지는
그 폭넓은 리듬 패턴만 보아도 알 수 있듯 몇몇 요소만으로는 충분히 설
명할 수 없는 복합적 성격을 띤다. 그래서 '재즈를 좋아하는가' 라는 질문
은 우문(愚問)일 수밖에 없다. '어떤 장르의 재즈를 좋아하느냐'고 묻는
것이 현실적이기 때문이다.

대체로 우리는 1980년대 이후의 퓨전 재즈를 비롯, 현재 행해지는 모든
장르의 재즈를 일컬어 현대 재즈라는 다분히 모호한 명칭으로 표현한다.
이는 재즈라는 음악의 한 흐름이 시대의 변천에도 아랑곳없이 꾸준히 생
명력을 유지하기 때문이다. 지금도 뉴올리언스 재즈가 연주되는 곳이 있
으며, 프리 재즈든 모던 재즈든 그 어떤 스타일에도 모두 '현재의 재즈'라
는 인식이 가능하다.

현대 재즈가 보여주는 경향 중 가장 특기할 만한 것은 장르의 파괴와
융합을 통한 새로운 스타일의 창조다. 지금껏 재즈가 만들어낸 장르들이
주로 재즈를 '안쪽'에서 바라본 노력의 결과물이었다면, 이제는 클래식이
나 월드뮤직처럼 이미 오랜 시간 존재해온 바깥의 여러 장르들과 결합함
으로써 재즈의 영역을 확대해가는 시점이다. 클래식과 재즈의 교류는
1950년대부터 활발했다는 점에서 오히려 특별할 것이 없다. 그보다는 정
보 교환이 용이해진 1980년대 이후 재즈가 지구상에 존재하는 온갖 민속
음악과 결합하는 양상은 눈부실 정도다. 재즈가 소재로 선택하지 않은 음
악이 거의 없을 정도다. 이는 재즈를 결정짓는 요소가 몇몇 리듬 패턴에
있는 것이 아니라 하나의 편곡 성향, 혹은 그러한 행위 자체에 있다는 좀

더 유연한 시각의 정립을 가져왔다. 우리는 앞으로 더욱 다양한 스타일의 재즈와 만날 것이다.

재즈를 이해하기 위한 세 가지 코드

블루스Blues

재즈의 본질을 엿보려면 블루스를 이해하는 일이 필수적이다. 블루스가 우리나라에서는 느린 춤곡Slow Dance을 뜻하는 말로 잘못 쓰인다는 지적이 여러 차례 있었다. 블루스란 아프리카의 토속음악이 미국의 서양음악과 만나 오랜 세월에 걸쳐 형성된, 12마디 진행의 독특한 음정 체계를 갖춘 음계 형식을 일컫는다. 블루스 장르의 음악들이나 대부분의 흑인음악, 심지어는 초기 록 음악까지도 모두 블루스의 형식을 갖추고 있다. 여러 스타일이라고는 해도 이제 블루스 장르는 비비 킹B.B. King으로 대변되는 도시 블루스Urban Blues만 살아남아 명맥을 잇고 있다. 어쨌든 블루스는 하나의 악곡 형식인 동시에, 흑인 음악의 중추적 장르라는 두 가지 의미임을 잊지 말아야 한다.

초기 재즈부터 모던 재즈, 현대 재즈에 이르기까지 블루스 형식은 음악인들이 재즈 곡을 만드는 중요한 기준의 하나로 자리잡았다. 한때는 블루스 형식의 곡을 얼마나 잘 소화하는지가 좋은 재즈 연주자를 가늠하는 척도이기도 했다. 이는 재즈가 특유의 끈적거리면서도 여유로운 정서를 띠는 배경이기도 하다. 시기적으로, 또 장르에 따라 블루스 형식과 정서가 더 강조된 일이 있는가 하면 반대로 도외시된 때도 있다. 정도의 차이를 떠나 블루스에 대한 감각적 이해는 재즈를 이해하는 데 큰 도움이 된다. 만약 재즈가 흑인들의 역할을 배제한 채 서양 음악의 그늘 아래에서만 형성됐다면 분명 재즈는 지금과는 전혀 다른 무엇이 됐을 것이다. 흔히 재즈를 흑인음악의 일종인 양 인식하는 것도 그 때문이다.

재즈를 말할 때 흔히 함께 거론하는 것이 바로 즉흥연주다. 의외로 많은 사람들이 재즈는 아무런 준비 없이 연주자들이 그때 그때의 감성에 의존해 마음 가는 대로 연주하는 음악이라고 생각하는 모양이다. '재즈에는 악보가 없다'는 얘기가 들리기도 하고 즉흥적으로 연주하기 때문에 다른 음악보다 더 원초적이고 감성적이라는 말을 하는 사람들도 있다. 그러나 결론적으로 말해 이는 매우 큰 오해를 낳기 쉬운 잘못된 인식이다.

사전적 의미의 순수한 즉흥연주로 진행되는 재즈곡은 소수에 지나지 않는다. 오히려 재즈 세계에서는 리허설 없이 연주했다는 것이 큰 뉴스거리가 되기도 한다. 재즈에도 악보가 존재하며 좋은 작곡이 선행했을 때 비로소 훌륭한 작품이 탄생한다. 다만 일반적으로 재즈에서 악보란 기본적인 곡의 멜로디와 리듬 패턴, 그리고 진행에 대한 구성을 담은 것이 전부다.

연주자는 곡 중간 부분에서 자신의 연주력과 감성을 독자적으로 표현할 기회를 얻는데, 바로 이때의 연주가 흔히 말하는 즉흥연주다. 이를 보통 솔로 Solo 라는 말로 구분해 부르는데, 때로는 원곡 멜로디와 전혀 다른 형식으로 연주할 때도 많아 처음 재즈를 듣는 이들은 당혹해하기도 한다.

결국 재즈에서 악보는 기본적인 곡의 골격을 알려주는 일종의 안내서인 셈이고 나머지 부분은 연주자의 감성과 직관에 따라 좌우된다. 재즈 한 곡이 즉흥적으로 연주됐는가 아닌가는 중요치 않다. 그보다는 한 곡을 각각의 연주자들이 얼마나 독창적으로 재현해냈는지에 관심을 기울이는 것이 훨씬 흥미롭다. 결론적으로 재즈에서의 즉흥연주란, 곡 전체를 관장하는 절대적 기준이 아닌 연주 도중 연주자가 자신의 감성을 직관적으로 표출하기 위해 선택하는 하나의 표현양식이다.

재즈 음악인들에게 통용되는 '진리' 중 '한번 간 길은 다시 가지 않는 다'는 말이 있다. 이는 '재즈는 해석의 음악'이라는 정의와 함께 어떤 장르 의 재즈에도 똑같이 적용되는 표현이다. 앞서 거론했듯 즉흥연주 기법과 곡에 대한 다양한 편곡으로 말미암아 재즈는 같은 곡이라도 모두 다르게 연주하는 것이 일반적이다. 따라서 자신이 좋아하는 곡을 어느 연주자에 게 청한다 하더라도 본인이 원하는 분위기 그대로 연출되지 않을 가능성 이 더 크다는 점에 유의할 필요가 있다. 물론 원곡이 매우 독창적일 때는 변주의 범위도 상대적으로 축소된다. 이와 관련해 우리는 '스탠더드'라는 표현을 자주 쓴다. 스탠더드란 재즈 음악인들이 즐겨 연주하는 곡들을 말 한다. 정통 재즈라는 뜻으로도 쓰는데 이는 편의에 따른 것일 뿐 정확한 표현이라고는 할 수 없다.

〈고엽〉이라는 제목으로 잘 알려진 〈Autumn Leaves〉나 〈Summertime〉 그리고 〈My Funny Valentine〉이나 〈Moon River〉 등의 곡은 원래 재즈를 위해 작곡된 작품이 아니었다. 그러나 오랜 세월 재즈 음악인들이 즐겨 연주하면서 이제는 스탠더드, 즉 유명한 재즈 레퍼토리로 알려졌다.

재즈에서 말하는 스탠더드의 개념을 좀더 명확히 하려면 그 반대말을 생각해보는 것이 효과적이다. 새로운 창작곡이라는 의미의 '오리지널 Original'은 바로 스탠더드의 이면에서 재즈 음악인의 작곡 활동을 대변한 다. 실제로 재즈를 연주하는 라이브 무대에서 음악인들은 종종 이런 말을 한다. "이번에 연주할 곡은 여러분이 좋아하는 스탠더드넘버 〈서머타임〉 입니다", 혹은 "다음 곡은 우리 밴드의 피아니스트가 작곡한 그의 오리지 널입니다." 재즈는 음악인들의 곡 해석과 창작곡의 꾸준한 발표를 통해 이렇듯 발전을 거듭해왔다.

자유의 음악 재즈, 네 맘대로 들어라

재즈는 연주자나 감상자에게 똑같이 접근의 자유를 완벽하게 보장한
다. 왕도는 존재하지 않으며 정답 또한 없다. 하지만 오답의 길을 걷는 일
은 종종 관찰되는데, 재즈를 들으면서 자신의 감성을 절대적으로 확신하
지 못하는 것이 첫번째다. 아무리 많은 사람들이 명작 운운하는 작품이라
도 자신에게 다가오지 않으면 아무 의미가 없다. 이는 재즈의 매력이 그
만큼 다양하기 때문이며, 누구나 음악적으로 다른 환경에서 자라왔기 때
문이기도 하다. 물론 오랜 시간 재즈를 듣다 보면 어느 정도 역사적인 시
각을 가지게 되며, 많은 이들이 명작이라 일컫는 작품의 가치를 깨닫을
기회도 그만큼 많아질 것이다.

미국에서 나온 통계이긴 하지만 재즈의 위상을 가늠케 하는 매우 중요
한 자료가 1990년대 중반에 나왔다. 미국 국민의 1인당 평균 국민소득 이
상을 벌어들인 재즈 음악인이 전체 재즈 음악인의 9%에 불과하다는 사실
이다. 결국 나머지 91%의 재즈 음악인은 평균 이하의 경제생활을 한다는
얘기다. 또한 어느 정도 음악적으로 안정기에 접어든 재즈 음악인의 평균
연령이 40대 초반이라는 사실은 어떠한가. 그런 상황에서도 연주에 몰두
하는 재즈 음악인이란 우리가 알지 못하는 어떤 가치에 눈을 뜬 것이 아
닐까. 하지만 그 본질적 답을 먼저 구한 뒤 재즈를 들으려는 이들에게 재
즈는 오히려 매력적이지 않을 공산이 크다. 재즈는 운명적으로, 획일화된
잣대가 통용되는 전근대적 사회와는 궁합이 잘 맞지 않기 때문이다.

사람들은 아직도 재즈라는 단어에서 상류층의 여유 있는 문화생활이나
어두운 클럽 안의 자욱한 담배연기 같은 퇴폐적 이미지를 떠올린다. 무조
건 부정할 수만은 없는 얘기다. 모든 문화예술이 그러하듯 이를 충분히
항유하려면 어느 정도 경제적 여유가 전제해야 하며, 특히 음악에 빠져들
고 싶다는 생각은 기본적 의식주를 해결한 뒤에나 가능하다고 인식하기

때문이다. 그러나 필자는 지금껏 삶의 '빈 공간'을 채우기 위해 재즈를 듣는 이들을 거의 만나지 못했다. 오히려 오랫동안 재즈에 빠져 허우적대는 마니아일수록 경제적 상황과는 상관없이 음악에 몰두하는 모습을 자주 보았다. 재즈는 가까이 갈수록 멀어지지만 한편으로는 강한 중독성으로 사람들을 끌어들이는 역설적 미학이 있다. 쉽게 다가설 수 없는, 스스로 찾는 이에게만 자신의 매력을 마치 옷자락을 살짝 들어올리듯 보여주는, 그런 음악이 바로 재즈다.

김현준 artaylor@hanmail.net
미국 시카고루스벨트 대학교 음악학부를 졸업했다. 서울예술대학교 실용음악과에 출강하며 재즈 관련 집필, 방송, 공연기획 활동을 하고 있다. 저서로 『김현준의 재즈파일』이 있다.

살아남은 다섯 마당,
잃어버린 일곱 마당

인물치레, 사설치레, 득음, 너름새……. 외모와 감성과 소리와 연기력을 겸비한
판소리 명창은 전통사회의 음유시인이자 서민예술의 대표자였다.
그들이 펼치는 인간사 열두 마당 훑어 읽기.

유영대 고려대 교수 · 국문학

할머니 품에서 잠들어본 기억이 있는가. 어렸을 때 나는 할머니 품에서
옛날이야기 듣기를 무척 좋아했다. 우리 할머니는, 학술적으로 표현하면
좋은 '제보자'였다. 할머니 품에서 옛날이야기를 듣다 잠들고, 다음날을
맞는 게 그 무렵의 가장 큰 즐거움이었다.

할머니가 이야기 잘하는 분으로 동네에 소문이 났기 때문에 내 또래 아
이들도 우리 집에 모여 할머니의 이야기를 함께 즐겼다. 할머니의 이야기
레퍼토리는 아주 다양했다. 무서운 이야기와 우스운 이야기, 임경업 장군
이야기와 장화홍련 이야기, 긴 이야기와 짧은 이야기를 섞어가며 어린 나
의 구미에 맞게 잘 얘기해주는 좋은 '구연자'였다. 할머니는 '이야기 좋아
하면 가난하게 산다'고 말씀하시면서도 밤이 이슥하도록 이야기를 들려주
셨다.

간혹 동네 이야기꾼이나 노래 잘 부르는 이들이 모이면 조금 더 큰 규
모의 '이야기판'이 벌어지기도 했다. 그런 판에서 어떤 이야기는 노래로
아주 길게 불리기도 했다. 그러면 그 무대는 '소리판'으로 바뀌었다. 놀

이, 연희, 공연을 위한 무대를 우리는 전통적으로 '판'이라 불러왔다. 전통사회에서는 유랑 예능인들이 놀이판을 마련하고 땅재주나 줄타기 등 곡예를 공연했다. 그들이 공연한 무대를 '굿판'이라 했으며, 굿판에서 벌인 여러 예술 형태를 묶어 '판굿' 혹은 '판놀음'이라 불렀다.

전통사회의 굿판에서 광대들이 벌인 판놀음에는 풍물이나 줄타기, 꼭두각시놀음 등 여러 레퍼토리가 있었으며, 판소리는 명창이 청중을 대상으로 부르는 소리의 측면이 강화된 연행예술이었다. 판소리는 명창이 병풍을 두르고 돗자리를 펼친 마당이나 공연장에서 고수의 북 반주에 맞춰 짧게는 3시간, 길게는 8시간 정도 걸리는 이야기를 몸짓을 섞어가며 흥미롭게 노래하는 판의 예술이다. 연행하는 형태를 보면 음악극의 모습이며, 담긴 내용으로 보면 이야기를 연극으로 보여주는 서사극이기도 하다. '판'에서 이야기와 노래와 연행을 함께 행하는 종합예술의 형태가 바로 판소리이다. 판소리는 조선 후기에 나타난 민중예술의 하나로, 민중의 삶을 구체적으로 반영해 노래한 서민예술이다.

탁하면서 맑은, 거칠면서 부드러운

판소리 명창은 오른손에 부채를 들고 소리를 하는데, 잘 들어보면 노래로 하는 부분과 말로 하는 부분이 교차해 나타난다. 노래로 부르는 부분을 '창(唱)'이라 하고 말로 하는 부분을 '아니리'라고 한다. 아니리는 소리와 소리 사이에 나타나는 대목으로, 평탄한 말로 이야기 줄거리를 요약해주거나 이야기의 진행을 설명하는 부분이다. 아니리를 하는 동안 광대는 막 들려준 노래로 죄어놓은 청중의 긴장을 풀어주면서, 자신은 숨을 돌리고 목을 쉬며 다음 소리를 대비한다. 또 광대는 서서 노래만 하는 게 아니고 연극적 동작도 하는데, 이를 '발림' 혹은 '너름새'라고 한다. 고수는 북을 쳐서 반주하며 소리 중간중간에 '얼씨구' '좋다' 따위의 추임새를 연발

조선 헌·철종 시대의 명창 모흥갑이 평양 능라도에서 소리하는 모습을 묘사한 그림

한다. 판소리 명창은 전통사회의 예술인으로서 음유시인이자 작곡가이며, 가수이자 연극배우라 할 수 있다.

판소리 명창은 훌륭한 가수로서 좋은 목을 타고나야 한다. 또 오랜 훈련을 통해 완성된 성음을 구사해야 한다. 판소리에 필요한 음색과 여러 가지 발성 기교를 습득하는 것을 득음(得音)이라 한다. 판소리는 쉬어서 거친 듯한 탁한 목소리, '곰삭은 소리'를 구사하여 연행한다. 그러나 탁하면서도 맑아야 하고, 거칠면서도 부드러운 소리를 지향한다.

판소리는 목소리를 표현매체로 사용하는 예술이기 때문에, 목소리의 특징을 설명하는 '목' '성음(聲音)' 등의 용어로 소리의 특징과 완성도를 규정한다. 성음은 명창이 내는 소리의 특질을 의미하는 용어로, '통성' '수리성' '천구성' '떡목' 등의 표현으로 소리의 등급과 완성도를 나타낸다. 통성은 뱃속에서 위로 뽑아내는 호방한 소리를 말하며, 수리성은 쉰 목소리같이 껄껄하게 나오는 소리를 뜻한다. 천구성은 거칠고도 맑으며 높은 음역으로 내는 슬픈 선율의 소리를 말하는데, 가장 좋은 성음으로 친다.

판소리 명창은 연극배우처럼 연희를 보여주는 배우이기도 하다. 그는 소리뿐 아니라 몸짓으로도 판소리를 연기한다. 광대가 소리를 하면서 보여주는 몸짓이나 연기가 너름새와 발림이다. 너름새는 사설이 그려내는 장면을 춤이나 동작을 통해 보조적으로 보여주는 행위다. 부채를 펴서 박타는 흉내를 내거나 부채를 떨어뜨려 심청이 인당수에 빠지는 비유를 하듯, 너름새는 사실적이기도 하지만 상징화되고 양식화된 방법을 사용하기도 한다. 신재효는 그의 〈광대가〉에서 광대가 갖춰야 할 요건으로 '인물치레' '사설치레' '득음' '너름새'의 4가지 덕목을 꼽고, 그중에서도 순식간에 천태만상을 보여주기 위해 너름새를 개발해야 한다고 말했다.

"제비 몰러 나간다"

19세기에 활약한 명창들로는 권삼득, 송흥록, 염계달, 모흥갑, 고수관 등이 유명하다. 그리고 박유전, 이날치, 김세종 등이 19세기 후반에 크게 이름을 떨쳤다. 20세기 전반기에 활약한 명창으로는 김창환, 송만갑, 이동백, 전도성, 김창룡, 유성준, 정정렬 등이 있으며, 이들 명창의 소리는 유성기 음반으로 남아 그 소릿결을 지금도 확인해볼 수 있다.

명창은 소리마다 음색이 독특하고 스타일도 다르다. 어떤 명창이 독창적인 대목을 창작해서 불렀는데 그 대목이 인기를 누려 다른 명창들도 그대로 흉내내어 전승될 때 이 부분을 '더늠'이라 부른다. 더늠은 '더 넣는다, 더 늘어난다'는 의미로 뛰어난 창자(唱者)가 새롭게 짜서 늘어난 부분이다. 물론 작가이자 작곡가로서 창자의 창작을 인정해주며, 이후 그 대목을 부르는 창자들은 소리의 모두(冒頭)에 그 작품의 창자를 밝혀준다. 김창환의 〈제비 노정기〉라든가, CF로 더욱 유명해진 "제비 몰러 나간다"의 권삼득이 창안한 더늠 〈제비가〉가 대표적이다. 임방울의 〈쑥대머리〉는 옥중에서 절망감에 빠진 춘향의 적막한 독백 때문에 일제 강점기 때 한시대를 풍미한 노래였다.

국악인 이영태씨가 '어린이 판소리
반' 수강생들에게 목청 틔우는 법을
가르치고 있다

판소리는 전승된 지역에 따라 가창 방식과 소리 놓는 법 등이 서로 다르다. 동편제, 서편제, 중고제 등 판소리가 전승되는 지역에 따라 소리 하는 방식이 각각 독특한 형태로 발달해왔으며, 그것이 하나의 법제로 굳어졌다. 이들 지역은 이름난 명창이 살던 지역이기도 하다. 전통사회에서는 명성과 교육 능력이 있는 명창의 집에 학생들이 함께 기식하면서 오랜 시간 학습했다. 같은 스승에게 배우다 보니 배우는 이들의 소리 스타일도 거의 같았다. 씩씩하고 웅장한 맛이 나게 소리를 끌어가거나, 애원처절하며 기교 위주로 소리하는 것은 소리를 독자적으로 수련해 얻은 명창의 특별한 능력이지만, 이것이 일가를 이뤄 제자들에게 전수되는 과정을 거치면 동일한 지역에서 불리는 동일한 스타일의 판소리가 된다.

판소리의 곡조와 장단, 그리고 고수

판소리는 문학적 내용의 시로 된 사설에 악곡과 장단을 배합해 짜맞춘 형식이다. 내용으로 보면 서사시나 연극적 성격이 강한 문학작품이지만, 다른 한편으로 보면 노래극이기도 하다. 판소리엔 각각 사설들이 있고, 이 사설의 의미에 부합하는 악곡과 장단을 짜넣어서 완성한 음악극의 형식이다.

판소리 사설은 일정한 장단과 악상에 따라 그 정서가 결정된다. 보통 슬픈 내용의 사설은 느린 장단에 슬픈 악상으로 결합된다. 그런데 어떤 사설은 빠른 장단에 슬픈 악상으로 결합되어 그 슬픔의 정도를 강화하는 독특한 효과를 내기도 한다. 판소리 사설에 장단과 악상이 결합하는 양상은 아주 다채롭다. 서양음악에서는 장조가 기쁘고 씩씩하고 남성적인 악상을 주며, 단조는 슬프고 어둡고 여성적인 느낌을 준다. 판소리에도 이와 같은 악상이 있다. 악상에는 슬픈 선율과 즐거운 선율이 있고, 장단에는 느린 장단과 빠른 장단이 있어서, 이 둘의 결합방식에 따라 흥겨운 느낌이나 장중한 느낌, 슬픈 느낌 등 다른 방식으로 직조된다. 판소리의 각 대목은 소리의 미의식이나 지향에 따라 우조, 평조, 계면조 등의 정서로 구분된다.

우조(羽調)는 웅장하고 씩씩한 느낌을 주는 악곡으로 장엄한 장면이나 남성다운 장면, 영웅적 인물의 호탕하고 씩씩한 기상을 표현하는 장면에서 선택된다. 〈춘향가〉 중 「적성가」와 〈심청가〉 중 「장승상 부인」 대목을 우조로 노래한다. 평조(平調)는 편안하고 화평한 느낌을 주는 악곡이다. 기쁜 장면이나 흥겹고 화평한 분위기를 보여주는 장면에 주로 쓰인다. 〈춘향가〉의 「기산영수」 대목이 평조로 불린다. 계면조(界面調)는 판소리의 기본인 조로 애절히 탄식하는 장면, 슬픈 이별의 정서를 노래하는 장면에 흔히 사용된다. 〈춘향가〉 중 「이별가」나 〈심청가〉 중 「추월만정」을 계면조로 노래한다.

소리는 합당한 장단이 있는데, 판소리 광대의 소리에 고수가 북으로 장단을 맞춰준다. 장단은 서양음악의 박자와 흡사한데, 소리의 빠르기를 북으로 조절해주는 기능을 말한다. 어떤 대목에선 북이 강하게 각을 쳐 소리의 진행을 강조하거나 소리의 미진함을 보완하며, 다른 부분에선 북소리를 거의 내지 않아 소리의 흐름을 터주면서 소리와 반주의 조화를 이뤄

냈다. 이것들이 고수의 역할이다. 판소리에 사용하는 장단은 가장 느린 진양조부터 중모리, 중중모리, 자진모리, 휘모리 등으로 빨라지며, 이밖에 엇모리, 엇중모리 등의 장단이 있어서 소리의 빠르기를 규정하고 호흡을 조절한다.

고수는 단순히 기계적으로 정해진 리듬을 치는 일 외에 소리의 완급과 사설의 정서까지 조절하는 기능을 한다. 고수는 다양한 장단의 틀을 이용해 창자의 소리 운용 태도에 따라 기교를 달리하며 북을 친다. 소리에 장단을 붙여가는 방식으로 '대마디 대장단'이나 '부침새' 등이 있다.

소리의 맥을 제대로 살려주는 고수의 기능과 역할을 중요시하여 예전부터 '일고수 이명창'이란 말로 고수의 위치를 높여주기도 했다. 고수가 소리판의 분위기를 흥겹게 만들고 창자를 북돋워주려고 '얼씨구'라든지 '좋다' 등 일정한 조흥구를 노래 사이에 집어넣기도 하는데, 이를 추임새라 부른다. 특히 소리꾼의 컨디션이나 상황을 잘 헤아려 적절히 북반주하는 것을 '보비위'한다고 말한다. 고수가 내는 추임새는 광대의 구연 의욕을 북돋우기 위한 적극적 탄성이지만, 관중도 감상하는 자리에서 추임새를 발할 수 있다. 관중의 추임새는 판소리를 들으면서 야기된 감흥을 자연스럽게 발산하는 감탄사이며, 생동적인 판으로 이끌어나가는 데 중요한 기능을 한다.

'마당 소리' 인가 '바탕 소리' 인가

판소리의 전체 레퍼토리는 얼마일까? 흔히 판소리 열두 마당이라는 말처럼 현재까지 알려진 것은 12종류다. 마당이란 용어는 '마당에서 길게 제대로 하는 소리'라는 의미에서 판소리 종류를 범칭하는 용어다. 원래 판소리 무대가 마당이란 점에서 이렇게 두루 열두 마당이라 불렀다. 그런데 최근엔 '판소리 다섯 바탕'이란 용어를 사용하기도 한다. '마당 소리'에서

'바탕 소리'로 진행한 데는 판소리의 기반 변모와 일정한 관련이 있다. 판소리가 마당에서 함부로 불리는 예술이 아니라는 인식에서 '바탕 소리'라는 용어가 '마당 소리'를 대체했기 때문이다.

판소리엔 모두 열두 마당이 있었다. 앞에서 얘기한 대로 노래 다섯 작품은 전승되고 있으며, 일곱 작품은 실전(失傳)됐다. 지금까지 전해오는 다섯 마당은 〈춘향가〉〈심청가〉〈흥보가〉〈수궁가〉〈적벽가〉이고, 〈변강쇠타령〉은 곡조는 없어지고 노랫말만 신재효가 남긴 사설집에 남아 있어 이 여섯 가지 레퍼토리를 판소리 여섯 마당이라 부른다.

실전 판소리는 〈변강쇠타령〉〈옹고집타령〉〈배비장타령〉〈강릉매화타령〉〈장끼타령〉〈무숙이타령〉〈가짜신선타령〉 모두 일곱 작품이다. 이들 작품도 조선 후기엔 중요 레퍼토리로 전승되었으나, 작품들의 주제가 대체로 민중적 세계관에 철저하다는 점이나, 사설의 내용이 발랄한 민중 언어로 표현되었다는 점 등 여러 이유로 전승이 끊겼다. 민중적 기반 속에서 태어난 판소리는 19세기 들어 자체 변모와 발전을 통해 다수의 양반들을 청중으로 끌어들이는 데 성공했으나, 이들의 적극적 개입과 참여 속에서 상당한 변화를 겪었다. 이 과정에서 양반의 감성과 미의식에 적합하지 않은 일곱 작품이 탈락했다. 이 작품들은 내용에서 철저하게 세속적 욕망의 세계를 그려냈으며, 절제와 균형, 세련을 요구하는 양반층 문화와는 어울릴 수 없었다.

〈춘향가〉

조선 후기 사회의 본질적 모순인 신분 갈등을 신분이 서로 다른 남녀간 사랑을 통해 문제삼는 작품이다. 춘향이라는 미천하지만 아름답고 당찬 기생과 이몽룡이라는 멋지고 사내다운 양반집 도령의 실현될 수 없을 듯 보이는 사랑의 과정을 달콤하게, 슬프게, 다시 신나게 묘사한 것이 이 작품의 흐름이다. 두 사람이 신분 차이를 극복하고 사랑을 성취함으로써,

궁극적으론 사람들의 자유로운 교류를 막아온 신분제도가 당시 사회의 심각한 모순이라는 점을 밝힌 것이 중요한 주제라 하겠다. 또 변학도를 통해 당대의 부도덕하고 탐욕스러운 지배층과 이에 맞서 싸우는 서민의 현실을 사실적으로 보여주고 있다.

춘향은 남원 퇴기 월매의 딸이다. 그녀는 남원골 사또 자제 이도령과 광한루에서 만나 사랑을 나누고 혼인을 약속한다. 사또가 승직하여 한양으로 가자 두 사람은 후에 만날 기약을 남기고 오리정에서 이별한다. 변학도가 남원에 부임하면서 춘향이 기생 신분임을 알고 수청을 강요하나 춘향은 거절하여 옥에 갇힌다. 한편 이도령은 과거에 급제하여 어사가 되어 남원에 나타나고 옥중에서 춘향과 상봉한다. 다음날 동헌에서 열린 변학도의 생일잔치 자리에 출두한 이도령은 변학도의 탐학상을 공개하고 춘향을 구해내어 혼인에 이른다는 줄거리다.

〈심청가〉

조선 후기 사회의 가난한 현실을 사실적으로 보여주면서, 그것의 환상적 극복을 노래한 작품이다. 미천한 신분의 모녀가 험한 세상을 살아가는 과정을 노래한 것으로 현실의 모습을 보여준다. 심청 어미인 곽씨 부인의 품팔이 노래라든지, 심청이 동냥하는 대목, 선원들이 처녀를 사 가는 대목, 뺑덕어미의 등장 등은 조선 후기 민중사회의 현실을 사실적으로 보여주는 노래들이다.

작품의 후반부는 심청이 구출되고 신분이 높아지는 과정을 아름답고 환상적으로 처리한다. 인당수에 빠진 심청이 용궁에 가서 어머니와 상봉하고 신분이 높아진 뒤 꽃봉을 타고 지상으로 돌아온다. 도사공이 심청이 탄 꽃을 황제에게 바쳐 심청은 황후가 되며, 황후의 부탁으로 황성에서 맹인잔치가 열린다. 그 자리에서 부녀가 상봉하고 심봉사가 눈을 뜨며, 모든 맹인도 함께 눈을 뜬다는 낭만적 결말이다. 〈심청가〉는 슬픈 대목이 너무 많아 비극적 정조가 강하지만, 향유층이 양반층으로 상승되면서 심봉사도 양반으로 격상되고, 심청이 장승상 부인과 만나는 등 우아한 내용이 첨가되기도 했다.

〈흥보가〉

형제간 우애 문제를 다루면서 조선 후기 서민사회의 궁핍한 정황을 살갑게 그려낸 작품이다. 흥보의 착한 성품과 놀보의 심술궂고 악착같은 성품을 대비해 보여줌으로써 흥미를 돋운다. 흥보는 다리가 부러진 제비를 고쳐준 대가로 박씨를 얻고, 박씨에서 돈과 쌀과 비단과 집이 나와 행복하게 산다. 형인 놀보는 일부러 제비다리를 분질러 봉욕을 당하고 재물을 빼앗긴다. 「흥보 매품을 파는 대목」이나 「가난타령」 「돈타령」 등을 통해 가난한 서민들이 고생하며 살아가는 모습이 사실적으로 묘사된다. 흥보의 박에서 밥과 옷과 집이 나온다는 내용에도 조선 후기 민중의 의식주에 대한 꿈이 환상적으로 반영되었다.

〈수궁가〉

조선 후기의 정치 현실을 우화적으로 풍자한 작품이다. 힘은 없으나 살아가는 지혜를 갖춘 토끼로 대변되는 민중층과 탐욕적이고 부도덕한 용왕 및 별주부로 대표되는 지배층 사이의 갈등이 우의적으로 잘 그려진 통쾌한 정치풍자를 담았다. 토끼는 서민으로 그려지고 용왕과 별주부는 지배층으로 풍자된다. 지배층의 우두머리로서 갖춰야 할 덕목도 없이 매일 주색에 빠져 있다 병을 얻어 울어대는 세속적 인물이 바로 용왕이다.

용왕이 병이 들자 명의가 토끼의 간이 약이 된다고 진단을 내린다. 충신인 별주부가 토끼를 구하고자 육지로 오는데 이 과정을 그려낸 노래가 「고고천변」이다. 별주부는 육지에 와서 '상좌다툼'하는 모습을 보다가 드디어 토끼를 만난다. 그는 세상살이의 고달픔과 함께 용궁생활을 이상향으로 제시하며 토끼를 꼬여 수궁으로 데리고 간다. 수궁에 당도한 토끼가 비로소 속은 줄 알고 꾀를 써서 용왕을 속이고 수궁을 빠져나오는 이야기가 드라마틱하게 전개된다.

육지에 도착한 토끼는 덫에 걸리거나 독수리에게 잡혀다니는 등 고난을 겪으며 살아간다. 허세와 위선에 가득 찬 기존 지배세력에 대한 날카로운 비판정신이 이 작품에 담겨 있다. 〈수궁가〉는 토끼가 중심인 지배층 풍자가 중심 주제이면서 발랄한 서민의식을 강조했다. 그러나 후대에 이르면 계층간 갈등보다는 골계적 요소를 강조하고 별주부의 충(忠)을 강조하는 쪽으로 내용이 변개(變改)한다.

〈적벽가〉

〈적벽가(赤壁歌)〉는 원래 중국소설 『삼국지연의』 가운데 '적벽대전'을 중심으로 조조의 화용도 피란까지의 줄거리를 차용해 서민 시각에서 새롭게 개작한 정치풍자 작품이다. 수많은 영웅과 장수가 등장해 전쟁의 참상과 웅혼한 장수의 기상을 전하는 대목이 많아 빠른 장단에 웅장하고 씩씩한 우조를 많이 사용하는 남성적인 작품이면서, 「군사서름타령」이나 「군사점고」 등 서민 군사들이 서러움을 직접 토로할 때는 계면조의 노래도 많이 등장하는 아기자기한 묘미도 있는 작품이다.

〈적벽가〉는 조조를 정당성이 결여한 권력의 핵심으로 규정하여 풍자하고, 부당하게 전쟁에 동원돼 죽음으로 내몰리는 민중의 한을 절실하게 그려낸다. 전쟁에 대한 혐오를 보여주는 것이 주된 내용이며, 타락한 정치 지도자를 여지없이 풍자하는 완성도 높은 작품이다. 〈적벽가〉는 유비, 관우, 장비가 도원에서 형제가 되는 「도원결의」 대목에서 시작해 공명을 찾아가는 「삼고초려」 대목으로 이어지며, 적벽대전에서 공명이 동남풍을 빌려 조조의 군사를 대파하고, 조조가 화용도로 도망하자 관우가 그를 사로잡았다 놓아주는 대목까지 부른다. 그러나 각 부분에서는 민중의 처지에서 새롭게 개작한 대목이 대부분을 차지한다.

〈변강쇠가〉

천하의 오입쟁이인 강쇠와 성욕이 왕성한 옹녀라는 인물이 등장해 조선 후기 서민과 천민의 여러 삶의 모습을 흥미롭고도 사실적으로 보여주는 작품이다. 노랫말은 『신재효 사설집』에 실렸으며 송흥록 명창이 이 소리를 잘했다고 전하고 있다. 일제시대까지 부분적으로 불린 이 작품은 최근에 박동진 명창이 재현해 부른 적이 있다. 〈변강쇠가〉는 〈가루지기 타령〉 혹은 〈횡부가(橫負歌)〉라고도 불린다. 시체를 '가로(橫)＋지기(負)'하여 치상하는 정황을 그린 판소리라는 의미다. 뻣뻣하게 굳은 시체를 지게에 가로져서 내가는 것은 아주 가난한 천민들의 장례풍속이라 할 수 있다.

남도에 사는 천하 양골 변강쇠와 평안도에 사는 천하 음녀 옹녀는 자신의 삶의 터전에서 살지 못하고 떠돌다 만나 부부가 된다. 이들은 처음엔 도시 살림을 해보지만, 강쇠가 놀기만 일삼고 강짜만 부려 지리산 속으로 들어간다. 변강쇠는 놈팡이나 왈패 같은 측면을 보여주기도 한다. 지리산에 가서도 놀기만 하던 변강쇠는 장승을 베어다 땔감으로 때고는 동티가 나서 죽는다. 그런데 변강쇠를 치상하는 과정에서 사건이 다른 양상으로 확대된다. 변강쇠를 치상한 후에 옹녀와 살기로 하고 이 일에 나선 사람들이 모두 죽거나 땅에 들어붙는 변괴가 생겨난다. 그러나 사당 거사패들과 뎁득이가 지성으로 귀신에게 빌어, 붙은 궁둥이가 떨어지고 치상한다는 줄거리다.

〈변강쇠가〉엔 음란한 노래가 포함돼 있기도 하지만, 삶에서 중요한 부분을 차지하는 '성(性)'을 직접적 소재로 인간사의 여러 가지 문제를 다뤘다. 농촌에서 유리된 유랑민들의 뿌리 뽑힌 삶의 모습, 왈패와 유랑 연희패들의 구체적 삶의 모습, 장승과 관련한 신분간 싸움의 모습들을 함께 읽을 때 이 작품의 진정한 면모에 다가갈 수 있으리라 생각한다.

〈배비장타령〉

〈배비장타령(裵裨將打令)〉은 실전 판소리지만, 소설 『배비장전』으로 그 내용을 짐작할 수 있다. 도덕군자인 체하는 배비장이 제주도에 가서 애랑(愛娘)이란 여자에게 반한다는 내용이다. 행실의 바름을 뽐내던 배비장의 비속성을 드러내고, 형식에 치우친 공허한 유교적 도덕관념을 통렬히 풍자하며 전체적으로 해학이 넘쳐흐른다. 서울의 김경(金卿)이라는 양반이 제주목사가 되어 부임하는 길에 서강(西江)에 사는 배선달을 비장(裨將)으로 데려간다. 심지가 곧기로 이름난 배비장은 제주에 도착하여 주색을 멀리하고 도도하게 지낸다. 상관인 제주목사의 명을 받은 기생 애랑과 방자는 계교를 써서 비장을 유혹한다. 배비장은 애랑의 집에 찾아갔다가 알몸으로 뒤주 속에 갇힌 채 바다에 버려졌다고 꾸며진다. 실제로 배비장이 버려진 곳은 바다가 아니라 감영의 뜰이었는데, 그는 이 사실을 모르고 헤엄쳐 나오다 둘러선 사람들에게 망신을 당한다는 내용이다.

〈강릉매화타령〉

〈강릉매화타령(江陵梅花打令)〉은 정노식의 『조선창극사』에 판소리 열두 마당의 하나로 소개됐으나 사설이 전하지 않다가, 1992년 이 사설을 바탕으로 한 「매화가(梅花歌)」란 소설이 발견돼 내용을 짐작할 수 있게 됐다. 이 작품은 타락한 인물인 골생원에 대한 풍자와 희화화를 통해 삶의 건전성과 균형감각을 일깨우고자 했다. 강릉부사의 책방 골생원이 강릉의 일등 명기 매화를 만나 즐겁게 지내는데, 서울 와서 과거를 보라는 부친의 편지가 온다. 서울에 온 골생원은 과거시험 답지에 매화를 그리워하는 시를 써내고 낙방하여 강릉으로 돌아온다. 강릉부사는 거짓으로 큰 길가에 매화의 무덤을 만들어두고 매화가 죽었다고 전한다. 골생원은 매화의 무덤에 가서 통곡하고 매화의 초상화를 그려 껴안고 지낸다. 황혼 무렵, 사또의 지시로 매화가 귀신인 체하고 골생원과 만난다. 다음날 개화는 골생원을 나체로 경포대에 유인한다. 골생원은 매화와 함께 자신들의 넋을 위로하는 풍악에 맞추어 춤을 추다가, 사또에게 자신이 속았음을 깨닫는다는 내용이다.

〈옹고집타령〉

〈옹고집타령(雍固執打令)〉은 소설『옹고집전』의 내용과 일치할 것이라 생각된다. 옹진골 옹당촌에 사는 옹고집은 욕심 많고 고집 센 인물이다. 그는 불도(佛道)를 능멸하여 동냥 온 중들에게 행패를 부리다 도승의 노여움을 산다. 도승은 도술을 부려 지푸라기로 허수아비 옹고집을 만든다. 가짜 옹고집은 진짜 옹고집의 집에 찾아가 진짜를 내쫓고 그의 아내와 함께 산다. 진짜 옹고집은 가짜에게 쫓겨난 후 갖은 고생 끝에 개과천선하고, 도사의 용서를 받은 다음 다시 집에 돌아와 산다. 옹고집은 놀보와 같은 유형의 인물로서, 조선 후기에 등장한 서민 부자층을 대변하는 듯하다. 이들은 조선 후기 화폐경제의 발전과 더불어 심화한 계층간 갈등을 적절히 반영했다고 보인다. 이들이 보여주는 극단적 이기심과 일탈적 행동이 서민들의 반감을 사 신랄한 풍자 대상이 된 것이다.

〈장끼타령〉

〈자치가(雌稚歌)〉라고도 불린다. 소리는 실전됐으나 소설『장끼전』이 전하고 있어 그 내용을 짐작할 수 있다. 장끼가 까투리의 말을 듣지 않고 콩을 주워 먹다 짐승을 잡는 틀에 치어 죽는다. 그러자 까투리는 여러 새의 청혼을 받으나, 결국 문상 온 홀아비 장끼에게 시집 가서 잘살았다는 이야기다. 타인의 충고를 받아들여야 하며, 분에 넘치는 욕심을 부려선 안 된다는 등 교훈적 내용을 중심으로 여성의 정조관념에 대한 풍자와 기층민중에 대한 참혹한 수탈의 양상을 아울러 함축한 작품이다.

〈왈짜타령〉

〈왈짜타령(曰者打令)〉은 〈무숙이타령〉이라고도 하며, 중고제 명창 김정
근이 잘했다고 하나 소리는 전하지 않는다. 소설 『계우사(戒友辭)』는 〈왈
짜타령〉의 사설 정착본으로, 18세기 이래 서울의 도시적 유흥이 사회적
현상으로 대두한 현실을 배경으로 사회의 기생적 존재인 왈자의 행태를
풍자함으로써, 새롭게 등장한 평민 요호층의 삶에 대한 균형감각을 일깨
우는 작품이다. '왈자'는 왈패 혹은 건달을 가리키는 말이다. 소설본에 따
르면 주인공 김무숙은 대방왈자로 서울 중촌(中村) 갑부의 아들이며, 여
자 주인공 의양은 평양에서 선발돼 궁중에 바쳐진 내의원 소속 기생이다.
무숙은 의양을 한 번 본 뒤 크게 혹하여 그녀를 기적에서 빼내 함께 살림
을 차린다. 의양은 살림을 제법 규모 있게 꾸려가지만, 무숙이는 여전히
방탕한 생활을 한다. 보다못한 의양은 무숙의 본처와 노복인 막덕이, 대
전별감 김철갑, 다방골 김선달, 평양 경주인 등과 공모해 무숙을 극도의
경제적 궁핍에 빠지게 함으로써 마침내 개과천선케 한다.

〈가짜신선타령〉

〈가짜신선타령(假神仙打令)〉은 사설이나 소리가 전하지 않기 때문에
자세한 내용은 알 수 없으나, 송만재가 쓴 「관우희(觀優戲)」란 작품에 따
르면, 한 사내가 신선이 되려고 금강산에 들어가 노승에게 천도복숭아와
술을 구해 먹었으나 결국 그 중에게 속고 말았다는 이야기다. 이 작품은
고전소설 「숙영낭자전」과 일정하게 연결된다.

시대를 담는 예술, 판소리는 계속된다

일제 강점기를 거치며 우리에게는 창작 판소리가 몇 편 생겼다. 창작
판소리는 변화하는 시대의 모습과 변혁적 요구를 판소리에 담아내기 위

한 노력에서 나왔다. 일제 때 벌인 전통문화 말살정책으로 판소리는 심각하게 훼손되면서 명맥을 이어온다. 해방 전후 창작 판소리인 〈열사가〉가 생겨 항일정신을 판소리로 표현해낸 것은 아주 소중한 전통이다.

20세기 후반, 판소리를 사회변혁운동의 도구로 삼으면서 새롭게 창작하고 보급한 사람이 임진택이다. 그는 김지하가 지은 담시인 「오적」「소리내력」「똥바다」 등을 판소리로 짜서 불렀다. 김지하는 이농민이면서 서울에 올라온 안도라는 인물을 주인공으로 등장시켜 권력의 횡포와 민심의 동향을 풍자적으로 이야기하는 담시 「비어」를 발표했다. 임진택은 이 작품을 〈소리내력〉으로 제목을 바꿔 판소리로 짜서 노래했다. 그는 또 광주민주화항쟁의 일정을 사설로 만들어 창작 판소리 〈오월광주〉를 지어서 부르기도 했다. 임진택이 지어 부른 판소리엔 1970~1980년대 암울한 시대의 단면이 사실적으로 그려져 있으며 사회 비판과 풍자의 내용이 담겨 있다. 창작 판소리는 판소리의 내용을 다채롭게 해주었으며, 시대를 반영했다는 점에서 의의가 있다.

판소리 감상회에 가 보면 사설집을 넘겨가며 감상하는 젊은이들이 눈에 띄는데 아주 멋있어 보인다. 예전에 할머니 품에서 소리를 듣던 경험에서, 이젠 사설집을 넘겨가며 듣는 것으로 풍속도가 바뀌었다. 이같은 청중의 취향이나 기호를 존중하면서 새로운 판소리 시대를 여는 것이 우리 시대의 과제이리라 생각한다. 지난해 또랑광대 콘테스트에서 컴퓨터 게임의 추이를 판소리로 그려낸 작품이 상을 받았다. 판소리가 시대를 적절히 담아내는 예술이 되면서 그 의미는 우리에게 새롭게 다가온다.

앞으로 창작 판소리는 늘어날 것이며, 창작 창극은 전통 연극술의 적용을 통해 훨씬 정밀해지고 양식화되어 민족적 양식으로 자리잡을 것이다. 판소리에 현대의 언어를 사용할 때를 대비해 사설을 시적 율격poetic diction에 맞게 오늘날의 우리말로 바꾸는 것이 시급한 과제다. 새로 짓는 노랫말은 판소리에서 상투적으로 사용하는 말투를 포함하여 판소리적 관습

convention을 이용해야 한다. 노랫말과 동작이 맞게, 전통적인 표현 방식을
면밀하게 확인해가며 적용함으로써 생명력을 확보해야 할 것이다.

유영대 yyyy@korea.ac.kr
고려대학교 국문과를 졸업한 뒤 같은 대학원에서 석·박사 학위를 받았다. 전주 우석대학교 교수를 지냈다. 저서로
『심청전연구』, 『고전소설의 이해』, 『호남의 언어와 문화』, 『판소리의 세계』 등이 있다.

영혼으로 만나는 세상

모든 언어가 끝났을 때, 발레가 시작됐다

'인간의 육체가 도달할 수 있는 美의 최고 경지' 발레,

까치발과 튀튀가 등장하기까지 발레는 어떤 길을 걸어왔나.

알기 쉽고 흥미진진한 발레 입문 다이제스트.

이은경 국민일보 심의실장

아는 만큼 보인다는 말이 문화예술 이해의 키워드로 떠오른 적이 있다. 물론 맞는 이야기이며 발레도 예외가 아니다.

그런데 무엇을, 얼마나 알아야 하고, 또 어떻게 알 수 있을까? 마음 굳게 먹고 두꺼운 전문서적과 씨름할 수도 있겠지만 그것만이 능사는 아니다. 참고할 만한 책이 많지 않은데다 대부분 전문용어 투성이다. 설사 전문서적을 어렵사리 독파해 이론을 쪽 뗀다고 해서 발레를 제대로 이해한다고 말하기도 어렵다. 발레 테크닉을 구체적으로 구별하거나 무용가들의 계보를 따지는 일보다 더 중요한 것은 나름의 안목과 감수성으로 발레에 다가가는 것일지도 모른다. 그것은 박자나 화음을 굳이 따지지 않아도 음악을 즐길 수 있는 이치와 같지 않을까. 발레는 머리보다는 감성으로 즐기는 예술이다.

발레에 대해 알고 있는 것들

우리는 발레에 대해 얼마나 알고 있을까? 정식으로 발레 공연을 본 적이 없는 사람도 발레에 대해 아는 것은 생각보다 많을 것이다.

발레 하면 가장 먼저 떠오르는 이미지는 아마 하늘하늘한 날개옷을 입은 가냘픈 발레리나가 까치발로 무대 위를 떠다니듯 오가는 환상적인 모습일 것이다. 그런데 이 간단한 장면 묘사에 발레를 이해하는 단서인 핵심적인 요소들이 망라해 있다.

우선 까치발이 그러하다. 발레용어로는 쉬르 레 푸엥트Sur les Pointes라고 하는 까치발은 발레 테크닉의 출발점이자 발레를 다른 무용 장르와 구별하는 결정적인 요소다. 또 발레 의상 튀튀Tutu는 단순한 소품이 아니라 변천사 자체가 발레 테크닉의 발달과 밀접한 관계가 있어 발레 이해의 단서를 제공한다. 발레리나의 치마 길이나 형태만 봐도 낭만주의 작품인지 고전주의 작품인지 한눈에 알 수 있다. 무릎 아래 길이의 하늘하늘한 스커트는 낭만주의 시대의 의상으로 발레리나가 요정처럼 보이는 데 결정적인 역할을 한다. 또 접시꽃처럼 확 펼쳐지는 스커트는 고전주의 시대의 튀튀로 발레리나들의 하체 테크닉 발달과 상관관계가 있다.

가냘프다는 이미지도 그렇다. 길고 쭉 뻗은 팔다리와 몸이야말로 발레리나의 필수조건이다. 발레리나가 무거우면 파트너가 들어올리기도 힘들고, 까치발 테크닉을 구사할 때 발목에 심한 무리가 갈 수도 있다. 발레리나에게 가냘픈 몸매는 아름다움 이전에 생존을 위한 필요조건이기도 하다.

이정도만 되도 이미 발레의 기본은 파악한 셈이다. 거기에 조금 살을 붙이고, 발레가 어떻게 생겨나 어떤 변천을 거쳤으며, 음악과는 어떤 관계인지, 그리고 발레의 숨은 규칙은 무엇인지 등을 곁들인다면 발레를 즐기는 데 필요한 기본 요소는 갖추는 셈이다.

이탈리아에서 싹터 프랑스에서 꽃봉오리를 맺고 러시아에서 만개하기까지

발레의 세계로 여행을 떠나기 전에 가장 먼저 짚고 넘어갈 것은 역시 그 역사다. 발레가 언제 어떻게 생겨난 예술이며 어떤 변천을 거쳐 오늘에 이르렀는지 하는 역사적인 개관은 발레를 이해하는 밑거름이다.

간단하게 정리하자면 발레는 르네상스 시대의 이탈리아 궁정에서 싹터, 프랑스로 건너가 꽃봉오리를 맺은 뒤, 러시아에서 만개했다. 하지만 이탈리아에서 태동했을 당시의 발레는 오늘날의 발레와는 커다란 차이가 있었다. 우선 출연진이 모두 왕족과 귀족이었다. 당시의 발레는 직업 무용수들이 화려한 테크닉의 향연을 펼치는 무대 예술이 아니라 왕족과 귀족 들이 굽 높은 구두에 심을 넣어 한껏 부풀린 스커트와 어마어마한 머리장식 등으로 잔뜩 모양을 낸 채 플로어 위를 우아하게 왔다갔다하며 즐기는, 여흥을 위한 춤이었다. 오늘날의 골프처럼 당시에는 발레가 지배계급의 사교수단이었다고 해도 지나친 말이 아니다.

발레가 직업 예술가들이 행하는 본격적인 극장 예술 형태로 나아가는 토대를 갖춘 것은 프랑스에서였다. 프랑스에 발레가 전파된 계기는 이탈리아 르네상스 시대의 명문인 메디치 가(家) 출신의 카테리나 데 메디치 Caterina de Medici(1519~1589)가 프랑스 왕실로 시집간 일이다. 열네 살이라는 어린 나이에 앙리 2세의 왕비가 되어 프랑스로 떠난 카테리나는 이국에서 느끼는 외로움을 달래기 위해 조국에서 즐기던 발레를 프랑스에 소개했다.

이렇게 전파된 발레가 프랑스에서 화려하게 꽃핀 데는 태양왕 루이 14세 Louis XIV(1638~1715)의 역할이 결정적이었다. "짐이 국가"라고 외친 프랑스 절대왕권의 상징이자 전쟁광으로 불리는 전제군주와 발레는 전혀 어울리지 않을 듯한 조합이지만 루이 14세의 발레 사랑은 유별났다. 전제

군주의 남모르는 외로움을 춤을 통해 해소했는지 몰라도 어쨌든 그는 때로 서양의 춤 역사상 최초로 등장한 발레 스타라고까지 일컬어진다.

다섯 살에 왕위를 계승한 루이 14세는 열세 살에 처음 발레를 접한 뒤 한눈에 춤에 매료당한다. 기록에 따르면 그는 27편의 발레에 출연했다고 하는데 '태양왕'이라는 그의 별칭도 사실은 발레 출연으로 얻었다. 그는 열다섯 살에 출연한 〈밤의 발레Ballet de la Nuit〉라는 작품에 황제의 권위를 강조하기 위해 머리끝에서 발끝까지 온통 태양을 상징하는 장식을 달고 나왔는데 이때부터 사람들은 그를 '태양왕'이라고 불렀다.

30대에 접어들면서 루이 14세는 발레 출연에 싫증을 냈다. 하지만 춤추기에 흥미를 잃은 뒤에도 다행히 발레에 대한 애정만은 변하지 않아 발레 중흥의 기틀을 마련했다. 세계 최초의 발레학교를 세우고, 발레의 사회적 지위를 끌어올리는 등 많은 업적을 남겼는데 그중에서도 1661년 세계 최초의 무용 교육기관인 왕립무용아카데미L'Académie Royale de Danse를 설립한 일은 중요한 의미가 있다. 발레의 과학적 원리를 정리하고 왕이 주재하는 공연에 출연할 무용수들을 훈련하는 일까지 맡은 이 아카데미는 발레가 지배계급의 여흥에서 전문가의 예술로 발전하는 중요한 계기가 되었다. 전문 무용수들이 등장하면서 비로소 발레는 그 무대가 왕궁에서 극장으로 옮겨졌다.

이후 파리는 마리 탈리오니와 같은 전설적인 발레리나들이 활동한 낭만주의 시대의 메카 역할을 하는 등 한동안 발레 예술의 중심이 된다.

고전 발레의 아버지 마리우스 프티파

프랑스에서 발레가 시들해질 즈음 발레의 역사에서 가장 중요한 인물 가운데 한 사람이 러시아로 건너갔다. 바로 '고전 발레의 아버지'로 불리는 마리우스 프티파Marius Petipa(1819~1910)다. 낭만주의의 빛이 바래면서

프티파가 안무한 〈레이몬다〉의 한 장면

유럽 발레가 쇠퇴기에 접어들자 러시아 황실은 유럽의 위대한 안무가와 발레 교사들을 러시아로 불러들였다. 루이 디드로Louis Didelot(1767~1837), 쥘 페로Jules Perrot(1810~1892), 아서 생 레옹Arthur Saint-Léon(1821~1870) 등 유럽의 쟁쟁한 안무가와 발레 교사들에 이어 프티파도 1847년 러시아 군단에 가세했다. 이후 러시아는 발레의 새로운 중심지가 된다.

1910년 세상을 떠날 때까지 50여 년을 러시아에서 산 프티파는 처음에는 상트페테르부르크 황실극장의 무용수로 이름을 날렸다. 그후 약 20년 동안 페로와 생 레옹의 보조 안무가로 활동한 뒤 1867년 상트페테르부르크 황실극장(마린스키 극장에서 키로프를 거쳐 다시 마린스키극장으로 이름이 바뀌어 오늘에 이름)의 수석 발레마스터가 된다. 이후 프티파의 업적은 발레사를 통틀어 가장 위대한 공적으로 기록될 만하다. 프티파는 〈백조의 호수Swan Lake〉〈호두까기 인형 The Nutcracker〉〈돈키호테 Don Quixote〉〈잠자는 숲속의 미녀 The Sleeping Beauty〉〈라 바야데르 La Bayadère〉〈파키타 Paquita〉〈레이몬다Raymonda〉 등 무려 57편의 장막 발레를 남겼다. 소품과 리바이벌 작품까지 합치면 엄청난 양으로, 일반인들이 기억할 만한 발레 작품의 대부분은 바로 프티파의 작품이라 해도 과언이 아닐 정도다. 마린스키 극장과 발레단이 오늘날 세계 발레 예술의 보고(寶庫)로 일컬어지는 데는 프티파의 공헌이 결정적이었다.

발레의 구성 원리

프티파는 특히 고전 발레의 양식을 확립한 사람으로 유명하다. 발레 구성에 통용되는 법칙을 만든 이가 프티파이기에 사람들은 '프티파를 알면 발레가 보인다'고 한다.

프티파 발레의 특징은 2~4개의 독립된 막으로 구성되면서 줄거리를 전개하는 부분과 춤 자체를 보여주는 부분이 확실히 구분된다는 점이다. 이는 오늘날에도 고전 발레의 안무 공식으로 적용된다.

이 가운데 줄거리와 상관없이 춤을 위한 춤을 보여주는 부분을 디베르티스망Divertissement이라 하는데 고전 발레에서 결혼식이나 왕궁의 축제 등이 약방의 감초처럼 등장하는 이유는 바로 이 부분을 넣기 위해서다. 흥겨운 잔치 장면을 곁들여 다양한 나라의 민속춤과 각종 캐릭터 댄스를 끼워넣을 빌미를 만드는 것이다. 잔치 장면의 디베르티스망은 밋밋해지기 쉬운 작품의 분위기를 흥겹게 띄우는 역할을 한다. 〈백조의 호수〉 1막에서 각국의 축하사절이 펼치는 춤이나 〈호두까기 인형〉에서 어린 관객들의 박수를 많이 받는 과자왕국 장면에 등장하는 캐릭터 댄스가 대표적인 예다.

발레 공연의 클라이맥스에 해당하는 그랑 파 드 되Grand Pas de Deux 역시 프티파가 정립한 발레 양식이다. 남녀 주인공의 우아한 매력과 화려한 테크닉을 즐길 수 있는 그랑 파는 크게 네 부분으로 나뉜다. 우선 도입부에 해당하는 아다주Adagio가 있다. 남녀 무용수가 감미로운 선율에 맞춰 등장해 우아한 춤을 펼치는 부분으로 아다주를 감상하는 포인트는 발레리나의 아름다운 선과 밸런스, 발레리노의 세련미 등이다. 물론 이때 두 주인공의 완벽한 호흡과 애틋한 분위기 등도 이에 못지않게 중요한 요소다.

그래서 발레 공연의 가장 낭만적이고 아름다운 순간은 대부분 그랑 파의 아다주 부분이다.

이어 바리아시옹Variation이라고 부르는 남녀의 솔로가 각각 진행된다. 각자의 기량을 마음껏 과시하는 무대가 바로 이때 펼쳐진다. 발레리노는 높고 탄력 넘치는 도약과 빠른 회전으로 객석의 탄성을 자아내며, 발레리나는 다양한 발 테크닉을 선보이며 까치발의 장점을 한껏 과시한다.

마지막 부분은 클라이맥스 중의 클라이맥스인 코다Coda로 대개 빠른 동작과 현란한 테크닉을 구사하며 객석을 환호의 도가니로 몰아간다. 〈백조의 호수〉에서 흑조가 푸에테Fouetté(한쪽 다리로 다른 쪽 다리를 채찍질하듯 차면서 회전하는 동작)를 32번이나 선보이는 것도 바로 이때다.

이같은 프티파의 법칙은 반드시 프티파의 작품이 아니더라도 오늘날 공연되는 고전 발레 대부분에 적용된다. 프티파는 고전 발레의 교과서라고 해도 과언이 아니다.

발레, 발끝으로 부르는 영혼의 노래

발레의 역사와 구성 원리 등은 이정도로 살펴보고 이제는 발레의 기본 테크닉인 까치발을 알아보자. 우선 발레를 현대무용이나 세계 각국의 다양한 춤 양식과 구분 하는 가장 중요한 잣대가 바로 까치발이다. 발끝에 체중을 싣고 추는 춤은 발레뿐이지 않은가. 관객들의 탄성을 자아내는 피루에트Pirouette(팽이처럼 팽그르르 제자리에서 회전하는 동작)나 푸에테 등 각종 회전 동작은 발끝으로 서지 않고서는 할 수 없다. 발레리나들의 온갖 화려한 발 동작은 바로 이 까치발에서 나온다.

그러나 처음부터 발레리나들이 까치발로 춤을 추지는 않았다. 어떻게 보면 발레의 초창기 역사란 발레리나가 발끝으로 서기까지의 과정이라고도 할 수 있다. 반대로 현대무용의 태동은 바로 이 까치발에 대한 거부에

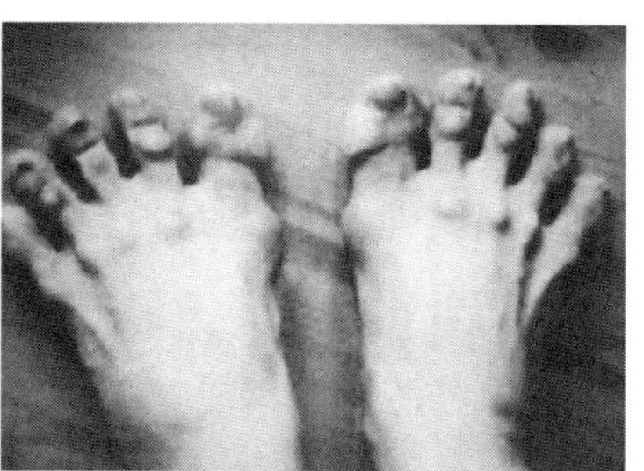

발레리나 강수진의 우아한 자태(위)와 오랜 훈련으로
일그러진 그녀의 발

서 비롯했다고 할 수 있으니 까치발이야말로 발레의 알파와 오메가인 셈
이다.

  그렇다면 언제부터 발레리나들은 발끝으로 춤을 추었을까? 앞에서 살
폈듯이 이탈리아 궁중 발레는 굽 높은 구두를 신고 공연했다. 그렇게 시
작된 발레가 오늘날의 고전 발레 양식으로 확립되기까지는 적어도
200~300년의 세월이 필요했다.

  까치발을 언제 처음 시도했느냐는 이견이 여럿이다. 하지만 낭만주의
시대의 신화적인 발레리나 마리 탈리오니 Marie Taglioni (1804~1884)가 선구
자인 것만은 틀림없다. 탈리오니 이전에 파니 비아스 Fanny Bias
(1789~1825) 등이 1820년대에 발끝으로 섰다는 기록이나 그 모습을 묘
사한 석판화들이 남아 있지만 누가 처음으로 까치발을 시도했든지 탈리
오니가 까치발을 완성했다는 사실에는 이견이 없다. 탈리오니가 1832년
〈라 실피드 La Sylphide〉에서 발끝으로 무대에 등장한 순간은 오늘날까지 발

레사의 가장 혁신적인 사건으로 기억된다. 이는 낭만주의 시대의 개화를 알리는 신호탄이기도 했다.

이 까치발은 발레 동작을 정교하고 아름답게 해주는 반면 발레리나에게는 냉엄한 대가를 요구한다. 발레리나들이 발끝으로 서기까지 치러야 하는 고난은 가혹하기만 하다. 발톱이 수차례 빠지는 것은 보통이고 발등뼈에 금이 가는 일도 드물지 않다. 계속되는 멍과 상처로 발가락이 온통 거뭇거뭇하게 변하거나 사람의 발이라고는 상상하기 어려울 만큼 일그러지기도 한다.

까치발과 떼기 힘든 관계를 맺은 것이 바닥에 닿는 부분을 평평하고 딱딱하게 만든 포인트슈즈다. 사실 발레에 대한 소녀들의 동경이 이 독특한 모양의 분홍빛 비단신에서 시작되는 일도 적지 않지만 포인트슈즈야말로 발레리나들에게는 고난의 상징이다.

물론 발레를 배운다고 처음부터 포인트슈즈를 신지는 않는다. 열 살 이전에 발레를 시작하면 대개 2~3년 정도 훈련을 받은 뒤에 신는데 처음에는 덧버선처럼 생긴 부드러운 발레슈즈를 신은 상태에서 발뒤꿈치를 들고 똑바로 서서 버티는 훈련을 한다. 섣불리 포인트슈즈를 신으면 잦은 부상으로 고통을 받기 쉽고 신체가 제대로 발육하지 않을 위험도 있다. 포인트슈즈의 바닥에 닿는 면의 가로 길이는 겨우 3센티미터 정도인데 그 지점에 체중을 다 실어야 하는 만큼 결코 쉽지 않은 과정이다. 까치발을 잘 하려면 발가락이나 무릎은 물론 허리를 튼튼하게 관리하는 일도 중요하다.

발레리나와 오리걸음

까치발과 함께 발레 테크닉의 또 하나 중요한 전제는 외전(外轉), 즉 앙 드오르En Dehors다. 앙 드오르는 무용수가 고관절 이하 부분을 몸통 바깥쪽으로 완전히 돌리는 동작을 말하는데 이것이 가능해지면 무용수의 다리는 고관절에서 해방돼 어느 방향으로든 자유롭게, 멀리 뻗어나갈 수 있다. 이 자세는 발레의 다양한 테크닉을 가능하게 하는 바탕일 뿐 아니라 발레 동작이 다른 어떤 움직임보다 아름답게 보이는 비결이기도 하다. 발레리나의 다리가 춤을 출 때 유독 길어 보이는 것도 그 덕택이다. 발레의 가장 기본 테크닉인 발의 다섯 가지 포지션도 여기서 나온다.

그런데 앙 드오르 또한 발레리나들에게 고난의 상징이기는 까치발과 마찬가지다. 자연의 섭리를 거스르는 이 자세가 하루아침에 나올 리 없다. 발뒤꿈치를 맞대고 발끝을 180도 밖으로 벌리는 앙 드오르는 허리 아래를 온통 몸의 중심에서 밖을 향해 틀어야 하기 때문에 오랜 훈련 없이는 할 수 없다. 앙 드오르를 제대로 하려면 8~9세부터 수년에 걸쳐 매일 체계적인 훈련과 연습을 거듭해야 한다.

그런데 천신만고 끝에 회전을 하고 나면 발레리나들은 십중팔구 자기도 모르는 사이에 양발을 밖으로 벌리며 팔자걸음을 걷는다. 발레리나들은 멀리서 걸어오는 모습만 보고도 한눈에 알아볼 수 있는데 우아한 자태 때문이라고 생각하면 오산이다. 물론 춤으로 단련된 균형 잡힌 몸매가 눈길을 끌기도 하고 상체를 꼿꼿이 세우고 걷는 모습에 기품이 서려 군중 속에서도 돋보이는 것이 사실이다. 하지만 발레리나를 한눈에 알아보는 진짜 이유는 바로 앙 드오르의 부산물인 팔자걸음 때문이다.

발레의 역사는 치마 길이가 짧아진 기록

발레 의상, 즉 튀튀도 발레를 이해하는 데 빼놓을 수 없다. 튀튀는 발레의 이미지를 만드는 데 중요한 역할을 하지만 거기에 그치지 않는다. 치마 길이만 봐도 고전 발레인지 로맨틱 발레인지 구분할 수 있을 정도로 튀튀는 발레 양식과 관계가 깊다. "발레의 역사는 치마 길이가 짧아진 기록이다"라는 말이 있을 정도다.

　치마 길이를 말할 때 빼놓을 수 없는 사람은 18세기의 발레리나 마리 카마르고Marie Camargo(1710~1770)다. 카마르고 시절에는 황제가 칙령을 내려 여자가 무대에서 결코 발목을 드러내서는 안 된다고 규정했을 정도로 치마 길이가 법적 규제의 대상이었다(루이 13세는 1714년 여자 무용수들은 발목을 덮는 의상만 입어야 한다는 칙령을 내렸다). 그러다 보니 발레리나들은 치렁치렁한 치마 때문에 제대로 춤을 추기가 어려웠다. 그런데 바로 그 황제의 칙령을 어기고 치마를 발목 위로 싹둑 잘라낸 채 마음껏 '끼'를 발산한 주인공이 카마르고다.

　이탈리아 궁중 발레에서 오늘날처럼 눈부신 도약이나 빠른 회전 등을 엄두조차 내지 못한 까닭은 의상과 밀접한 관계가 있다. 제대로 걷기조차 힘들 정도로 온갖 치장을 한 채 돌고 뛰어오르는 등 고난도의 테크닉을 구사하기란 불가능에 가깝다.

　하지만 전문 무용수가 등장하면서 사정은 달라지기 시작했다. 변화는 남자에게서 먼저 일어나 좀더 높은 도약과 빠른 회전을 시도하는 무용수들이 나오기 시작했다. 그래서 18세기는 남자 무용수들의 황금시대로 일컬어지는데 알고 보면 그것도 의상과 관련이 깊다. 바지가 치마에 비해 상대적으로 활동이 편했기 때문이다.

　하지만 천부적인 재능으로 남자 못지않게 어려운 스텝을 구사하기로 유명하던 카마르고는 남자들의 눈부신 모습을 보면서 우스꽝스러운 의상에 만족할 수만은 없었던 모양이다. 어느 날 밤 한 남자 무용수가 머뭇거리다 자신이 등장할 순서를 놓치자 카마르고가 기다렸다는 듯이 튀어나가 활력 넘치는 테크닉과 연기로 빈 자리를 너끈히 메운 일화는 카마르고의 성품을 짐작하게 한다. 볼테르는 이러한 카마르고를 '남자처럼 춤춘 최초의 발레리나'라고 평했다. 이는 당시로서 대단한 칭찬이었다. 그때까지만 해도 발을 이용한 동작, 즉 발레의 매혹적인 스텝은 남성의 전유물로 여겨졌기 때문이다.

하지만 그 정도에 만족할 카마르고가 아니었다. 카마르고는 결국 자신의 테크닉을 과시하고 싶은 충동을 억제하지 못하고 사건을 저지르고 만다. 과감하게 스커트를 발목 위로 자르고 무대에 등장한 것이다. 황제의 칙령을 어긴 문제도 심각했지만 그때는 여자가 발목을 드러내는 일 자체를 부도덕하게 치부했다. 극장 안은 마치 벌집이라도 쑤셔놓은 듯 시끌벅적했다.

하지만 시대는 변하는 법이니 대중은 카마르고의 '일탈'을 지지했다. 문제의 사건(?) 이후 그의 인기는 하루가 다르게 치솟았다. 카마르고의 인기가 높아감에 따라 발레리나의 치마 길이는 짧아져만 갔다. 한번 짧아지기 시작한 치마 길이는 걷잡을 수 없었다. 낭만주의 시절에는 이른바 로맨틱 튀튀라 불리는 무릎길이의 종 모양 스커트로 발전했고 급기야는 다리 전체를 그대로 드러내는, 접시처럼 확 퍼진 스커트, 이른바 클래식 튀튀가 발레 의상의 대명사처럼 바뀌었다. 또 프랑스혁명 이후에는 몸에 착 달라붙는 타이즈도 선을 보였고 그것도 모자라 현대무용에 와서는 누드 공연이 하나의 조류로 자리잡았다. 스커트가 짧아지다 못해 아예 사라지고 만 것인가?

발레 의상의 역사에서 카마르고의 혁신에 버금가는 중요한 변화는 1832년 〈라 실피드〉에서 나타난다. 당시 마리 탈리오니가 입고 나온 로맨틱 튀튀가 그것이다. 화가이던 으젠느 라미가 디자인한 무릎과 발목 중간 길이의 이 아름다운 종 모양 스커트는 로맨틱 발레의 환상을 자아내는 데 결정적인 역할을 한다. 당시 라미는 발레리나가 공기처럼 가볍게 나풀거리는 듯 보이도록 얇은 천을 여러 겹 겹쳐 이 스커트를 고안했는데 〈라 실피드〉 이후 약 100년 동안 이 치마는 발레리나의 공식 복장이 되다시피 했다. 〈지젤Giselle〉 2막에서 윌리들(요정)이 입고 나오는 순백 의상이 바로 로맨틱 튀튀다.

'발레리노의 교과서'로 불리는 영국로열발레단 주역 이렉 무카메도프의 역동적인 춤

　그뒤에 등장한 것이 접시꽃 모양의 클래식 튀튀로 〈백조의 호수〉에 나오는 백조와 흑조 의상이 대표적이다. 혹자는 클래식 튀튀를 뒤집어놓은 우산 같다고도 했다지만 발레리나의 아름다운 다리와 현란한 테크닉을 과시하는 데는 안성맞춤이다. 클래식 튀튀가 어느 작품에서 처음 등장했는지 정확하지는 않다. 기교가 뛰어난 이탈리아 발레리나들이 처음 입었으리라 추정할 뿐이다.

　클래식 튀튀도 처음에는 무릎 정도 길이였으나 점점 짧아져 지금은 골반 선까지 길이가 올라갔다. 이 튀튀는 다리를 완전히 드러내야 하고 세세한 실수나 결점까지 그대로 노출하기 때문에 발레리나들로서는 입기 두려운 옷이다.

　이처럼 발레에서는 치마 길이와 모양 하나도 발레의 사조나 테크닉 발전과 밀접한 관계가 있었다. 치마가 짧아지면서 발레리나들의 다리 테크닉이 날로 현란해졌음은 물론이다.

음악과 발레

발레를 구성하는 많은 요소 중에서도 작품의 완성도에 결정적인 영향

을 미치는 것은 음악이다. 그런데 관객들이 자주 하는 질문 가운데 하나
가 바로 아름다운 음악이 먼저 있고 그에 맞춰 춤을 만드는지, 아니면 발
레의 줄거리와 춤을 구상한 다음 어울리는 음악을 작곡하는지다.

고전 발레 시대에는 단연 발레가 먼저였다. 어떤 작품을 만들지 구상이
끝나면 대본을 쓰고 그 대본에 따라 작곡가에게 곡을 위촉했다. 이때 음
악은 춤에 종속적일 수밖에 없었다. 당연히 음악 자체의 완성도보다 얼마
나 춤추기에 편한 음악인지가 발레 음악의 중요한 평가 기준이었다. 그러
다 보니 무용가들은 안무가 제대로 되지 않으면 음악 탓을 하거나 아예
곡의 일부를 마음대로 뭉텅뭉텅 잘라내버리기도 했다. 발레 음악의 귀재
이자 러시아 음악의 거장인 차이코프스키 역시 〈백조의 호수〉 초연 당시
자신의 음악이 3분의 1 가까이 잘려나가는 수모를 겪었으니 다른 작곡가
들은 말할 필요도 없겠다.

춤과 음악의 관계를 역전한 사람은 스트라빈스키였다. 스트라빈스키의
무용음악들은 곡이 먼저 완성되고 춤이 따라왔다. 뿐만 아니라 그의 음악
은 춤의 내용과 스텝에까지 직접적인 영향을 미쳤다. 20세기의 걸작으로
꼽히는 니진스키의 〈봄의 제전 Le Sacre du Printemps〉〈페트르슈카 Petrouchka〉 등이
대표적인 예다.

발레와 음악의 팽팽한 힘겨루기는 신고전주의의 창시자 조지 발란신
Georges Balanchine(1904~1983)에 이르러 새로운 차원으로 승화된다. 발란신
은 "모든 음악은 발레로 만들 수 있다"고 선언하며 춤과 음악을 완벽하게
조화했다. 그의 발레들을 보면 발레리나가 음악에 맞춰 춤을 춘다기보다
마치 춤으로 펼쳐지는 음악의 이미지를 보는 듯한 느낌을 받는다. 음악이
춤의 보조수단이 아니라 표현의 대상 그 자체가 되었다. 그는 발레를 요
정과 공주 이야기에서 해방시켰으며 발레가 스토리 없이도 춤과 음악만
으로 충분히 아름다움을 표현할 수 있는 장르임을 증명해 보였다.

이처럼 발레에서 춤과 음악은 때로 긴장관계를 유지했지만, 덴마크 출

신의 무용가 오귀스트 부르농빌 August Bournonville(1805~1879)의 말처럼 "발
레는 음악의 도움을 통해 시의 수준으로 고양된다". 음악이야말로 발레의
시적 표현력을 배가하는 데 필수적인 요소이다.

발레리나의 몸

이제 발레의 표현수단인 발레리나의 몸 이야기를 해보자. 발레에 입문
하는 관객들이 초기에 품는 가장 보편적인 의문 가운데 하나가 발레리나
들은 도대체 몸무게가 얼마일까다. 사람의 몸이라기에는 너무 가냘프고
밋밋하게 보여서일 것이다. 그중에서도 특히 많이 하는 질문이 왜 발레리
나의 가슴은 하나같이 절벽인가이다.

사실 발레리나들의 체격은 흔히 '뼈 위에 가죽을 살짝 덮은 상태'라고
일컬을 정도여서 가슴 또한 빈약하기 짝이 없다. 왜 그럴까? 팔과 상체동
작 훈련을 집중적으로 하다 보면 근육이 발달하면서 지방이 분해되어 자
연히 가슴이 작아진다고들 한다. 그리고 발레리나들은 몸매 관리를 위한
다이어트가 생활화되어, 다른 부분에는 지방이 쌓일 여지가 없는 만큼 가
슴의 지방이 집중적으로 분해된다고 한다.

하지만 이같은 설명에도 예외가 있으니, 신체의 다른 부분과 상관없이
가슴만 유독 큰 발레리나도 없지 않다. 그런데 발레리나에게 가슴은 귀찮
은 존재다. 발레 의상은 등이 깊게 파여 브래지어를 착용할 수도 없다. 발
레리나의 이미지가 글래머와 거리가 멀기도 하고, 춤을 출 때도 도움이
되지 않아 발레리나에게 풍만한 가슴은 감추고 싶은 대상이다.

그래서 발레리나들은 가슴을 꽁꽁 동여매야 한다. 가슴 큰 발레리나들
이 남모르는 가슴앓이 끝에 생각해낸 고육지책이 랩 요법. 부엌에서 쓰는
투명한 비닐 랩으로 가슴을 꼭 싸맨다. 멀리서 보면 전혀 표시가 나지 않
는데다 고정 효과도 뛰어나기 때문이다.

군무의 질서와 역동성은 관객을 춤의 세계로 빨아들인다

그렇다면 발레리나에게 가장 중요한 신체 부위는 어딜까. 물론 쭉 뻗은 다리나 가늘고 여린 팔 등이다. 다리는 길다고 다 좋지는 않다. 무릎 아래 부분의 길이가 위보다 상대적으로 길어야 한다. 다리가 아무리 길어도 무릎 위가 길면 늘씬해 보이지 않는다. 팔은 비정상적이다 싶을 정도로 길어야 백조의 날갯짓이 아름다워 보인다.

발등도 중요하다. 까치발로 섰을 때 발등이 빚는 아치arch도 발레리나들을 평가하는 잣대다. 이밖에도 가늘고 긴 목, 부드러운 어깨선, 작고 갸름한 얼굴 등 무엇 하나 그냥 지나치기 어렵지만 유심히 봐야 할 곳은 또 있다. 주관적인 기준이긴 하지만 바로 등이다. 발레리나들은 등으로도 이야기한다. 무슨 이야기일까?

발레리나들은 그냥 뒤돌아선 듯한 순간에도 아름다운 실루엣을 유지하려고 안간힘을 다한다. 상체 근육의 상당 부분에 일정한 긴장감을 유지하면서 가슴을 쫙 펴고 견갑골 뒤의 근육을 모아 어깨를 충분히 끌어내린다. 긴장을 늦추거나 어깨가 구부정한 채 대충 서 있으면 아무런 호소력이 생기지 않는다. 그런데 등의 표현력도 각고의 노력이 필요하다. 특히 러시아 발레에서 등을 중요시하는데 등의 근육을 제대로 발달시키고, 효과적으로 사용하기 위해 전문 훈련도 한다.

어쨌든 아름다움을 과시하는 듯한 당당한 가슴보다 수줍은 듯 비스듬히 돌아선 등이 때로는 한층 깊은 여운을 남긴다. 상체 중에서도 슬픔의 감정을 가장 상징적으로 드러내는 것은 바로 등이다. 서정적인 아다주에서 한순간 드러나는 등의 깊은 굴곡, 팔을 길게 뻗고 몸을 사선으로 비스듬히 숙일 때 어깨와 등으로 이어지는 선의 아름다움 같은 것이야말로 춤을 기술이 아니라 표현의 차원까지 끌어올린다. 은유와 상징의 미학인가? '발레의 테크닉은 발에서, 표현은 상체에서 나온다'는 말도 그래서 나왔는지 모른다.

발레리나의 뒷모습에 숨겨진 메시지까지 이해했다면 발레 보는 재미는 두 배로 늘어나지 않을까.

육체가 도달할 수 있는 미의 최고 경지

발레의 역사와 구성 원리, 기본적인 기술, 그리고 발레리나의 몸까지 두루 살펴봤다. 물론 발레사를 장식한 스타들의 이야기, 불멸의 명작들, 다양한 기술 등 많은 이야기가 남아 있지만 이쯤에서 발레 이해를 위한 기본 탐사는 일단 접고 나머지는 선택의 영역에 남겨두자. 이 정도로도 발레 여행을 위한 기본적인 준비는 충분하다.

춤은 인간의 몸을 통하기에 어떤 표현수단보다 인간의 정서와 가까울 수 있는 장르이지만 표현의 추상성 때문에 현대인에게는 어느새 어렵고 멀게 느껴지는 장르가 됐다. 하지만 여러 가지 춤 가운데 발레는 폭넓은 계층의 정서에 호소할 수 있는 장점이 있다. 아름다운 클래식 음악의 선율에 맞춰 백조나 실피드(정령·精靈)가 펼치는 몸짓은 인간의 육체가 도달할 수 있는 미(美)의 최고 경지를 보여줄 뿐 아니라, 동화나 시에 바탕한 서정적인 내용은 어린이들에게 꿈과 동경을, 어른들에게 영혼의 카타르시스를 선사한다.

이렇듯 분석하고 따지지 않아도 그저 각자의 눈높이에서 즐길 수 있는 장르가 발레이다. 아름다운 그림 한 편을 감상하듯, 고운 선율에 마음을 맡기듯 편한 마음으로 각자의 발레 여행을 시작해보자.

이은경(李恩京)

1961년에 태어나 연세대학교 사학과를 졸업했다. 경향신문사 문화부와 외신부 기자로 일했으며 국민일보 문화부 기자, 문화부장, 교육생활부장, 논설위원, 문화체육에디터를 거쳐 심의실장으로 일하고 있다. 모나코댄스포럼(2001)과 2002 한일월드컵 문화행사 심사위원을 지냈고, 국립발레단 자문위원(2001~2005)을 지냈다. 저서에 『발레이야기』가 있다.

삶의 당의정 혹은 카타르시스

다양한 스펙트럼을 보여주는 '종합예술' 뮤지컬.

그 스펙트럼을 들여다볼 수 있는 안목을 갖춘다면, 공연장을 찾는 일이 더는

수동적 관람이 아닌 작가의 의도를 관찰하는 지적 유희가 될 것이다.

김학민 오페라·뮤지컬 연출가 / 음악평론가

뮤지컬 감상은 신나고 즐겁다. 그러나 뮤지컬의 구조와 세계를 제대로 이해하기란 쉽지 않다. 이를 설명하려면 크고 작은 공연의 생생한 현장과 무대 뒤에 얽힌 온갖 이야기들, 어느 작품이 언제 무슨 상을 받았고 어디 가면 무슨 공연을 볼 수 있고, 어느 공연에 누가 나와서 좋았느니 나빴느니 하는 이야기도 필요하다.

그러나 생각해보면 뮤지컬의 모든 것을 손금 보듯 훤히 꿰뚫어야만 뮤지컬을 제대로 즐길 수 있는 것도 아니다. 오히려 뮤지컬을 아는 가장 좋은 방법은 당연히 극장에 찾아가 직접 뮤지컬을 보는 것일 게다. 그러한 이유로 이 글에서는 세세한 설명 대신 뮤지컬 작품들 속으로 들어가보려 한다. 역사에 남은 공전의 히트작들이 엄청난 인기를 누린 이유는 무엇일까. 그 답을 함께 찾아가는 과정만으로도 독자들이 재미있게 뮤지컬을 즐길 수 있는 기초공사는 충분하리라 믿는다.

북 뮤지컬:탄탄한 구성과 극적 재미

보드빌이나 벌레스크, 레뷔, 뮤지컬 코미디 등 다양한 이름으로 불리던 초기의 쇼 뮤지컬들은 아예 줄거리 없이 버라이어티쇼로 진행하는 일이 허다했다. 줄거리가 있다 해도 화려한 춤과 노래를 엮는 수단에 지나지 않았다. 이러한 초기 뮤지컬을 벗어나 대본의 중요성을 제대로 인정하기 시작한 이들이 리처드 로저스(작곡가)와 해머스타인 2세(작사가)이다. 스타 배우들의 춤과 노래를 중요하게 생각하던 초기의 쇼 뮤지컬에서 진일보한 이러한 양식을 흔히 북 뮤지컬이라 일컫는다. 한마디로 '북book' 즉 대본을 중시한 뮤지컬이라는 뜻이다.

로저스와 해머스타인이 남긴 뮤지컬의 고전 〈오클라호마〉(1943)는 북 뮤지컬의 본격적인 탄생을 알리는 신호탄 같은 작품이다. 〈오클라호마〉에서 첫 곡으로 나오는 〈오, 아름다운 이 아침 Oh, what a beautiful morning〉은 노래가 그 자체로 부각되지 않고 인물의 성격과 극의 상황을 부각하는 데 쓰인 좋은 예다. 대개 뮤지컬들은 웅장하고 화려한 코러스로 시작하지만, 로저스와 해머스타인은 일부러 시골 전원의 한가한 분위기에 적합하도록 조용한 솔로곡을 택했다.

노래 없이 춤만 추는 장면 또한 북 뮤지컬의 면모를 제대로 발휘한다. 1막 마지막에 삽입된 춤 장면인 '로리의 결심'은 여주인공 로리의 악몽을 묘사한다. 꿈의 내용은 로리를 차지하기 위해 접근하는 근육질의 남자 주드와 애인 컬리가 서로 결투를 벌이다가, 결국 주드가 컬리를 죽이고 로리를 댄스파티로 데려간다는 것이다. 안무가 아그네스 드 밀은 발레를 통해 여주인공의 두려움과 근육질 사나이 주드의 위협을 아주 사실적으로 표현했다.

오늘날 '드림 발레'의 전형을 확립해놓았다고 평가받는 이 장면이 이처럼 강렬한 느낌을 준 것은 드라마의 전체 구조 속에서 아주 적절한 극적 긴장과 사실적 개연성을 확보했기 때문이다. 바로 이러한 탄탄한 구성이

야말로 이 작품이 북 뮤지컬의 신호탄으로 평가받는 중요한 이유다.

〈오클라호마〉 이후 로저스와 해머스타인은 〈왕과 나〉(1951) 〈회전목마〉(1945) 〈남태평양〉(1949) 〈플라워 드림 송〉(1958) 〈사운드 오브 뮤직〉(1959) 등 일련의 고전 뮤지컬들을 통해 북 뮤지컬의 전통을 확립했고, 이후 수많은 사람들이 이 전통에 따라 뮤지컬들을 창조해냈다. 알란 제이 러너와 프레드릭 로웨의 〈브리가돈〉(1947)과 〈마이 페어 레이디〉(1956), 콜 포터의 〈키스 미 케이트〉(1948), 프랭크 뢰서의 〈아가씨와 건달들〉(1950), 제리 복과 셸든 하닉의 〈지붕 위의 바이올린〉(1964) 등은 제각기 다루는 내용과 분위기, 주제는 다르지만 대본의 중요성을 강조하고 노래와 춤을 극 안에 통합하려 했다는 점에서 같은 노선을 걷는다.

삶의 진실과 사랑의 진정성을 노래하다

북 뮤지컬은 대본의 구성뿐 아니라 내용도 중시했다. 예전의 뮤지컬들이 우아한 귀족 얘기나 저질 코미디로 만들어진 데 비해, 북 뮤지컬은 소박한 인물 중심의 사실적 소재를 다루었다. 이것은 곧 북 뮤지컬의 특징인 '진지함'과 연결된다. 북 뮤지컬의 대표작들은 삶의 소박한 진실을 중요하게 생각했고, 이것을 가사와 음악, 인물, 상황을 통해 표현하는 것이야말로 뮤지컬의 임무라 생각한 작품들이다.

삶의 진실과 사랑의 진정성을 진솔하게 그렸다는 특징 때문에 이미 오래 전에 만들어진 북 뮤지컬의 고전들, 언뜻 구식으로 보이는 작품들이 오늘날 브로드웨이에서 끊임없이 리바이벌된다. 〈오클라호마〉는 1991년 런던 로열 내셔널 극장에서, 2002년 3월부터 브로드웨이 51번가 거슈윈 극장에서 리바이벌되었다. 그런가 하면 2000년 3월 영국 팔라디엄 극장에서 리바이벌된 〈왕과 나〉는 〈캣츠〉에서 여주인공 그리자벨라 역으로 〈메모리〉를 불러 일약 스타가 된 엘레인 페이지를 기용해 대단한 인기를 모으다가 2002년 1월에 영국 투어에 들어갔다.

2002년 9월에 브로드웨이 버지니아 극장에서 초연한 로저스와 해머스타인의 〈플라워 드럼 송〉은 샌프란시스코에서 벌어지는 중국인 교포 1세와 그곳에서 태어나 미국화된 교포 2세 사이의 세대간 갈등을 그렸다. '근대화를 통해 동양문화가 겪는 갈등'이라는 주제의식은 스티븐 손드하임의 〈태평양 서곡〉(1976), 미셸 쉰버그의 〈미스 사이공〉(1991)으로 이어진다.

북 뮤지컬의 전통은 이후 다른 뮤지컬 장르들의 중요한 토대가 된다. 독특한 방식으로 춤을 강조하는 댄스 뮤지컬이나 줄거리 대신 전하는 내용을 강조하는 컨셉트 뮤지컬, 줄거리는 있지만 이를 노래 없이 춤이나 해프닝만으로 전하는 비언어 뮤지컬 등이 바로 그것이다.

댄스 뮤지컬 : 화려한 춤과 노래의 향연

댄스 뮤지컬은 말 그대로 '춤'이라는 요소를 강조한 뮤지컬이다. 사실 어느 뮤지컬이건 춤은 노래와 더불어 중요하게 사용하는 요소지만, 그 춤을 작품 안에서 사용하는 '방식'은 참으로 다양하다.

오래 전에 유행하던 각종 쇼 뮤지컬들은 댄스 뮤지컬의 초기 예다. 이 중 보드빌은 곡예와 마술 등을 포함해 어린이들의 흥미를 자극하는 가족

오락극이고, 벌레스크는 스트립쇼와 같은 여자 무희의 선정적인 춤과 정치 풍자를 강조한 성인극이다. 엑스트라바간자는 벌레스크의 수준을 높인 점잖은 성인극이고, 레뷔revue는 이 모든 것을 하나로 합쳐놓은 가장 고급스러운 형태로 일련의 에피소드들을 하나의 테마로 묶어놓은 고상한 쇼 뮤지컬이다.

비록 형태와 성격은 다양하지만 이들 쇼 뮤지컬 작품들의 공통점은 코러스와 스타 배우가 노래와 함께 선보이는 댄스 장면에서 찾을 수 있다. 엄청난 인기를 누린 레뷔 공연을 영화화한 〈지그펠트 폴리스〉나 뮤지컬 영화 〈집시〉의 보드빌과 벌레스크 장면은 당시 쇼 뮤지컬을 이해하는 데 도움이 될 것이다.

이렇다 할 줄거리 대신 재미있고 현란한 볼거리에 치중한 초기 쇼 뮤지컬의 전통은 아직도 많은 뮤지컬 작품에 그대로 남아 있다. 앤드루 로이드 웨버의 〈캣츠〉(1981)에서는, 다시 태어나 또 한 번의 삶을 살 기회를 얻으려고 모여든 고양이들의 잔치를 배경으로 끊임없이 고양이들의 춤과 노래가 이어진다. 역시 웨버의 작품인 〈별빛 특급열차〉(1987)에서도 롤러스케이트를 타고 헬멧을 쓴 배우들이 열차를 의인화하면서 신나는 노래와 춤을 선사한다. 존 트라볼타와 올리비아 뉴튼 존이 주연한 영화로 더 유명한 〈토요일 밤의 열기〉(1999), 엘비스 프레슬리 등이 유행시킨 로큰롤 노래들을 춤으로 엮어 만든 〈스모키 조스 카페〉(1995), 전설적 재즈 안무가 밥 포스의 무용 장면들만 모아 만든 〈포스〉(1999), 1933년의 뮤지컬 영화로 고어 챔피언이 안무를 짜고 연출한 탭댄스 뮤지컬 〈42번가〉(1980) 등이 모두 이 범주에 속한다. 아일랜드의 전통 리듬에 맞추어 집단 댄스를 보여주는 〈리버 댄스〉(1996)는 아예 노래를 없애고 오로지 사회자의 멘트를 통해 일련의 대형 춤들을 엮어 만들었다.

이러한 작품에서 줄거리나 인물의 성격, 상황이 어떤 식으로 전개되는가는 전혀 중요하지 않다. 중요한 것은 적당한 줄거리의 흐름 속에서 춤

과 노래가 얼마나 신나게 펼쳐지
는가일 뿐이다. 이러한 뮤지컬들
을 일컬어 과거 쇼 뮤지컬의 전통
을 따라 '뮤지컬 레뷔' 혹은 '엑스
트라바간자 뮤지컬'이라 부르기도
한다.

장식적이고 오락적인 쇼 뮤지컬
이나 엑스트라바간자 뮤지컬과는
달리, 춤이 줄거리를 전개하고 인
물의 성격을 만들어가는 데 필수
적인 요소로 사용되는 작품도 있
다. 〈웨스트 사이드 스토리〉(1957)
는 이러한 본격적인 댄스 뮤지컬
의 드문 예다. 여기서 춤은 말이나
노래를 대신해서 줄거리를 전개하

〈토요일 밤의 열기〉(위)와 〈웨스트 사이드 스토리〉

고 등장인물의 성격과 감정을 표현하는 아주 강력하고 효과적인 수단으
로 떠오른다.

주목할 것은 이 작품이 사실적 장면을 양식화된 춤동작으로 표현한다
는 점이다. 결투 장면이 그 좋은 예다. 춤으로 표현한다고 해서 사실성이
저하되는 것이 아니라 오히려 그 표현 강도가 엄청나게 증폭한다. 이것이
야말로 댄스 뮤지컬의 매력이다. 만일 여기에 노래와 오케스트라 반주가
가세하면 그 감동은 더욱 더 커질 것이다.

이처럼 매력적인 댄스 뮤지컬을 처음 만든 사람은 〈웨스트 사이드 스토
리〉의 연출 겸 안무를 맡은 전설적인 안무가 제롬 로빈스다. 이전까지 뮤
지컬에서 안무가의 역할은 재미있는 춤 장면을 몇 개 만드는 정도로 아주
부분적이었다. 하지만 제롬 로빈스는 안무뿐 아니라 연출까지 맡아 춤이

차지하는 비중은 물론 인물의 성격 등 작품 전체를 고려해야 하는 커다란 역할을 담당했다.

이렇게 시작한 이른바 '연출 겸 안무가'의 개념은 이후 댄스 뮤지컬을 주도한 고어 챔피언(《42번가》), 밥 포스(《카바레》, 《시카고》, 영화 《올 댓 재즈》), 마이클 베넷(《코러스 라인》) 등을 통해 이어졌다. 이들의 활약으로 춤은 노래와 대사, 연기, 줄거리 등 뮤지컬의 모든 요소를 하나로 묶어주는 중심축의 개념으로 부각했다.

컨셉트 뮤지컬 : 진지한 고민과 사색이 필요하다면

컨셉트 뮤지컬은 말 그대로 작품의 컨셉트를 중시하는 뮤지컬이다. 컨셉트란 작품을 통해 작가가 나타내려는 내용, 다시 말해 주제나 메시지 등을 말한다. 예를 들어 세대간의 갈등이라든지 섹스나 마약 등에 의한 도덕적 위기, 서양문명에 맞선 동양의 문화적 충격, 결혼생활의 회의 등 심각하고 무거운 문제들을 작품을 통해 부각하려 한 뮤지컬을 컨셉트 뮤지컬이라 부른다.

북 뮤지컬에서는 줄거리를 통해 관객이 작품 속에 빠져들게 하는 것이 중요하다. 관객은 줄거리의 자연스러운 흐름을 따라가면서 극 속에 몰입하고, 극장에 와 있다는 사실을 잊어버리고 주인공과 희로애락을 함께한다. 그러나 컨셉트 뮤지컬은 관객을 극에 빠져들게 하지 않는다. 대신 관객은 지금 무대 위에서 진행하는 것이 실제가 아니라 연극임을 분명히 인식하고, 지금 작품이 말하려는 점이 무엇인지를 '생각'한다. 극이 끝나고 극장을 나온 후에도 이제까지 목격한 극이 말하고자 하는 점이 무엇이었는지 곱씹게 하는 것이 컨셉트 뮤지컬의 의도다.

대개 뮤지컬에는 멋진 주인공들이 나와 애절하고 낭만적인 사랑을 나누며 중간에 위기를 맞지만 결국 해피엔딩으로 끝을 맺는다는 공식과도 같은 구조가 있다. 가슴 뭉클한 감동과 몰입의 밑바탕에는 '그래도 세상은 아름답다'는 식의 낙관주의가 깔려 있다. 관객 또한 잠시 고통스럽고 부조리한 현실을 잊고 위안을 느끼기 위해 극장을 찾으며, 대개의 브로드웨이 뮤지컬들은 이러한 관객의 '회피주의 심리'에 충실하다.

컨셉트 뮤지컬은 이러한 현실도피적 뮤지컬에 염증을 느낀 일부 창작자들이 진지하게 노력한 결과물이다. 컨셉트 뮤지컬에는 주인공들이

2000년 국내 초연된 컨셉트 뮤지컬의 대표작 〈시카고〉

사랑을 나누다 위기를 맞는 줄거리라 해도 이들의 낭만적 사랑을 부각하지 않거나 결말도 행복하게 둘이 맺어지기보다는 오히려 차가운 현실이나 피치 못할 상황, 주인공의 우둔함 같은 이유로 헤어지는 설정이 많다.

컨셉트 뮤지컬이라는 개념을 처음 끌어들인 해럴드 프린스는 이런 '진지한 창작자들' 가운데 한 사람이다. 우리나라에는 비교적 최근작인 〈오페라의 유령〉 연출자 정도로 알려졌지만, 사실 그가 이전까지 해온 작업은 유령의 낭만적 사랑을 클래식하게 그린 이 뮤지컬과는 차원이 다르다. 그가 뮤지컬 〈카바레〉에서 보여준 실험은 손하임의 작품인 〈컴퍼니〉와 〈폴리스〉 등의 연출로 이어진다.

동화를 해체해 일상을 파헤치다

밥 포스가 안무와 연출을 맡은 〈피핀〉(1972)에서는 사회자가 직접 관객 앞에 나와 주인공 피핀을 소개하는 한편, 등장인물과 대화를 나누면서 피

핀이 전쟁과 혁명, 사랑 등 세상을 다양하게 경험하도록 유도한다. 이렇게 전개되는 일련의 춤과 노래 장면을 통해 보여주려고 하는 것은 세상의 냉정한 현실과 그 속에 고립된 개인의 쓸쓸한 모습이다.

역시 포스가 안무와 연출을 맡은 〈시카고〉(1975)도 헐거운 줄거리 안에서 컨셉트를 강조한 작품으로, 〈피핀〉과 마찬가지로 보드빌 쇼의 형식을 빌려 배우들이 일련의 노래와 춤 장면을 보여준다. 사회자가 관객에게 던지는 첫 멘트 그대로 〈시카고〉는 "살인과 탐욕, 부패와 폭력, 간음과 모함의 이야기"다.

작가가 이 작품을 통해 전달하려는 메시지는 한마디로 '살인자가 스타로 각광받는 웃지 못할 사회현실 고발'이다. 여배우의 치정살인에 얽힌 감옥과 변호사의 부패한 모습, 언론의 진실 왜곡과 이를 이용해 스타가 탄생하는 아이러니는 작품의 배경인 1920년대 실제 모습이다. 당시 미국에서 보드빌 쇼는 최고 유행가도를 달리는 쇼 무대 사업이었고 이를 둘러싸고 수많은 범죄가 일어났지만, 법 제도와 언론은 이러한 현상을 오히려 조장하는 역할을 했다. 1975년 이 작품이 초연될 때까지 이처럼 사회 현상을 날카롭게 풍자하고 심각하게 비판한 작품은 브레히트와 쿠르트 바일의 〈서푼짜리 오페라〉밖에 없다 해도 과언이 아니다.

컨셉트 뮤지컬의 범주에 들어갈 만한 작품은 그 외에도 많다. 〈지붕 위의 바이올린〉은 러시아에 정착한 유대인들이 겪는 박해와 가난, 전통의 붕괴에 대한 위협을 부각했고, 브로드웨이 사상 최고의 흥행과 센세이션을 기록한 〈코러스 라인〉(1975)은 브로드웨이 댄서들이 한 줄로 늘어서서 오디션을 하는 과정을 보여줌으로써 일자리를 얻으려는 사람들이 겪어야 하는 두려움과 희망, 좌절감을 표현한다. 저항문화의 상징으로 부각된 최초의 록 뮤지컬 〈헤어〉(1968)는 베트남전쟁에 반대하는 젊은 뉴욕 히피들의 처절한 몸부림을 통해 인간의 자유를 생각하게 한다.

미국 뮤지컬의 자존심이자 투철한 작가정신으로 심지 있는 창작 세계를 펼쳐나가는 작곡가 스티븐 손드하임은 일련의 작품으로 컨셉트 뮤지컬의 지평을 확장했다. 〈웨스트 사이드 스토리〉에서 작사가로 출발한 그는 끊임없는 실험을 통해 기존 뮤지컬에서 시도하지 않은 다양한 기법과 형식을 개발해내어 뮤지컬의 예술적 위상을 한 차원 높였다. 〈컴퍼니〉(1970)와 〈스위니 토드〉(1979), 〈리틀 나이트 뮤직〉(1973), 〈폴리스〉(1971), 〈퍼시픽 서곡〉(1976) 등은 명 연출가 해럴드 프린스와 손잡고 만든 작품이고, 〈조지와 함께하는 공원 속 일요일〉(1984)과 〈인투 더 우즈〉(1987)는 연출가 제임스 라파인과 함께했다.

〈인투 더 우즈〉는 독일 그림형제의 동화책에 실린 신데렐라, 라푼첼, 잭과 콩나무, 빨간 모자 등의 이야기를 재현하고 다시 해체함으로써, 삶이란 이제까지 동화들이 제시해왔듯 행복하지 않다는 평범한 진실을 표현한다. 이 작품은 예술성과 실험성 추구로 대중적이지 못한 손드하임의 뮤지컬 중 가장 대중적인 작품으로 손꼽히며, 2001년과 2003년에 브로드웨이에서 리바이벌되어 화제가 되었다.

손드하임은 이 작품을 통해 새로운 현실적 동화를 창조했고, 동화 속 주인공들이 던지는 교훈적 가사나 동화적 환상, 현실도피 대신 인생의 씁쓸한 진리를 냉정하리만큼 현실적으로 끄집어냈다. 이 작품이 던지는 '이들이 정말 이후에도 행복했을까happily ever after'라는 질문은 춤과 환상으로 점철된 웨버의 뮤지컬 〈캣츠〉가 담은 '현재여 영원하라now and forever' 식의 천진한 행복과는 너무나 다르다.

록 뮤지컬:강렬한 비트에 몸을 맡긴다

'귀를 찢을 듯 요란한 전자기타와 드럼 소리, 이에 뒤질세라 마이크를 통해 소리를 질러대는 배우들. 찢어진 청바지와 장발의 주인공들은 무대에서 마약을 하거나 때로 실오라기 하나 걸치지 않은 알몸으로 베트남전

쟁에 반대하는 시위를 벌인다.'

최초의 록 뮤지컬로 역사에 남은 갈트 맥더모의 미국 작품 〈헤어〉의 한 장면이다. 이 작품이 당시 센세이션을 일으킨 것은, 기존 질서에 대한 히피들의 반항과 프리섹스 등 소재도 충격적이었지만 앰프로 소리를 확대해 요란하게 울려나오는 로큰롤 음악의 효과 때문이었다. 〈헤어〉는 같은 시기의 영국 뮤지컬 〈토미〉(1969)와 더불어 젊은이를 위한 새로운 뮤지컬 시대가 도래했음을 알리는 신호탄이었고, 궁극적으로는 마이크 없이 생음악을 연주하던 전통 뮤지컬이 사라지는 계기였다.

하지만 록 뮤지컬이 〈헤어〉 등 몇 작품으로 젊은이들의 관심을 끌어모으기에는 해결해야 할 숙제가 많았다. 무엇보다 당시 뮤지컬을 만들던 사람들의 인식이 가장 큰 문제였다. 당시 뮤지컬 작곡계의 제왕으로 군림하던 리처드 로저스는 〈헤어〉의 공연을 보러 가서 1막만 보고 극장 문을 나섰다. 뮤지컬에 종사하던 사람들은 나이 든 관객만큼이나 예전부터 익숙하게 들어오던 점잖고 고전적인 노래에 더 끌렸다.

더 근본적인 문제는 로큰롤 노래의 단순성이었다. 로큰롤은 짧고 단순한 악절과 간단한 코드 몇 개가 끊임없이 반복되는 단순한 구성이다. 반복적인 선율에 가사를 붙이다 보니 복잡한 이야기를 풀어내기가 여간 어렵지 않았다. 뮤지컬에서는 이야기를 전개하기 위해 인물들의 복잡미묘한 마음상태를 노랫말로 풀어야 하는데, 이러한 작업이 로큰롤 음악으로는 매우 힘들었다.

이러한 숙제를 풀어낸 이가 오늘날 뮤지컬의 황제로 칭송받는 영국 작곡가 앤드루 로이드 웨버다. 〈조셉과 어메이징 테크니컬러 드림코트〉(1969), 〈지저스 크라이스트 수퍼스타〉(1971), 〈에비타〉(1978) 등 초기 작품들을 통해 웨버는 로큰롤을 사용하되 부드러운 팝이나 브로드웨이에서 사용해오던 다양한 양식의 음악을 함께 사용하는 전략을 선보였다.

예수의 마지막 일주일을 유다의 눈으로 서술한 〈지저스 크라이스트 수

·뮤지컬의 거장 앤드루 로이드 웨버와 그의 작품
〈지저스 크라이스트 수퍼스타〉(왼쪽 아래)
〈오페라의 유령〉

퍼스타〉를 살펴보자. 이 작품에서 순전한 로큰롤 양식의 노래를 부르는 것은 유다와 빌라도 등 몇몇 인물뿐이다. 유다에게 로큰롤을 부르게 한 것은 그의 히스테릭하고 잔인한 성격에 적합했기 때문이고, 빌라도는 예수에게 채찍 서른아홉 대를 내려치며 씩씩거리는 두려움과 분노의 감정이 록 음악과 잘 어울렸기 때문이다. 반면 예수를 이해하며 돌봐주는 막달레나는 거친 로큰롤 음악 대신 블루스풍의 부드러운 '자 이제 괜찮아요 Everything's Allright'를 부른다.

웨버는 이처럼 인물의 성격과 상황에 맞게 로큰롤과 다른 음악들을 섞어 사용하여, 이후 '팝-록 뮤지컬' 혹은 '브로드웨이-록 뮤지컬' 등으로 불릴 만한 록 뮤지컬이 가야 할 길을 제시해주었다.

웨버의 모범을 따라 만들어진 록 뮤지컬들은 모두 순수한 록 뮤지컬이라기보다는 록과 다른 대중음악을 섞은 팝-록 뮤지컬이다. 〈지저스 크라이스트 수퍼스타〉의 인기에 힘입어 성경에서 소재를 얻은 뮤지컬 중 하나인 슈바르츠의 〈가스펠〉(1971), 옛 공포영화를 흉내낸 컬트 뮤지컬 〈록키 호러 쇼〉(1973), 샤를마뉴 대제의 아들 피핀의 인생역정을 그린 슈바르츠의 〈피핀〉(1972), 올리비아 뉴튼 존과 존 트라볼타의 영화로 더 유명해진 〈그리스〉(1972) 등이 모두 1970년대 등장한 팝-록 뮤지컬들이다. 〈캣츠〉(1981), 〈의형제〉(1983), 〈공포의 꽃가게〉(1982), 〈송 앤 댄스〉(1985), 〈리턴 투더 포비든 플래닛〉(1991), 〈스모키 조스 카페〉(1995) 등 1980~1990년대 록 뮤지컬들도 대부분 팝과 록을 혼합한 형태의 음악을 사용했다.

그러나 안타깝게도 요즘 록 뮤지컬이라 불리는 작품들 중 초기 록 뮤지컬의 신선함을 간직한 작품은 그리 많지 않다. 이는 순수한 록 음악만을 사용하지 않고 다른 음악들과 혼합해서 만들기 때문이 아니다. 록 음악을 통해 무엇을 나타내려는가 하는 문제이고 한편으로 어떤 록 음악으로 작품을 만드는가 하는 문제다.

공연을 위한 최종 리허설 날 에이즈로 사망해 더욱 화제를 모은 오프브로드웨이의 천재 작곡가 조너선 라슨의 〈렌트〉(1996)와 〈틱틱붐〉(1991)은 자유와 저항, 실험이라는 초기 록 뮤지컬의 신선한 정신을 계승한 보기 드문 예다. 〈렌트〉는 푸치니의 오페라 〈라보엠〉을 현대적으로 새롭게 번안한 작품이다. 19세기 파리 예술가들 대신 뉴욕 이스트 빌리지의 동성애자와 젊은 에이즈 환자들을 다루면서, 자유와 사랑 때문에 방황하는 이 시대 젊은이들의 살아 숨쉬는 이야기를 창조해냈다.

그러나 이 작품이 이렇다 할 만한 스펙터클도 없이 전 세계의 주목을 받은 더 큰 이유는 요즘 젊은이들이 공감할 만한 진짜 살아 있는 대중음악, 기존의 로큰롤을 업데이트한 음악이 재료라는 데 있다. 〈렌트〉에 사용한 음악은 엄밀히 말해 얼터너티브 록과 힙합 등을 한데 합쳐놓은 최첨단

록 음악이다. 과거 엘비스 프레슬리 류의 로큰롤 음악에 1960~1970년대 젊은이들의 마음이 열광했듯이 2000년대 젊은이들은 〈렌트〉에 사용한 이 시대의 록 음악에 열광한다. 동시대의 살아 있는 대중음악을 포용해야 진짜 살아 숨쉬는 무대가 된다는 소박한 진리를 우리는 〈렌트〉를 통해 다시 한 번 상기한다. 살아 있는 소재와 살아 있는 음악이 함께한 이 작품은 자유와 저항, 실험이라는 초기 록 뮤지컬 정신을 계승한다.

반드시 록 뮤지컬이 아니어도 새로 나오는 거의 모든 뮤지컬들이 적지 않게 로큰롤 어법을 사용한다는 점에 주목할 필요가 있다. 대부분 뮤지컬이 앰프에 의해 전자적으로 증폭된 음향과 MR이라 부르는 미리 녹음된 소리를 부분적이나마 사용한다는 사실에서 록 뮤지컬의 영향을 확인할 수 있다. 〈헤어〉와 〈지저스 크라이스트 수퍼스타〉 이후 록 뮤지컬이 자리 매김하면서, 무대에서 녹음이나 마이크의 사용 없이 순전히 생음악만으로 노래를 부르던 시대는 지나갔다 해도 과언이 아니다.

가령 웨버의 〈오페라의 유령〉이나 쇤버그의 〈레미제라블〉과 〈미스 사이공〉, 디즈니의 〈라이언킹〉과 〈미녀와 야수〉, 프랑스의 새로운 뮤지컬 〈로미오와 줄리엣〉〈파리의 노트르담〉 등 요즘 전 세계적으로 인기 절정을 걷는 뮤지컬들은 팝-록 뮤지컬의 영역에 깊숙이 발을 딛고 있다.

블록버스터 뮤지컬 : 무대를 압도하는 현란한 볼거리

'어두컴컴한 호수에 크고 작은 촛불 수백 개가 둥둥 떠다닌다. 안개 자욱한 수면 위로 바람에 나부끼는 촛불들, 그 사이로 작은 배 한 척이 부드러운 곡선을 그리며 미끄러져 나온다. 노를 젓는 가면 속 남자의 거역 못할 시선을 느끼며, 여자는 쓰러진 채 홀린 듯 사방을 둘러본다.'

〈오페라의 유령〉에서 유령이 크리스틴을 납치해 지하 은신처로 데려오는 장면이다. 이 장면을 연출하기 위해 감독 해럴드 프린스는 최첨단 컴

대표적인 블록버스터 뮤지컬
〈레미제라블〉

퓨터 테크닉을 동원했고 수많은 인력과 돈을 쏟아부었다. 촛불 수백 개가 호수 위로 솟아오르는 효과를 위해 무대 바닥에 수많은 크고 작은 트랩 도어들을 설치해 실제 촛불들이 위로 솟아나오게 했고, 배에는 전동 모터를 달아 리모트컨트롤로 멀리서 조정할 수 있게 했다.

이 외에도 신비하고 웅장한 효과를 내기 위해 다양한 무대장치와 의상을 동원했다. 극장 천장에서 무대 바닥으로 곤두박질치는 거대한 샹들리에, 화려한 가장무도회 장면을 위해 무대를 가득 채우는 거대한 계단, 빅토리아 시대의 고풍스러우면서도 화려한 의상들까지. 특히 여주인공 크리스틴의 의상은 웬만한 여자의 몸무게만큼 무거울 정도로 정교하게 만들어졌다.

이처럼 화려한 의상과 무대장치, 최첨단 기술이 함께한 뮤지컬을 흔히 '블록버스터 뮤지컬'이라 부른다. 미국의 대형 비디오 대여 체인점의 이름인 블록버스터는 수천억 원을 들여 만든 엄청난 규모의 매머드급 할리우드 영화를 일컫는 말이지만, 이제는 영화에 맞먹을 규모로 만들어진 대형 뮤지컬도 블록버스터의 대열에 낀다.

베트남 전쟁을 그린 〈미스 사이공〉에서는 미국 병사들의 퇴각을 극화하기 위해 실물 크기의 헬리콥터가 공중에서 내려오고, 베트남 술집 여인 수십 명이 미군들과 놀아나는 춤 장면을 위해 불빛 찬란한 화려한 홍등가를 연출했다. 〈레미제라블〉(영어판 1985)에서는 거대한 바리케이드가 무대를 가득 메우면서 자유를 위해 싸우다 죽어가는 프랑스 민중의 모습을 극화한다.

가족 뮤지컬의 대명사인 〈라이언 킹〉(1997)에서는 줄리 테이머가 만든 환상적 의상과 소품들로 치장한 수많은 동물들이 무대 위를 지나다니면서 아프리카 토속 댄스를 보여준다. 이런 블록버스터 효과는 부모의 손을 잡고 극장을 찾은 어린이들의 혼을 빼놓는다.

'그랜드 뮤지컬'과 '팝 오페라'

블록버스터 뮤지컬은 영화도 뮤지컬도 없던 시절 귀족들의 호사취미를 만족시키기 위해 아낌없이 돈을 퍼부어 만든 이른바 19세기 그랜드 오페라와 유사하다. 그랜드 오페라가 그랬듯 블록버스터 뮤지컬은 무대장치나 의상, 춤 등 눈에 보이는 스펙터클뿐 아니라 음악도 엄청난 규모를 과시하는 작품이 많다. '그랜드 뮤지컬'이라 불러도 좋을 이러한 전통을 이끈 사람은 다름 아닌 앤드루 로이드 웨버다. 실제로 그는 〈오페라의 유령〉을 작곡하면서 사람들에게 자신이 오페라의 수준에 준하는 엄청난 규모의 뮤지컬을 만들 수 있다는 것을 증명하고 싶어했다. 이렇게 해서 탄생한 이 작품의 수록곡 대부분은 오페라적으로 훈련된 성악가가 아니면 도저히 부를 수 없을 정도로 고난도 테크닉과 음악성이 필요하다.

웨버의 초기작에 해당하는 〈지저스 크라이스트 슈퍼스타〉와 〈에비타〉그리고 〈캣츠〉도 음악의 스케일로 볼 때 만만치 않다. 이들은 모두 그랜드 오페라처럼 극이 시작해서 막이 내리기까지 두 시간 이상을 대사 없이 음악으로 일관하는 '송 스루song through 뮤지컬'이다. 대사에 해당하는 부분을 모두 음악으로 처리하려면 노래 부르는 배우도 힘이 들지만, 작곡가도 엄청난 테크닉이 있어야 한다. 흔히 아리아라 부르는 노래는 감정에만 충실하게 예쁜 선율을 만들면 되지만, 대사에 해당하는 레치타티보 음악은 빠르게 돌아가는 극의 상황을 전달하는 동시에 음악적으로도 흥미가 있어야 하기 때문이다.

그랜드 오페라의 음악적 스케일을 획득한 '송 스루 뮤지컬'로 최고의 경지를 보여준 작품은 〈레미제라블〉이다. 작곡가 클로드 쇤버그는 현대 클래식 음악의 창시자인 아르놀트 쇤베르크의 후손답게 음악적으로 완벽한 감수성을 보여준다.

작곡가 쇤버그는 눈물 나도록 가슴 뭉클한 음악을 만들어놓고 이를 '팝 오페라'라 불렀다. 웅장한 그랜드 오페라의 규모와 부드러운 팝송의 친밀함을 한데 섞어놓았다는 뜻의 이 용어는 돈 냄새가 너무 많이 나는 블록버스터 뮤지컬보다 왠지 더 친숙하게 다가온다.

블록버스터의 새 장, 프랑스 뮤지컬

그밖에도 〈별빛 특급열차〉, 〈명성황후〉(1995년), 〈마틴 게어〉(1996), 〈휘슬 다운 더 윈드〉(1998), 〈지킬과 하이드〉(1997), 〈스칼렛 핌퍼널〉(1997), 〈타이타닉〉(1997), 〈이스트윅의 마녀들〉(2000) 등은 화려한 무대와 최첨단 테크닉을 동원할 뿐 아니라 대사가 아예 없거나 최소화되어, 음악이 차지하는 비중이 절대적으로 높다.

프랑스에서 만들어진 일련의 뮤지컬은 블록버스터 뮤지컬의 새 장을 열어 시선을 끈다. 이들 중 선두주자로 웨스트엔드까지 진출한 〈파리의 노트르담〉(1998)과 〈로미오와 줄리엣〉 〈십계〉(2000)로 이어지는 프랑스 뮤지컬들은 무엇보다 화려한 무대장치와 춤, 의상 등 볼거리가 많은 것이 특징이다. 화려한 이집트 궁전과 스핑크스, 홍해가 갈라지는 모습은 최첨단 영상 테크닉과 만나 환상적인 그림을 완성한다. 노트르담 사원을 상징하는 집채만 한 벽과 공중에 매달린 수많은 대형 종에서 연출하는 아찔한 곡예는 그 자체로 쇼의 극치다. 수십 명의 남녀 무용수들의 현란한 춤은 발레를 좋아하는 프랑스인들의 예술적 전통의 연장선상에 있다. 화려한 조명의 색채도 보는 재미를 더욱 확실하게 해준다.

프랑스인의 감수성이 느껴지는 대목은 그 밖에도 많다. 상송 위주로 구성된 노래는 극장에서뿐 아니라 집에서 음반으로 들어도 훌륭하다. 때로는 음악이 극적 전개보다는 벅찬 감정만 표현한다는 인상도 주지만, 록과 팝의 달콤한 비트와 상송의 만남은 브로드웨이 음악에 식상한 사람들에게는 분명 신선한 경험이다.

프랑스 뮤지컬은 〈로미오와 줄리엣〉에 포함된 약간의 대사를 제외하고는 모두 음악으로 구성된 '송 스루' 형식이다. 그런데 이 음악은 시종일관 슬픔이나 기쁨, 질투 등의 정서를 아름답게 표현할 뿐 그러한 정서를 유발한 극적인 사건들은 그다지 전달하지 않는다. 전통 오페라에서 레치타티보가 담당하던 상당부분이 생략되었는데도 극은 자연스럽게 흘러간다. 이렇듯 프랑스 뮤지컬은 줄거리의 논리적 흐름을 관객의 상상력에 맡겨놓고, 대신 달콤한 음악과 볼거리의 화려한 잔치에 초대한다. 마치 프랑스인 작곡가 마스네의 서정 오페라 〈마농〉을 보는 듯하다.

재미, 그 이상의 재미를 위하여

지금까지 소개한 뮤지컬 외에도 중요한 작품들은 수없이 많다. 노래 없이 퍼포먼스 형태로 공연하는 〈리버 댄스〉 〈난타〉 〈UFO〉와 같은 비언어 뮤지컬이나 〈라이언킹〉 〈지킬과 하이드〉와 같이 어린이를 포함한 온 가족이 즐겨 보는 가족 뮤지컬, 옛 작품을 새롭게 만드는 리바이벌 뮤지컬, 이 모든 전통과 상관없이 예상치 못한 영역을 파고들어 전통에 도전하는 크로스오버 뮤지컬 등은 별도의 범주로 다룰 수 있다.

음악과 메시지, 극적 구성 등 뮤지컬을 구성하는 다양한 요소들 가운데

어느 것을 중요시하든 제대로 만들어진 뮤지컬이 주는 감동은 모두 마찬
가지다. 뮤지컬 공연 한 편을 보면서 이 작품은 어떤 요소에 힘을 싣는지,
작가와 연출자의 의도는 무엇인지를 곰곰 생각해보는 경험은 단순히 공
연을 즐기는 이상의 지적 재미를 관객에게 선사할 것이다.

김학민 hakminkk@khu.ac.kr
고려대학교 영문과를 졸업한 뒤 서울대학교 음악대학 대학원에서 공부했다. 텍사스 주립대학교 음악대학 오페라과에
서 한국인 최초로 오페라 연출 실기 박사 학위(DMA)를 받았다. 〈박쥐〉 〈코지 판 투테〉 〈어린이와 마법에 걸린 사람들〉
〈사랑내기〉 〈오페라의 유령〉 등을 연출했다. 1988년 예음평론상 음악평론 부문에 당선됐다. 저서로 『오페라 읽어주는
남자』가 있다.

장 뤽 고다르 · 빔 벤더스
페드로 알모도바르 · 라스 폰 트리에

"같은 길은 가지 않겠다!" 기존의 영화언어를 뒤엎는 혁명적 발상으로
세계 영화계를 이끌어온 유럽의 네 감독. '영화적'인 것과의 대립과 합일,
그 긴장의 줄타기를 거쳐 세상에 나온 걸작들과 네 대가의 유니크한 영화론.

홍성남 영화평론가

영화학자 유세프 이샤그푸르는 미국영화와 유럽영화를 대비해 이렇게
설명한다.

"미국영화는 스토리를 시각적으로 보여주는 데 중점을 두기 때문에 이
를 통해 시나리오의 스타일을 익힐 수 있다. 반면 유럽영화는 스토리보다
작품 속의 의미나 감정 전달을 더 중시한다. 그래서 유럽영화에서는 무엇
이 영화를 예술로 만들며, 영상미학은 과연 무엇인지 배울 수 있다."

유럽영화에 대한 아주 깔끔한 설명이다. 하지만 이런 설명이 자칫하면
우리를 지나친 일반화의 오류 속으로 이끌 수도 있다. 이를테면 사람들은
종종 유럽영화는 곧 '예술영화'라는 식으로 오해한다.

유럽영화가 다른 지역의 영화, 예컨대 미국영화와 비교해 그만의 역사
와 전통 안에서 나름의 범주에 속할 만한 영화들을 만들어온 것은 부인할
수 없다. 그러나 유럽영화는 그 안에 너무 다양한 영화들을 포괄하기에,
그 개념을 단번에 정의하기란 여간 까다로운 일이 아니다. 가령 유럽의
어떤 영화감독들은 영화사 초창기부터 압도적인 위력을 발휘해온 미국영

화에 굉장한 매혹을 느끼며 작업했는가 하면, 또 다른 이들은 미국영화에 참을 수 없는 반발감을 품고 영화를 만들기도 했다. 그리고 유럽 감독들은 우리의 오해와 달리 예술영화뿐 아니라 대중적인 영화들도 만들며 지금까지 존재해왔다. 요컨대 유럽영화는 다양한 빛깔로 채색된 '또 다른 어떤 세계'이다.

유럽영화의 다양한 색깔을 한번에 탐사하기는 불가능에 가까운 일이기에, 이 글에서는 현재까지 활동중인 유럽의 대표적 시네아스트 네 명을 중심으로 이야기를 풀어나가려 한다. 장 뤽 고다르, 빔 벤더스, 페드로 알모도바르, 라스 폰 트리에가 그들이다.

이들은 어떤 면에서 각각 1960년대, 1970년대, 1980년대, 1990년대 영화의 한 경향들을 보여준다. 또 서로 다른 국가 출신으로, 이들의 영화 세계를 탐사하는 작업은 다채로운 시공간에 걸쳐 있는 유럽영화의 어떤 면모들을—그 미학과 역사, 세계 영화의 중심으로서 미국과의 관계 등—파악하는 데 도움을 주리라고 본다.

장 뤽 고다르—누벨바그의 리더, 영화사를 뒤엎다

영화의 역사는 장 뤽 고다르(1930~)에서 큰 획을 하나 긋는다. 고다르라는 감독이 프랑스 영화사에서, 더 나아가 세계 영화사에서 어떤 위치를 차지하는지는 비록 그의 영화를 거의(혹은 전혀) 보지 않은 이라 해도 한두 번쯤 들어본 적이 있을 것이다.

1950년대 후반에서 1960년대 중반까지, 기존의 영화적 지형을 근본적으로 바꾸는 일종의 '혁명'이라 부를 만한 사건이 프랑스에서 일어났다. 전통적 방식의 고루한 영화에 반기를 든 젊은 영화감독들이 아버지 세대의 영화와 전혀 다른, 신선하고 창조적 활력이 넘치는 영화들을 만들기 시작했다. 이 영화적 흐름을 '새로운 물결'이란 의미의 '누벨바그Nouvelle

Vague'라 부른다.

프랑스 영화사에서 고다르는 이 누벨바그의 '앙팡 테리블'이라 불릴 만한 인물 가운데 하나였다. 아니, 그렇게만 얘기하는 건 어딘지 좀 부족하다. 그는 그저 앙팡 테리블이 아니라 멤버들 가운데서 정말로 가장 '테리블'했고, 또 마지막까지 '테리블'하게 남은 앙팡 테리블이었으니 말이다. 그가 만든 영화들은 영화에 대한 기존의 관념을 완전히 뒤엎었고 그런 그의 도전은 이후로도 오랫동안 계속되었다.

단순하게 설명해보자. 전통 방식의 영화란 우선 스토리를 전달하기 위한 것이며, 그 목적을 효과적으로 달성하기 위해 영화가 만들어지는 방식을 최대한 감추려 한다. 그러나 고다르는 처음부터 전통적 스토리텔링에는 관심 없이, 영화가 어떻게 만들어지는지 탐구하고 또 그것을 작품 속에서 적극적으로 보여주는 데 집중했다. 이를 통해 고다르는 영화 역사의 새 지평을 연다. 고다르에 대한 비평서를 쓴 리처드 라우드는 고다르의 영화사적 위치를 다음과 같이 말했다. "고다르 이전의 영화가 있고, 고다르 이후의 영화가 있다. 그 사이에 진보가 있었다고 할 수는 없을지 몰라도, 근본적인 변화가 일어난 건 분명한 일이다."

고다르의 장편 데뷔작 〈네 멋대로 해라〉(1959)는 영화사의 새 페이지가 시작함을 알린 작품이다. 영화 주인공은 미셸 포와카르란 청년이다. 훔친 자동차를 타고 달리던 그는 경찰의 추적을 받자 경찰을 쏴 죽이고 쫓기는 신세가 된다. 미셸은 미국인 여대생 패트리샤와 함께 파리를 벗어날 생각을 한다. 그러나 패트리샤는 미셸을 경찰에 신고하고, 미셸은 경찰의 총에 맞아 죽고 만다.

이렇게 스토리만 간략히 소개하면 〈네 멋대로 해라〉는 미국식 범죄영화와 별반 다르지 않아 보인다. 여기서 잠깐, 고다르와 그의 누벨바그 동료들의 영화애를 언급해보자. 이들은 공히 시네마테크에서 수많은 영화들을 보는 것으로 시작해, 그렇게 키운 열렬한 사랑을 영화비평 쓰기 혹은 영화 만들기로 전이한 사람들이다. 그런 그들이 발견해낸 것들 가운데는 흔히 '야만인' 정도로 치부돼던 할리우드 감독들이 사실 꼭 그런 존재만은 아니라는 시각이 있다.

그들은 여기서 한발 더 나아가 할리우드 '시스템' 안에서 작업하면서도 영화 속에 자신만의 비전을 불어넣을 줄 아는 영화감독들을 찾아내 대가로 여기며 흠모했다. 실제 〈네 멋대로 해라〉를 만들며 고다르는 자신이 그토록 동경해온 '미국 영화 같은 영화'를 만든다고 생각했다.

근원적 사유를 펼치는 영상 에세이스트

고다르의 기질, 그리고 그를 둘러싼 제작 환경은 그가 '미국영화'를 만드는 것을 허용치 않았다. 〈네 멋대로 해라〉는 스토리라인만 미국영화를 닮았을 뿐 할리우드적 기준에서 보자면 그야말로 규칙은 다 무시하고 '제멋대로' 만든 영화처럼 보인다. 인물들의 행위 동기는 명확하지 않고 이야기는 본 궤도에서 벗어나 자주 곁길로 빠진다. 스타일 면에서도 인위적인 세트나 카메라를 고정하는 삼각대, 인공조명 등을 거부함으로써 할리우드 영화의 그것을 거의 무시하는 듯한 태도를 보여주었다.

특히 점프 커트jump cut(쇼트와 쇼트의 연결을 이음매 없이 연결하는 편집 방식)의 활용은 큰 논란을 불러온 요소 가운데 하나다. 당시 사람들이 보기에 이는 영화제작에 대한 무지의 소치에 다름없다. 그러나 실상 〈네 멋대로 해라〉에 쓰인 점프 커트는 영화 전반에 흐르는 실존적 불안감과 충동적 분위기에 매우 잘 어울렸다. 게다가 지금의 눈으로 보면 이는 연속편집이라는 할리우드식 관행, 더 나아가 그런 기법을 사용한 미국영화의 위대한 감독들에 문제를 제기하고 그들을 뛰어넘으려는 예비적 몸짓으로 비치기도 한다.

〈네 멋대로 해라〉의 예에서 볼 수 있듯, 고다르의 초창기 영화들은 종

고다르와 그의 대표작 〈네 멋대로 해라〉

종 스릴러 〈작은 병정〉(1960), 뮤지컬 〈여자는 여자다〉(1961), 전쟁영화 〈카라비니에〉(1963), SF 〈알파빌〉(1965) 등과 같은 장르에 기대고 있지만 이는 전통적 의미에서 장르영화가 아니라 '고다르식(어찌 보면 이상하기 짝이 없는) 장르영화'들이다. 그럴 수밖에 없는 것이 고다르는 이들에서 전달되는 이야기가 아니라, 그 전달 구조 혹은 메커니즘에 더 관심이 많았다.

고다르는 자신의 영화들을 통해 영화의 기본 요소인 이미지와 사운드, 그리고 그 둘 사이의 관계를 실험하고 탐구했다. 그런 면에서 그는 최상의 영화 기호학자라 불릴 만하다. 한편으로 고다르는 펜 대신 카메라로 자신의 생각을 펼쳐나가는 영상 에세이스트이기도 하다. 그의 영화는 현대 소비사회, 정치, 삶의 조건들, 영화 그 자체에 대한 자유로우면서도 근원적인 사유들로 가득하다. 그런 방식으로 그의 영화는 관객에게 진지한 탐구와 참여를 요구한다.

고다르의 영화에는 결론 없는 질문이 가득하다. 관객은 그것과 능동적으로 맞닥뜨려야 한다. 고다르는 언젠가 "우리는 관객과 맞붙어 싸워야 한다"고 말한 적이 있는데, 관객이 듣기에 그 말은 곧 "우리는 고다르(의 영화)와 맞붙어 싸워야 한다"가 된다. 고다르의 영화는 그렇게, '싸울' 준비가 된 관객에게 수많은 근원적 질문과 가르침, 영감을 선사한다.

빔 벤더스—미국문화에 매혹당한 길 위의 실존주의자

1959년 고다르는 "당신들의 영화를 볼 때마다 우리는 그것이 너무나 형편없고 우리가 희망하던 것에서 미학적 · 도덕적으로 너무나 멀리 있음을 본다"며 '아버지의 영화'를 힐난하는 글을 썼다. 프랑스의 누벨바그에 자극받은 독일의 새로운 영화 흐름 또한 고루한 '아버지의 영화'에 사망선고를 내리면서 시작되었다.

1962년 젊은 영화감독 26명이 오버하우젠 선언에 서명한다. 그들은 1960년대 후반부터 새롭고 창의적인 영화를 본격적으로 만들어내며 이른바 '뉴 저먼 시네마'라 불리는 운동을 시작한다. 고다르가 누벨바그의 대표주자라면, 빔 벤더스(1945~)는 바로 이 뉴 저먼 시네마의 대표 감독 가운데 하나다.

벤더스의 영화 세계를 살펴보기 위해 꼭 집고 넘어가야 할 것은 미국문화에 대한 매혹이다. 확실히 벤더스는 미국의 영화와 문화에서 영화적 자양분을 섭취한 감독이다. 그는 "미국영화와 미국 록음악이라는 구명대(救命帶)가 없었다면 유년기를 미치지 않고 견뎌내지 못했을 것"이라는 말까지 했다. 미국문화에 대한 이렇듯 지나친 탐닉은 단지 개인적 취향의 문제만은 아니었다. 벤더스에 따르면 자신이 어릴 때, 즉 패전 이후의 독일인들은 대개 어느 정도는 영화와 록, 추잉껌과 폴라로이드 카메라까지 포함하는 미국문화에 동화했으며, 이는 그들이 나치즘의 수치스런 기억을

빔 벤더스와 〈밀리언 달러 호텔〉

망각하려는 데서 생긴 '구멍'을 메우려는 노력과 관계가 있다고 한다.

벤더스와 미국문화의 상관관계를 이야기할 때 빠지지 않고 언급되는 대사가 〈시간의 흐름 속으로〉(1976)에 나오는 "양키들이 우리의 잠재의식을 식민화했어"다. 하지만 이를 미국문화에 깊숙이 침탈당한 독일인의 심성에 날카로운 비판을 가한다고만 보는 것은 좀 곤란하다. 지금껏 벤더스는 미국적인 것에 얼마간 비판을 가한 적은 있어도, 완전히 등을 돌린 적은 없다고 보는 편이 맞다. 예컨대 〈미국인 친구〉(1977)는 유럽에 남아 있는 미국인이 과연 어떤 악행을 일삼는가에 대한 알레고리로 읽힐 수 있는 영화다. 그러나 다른 한편으로 이것은 니콜라스 레이와 새뮤얼 풀러 같은 미국영화의 거장들에 경의를 표하는 미국식 스릴러 영화이기도 하다.

느리고 아름답고 탐색적인

또 다른 예로 〈파리 텍사스〉(1984)는 현대인의 고독과 상실감을 그린 영화지만, 동시에 미국만이 보여줄 수 있는 매혹적 정경, 그 황량한 아름다움을 그린 우수어린 블루스이기도 하다. 게다가 이 영화는 존 포드의 〈수색자〉(1956)에 바치는 벤더스의 오마주로 볼 수 있다. 오랜만에 집에 돌아와서 잃어버린 가족을 찾아주고는 다시 끝이 보이지 않는 황야로 떠나는 〈파리 텍사스〉의 주인공 트래비스는 〈수색자〉의 주인공 이산과 닮은꼴이다. 벤더스는 LA에서 〈폭력의 종말〉(1997)이나 〈밀리언 달러 호텔〉(1999) 같은 영화들을 찍기도 했다. 아무래도 벤더스와 미국문화 사이의 관계란 애증이 교차하는 관계, 또는 미국적인 것에 대한 애정이 심지어 그것에 대한 증오를 포용하게까지 하는 관계라 볼 수 있을 것 같다.

벤더스에게 영향을 끼친 미국영화 가운데 중요한 하나를 꼽으라면 데니스 호퍼 감독의 〈이지 라이더〉(1969)를 들 수 있다. 영화평론을 쓰던 젊은 시절 벤더스는 이 영화에 다음과 같은 리뷰를 남겼다.

"이것은 아름답기 때문에 정치적인 영화다. 커다란 모터사이클 두 대가 지나가는 땅이 아름답고, 우리가 듣는 음악이 아름다우며, 데니스 호퍼가 연기뿐 아니라 연출까지 맡은 것을 볼 수 있으니 말이다."

벤더스가 이런 글을 썼다 해서 주로 로드무비를 만들어온 그의 영화경력 자체를 〈이지 라이더〉의 리메이크로 본다면 너무 단순한 도식에 빠지는 꼴이다. 오히려 우리는 이 글에서 벤더스가 옹호하는 영화, 또 그가 지향하는 영화가 어떤 타입인지를 유추할 수 있다.

그것은 땅(풍경)이 아름다운(돋보이는) 영화, 그리고 음악이 아름다운 영화다. 벤더스의 영화들을 보면 확실히 그는 스토리텔링보다는 이미지메이킹 쪽에 더 재능이 있고 또한 음악 사용에 남다른 감수성이 있는 인물임을 알게 된다. 여기서 더 확대하면, 벤더스의 로드무비란 우리가 보고 듣는 것, 그것의 '묘사'에 치중하는 영화다. 자연히 벤더스의 영화는 서술적 방법론에 따라 구축되는 영화들에 비해 다소 리듬이 느릴 수밖에 없다.

벤더스는 자신의 영화사 이름을 '로드무비'라고 지을 정도로 로드무비에 대단한 애정이 있다. 그 로드무비의 주인공들은 내면 깊은 곳까지 외로운 사람들이며 현재의 자신이 어디 속해 있는지를 알지 못하는 사람들이고, 그래서 자신의 뿌리 혹은 미래를 찾아가야 하는 사람들이다. 예컨대 〈파리

페드로 알모도바르(왼쪽)에게 칸영화제 감독상을 안겨준 〈내 어머니의 모든 것〉

텍사스〉의 주인공 트래비스는 잃어버린 자신의 기억을 찾아 발걸음을 옮기는 인물이다. 〈베를린 천사의 시〉(1987)의 주인공 다미엘은 천사라는 자신의 처지 때문에 삶의 직접성과 구체성을 경험할 수 없다는 '상실감'을 벗어버리고 진정으로 살아 있는 존재가 되고 싶어한다. 그런데 영화가 끝날 때까지 이들이 어떤 의미 있는 곳에 도달하지 못하는 상황이 적지 않다.

종종 성과 없이 끝나는 탐색과 상실의 서사 구조 속에서 인물들의 공허한 내면은 그들을 둘러싼 풍경이나 음악을 통해서 드러난다. 벤더스가 보여준 '새로운 감성'Neue Sensibility이란 황량한 탐색의 내러티브가 대단히 감각적으로 선택된 이미지, 그리고 음악과 만나 빚어졌다고 보면 큰 무리가 없을 것이다. 모두 그런 건 아니지만, 여하튼 그 조화가 잘 이뤄졌을 때 벤더스는 〈파리 텍사스〉나 〈베를린 천사의 시〉처럼 굉장히 아름다운 시를 우리에게 선사한다. 이는 반대로, 벤더스가 묘사 혹은 이미지메이킹에만 과도하게 집착할 때 우리를 실망케 할 수도 있음을 의미하기도 한다.

페드로 알모도바르─키치적 세계를 원숙의 단계로 끌어올린 거장

벤더스의 '새로운 감성'이 고독한 여정을 차분하고 낭만적인 시선으로 포착한 화면에서 우러난다면, 1980년대 유럽에서 이와는 전혀 다른 유의 새로운 감수성을 가진 영화감독 하나가 등장한다. 감정 표현이나 스타일 등 여러 면에서 과잉이라고 생각할 만큼 허구적인 세계를 천연덕스럽게 제시하는 그는 스페인의 페드로 알모도바르(1951~)다.

알모도바르의 영화 세계에는 상식을 벗어난 것들이 오히려 정상으로 간주되며 통상적인 것들은 극단적으로 과장되거나 가차없이 버려진다. 그는 이런 이단적 상상력을 스크린 위에 거침없이 펼쳐보였다. 어떤 이들은 그 상상력에 감동받았고, 또 어떤 이들은 그것을 저속하다고 손가락질했다.

스페인 사람들은 프랑코 독재정권 치하에서 꽤 오랫동안 억눌린 채 살았다. 프랑코 시절 스페인 영화 역시 창작의 자유를 누리지 못했다. 알모도바르의 영화는 그 족쇄가 풀어진 뒤 스페인의 새로운 멘탈리티를 보여준다. 알모도바르 자신은 이렇게 말한다.

"내 영화는 1975년 프랑코가 죽은 뒤, 특히 1977년부터 스페인에서 생겨난 새로운 멘탈리티를 재현한다. 사람들은 스페인의 모든 것이 달라졌다고 한다. 그러나 스페인 영화에서 그런 변화를 발견하기란 쉽지 않다. 그들은 이제 내 영화에서 스페인이 어떻게 바뀌었는가를 본다. 이제 〈욕망의 법칙〉(1987)과 같은 영화를 만드는 것이 가능하기 때문이다."

알모도바르(와 그의 영화)에게 새로운 스페인 사회란 무엇보다 욕망을 마음껏 분출할 수 있는 사회다. 알모도바르가 쓴 글의 한 부분이 이를 잘 설명한다. 여기서 자칭 국제적 포르노 스타인 주인공 패티 디푸사는 젊은 청년을 유혹하며 말한다. "자, 잘 들어보세요. 스페인의 민주정치는 이제 어느 정도 자리를 잡았어요. 이 말은 당신과 내가 아무것도 부끄러워하지 않으면서 자유롭게 섹스를 할 수 있다는 뜻이에요."

금기에 개의치 않고 쾌락을 두려워하지 않는 인물들은 알모도바르의 영화 속에도 자주 등장한다. 예컨대 〈비밀습관〉(1984)은 수녀들에 대한 영화인데, 여기서 수녀들은 상습적으로 마약을 복용하고 창녀에게 사랑을 고백하며 신부와 사랑에 빠지고 타락한 여성들을 다룬 소설을 써서 베스트셀러 작가가 된다.

스페인 사회에서 1980년대는 젊은이들이 영화·음악·패션잡지 등 온갖 대중문화에 심취한 시기다. 스스로 여러 대중문화 양식에 열광한 알모도바르는 그 시대 대중문화의 파편들을 모아 영화 속 이곳저곳에 박아넣었다. 알모도바르의 영화에는 재미를 불러일으키는 인용과 발췌가 가득하다. 그의 영화는 잡종의 영화이며 또 그런 면에서 포스트모더니즘이라는 새로운 시대정신 혹은 문화양식을 반영한다.

알모도바르의 영화에서 가장 눈에 띄는 것 중 하나가 그만의 독특한 원색주의다. 원색주의자라는 명칭이 존재한다면 아무래도 그건 알모도바르를 위한 것이라고 할 수 있다. 그는 유치하다는 느낌이 들 정도로 알록달록한 색깔을 통해서 삶의 변덕스러움을 고스란히 자기 영화 속에 담아냈다. 그는 이같은 색채 감각이 어머니에게서 물려받은 것이라 믿는다. 평생 검은 옷에 짓눌려 산 어머니의 의지가 자신에게 투사돼 행복한 원색으로 살아났다는 것이다.

그의 농담 속 진실을 찾아

여하튼 알모도바르의 탁월한 색채 감각에 우연성과 작위성으로 가득한 종잡을 수 없는 스토리, 그리고 과도한 장식성이 더해지면서 지극히 알모도바르적인 세계가 만들어졌다. 그 세계에서 알모도바르는 언제나 이야기꾼의 자질을 유감없이 드러낸다. 그가 들려주는 이야기는 마치 타인에 대한 뒷얘기를 다루는 패션잡지의 그것과 같다. 그는 사랑, 쾌락, 고통, 진실, 자유, 죽음 등 평범한 주제들을 복잡하게 얽어 재미난 농담 같은 이야기로 풀어낸다.

알모도바르 영화 세계의 모든 특징이 집약적으로 펼쳐진 영화는 아마도 〈신경쇠약 직전의 여자들〉(1988)일 것이다. 주인공 페파는 이반에게 버림받았다는 사실을 직감하고는 격분한다. 영화는 신경쇠약 직전의 상태에 놓인 이 여자의 아파트에 그녀의 동생, 그녀의 애인 이반, 이반의 전처와 이반의 새 애인, 거기다 경찰과 전화수리공까지 순차적으로 집결시켜 광란적인 앙상블 코미디를 만들어낸다. 작위적 우연들로 가득한 이 원색의 세계를 다른 범용한 감독이 만들었다면 중심을 잃고 헤매는 영화가 되었을지도 모른다. 그러나 알모도바르의 손을 거치면서 우울함과 특별한 유쾌함이 뒤섞인 독특한 코미디가 되었다.

이렇게 '쾌활한 과잉의 세계'를 탁월한 감각으로 소화해낸 알모도바르는 1990년대 중반을 지나면서 원숙의 단계에 접어든 듯하다. 그렇다 해서 이전의 영화 세계를 깡그리 부정하는 것은 아니다. 이를테면 〈내 어머니의 모든 것〉(1999)은 알모도바르적이라 불리는 요소들을 고스란히 간직한 영화다. 그러면서도 여기에 일종의 평정(平靜)의 미학이 덧씌워져 있다.

특유의 원색에 온색의 느낌이 가미됐고, 신경쇠약 직전까지 간 여인들의 시끌벅적한 수다에 삶의 결이 새겨졌으며, 우연으로 점철된 혼잡한 소동에서 운명의 힘마저 느껴진다. 그렇게 알모도바르는 키치적이고 과잉으로 점철된 가볍고 유치한 세계를 통찰력 가득한 원숙의 단계로 끌어올린 거장으로 자리매김하고 있다.

라스 폰 트리에—'순결한 영화'와 '오염된 영화' 사이에서

지난 반세기의 유럽영화사를 훑어볼 때 누벨바그보다 더 중요한 영화사적 사건을 꼽기는 어려울 것 같다. 지난 40여 년 동안 유럽의 많은 영화감독들은 누벨바그에서 엄청난 영향을 받았다. 그런데 이제 그 유산을 깡그리 부정하려는 이(들)가 있다.

"도그마 95는 구제 행위다!" '도그마 95 선언' 참가 감독들은 이렇게 외치며 매우 도발적인 주장을 편다. 도그마 95는 1995년 봄 코펜하겐에서 결성된 영화감독 집단이다. 이들의 목적은 '오늘날 영화의 어떤 경향에 대항하는 것'이다. 작가auteur라는 낭만주의적 개념에 기댄 1960년대의 반(反)부르주아 영화 그 자체가 이제 부르주아적인 것이 되었고, 누벨 바그라는 것도 잔물결에 지나지 않았음이 드러났다. 그리하여 도그마 95는 퇴폐적일 수밖에 없는 개인주의 영화에 대항하고 또한 자신들의 영화에 일종의 '유니폼'을 입힐 것을 주장하기에 이른다.

그들은 더는 '예술가'가 아니며 더는 '작품'을 창조하지 않는다. 그들이 내세운 열 가지 '순결 서약('촬영은 현지에서 행해져야 한다' '촬영은 카메라 들고 찍어야 한다' '인위적인 행위를 담지 않는다' 등)'은 그런 맹세의 증거다. 도그마 집단에게 이런 서약은 환영(幻影)을 불러일으키는 영화에 대항하기 위한 무기이기도 하다.

인위적인 기법들을 대체로 거부한, 다시 말해 도그마 원칙에 충실한 영화 〈백치들〉(1998)을 발표한 라스 폰 트리에(1956~)는 어떤 식으로든 도그마 원칙과 관련해 자신의 영화에 대한 질문을 받지 않을 수 없는 처지가 되었다. 예컨대 2000년 칸영화제에서 황금종려상을 수상한 뮤지컬 영화 〈어둠 속의 댄서〉는 과연 '도그마 영화'인가 하는 질문이다. 이런 질문은 아마도 많은 이들이 기존 영화의 철저한 전복을 기도한 도그마 95가 실제 어떤 행보를 보일지 주시하고 있다는 증거를 보여준다(호의의 눈길이든 아니면 의혹의 눈초리든). 게다가 폰 트리에는 도그마 집단의 선봉장이라 불릴 만한 인물이 아닌가. 집단적 선언이라고는 하지만 도그마가 그토록 큰 관심을 불러일으킨 건 무엇보다 폰 트리에의 명성과 재능 덕분이다. 그는 과연 오염되지 않은 '순결한 영화'를 지키는 성인이 될 것인가.

사실 폰 트리에의 이전 영화들은 대부분 도그마 원칙과는 완전히 배치한다. 이른바 '전후 유럽 3부작'으로 불리는 그의 초기 대표작들, 〈범죄의

라스 폰 트리에(왼쪽)에게 "도그마선언은 유효하냐"는 질문을 던지게 한 영화 〈어둠 속의 댄서〉

요소〉(1984), 〈전염병〉(1987), 〈유로파〉(1991)는 모두 형식주의와 스타일의 과잉이라는 차원을 넘어 '포화 상태'를 보여주는 작품이다. 〈유로파〉를 예로 들자면, 이 영화에는 독일 표현주의부터 필름 느와르에 이르는 영화사적 지식들이 두루 나열돼 있으며 독창적이면서도 때론 유치하다고 느껴지는 온갖 테크닉이 즐비하게 널려 있다. 이 영화들로 폰 트리에는 매우 대담하고 독창적이며 황홀한 비주얼을 보여주는 스타일리스트라는 찬사와 더불어 '스크린의 마스터베이터masturbator'라는 비아냥마저 들었다.

'스크린의 마스터베이터' 혹은 순교자

그러던 폰 트리에가 다분히 나르시시즘적인 테크니션의 면모에서 탈피하기 시작한 것은 〈킹덤〉(1994) 그리고 무엇보다 〈브레이킹 더 웨이브〉(1996)를 내놓으면서다. 흔들리는 핸드 헬드(들고 찍기) 카메라의 현장감에 의존하는 〈브레이킹 더 웨이브〉는, 마치 도그마 영화의 발아기(發芽期)를 보여주는 느낌마저 들게 했다. 폰 트리에는 그로부터 2년 뒤 〈백치들〉(1998)이라는 본격적인 도그마 영화를 선보였다.

도그마 원칙에 따라 만들어진 영화는 외형상으로는 현장성을 중시해 만들어진 누벨바그 영화와 유사하지만 그 기본 개념에서는 누벨바그 영화의 정반대에 위치한다. 예컨대 고다르는 〈네 멋대로 해라〉에 대해 "이 것은 규칙 없이 만들어진 영화이고 이 영화에 어떤 규칙 있다면 그것은 잘못된 규칙이거나 잘못 적용된 것"이라고 말했다. 다시 말해 고다르는 규칙이란 걸 무시하면서 창조적 자유를 얻으려 했다. 반면 도그마 영화는 오히려 스스로 규칙을 부과하여 그 자유를 획득하려 했다. 폰 트리에는 "창조성이란 속박되지 않은 자유와 관련 있는 것이 아니다. 반대로 그것 은 명확하게 정의된 과제, 그리고 명백히 정의된 제한과 관련이 있다"고 말했다.

이 말이 전혀 그럴 듯하지 않은 건 아니지만, 사실 어떤 규칙을 계속 염두에 두고 카메라 앞에서 일어나는 사건의 자발성과 현장성을 포착한다는 것은 올바른 태도로 보이지 않는다. 심하게 말해 결과보다는 규칙 준수에 더 집착하는 일종의 '게임'에 골몰하는 태도처럼 비치기도 한다.

폰 트리에의 도그마 영화 〈백치들〉은 백치야말로 미래의 인간이라며 지체아임을 '가장'하는 부르주아들에 대한 영화인데, 영화 속의 그 상황은 고스란히 폰 트리에의 작업 태도를 반영하는 것처럼 보인다. 그는 일부러 헐벗은 체하는 도그마 영화가 미래의 영화라며 인위성이 배제된 영화 만들기를 애써 가장한다. 그래서 그는 그렇듯 '순결한 영화'를 만들다가 또 금방 〈어둠 속의 댄서〉처럼 교리에서 이탈한 '오염된 영화'를 만든 것인지도 모른다.

결국 도그마 선언에 입각한 영화 만들기란 더 이상의 영화적 '모험'이 불가능한 유럽영화계에서 어떻게든 모험을 해보려는 수고로운 시도 혹은 해프닝은 아니었을까.

홍성남 alphaville@freechal.com
연세대학교 신문방송학과를 졸업한 뒤 중앙대학교 대학원 영화학과에서 석사학위를 받았다. 영화전문지 씨네21의 스 텝 평론가로 활동중이다. 엮은 책으로 『로베르 브레송의 세계』 『오슨 웰스』가 있다.

교양의 즐거움
ⓒ 2005 박홍규 외

초판인쇄 | 2005년 11월 11일
초판발행 | 2005년 11월 18일

지 은 이 | 박홍규 외
기   획 | 월간 『신동아』
펴 낸 이 | 김정순
책임편집 | 박창석
펴 낸 곳 | (주)북하우스
출판등록 | 1997년 9월 23일 제406-2003-055호

주   소 | 413-756 경기도 파주시 교하읍 문발리 파주출판도시 513-8
전자메일 | editor@bookhouse.co.kr
홈페이지 | www.bookhouse.co.kr
블 로 그 | blog.naver.com/bookhouse1.do
전화번호 | 031-955-2555
팩   스 | 031-955-3555

ISBN   89-5605-137-2 03000

이 도서의 국립중앙도서관 출판도서목록(CIP)은 e-CIP 홈페이지(http://www.nl.go.kr/cip.php)에서
이용하실 수 있습니다.(CIP제어번호:CIP2005002074)